Deutsche Geschichte

德意志史

乌尔夫·迪尔迈尔　安德烈亚斯·格斯特里希
〔德〕乌尔里希·赫尔曼　恩斯特·欣里希斯　康拉德·H.雅奥施　著
克里斯托弗·克勒斯曼　于尔根·罗伊勒克

孟钟捷　葛君　徐璟玮 译

Deutsche Geschichte

von

Ulf Dirlmeier   Andreas Gestrich   Ulrich Herrmann   Ernst Hinrichs

Konrad H. Jarausch   Christoph Kleßmann   Jürgen Reulecke

© 1995, 2013 Philipp Reclam jun. GmbH & Co. KG, Stuttgart

Aktualisierte und ergänzte Ausgabe 2012

中译本根据德国雷克拉姆出版社（Reclam）2012年修订版译出

目录

导言　什么是"德意志史"？　　乌尔里希·赫尔曼　/　1

第一章　中世纪早期与盛期
（6—13世纪）

乌尔夫·迪尔迈尔

时代概览　/　11

中世纪早期德意志史的前提条件（6—9世纪）　/　13

　　总体状况 / 政治发展的基本特征

中世纪盛期（10—13世纪）　/　24

　　总体状况 / 从加洛林帝国分割到奥托王朝的统治 / 萨里安家族的皇帝：在通往主教叙任权之争道路上的帝国 / 斯陶芬家族崛起为中世纪盛期帝制的最后巅峰

第二章　中世纪晚期
（13世纪中叶到15世纪末）

乌尔夫·迪尔迈尔

时代概览　/　75

中世纪晚期的帝国：总体状况　/　77

从斯陶芬王朝末期到选举制王国（13世纪中叶到14世纪中叶）　/　82

i

14世纪中叶后塑造帝国的新开端 / 90

第三章　从宗教改革到《威斯特伐利亚和约》签订

（15世纪末到1648年）

恩斯特·欣里希斯

时代概览 / 111

16世纪初的德意志 / 114

　　人口、经济、社会 / 文化、教育、精神生活 / 政治体制：马克西米利安一世统治下的皇帝、帝国与帝国改革 / 教会和教会机构

宗教改革与查理五世的普世性皇帝政策 / 130

　　马丁·路德 / 查理五世与帝国 / 宗教改革与帝国：1519—1524年 / 农民战争 / 宗教改革、帝国与信仰运动：1525—1555年

奥格斯堡与特伦托之后的德意志："教派分立时代" / 155

三十年战争的前史与历史 / 161

第四章　从《威斯特伐利亚和约》签订到维也纳会议

（1648—1814年）

安德烈亚斯·格斯特里希

时代概览 / 183

三十年战争结束时的帝国 / 186

　　人口与经济 / 帝国的政治结构与宪法 / 绝对主义在邦国内的崛起 / 宫廷社会的出现

在 1648—1740 年间欧洲冲突中的帝国 / 199

> 在路易十四征战中的帝国 / 北方战争与西班牙王位继承战 / 抗击奥斯曼帝国的战争

转变中的社会：18 世纪的文化、宗教、经济 / 211

> 日常生活与科学中的感知变化 / 从巴洛克到启蒙运动 / 宗教与教会 / 儿童、青少年与家庭的转变 / 18 世纪的农业和工商业

旧帝国的落幕 / 230

> 普鲁士的崛起及德意志二元制的开端 / 在开明专制标签下的改革 / 旧帝国的终结与欧洲的新秩序

第五章　从维也纳会议到第一次世界大战爆发

（1814—1914 年）

于尔根·罗伊勒克

时代概览 / 257

19 世纪前半叶的启程、反动与改革 / 259

从 1848/1849 年革命到 1871 年帝国建立 / 276

帝国：在现代化与故步自封之间的国家和社会 / 294

第六章　世界大战时代

（1914—1945 年）

于尔根·罗伊勒克

时代概览 / 325

从第一次世界大战到第一个德意志共和国 / 327

魏玛共和国：一次"民主实验"的崛起与失灵　/　334

"夺权"与纳粹政权的建设：1933—1939 年　/　348

第二次世界大战：20 世纪的时代终结抑或插曲？　/　362

第七章　分裂与民族统一的恢复

（1945—1990 年）

克里斯托弗·克勒斯曼

时代概览　/　387

生存战略——四国占领区内的衰败社会　/　389

"冷战"、德国的分裂与融入两大集团　/　398

1961 年建墙：战后德国历史的重大转折　/　411

"以接近求改变"和以区别求稳定：东、西德的德国政策　/　416

两个德国的社会发展道路　/　426

　　社会结构的变迁 / 社团、教会以及社会运动 / 文化

实际存在的社会主义的内部崩溃与民主德国的革命　/　443

旧联邦德国与新联邦德国　/　452

第八章　柏林共和国的开端

（1990—2012 年）

康拉德·H. 雅奥施

时代概览　/　459

统一带来的矛盾后果　/　466

寻找"正常化"的认同 / 473

在全球化的陷阱中 / 481

常态化的挑战 / 492

一个柏林共和国的展望 / 499

地图一览表 / 505

索　引 / 507

译后记 / 529

导言　什么是"德意志史"？

乌尔里希·赫尔曼

　　呈现在读者面前的这本小书，谈的是中世纪至今的"德意志史"。但是，有可能存在一段"德意志"史吗？

　　在我们着手撰写有关"德意志史"的读物，让一段"德意志史"具象化之前，看上去比较明智的做法是去确证"德意志史"究竟为何物，或者说，"德意志史"可以意味着什么、标志着什么？因为讲述一段过去和现在，是以建构讲述对象为前提的。这种建构（重构）存在着无数可能性——一个族群（Volk）[1]的历史、一个民族（Nation）的历史、一个国家（Staat）的历史；发生在特定疆域上的历史事件；一段文化社会史。它取决于讲述者的立场与视角，即他当时把何物视作"德意志史"。

　　一段"德意志"史有可能是"德意志人"作为族民的一段历史吗？或许不行。因为这种"德意志人"的移居空间、语言空间与文化空间所大致确定的界限，存在时间并未超过百年。"这些"德意志人（或多或少）希望拥有共同归属感，超越政治界限，生活在同外来移民相互隔绝的居住区内，直至海外也是这样。然而也正因如此，一般而言，他们没有共同的过去，也不拥有共同的历史。

---

[1] "Volk"一词拥有多种含义。此处沿用丁建弘在《德国通史》中的译法。——译者注

的确，自法兰克帝国在查理大帝后分裂，统治权从法兰克人转移到萨克森人以来，法兰克人与莱茵河以东地带"德意志人"之间的分离日益明显——这同样体现在当时人的意识中：人们谈到了"德意志王国"[1]。不过，我们或许还不能说这是一种"德意志"民族意识；同样，疆界明晰可辨的"德意志"国家也并未产生——直到11世纪，这种国家才登上舞台。它更多是一个从波罗的海到西西里岛的"帝国"所拥有的"德意志"组成部分。

这个"德意志民族"的神圣罗马帝国（在15世纪作为政府形式得以构建起来），到1806年才降下帷幕。当时，弗朗茨二世[2]自行摘掉了皇冠。在这种"帝国"中，"德意志人"既非以国家也非以民族的形式进行组织。在这种帝国内，说德语的民众可以拥有政治自主权（例如三十年战争结束时的尼德兰人与瑞士人）。是的，在这种帝国联合体内，到18世纪，帝国诸侯（普鲁士与奥地利）之间仍兵戎相见。显然，无论是共同的语言，还是帝国归属感，都未能传递一种共同的"民族"意识，也未能让人们产生"德意志人"这样的自我认识，也许在文化民族[3]的意义上有一些。当时，"德意志人"在"政治"意义上既不是一个民族，也不是一个国家，他们生活在"德意志兰"[4]，而这个"德意志兰"的疆界却未曾被精确描述过；他们在

---

[1] 原文 regnum teutonicum，"teutonicum"的字面意思是"条顿"。条顿人是日耳曼人中的一支。该词被认为是"Teutsch"（即"德意志"）的起源之一。——译者注

[2] 即 Franz II.，1792—1806年作为神圣罗马帝国皇帝在位。——译者注

[3] 原文 Kulturnation，指以文化为特征组建起来的民族。它与"政治民族"或"国家民族"相对，后者强调政治性。——译者注

[4] 原文 Deutschland，字面上的意思即"德国"，但此时并不存在"德国"。故此处沿用丁建弘在《德国通史》中的译法。——译者注

"文化"意义上也不是同一群人,因为他们在信仰上是分裂的,各自以家乡为导向,在大量城市与邦都中以地方和区域来组织。席勒与歌德以两首闻名于世的《格言诗》(*Xenien*,第 95 首和第 96 首)表达过此类情况:

德意志帝国

德意志兰?
它在哪里?
我知道那块地方无法被找到。
学术上的德意志兰从何处开始,
政治上的德意志兰就在何处结束。

德意志的民族特征

你们希望建立你们的民族,
德意志人,这是徒劳;
做你们能做的,
使自己发展成更自由的人。

同样,在接近尾声的 18 世纪,构建"民族意识"的需求仍然存在,但其开端可追溯到宗教改革与德意志文学规范用语之发展。创造一种"民族"文学,创立一种"民族"戏剧,便是此种需求的证据。但是,一种民族-"国家"的统一却仍然是未曾被思考过的目标。

当欧洲与"德国"的疆域发生改组后——首先是由拿破仑,然后借助1814年维也纳会议——德国得到了重新界定。人们将之理解为"德意志联盟"(1815—1866年)[1]。然而,"德意志"爱国者们却希望获得更多东西,即国家统一。这是1848/1849年保罗大教堂召开的法兰克福立宪会议所公开宣布的目标。但是,俾斯麦借助军事手段强迫完成的"小德意志方案",却让奥地利从"德国"分离出去,而这个"德国"在1871—1945年间以"德意志帝国"[2]的名义存在。第一次世界大战后,奥地利曾经试图回归这个"德意志帝国",但协约国否决了这一想法。当奥地利于1938年回归德国后,奥地利人阿道夫·希特勒将之视作他作为德国总理的一次胜利。

严格来说,一段"德意志史"首先只能与1871年后(直到1945年)的时段有关,一个在普鲁士的领导下团结"德意志人"的"民族国家"。当时,德国作为"德意志帝国",同样拥有所有的"国家"符号与标志:带有"日耳曼尼亚"[3]的邮票和纸币、帝国议会、帝国政府、帝国立法等;不过,它还没有"国"歌。普鲁士的"国歌"是《万岁!胜利者的桂冠》(*Heil dir im Siegerkranz*);1866年前,恩斯特·莫里茨·阿恩特的《什么是德意志人的祖国?》(*Was ist des deutschen Vaterland?*)经过谱曲之后,被视作"德意志"国歌;

---

[1]原文Deutscher Bund,也曾被译作"德意志联邦"或"德意志邦联"。此处沿用邢来顺在《德意志帝国》中的译法。——译者注

[2]原文Deutsches Reich,1918/1919—1933年间的魏玛共和国在宪法史上的官方名称同样是"Deutsches Reich"。——译者注

[3]19世纪常见的人物形象。最初出现在古罗马帝国的钱币上,为男性形象;19世纪后在德意志的流行形象则是女性、带着剑、披着战袍。最知名的日耳曼尼亚形象是在1848年革命中出现的,一手举着黑红金三色旗,一手拿着剑。——译者注

1871年后，国歌变为《德意志，德意志高于一切》(*Deutschland, Deutschland über Alles*)——1922年起，它成为正式的德国国歌，当时已经处于第一个德意志共和国，但极具讽刺意味的是，其曲调并未做出改变，仍然是"上帝保佑吾皇弗朗茨"(*Gott erhalte Franz den Kaiser*)的曲调。到联邦德国，这首歌仍然被保留下来，不过出于人们容易理解的原因，只保留了第三段——总统豪斯曾努力引进一首新国歌，但没有成功，所以才造成了目前这一状况。其歌词来自霍夫曼·冯·法勒斯雷本在三月革命前时代[1]的1841年所写下的诗《德意志之歌》(*Das Lied der Deutschen*)。该诗表达了德意志人对于人民主权和资产阶级自由权利的期待，并在符合宪法的自由秩序范畴中，号召实现"德国"的国家政治统一。1848年革命未能实现这种期待。帝国主义的帝制德国喧喧嚷嚷地称颂着它的历史使命和（所谓的）世界意义："德意志，德意志高于一切……"——直到所有一切都化为碎片。

一个"民族"通过一种政治意愿、一种民族理念而得以形成。按照法国人的榜样——这就是拿破仑占领以后普鲁士的政治意识。这种"民族主义"则由"国家"来进行补建。于是，这成为"德意志"史在19世纪被理解和被书写的状态：从17世纪到18世纪普鲁士的崛起，经过德意志联盟，到帝国建立。"德意志"史本质上是通往德意志第二帝国的历史描述而实现的。看上去，好像是在普鲁士的领导下，族民、民族和国家向外（与丹麦、奥地利和法国）作战，对内（主要与社会主义者及天主教徒一类的）敌人斗争，最终达成

---

[1] 指的是1815年至1848年三月革命爆发前的时期。——译者注

一致。1871年的帝国宪法提到"整个德国"是指各邦之总和；魏玛宪法在序言中提及"德意志国民团结其种族，一德一心共期改造邦家，永存于自由正义之境"。[1]

那么，在这种德意志帝国于1945年走向终结后，"德意志"的族民、民族与国家又会如何呢？奥地利人自行产生了一种作为国家民族（Staatsnation）的自我意识，德意志人则再次分为两个国家，但同时又没有失去一个民族的归属感（正如1989/1990年所显示出来的那样）。1949年联邦德国《基本法》的序言提到一种针对"德意志人民"的过渡性国家制度，同样以那些未能在其中发挥共同作用的"德意志人"为名，且在结语中强调下述责任："全体德意志人民被要求，依自由决定来完成德国之统一与自由。"此外，1949年民主德国的第一部宪法同样在此意义上提到了"德意志人民"和"德国"。

德意志史作为一段未有明确边界的历史、最终作为一段两个国家的历史，随着1989年的转折以及1990年9月12日签订的莫斯科《2+4条约》（联邦德国、民主德国、法国、苏联、英国、美国）后结束了。该条约承认德国人拥有自决权的权利。不过，其重要性还在于：联邦德国与民主德国的现存边界，成为新联邦共和国的最终边界；后者现在及未来都不再提出领土要求（第1条）。第二次世界大战的盟国终结了它们的权利和义务。"由此，统一德国拥有其内外事务的完整主权。"（第7条）

---

[1]译文参考戴学正等编:《中外宪法选编》,下册,北京：人民出版社,1982年,第184页。——译者注

20世纪末德意志民族国家的第二次建立，首次在德意志史上，以全体德意志人的名义，清晰而最终回答了恩斯特·莫里茨·阿恩特的问题"什么是德意志人的祖国？"。由此，德国从欧洲中部的一匹烈马转变为一个稳定而融入的因素。由此，出现了一个新的、与邻国保持良好和平合作关系的民族意识——它相当于认同新"柏林共和国"符合宪法之体制。在德意志史上，首次出现了一个德意志民族国家拥有固定边界，并且还得到其邻国（特别是波兰）之赞同的情况。

从历史的视角来看，德意志再统一是一段漫长前史——即康拉德·阿登纳向西方融入的政策，以及维利·勃兰特的东方政策——的结果，由赫尔辛基欧洲安全与合作谈判所推动（这与德国外长汉斯-迪特里希·根舍的名字联系在一起）。根舍还成功塑造了"2+4"模式。最后，时任苏共总书记兼苏联国家元首的米哈伊尔·戈尔巴乔夫，出于对科尔／根舍政府政策之信任，为通往德国统一之路放行。

随着时间跨入21世纪，出现了一种对于德意志历史的新解释：它不再沿着边界问题，而是立足于欧洲统一进程的范畴之内。重要政治圈中的决策，越来越多地不仅由柏林做出，而且还出现在布鲁塞尔和斯特拉斯堡。但集中化的力量总是一再唤醒文化地区化的对抗力量。对于布鲁塞尔的委员会而言，地区诉求也是重要议程；而且，在不可预计的时间内，由于德国东部推行庞大预算政策的后果，其落后地区的必要需求仍然是我们欧洲-德国内政的中心主题。新的联邦共和国不必对外主张或证实自己的实力；其主要使命是完成内在自由——这是德意志人历史中的新篇章。

但什么是"内在自由"呢？它是指东部和西部、北部和南部拥有相同的生活条件吗？这一点即便在旧联邦共和国内都无法实现。它是指在人口中实现政党政策选项地区"正态分布"吗？基督教社会联盟（CSU）在巴伐利亚、民主社会主义党（PDS）在东部的长久选举胜利，正好给出了相反答案。它是指年轻人拥有相同的未来机遇吗？东部和北部落后地区高企的年轻人失业率也正好与这样的期待南辕北辙。

联邦政策与各州政策的重要内政目标（降低失业率、平衡预算、缩减政府债务），由于长期从西部向东部进行不可避免的输血，而未能变为现实。目前，困境主要体现为德国政府一筹莫展；但在更为广阔的欧盟中，混乱程度也不小。两个以转换互联为导向的经济模式看起来是相互制约的。

呈现在读者面前的这本小书，既无法取代格布哈特重视细节描述的《德意志史手册》（*Handbuch der deutschen Geschichte*，它也被包含在塔申布赫–奥斯加贝的袖珍书版本中），也不能替代最近数年由 C. H. 贝克、奥登堡、柱廊、希德勒、舒尔坎普以及万登豪克与鲁普雷希特等出版社推出的大量各时段性描述。1996 年首次出版的哈根·舒尔策所著的《德意志简史》（*Kleine deutsche Geschichte*），其实主要讲述了 19 世纪到 20 世纪的历史。人们可在普勒策和施坦因的《文化时刻表》（*Kulturfahrplan*）中轻而易举地找到细节描写；克洛纳出版社的《德意志史百科辞典》（*Lexikon der deutschen Geschichte*）以极大的准确性，提供了人物、事件与机构的信息；轻便的两卷本《世界史地图册》（*Atlas zur Weltgeschichte*）已经由袖珍书出版社推出。

此书参阅了以上这些著述和工具书。但不同于它们的是，本书作者追求另一个目标：不是去重构与复述"这种"德意志史——它从一开始便必定不可能对现存研究有所补益；而是在理解"基本特征"与"基本结构"的基础上，熟悉德意志历史的每个阶段。正因如此，本书序列根据的是政治史分期，同时在描述中尽量援引重要的社会史、文化史、经济史与思想史的观点。在此，分期描述原则上不再是为了"情势描写"与每个阶段的"结构史"。这样做的好处是，历史事件发生的驱动力与总体状况首先被置于中心的"十字路口"上，用以刻画业已消逝的当下，使得回忆起来的东西由此成为可被讲述的过去，即用历史来认识当下之历史性。

文献指南

1. 维尔纳·康策（Werner Conze）：《德意志民族》（*Die Deutsche Nation*），哥廷根，1963 年。
2. 亚历山大·德曼特（Alexander Demandt）主编：《历史中的德国边界》（*Deutschlands Grenzen in der Geschichte*），慕尼黑，1990 年。
3. 于尔根·W. 法尔特（Jürgen W. Falter）等：《我们是一个民族吗？东西德国的比较》（*Sind wir ein Volk? Ost- und Westdeutschland im Vergleich*），慕尼黑，2006 年。
4. 迪特尔·朗格维舍（Dieter Langewiesche）：《德意志近代史中的帝国、民族与国家》（"Reich, Nation und Staat in der jüngeren deutschen Geschichte"），载《史学杂志》（*Historische Zeitschrift*），1992 年第 254 卷，第 341—381 页。

5. 特奥道尔·席德尔（Theodor Schieder）：《民族主义与民族国家》（*Nationalismus und Nationalstaat*），哥廷根，1992年。

6. 哈根·舒尔策（Hagen Schulze）：《德意志简史》（*Kleine deutsche Geschichte*），慕尼黑，1996年；

7. 詹姆斯·J.席汉（James J. Sheehan）：《什么是德国史？对民族在德国史与德国史学史中所扮演之角色的反思》（"What is German History? Reflections on the Role of the *Nation* in German History and Historiography"），载《现代史杂志》（*Journal of Modern History*），1981年第53卷，第1—23页。

8. 詹姆斯·J.席汉（James J. Sheehan）：《德国史，1770—1866年》（*German History 1770-1866*），牛津，1989年。

9. 《历史理论：历史知识理论文集》（*Theorie der Geschichte. Beiträge zur Historik*），5卷本，慕尼黑，1977年后连续出版。第1卷《客观性与偏见》（*Objektivität und Parteilichkeit*）；第2卷《历史进程》（*Historische Prozesse*）；第3卷《历史中的理论与叙述》（*Theorie und Erzählung in der Geschichte*）；第4卷《历史书写的形式》（*Formen der Geschichtsschreibung*）；第5卷《史学方法》（*Historische Methode*）。

10. 汉斯－乌尔里希·韦勒（Hans-Ulrich Wehler）主编：《德意志历史的十字路口：从宗教改革到转折之年，1517—1989年》（*Scheidewege der deutschen Geschichte. Von der Reformation bis zur Wende, 1517-1989*），慕尼黑，1995年（贝克系列丛书，第1123本）。

11. 海因里希·奥古斯特·温克勒（Heinrich August Winkler）：《通向西方的漫长之路》（*Der lange Weg nach Westen*），2卷本，慕尼黑，2000年。

第一章　中世纪早期与盛期
（6—13 世纪）

乌尔夫·迪尔迈尔

时代概览

欧洲历史被三分为古代、中世纪与近代的做法，可以回溯到克里斯托弗·塞拉里乌斯（1638—1707 年）。正如它自 17 世纪以来发展的那样，这种划分取决于语言学与美学的判断及其解释图式。过去及现在都存在争议的问题是：在罗马帝国解体的过程中，何时可被视作中世纪时段的肇始？各种解释模式颇为丰富，开端从基于公元 3 世纪日耳曼人入侵和公元 4—6 世纪民族大迁徙的"灾难理论"，到着重阐释移民史、经济史与社会史的"延续性理论"，直至比利时历史学家亨利·皮雷纳[1]提出的经过修正的文化史与经济史延续性评断（1922/1937 年）。简言之，皮雷纳从古代未曾被中断的一种发展出发，指出这种发展直到 8 世纪由于伊斯兰教渗入地中海世界时，才经历其具有决定性意义的中止期。正如他所言，在欧洲，从 6 世纪到 8 世纪这一充满张力的过渡时代所出现的东西，并非断断续续发生的，而是逐渐转入我们称之为"中世纪"的时段。具有决

---

[1]旧译亨利·皮朗（Henri Pirenne，1862—1935 年）。——译者注

定性意义的，或许不是地中海空间的伊斯兰化，而是更多表现为由于加洛林家族[1]建构庞大帝国，欧洲启动了它在法律、文化、社会与经济各方面的重新定位。整个社会从古代心理状态中解脱出来的进程，在地区层面上完全不同。例如，法兰克王国南部地区与意大利就比欧洲北部和东部的发展缓慢得多。不过，即便在那里，从9世纪到13世纪初，大规模的社会与经济转变也是一览无遗的。举例而言，那里出现了：领主制渗透到农村；从流传下来的史料来看，自由农大量消失的现象颇为明显；占据统治地位的经济形式（农业），特别通过三圃制以及日益明显的市场导向，出现了好转迹象；尤其在12世纪出现了与农业好转相联系的人口增长；城市再度繁荣——其前提与结果是：持续不断深入的商业活动；商人资本在商业社会中的聚集；手工业与商业出现了不同的专业化、多样化与集中化进程；日益加剧的城乡落差，部分地区还出现了人口压力与经济压力，特别是在接近城镇的地区。

加洛林帝国的崩溃从9世纪中叶便已开始，持续了将近一个世纪，从中产生了许多跨区域的大部落。这些大部落延续数代之久，直至11世纪中叶左右完成形塑，建起了独立的"王国"（regna）。稍后，欧洲中世纪盛期的国际世界由此发端。东法兰克-德意志王国便是这一时代的产物。其特征是大型贵族联盟之间的持久敌对。这些大型贵族联盟都是王国内前后相继的庞大皇族，如奥托家族、萨里安家族和斯陶芬家族。它们坚持并维护自己选举国王的权利，而且

---

[1] Karolinger，德语音译为"卡洛林"，此处依常见译名。书中其他译名也同样处理，不再一一加注。——译者注

这种选举权是帝国解体之前帝国宪法的核心所在。这个东法兰克-德意志"王国"（regnum）后来还经历了更多具有重大意义的建构，如：奥托一世（936—972年在位）将之升格为"帝国"（imperium）；11世纪起以所谓"罗马国王"之名来统治帝国的意大利地区及勃艮第王国（1032年）；封建化的帝国教会出现，但它在主教叙任权之争中至少部分地摆脱了国王的直接控制。特别是教皇与皇帝之间爆发的政治、信仰与意识形态的严重对峙，及其与之相系的意大利政策，同样是中世纪盛期德意志史的特征，而且其深远的内政外交负担一直延续到14—15世纪。

中世纪早期德意志史的前提条件（6—9世纪）

482—511年	克洛维一世执政，法兰克王国国王。
498年？	克洛维受洗。
511年	克洛维的儿子们分割王国。
558—561年	克洛塔尔一世成为法兰克王国的唯一统治者。
656年	发生所谓格里莫阿尔德政变。
679—714年	中丕平成为奥斯特里亚的宫相，687年起成为整个王国的宫相。
714—741年	查理·马特担任整个王国的宫相。
732年	查理·马特在普瓦捷战胜阿拉伯人。
741—768年	小丕平担任纽斯特里亚、勃艮第与普罗旺斯的

	宫相，751年起成为国王。
754年	丕平与教皇斯德望二世签订协议。
768—814年	查理大帝执政，771年起成为唯一统治者，800年加冕为皇帝。
772—约800年	萨克森战役。
800年	查理在罗马加冕为帝。
813—840年	"虔诚者"路易执政，813年起成为副皇，814年为独裁君主。
817年	帝国分割计划。
831年	新帝国分割计划。
833年	路易在科尔马输给他的儿子们；皇帝入修道院忏悔。
840年	洛塔尔一世、"德意志人"路易和"秃头"查理围绕帝国分割而展开兄弟之战。

总体状况

当罗马的帝国结构在中欧降下帷幕后（5世纪初），社会与经济新萌芽的条件最初并不有利：古代晚期业已出现的人口缩减现象仍在持续。由于"查士丁尼瘟疫"[1]（542年）加重，人口发展在公元6—7世纪降到谷底，随后才出现缓慢的复苏迹象。

---

[1] 即大规模鼠疫流行，又被称为"地中海鼠疫"，前后肆虐半个多世纪，严重影响东罗马帝国的发展。——译者注

第一章 中世纪早期与盛期（6—13世纪）

中世纪早期与盛期的人口发展
（以百万估算）

年份	全欧洲	中欧与西欧
500年	27.5	9.0
650年	18.0	5.5
700年	27.0	—
1000年	38.5—42.0	12.0
1050年	46.0	—
1100年	48.0	—
1150年	50.0	—
1200年	61.0	—
1250年	69.0	—
1300年	73.0	—
1340年	73.5—77.0	35.5

人口回落导致整体上呈现经济收缩进程，手工业、商业与货币流通都出现了下降现象。期间，自给自足的自然经济状态从未实现过，商品交换从未完全消失。

在占据统治地位的农业领域中——即便存在时间与地区上的差异，但多达90%的中世纪人口生活在农村——从6世纪开始，明显出现了耕种方式适应阿尔卑斯山以北地区的气候及土壤条件的现象。在这里，人们看到，农民们用适当的轮犁来配合铁制犁头耕地，缓慢地向三圃制过渡。不过，农业收益状况，特别是粮食生产的收益，仍然不能令人满意。据估算，种植与收获之比，平均为

1∶2，只有局部地区才可能上升到1∶12。这一直到工业化时代都未能从本质上加以解决的结构性弱点——在中世纪晚期，种植与收获之比的平均值有可能上升到1∶5——正是前现代容易出现供应危机的主要原因。

尽管如此，这种微薄的、或许又由于中世纪早期的最佳气候条件而得益的农业生产效率进展，足以养活欧洲重新增长起来的人口。此外，为了获得剩余人口——以便在中世纪盛期，让人口增长出来的那一部分人得以从事非农业性生产活动——中欧的粮食生产还将扩大种植面积。此举导致中世纪早期出现了开垦活动，其最早萌芽出现在公元7世纪，并明显与加洛林时期的土地扩张（公元8世纪到9世纪初）结合在一起。

法兰克人的核心区域在莱茵河与卢瓦尔河之间。在那里，公元7—8世纪间，法兰克人的庄园领主经济连同其徭役庄园体制，演变为占据统治地位的组织形式。为了管理领主田地（由管家管理的产业），由庄园联合体所属成员进行的强制性徭役劳动，同加洛林时代的一种典型社会发展紧密地联系在一起，即依赖关系与个人联结增长起来。人们只要认真思考，就会发现，所有抵制这种限制人身自由发展范围扩大趋势的立法措施，都被证明是毫无效果的。这种正在建构中的、特殊的依赖性与隶属性的中世纪形式，对于此前的自由农而言，意味着丧失身份；相反，对于此前在徭役庄园中以类似于奴隶地位工作的"仆人"（servi）和"俘虏"（mancipia）而言，却意味着上升到半自由农的身份。

大量农业人口（越来越多属于非自由农）是由数量上占据少数地位的贵族上层统治的。法兰克的"王国贵族"自6世纪起形成，到 7—8 世纪崛起为加洛林家族的扈从，特别是借助服骑兵役而获得了上升机会。此后，在中世纪早期到盛期之间的过渡期，从这种法兰克王国贵族阶层中，产生了一小部分精英，进而促成德意志王室及法兰西王室的形成。

即便在庄园经济与修道院经济的范围内，中世纪早期的手工商业生产仍继续存在。这一方面的证据，除了考古发现外，还出现了"庄园法典"（在公元 800 年左右，包括有关管理王宫的规章）[1]和"圣加尔修道院计划"[2]。此外，当时还出现了较早的、明显以市场为导向的商品生产：自 6 世纪后，在莱茵河－摩泽尔河空间内，首饰、玻璃与陶瓷生产已有证据得以证实，而且其历史可能一直上溯到古代晚期；再者，借助早期的出口禁令，我们能够较好证实的是，加洛林时期已经出现了武器生产（剑）；在纺织品生产方面，被广泛讨论的"布"（pallia frisonica，这是来自弗里斯兰和英格兰的布）已经成为地方特产。

中世纪早期，特别在地中海区域，贸易总额的明显回落是无可争辩的事实。不过，那里也显然出现了新开端：在法兰克王国的北部，从 6 世纪中叶开始，出现了同英格兰及斯堪的纳维亚的商品交换；从 7 世纪起，出现了新的远洋贸易港口，而康什河畔的奎恩托维克（668 年）是其中最早出现在书面文字上的港口。除了犹太人外，弗里斯人、斯堪的纳维亚人和法兰克人都是远程买卖奢侈品的

---

[1] *Capitulare de villis*，这是查理大帝颁布的一项管理皇室土地的法令，估计在 812 年左右出现。——译者注

[2] Sankt Galler Klosterplan，可能出现在 819—826 年之间，涉及修道院的最早一份描述。——译者注

商人，其收益也被用来购买奴隶。从8世纪起，经济联系从整体上出现了复苏，但由于罗马道路被毁（自5世纪起），特别是大宗货品跨国交易因糟糕的基础设施而受到限制。

最初受到缩减、但仍然拥有发展能力的手工业及商业之所以能继续存在，是同金融业的状况相适应的。如同铸币业的统一性丧失那样（在法兰克王国的墨洛温王朝时期，居然存在着800个左右的铸币场！），大额黄金硬币与小额铜制硬币的逐渐消失，同样是危机标志。不过，到8世纪末加洛林帝国时，币制向纯粹银币的过渡，却是欧洲金融业发展中具有决定性意义的一步；到13世纪中叶，人们才重新接受金币。

同样，城市的继续存在，也表明中世纪早期的几百年并不能被仅仅视作一段黑暗期。莱茵河与多瑙河两岸的古代城市或许只能部分保留其古老的中心地功能，因为它们完全成为乡村环境的孤岛（E. 埃能［E. Ennen］语）。但是，除了继续存在的大主教驻地（如美因茨、特里尔、科隆）外，前文提及的远洋贸易港口——除了奎恩托维克外，例如还有位于莱茵河与莱克河支流的道勒斯塔德，以及施莱湾南岸的海特哈布——仍出现了新的、城郊式的发展迹象。此外，早在9世纪，在马斯河-斯海尔德河流域中，中世纪盛期城市生活再次复兴的迹象业已出现。

最新研究一致认为，在中世纪欧洲，由于加洛林帝国的分割、9—10世纪越来越增强的外来威胁（诺曼人、萨拉森人、匈牙利人），多样性的经济发展势头及人口增长受到了限制，速度放慢，但并未被彻底中断。10世纪起，由于外来威胁逐渐减弱，中欧得以出现了一种新的增长动力，并一直延续到中世纪盛期的扩张阶段。

政治发展的基本特征

同所有其他日耳曼部族相比，法兰克人在高卢北部接近尾声的帝国建构中取得了巨大胜利。法兰克人的崛起，根本上是同法兰克国王克洛维（481—511 年在位）有关。他在 486 年战胜了罗马在高卢的最后一任总督西格阿里乌斯（死于 486/487 年）——此举在最近研究中被恰当地称作"夺权"，而非征服。克洛维的统治不是异族统治，而是源于"北方高卢-罗马人与法兰克人之间的利益共同体"（K. F. 维尔纳 [K. F. Werner] 语）。他的改宗（在 498 年洗礼？），使得高卢-罗马人与法兰克人上层之间的合作得以成行，并最终让两者融合在一起。与其他日耳曼国家不同的是，对于稍后的帝国与教会之间的合作而言，上述融合是一种稳定统治的元素和本质前提。

克洛维的儿子们通过在东部（图林根）和南部（勃艮第）的大规模征服行动，扩大了他的遗产。克洛塔尔一世统治期间，在 558—561 年间，墨洛温整体王国组合成功，由统一王权治理；不过，分割继承的准则被证实影响更大。由此导致的结果是，随后发生的墨洛温王室内部的冲突，特别是这种冲突所导致产生的令人厌恶的副作用，经常被人们从消极方面加以放大描述；但同样无可争议的是，在奥斯特里亚、纽斯特里亚与勃艮第之间相互竞争的进程中，形成了三个彼此敌对的王国组成部分，并在 7 世纪，让实际权力从国王手中转移到宫相手中。阿尔努夫家族-丕平家族（丕平家族是加洛林家族的前身）尝试在奥斯特里亚正式推翻旧王室的第一

德意志史

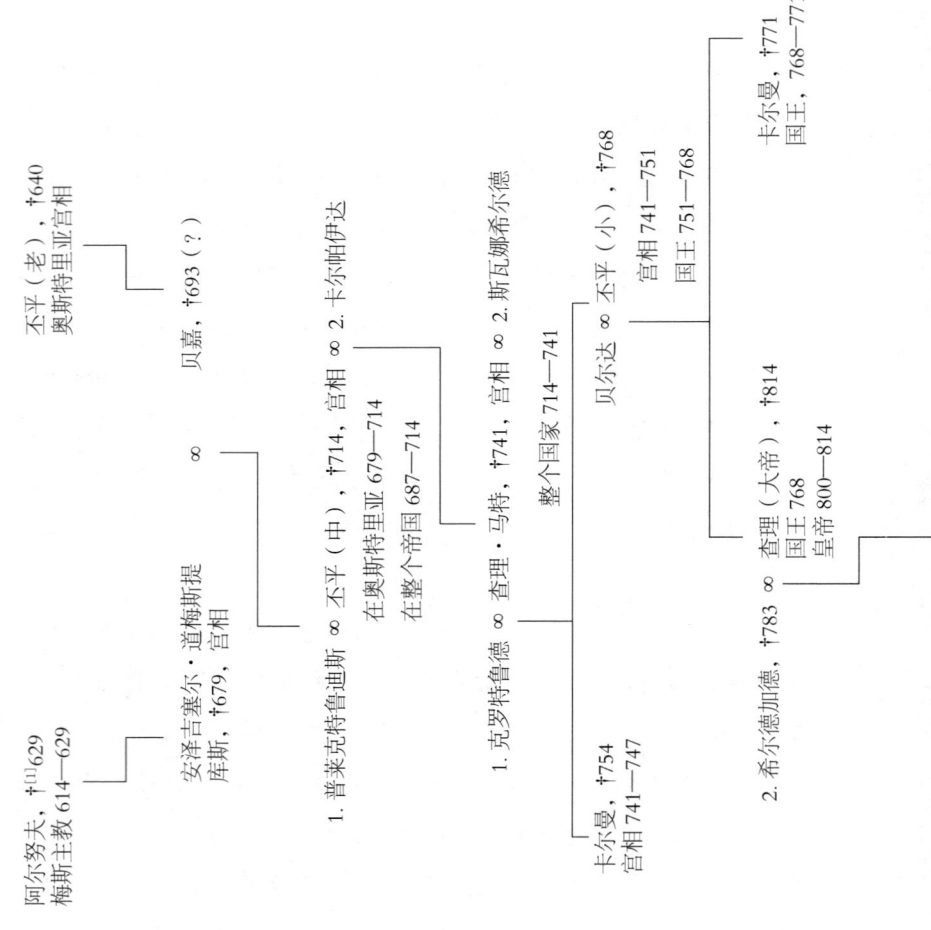

---

[1]该符号意为卒于，以下全书同。——译者注

第一章 中世纪早期与盛期（6—13世纪）

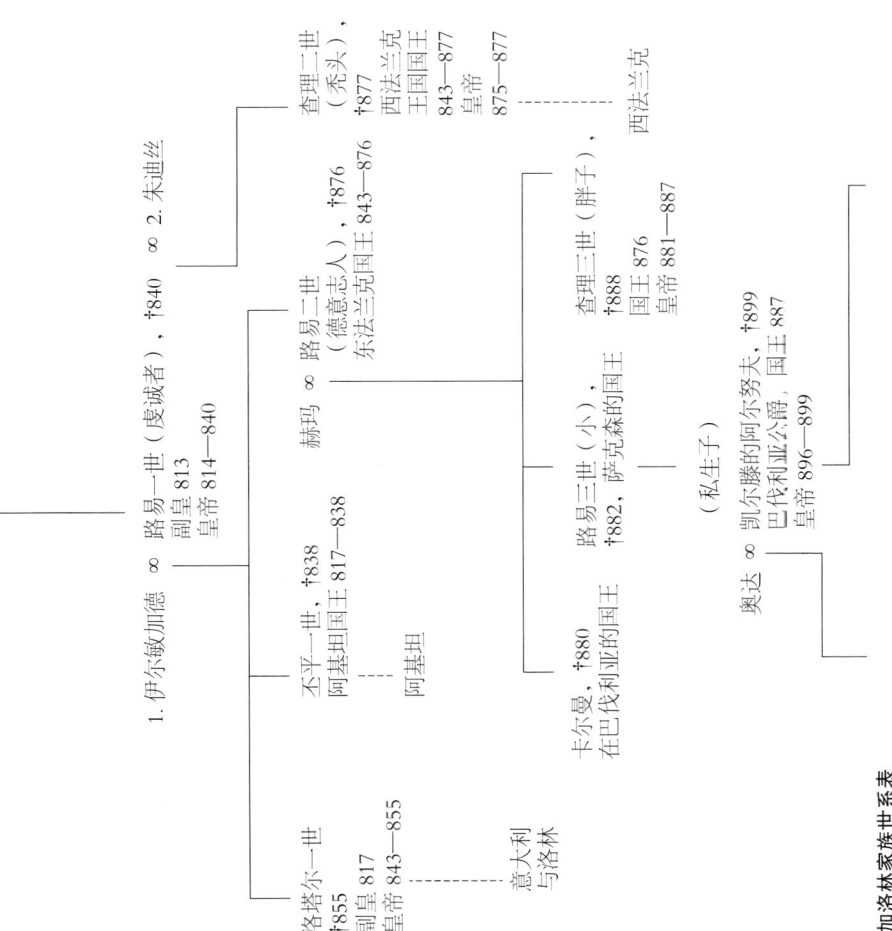

加洛林家族世系表

次努力，以宫相格里莫阿尔德"政变"的方式表现出来（656年），但以失败告终。这次失败主要在于合法性缺失的问题。相反，中丕平（679—714年）成功地让宫相职位确立为本家族的世袭官职——这是通往最终以牺牲墨洛温家族为代价而让本家族提升地位之目标的重要一步。查理·马特（688/689—741年），这位丕平因近亲婚姻而获得的儿子，自716年起，得以压制迟缓的抵抗行动，成为整个王国的宫相。他巧妙地把土地（大部分来自教会财产）授予扈从，作为他们服骑兵役的奖励。长期来看，这是中世纪采邑制度的先声，并让他在普瓦捷战役（732年）中直接战胜了阿拉伯人。查理·马特当时并非如人们后来一再简化所强调的那样，拯救了西方世界；不过，他仍然凭借这一胜利，为其家族赢得了威望，使之得以崛起成为欧洲强权之列。

从享有特权的宫相提升为新王室的最后一步，是由查理·马特的儿子小丕平（741—768年）[1]完成的。751年，他被选举为新的法兰克统治者，并首次被隆重涂抹油膏。此举是由其颇具权威的顾问圣丹尼斯修道院院长弗尔拉德提出的，并与罗马教会共同策划。教皇扎加利做出了那个著名的确认合法性的决定，即拥有国王头衔者最好是实际拥有权力的人……三年后，当斯德望二世访问法兰克帝国时，这种相互配合得以确证和加强：教皇为新国王及其家族涂抹油膏；而作为报答，国王许诺保卫教会，抵抗意大利的伦巴第人，并改变领土范围不清不楚的现状。这些协议进一步意味着从墨洛温

---

[1] Pippin den Jungeren, 旧译"'矮子'丕平"，不妥。根据丕平家族的名字特征，翻译为"老""中""小"为好。——译者注

第一章　中世纪早期与盛期（5—13世纪）

家族向加洛林家族的王朝更迭，并为中世纪盛期帝国与罗马教皇之间的紧密关联创造了条件。

查理大帝（768—814年在位）在其父亲创立的基础上继续建设。在其胞弟卡尔曼于771年去世后，他毫无争议地成为唯一执政者。他对内进一步强化国王的统治权，与此同时又计划在所有边界方向上扩展版图。在其扩张巅峰时，版图东到易北河（在结束漫长的萨克森战役后），西到大西洋，从北海之滨直抵比利牛斯山，南部深入到意大利半岛。当查理于公元800年圣诞节从教皇手中获得皇冠时——这是他在西方基督教世界拥有杰出地位的证明——由丕平主导的法兰克王国与罗马教廷之间的相互合作关系则得到进一步增强。其结果是，法兰克帝国与东部拜占庭帝国之间的矛盾，便成为中世纪历史中的常见现象。

查理大帝所取得的政治胜利及其作为统治者的魅力形象，使他得以遮蔽了庞大帝国的问题。但到其儿子及继承人"虔诚者"路易（813/814—840年在位）手上时，上述问题便很快显现出来。首当其冲的是血统权（即所有拥有遗产继承权者平分权力）和帝国统一保障之间的困境。它同样也表明，维护一种管理大帝国的中央权力尚缺乏基础，若仅仅通过采邑权的联系仍然是无法完全得到实现的。此外，统治者的地位又因为教会日益增强的影响力而被削弱——这种影响力业已导致大主教获得了共同治理国家的权力。833年，虔诚者路易在其儿子们的逼迫下，不得不退入修道院中进行忏悔。除了上述内部困境外，外部威胁也逐渐加大。自9世纪中叶以来，诺曼人与萨拉森人的入侵行动以戏剧化的方式变得频繁而强烈起来，以至于内陆地区不再安全。中央权力无法进行有效保护，便削弱了它

23

的声誉，有利于地区力量的崛起。分割帝国的《凡尔登条约》（843年）[1]所展示的，便是通往帝国统一的解体之路。而到9世纪末，这条路便被证明是不可逆转的。

中世纪盛期（10—13世纪）

总体状况

总体而言，阿尔卑斯山以北正在诞生中的法兰克-德意志国家[2]的领土，与加洛林帝国的西部、未来的法国相比，人口更稀少，经济发展水平更低。尽管如此，在10世纪中叶，这里仍然出现了新一轮增长。到该世纪末，这股增长势头得以加强，并一直延伸到中世纪盛期的扩张阶段。其落幕时间，说法不一，或在13世纪末，或在14世纪上半叶。在这段大约250年的时间里，其特征是各式各样的经济发展。当然在日益差异化与复杂化的社会各组成部分中，也出现了越来越多的张力。持续性的人口增长（见第15页表格）大约在12世纪达到最高点。它不仅促成了大范围的东部移民运动，而且还让城市再次崛起。在持续不断的人口压力下，欧洲（中欧）许多

---

[1]该条约是分割查理曼帝国的条约。843年8月，加洛林王朝皇帝"虔诚者"路易一世的三个儿子在凡尔登（位于今法国东北部）签订了这一分割国土的条约。这一条约是查理曼帝国瓦解的第一阶段，构成了近代法国、德国、意大利的前身。——译者注

[2]原文Reich，该词在德语中可被译作"帝国"，也拥有"国家"的含义。本书根据上下文意思进行翻译。——译者注

地区的居住密度都提高了，耕种面积扩大了——这一点甚至到近代才得以被超越。与这种扩大与密集趋势同步发生的，还表现在相对而言人口过密的现象日益明显，以至于经常性地发生供应危机与饥荒。

对于一部分农业人口而言，中世纪盛期的发展提供了改善法律与物质条件的机会。更高程度的个人自由，有利于参加开垦行动、东部移民运动或迁居城市。徭役庄园体制的解体范围扩大，得以让肉体履行义务的方式（最多每周3天徭役）改变为固定的货币支出。不过，由于随后银币价值持续性地下跌，货币地租也不重要了。正因如此，我们不应该对农业人口（特别是粮食产区的农业人口）的经济状况过于乐观。当然，此前中世纪早期已经为人熟知的耕种技术改善方式（犁铧、三圃制）仍得到继续使用，越来越多的人使用风车和水车——这可以减轻繁重劳动。但如同此前那样，虽然有一定程度的提高，但庄园的经济收支平衡状况仍然属于低水平状态（收益与投入的平均水平为5∶1？）。或许由于未能解决肥料问题，粮食生产长时期落后于人口增长，即便把耕地扩大到糟糕的地方（"耕地开发"）也未能找到解决问题的方法。再者，由于不利的气候发展，上述问题变得尤为严重，最终让13世纪晚期收益受限的缺点，在14世纪上半叶的严重饥荒危机中达到巅峰。

农业领域的显性结构变化，是由于需求环境发生变化而导致的结果。人口在城市的聚集，要求农业以市场为导向，买卖农产品。正因如此，对于动物产品的需求，促成了人们对绿地加以深度利用。从北海之滨（沼泽地）经过中部山脉直抵阿尔卑斯山及其山前地带，在12—13世纪，建起了许多养殖场（高山牧场农舍）。此外，在部分气候适宜的地区，出现了葡萄种植田。它们现在沿着更为陡峭的斜坡扩展开去。帝国的不少地区卷入到整个欧洲的葡萄酒贸易交换中，首当其冲的是阿尔萨斯与莱茵部。纺织品与印染品的需求，同样推动了亚麻田（如上士瓦本）和植物染料种植田（如上莱茵平原的菘蓝）的扩建。这些以市场为导向的趋势，推动形成了地区性的特殊文化——这在中世纪晚期仍将继续得到增强。

总体而言，中世纪盛期的经济变化与发展，受到城市的决定性影响。9世纪起，在马斯河－斯海尔德河流域已经出现了中世纪欧洲城市的明显崛起现象。到了12世纪，尤其是到了13世纪，这种发展在莱茵河的东西两岸达到了它的巅峰状态。在该时间段内，除了强权政治的有意为之，经济影响也在城市大量新建或扩大方面扮演着重要角色。到中世纪末，帝国一共拥有约4000座城市，其中大部分城市都出现在公元1350年之前。科隆的人口到14世纪初有3.5万—4万，达到其巅峰。不过，大多数的城市人口都少于2000人。

除了上意大利地区的城邦外，阿尔卑斯山以北的城市也极为成功地获得了政治自治权。自11世纪晚期起，出现了一种特殊的城市法。在上层（由大部分来自城市贵族与远程贸易商所组成的咨询委员会）的领导下，特别是那些主教驻地与邦都事实上成功地从城市领主手中夺得进一步的独立权。实际上，与之相系的、部分尖锐化的冲突，在13世纪落下了帷幕。与此同时，在市民阶层内部，自由民与非自由民（德语中称之为"Ministeriale""Zensuale""Hörige"）之间的法律差异已经被抹平，但其社会差异却得以强化。富人们拥有了具有重大意义的阶层标志，同时又为城市居民中的不同组成部分来做着政治决策。在某种程度上,经济成功的导向使得社会流动变得容易,但平民崛起者若不发动任何内在抗争,是绝不可能成功参与城市执政的。从14世纪初开始,宪法斗争变得频繁起来。在许多情况下,上述斗争让那些以行会组织起来的市民阶层最终进入市议会。

当一些小的、由农业市民组成的城镇继续受到农业的影响时,那些跨区域的经济中心——如吕贝克、科隆、奥格斯堡、纽伦堡——则以商业与专门手工业为主导。最为重要的生产区以行业为界加以区分,首先是纺织业,然后是五金加工业。城市的聚集特征,便于商业资本的渗入。自12世纪起,分发加工包销体制的存在已经得到证明。欢迎从11世纪便已出现的手工业-商业产品的分发加工包销体制,鄙视农业手工业,在经济上控制城郊——这些都属于所有城市的奋斗目标。

虽然11—13世纪曾经存在基础设施不足、国库空虚等问题,但由于人口增长,城市日益完善,从而促成人们对商品的需求不断上升,并最终引向贸易繁荣——它被称为"商业革命"。其中包括:新的、大多数产生于意大利的组织形式(商会);新的商业技巧(簿记,自13世纪起已经出现在阿尔卑斯山以北);新的贸易通道,如高特哈德路[1]或者从意大利到布鲁日的直接海路。虽然受限于宗教-伦理观的官方经济准则作为对立面而存在,但贸易扩大依然得以成功实现。尽管如此,利息禁令与高利贷禁令仍然流行于世。不过在中世纪盛期,货币流通还是出现了新形式。例如,大

---

[1] Gotthardstraße,从中世纪到铁路时代到来之前穿越阿尔卑斯山的重要南北通道。——译者注

约到 1300 年为止，信用汇兑同样在阿尔卑斯山以北的欧洲地区扩展开来，情况并不比意大利落后多少——这一点已经被至今为止的研究所证实。在中世纪盛期的经济发展中，为时人所诟病的弊端，不仅仅在于伦理道德方面的问题（贪财者、高利贷者），而且还在于：大兴土木，从吕讷堡到赖兴哈尔的制盐业，再到 13 世纪扩张中的矿业和冶铁业等，都加大了木材消耗量——时人以批判眼光审视森林被毁和木材紧缺的现象；与此同时，人们还首次采取了补救措施。

在相对而言尚属开放的中世纪盛期社会中，由商业与财富所带来的另一种上升可能性，存在于城市之外的贵族世界里。为国王和公爵服役，特别有利于那些宫廷侍从（最初是一些无自由权的侍从）获得低级贵族的头衔。了解中世纪盛期的骑士理想，对我们是有帮助的，因为它可以向我们展示，贵族的意识与生活方式拥有着不同于非贵族的人民大众之重要标志。

在中世纪盛期的社会，人们以至今为止闻所未闻的尖锐立场，通常仅仅是由肤浅的信仰所驱动，对少数派采取不宽容的态度——这是让人感到并不愉快的发展。除了"异教徒"外，首当其冲的是犹太人。自 11 世纪末黑暗的十字军方案推行以后，在迫害政策与受财政目的驱使的容忍政策之间不断更迭中，犹太人的法律地位与物质条件一再恶化。不过直到 14 世纪上半叶，一些犹太债权人仍然可以高调行事，他们为邦君服务（如特里尔大主教），或在城市中活动，如在斯特拉斯堡、奥格斯堡和纽伦堡。

从加洛林帝国分割到奥托王朝的统治

843 年	"虔诚者"路易的儿子们签订有关帝国分割的《凡尔登条约》。
870 年	"秃头"查理与"德意志人"路易签订有关中帝国分割的《梅尔森条约》。
879 年起	再次出现严重的诺曼人入侵;886 年巴黎被围攻。
880 年	签订《里伯蒙条约》,洛林地区归属东法兰克王国。
888 年	"胖子"查理去世;加洛林帝国的最后完整统治终结。
900 年起	匈牙利人开始入侵。
900—911 年	"孩童"路易作为东法兰克王国最后一任加洛林家族的国王。
911—918 年	康拉德一世在位,第一位非加洛林家族的国王。
919—936 年	亨利一世作为第一位非法兰克人的国王,来自柳道夫-奥托的萨克森家族。
921 年	亨利一世与西法兰克王国的"天真"查理签订《波恩条约》。
925 年	洛林再次归属东法兰克/德意志王国。
933 年	亨利一世在里阿德(温斯特鲁特河边?)战胜

匈牙利人。

936—973 年	奥托大帝在位，962 年起加冕为帝。
938 年	奥托大帝的异母兄弟唐克玛发动叛乱。
950 年后	开始在哈茨山脉中挖掘银矿。
951—952 年	奥托大帝第一次前往意大利；与勃艮第的阿德尔海德结婚。
955 年	奥托大帝在莱希费尔德战胜匈牙利人。
961—965 年	奥托大帝第二次前往意大利；在罗马加冕为帝。
966—972 年	奥托大帝第三次前往意大利。
967 年	建立马格德堡大主教区。
972 年	奥托二世与拜占庭公主狄奥法诺结婚。
973—983 年	奥托二世在位，自 967 年起为副皇。
982 年	奥托二世在南意大利（布伦尼角）败给阿拉伯人。
983 年	在帝国东部边界上，斯拉夫人叛乱；失去易北河以东领土。
983—1002 年	奥托三世在位，994 年起成年，996 年起为皇帝。
1000/1001 年	在波兰与匈牙利建立与罗马相联系的教会组织。
1001 年	罗马人暴动，反对奥托三世。
1002—1024 年	亨利二世在位，1014 年起为皇帝。
1004 年	亨利二世第一次前往意大利。
到 1018 年为止	亨利二世与波兰公爵波列斯瓦夫·科洛布雷发生冲突。

第一章　中世纪早期与盛期（6—13 世纪）

1007 年	建立班贝格主教区。
1013/1014 年	亨利第二次前往意大利，加冕为帝。

在此前研究中，人们总是无意乃至有意地混淆、或者未曾清晰地区分"日耳曼的""法兰克的"和"德意志的"。甚至在今天，仍然有人在流行性的描述里，把查理大帝称作"第一个德意志皇帝"。对于理解中世纪的德意志史而言，此一错误是首当其冲需要加以精确区分的。进一步而言，德法两国有关共同历史起源及其条件的错误信息，在历经数世纪后，对双方建构历史敌对形象也是有影响的。当然，毫无争议的是，加洛林帝国在本质上并非是德意志帝国，但德法两国却也是从这一中世纪早期的帝国建构中孕育而生的。不过直到今天，人们也未能成功敲定可被称作"德意志"历史开端的确切日期。各种说法都存在，从此前研究提出的略早日期（公元843 年的《凡尔登条约》），到稍后研究敲定的略晚日期，即德意志帝国在公元 11—12 世纪才建构完成（C. 布吕尔［C. Brühl］语）。更多的共识是，可能并不存在一个确切的开端日期，因为从加洛林帝国的组成部分向中世纪的德意志帝国之转变，是一个逐步延伸的过程。

若一系列历史事件发生的终点，不再是那个至少在精神上还保持共同统治的法兰克人之加洛林帝国，而是一些独立的后续国家，那么《凡尔登条约》的签订之日（843 年）事实上确实是一个合适的开端日期。当时，依南北方向的边界确立了一个强大的罗曼人的西王国、一个强大的日耳曼人的东王国、一个人口混合型的中王国。不过，此处必须强调指出的是，这种划分并不存在任何决定性

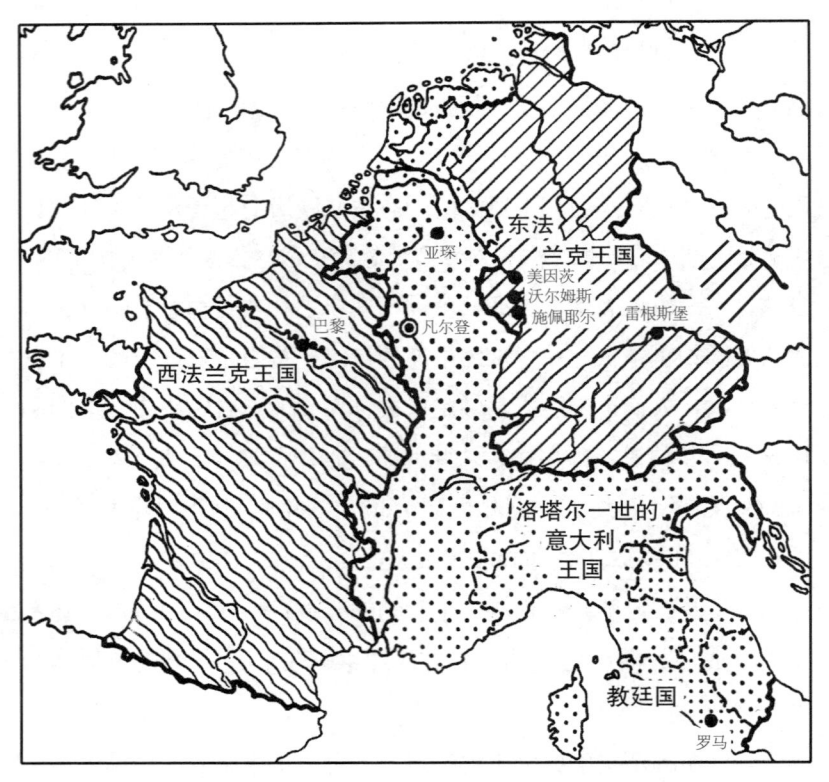

图1 公元843年分割帝国的《凡尔登条约》

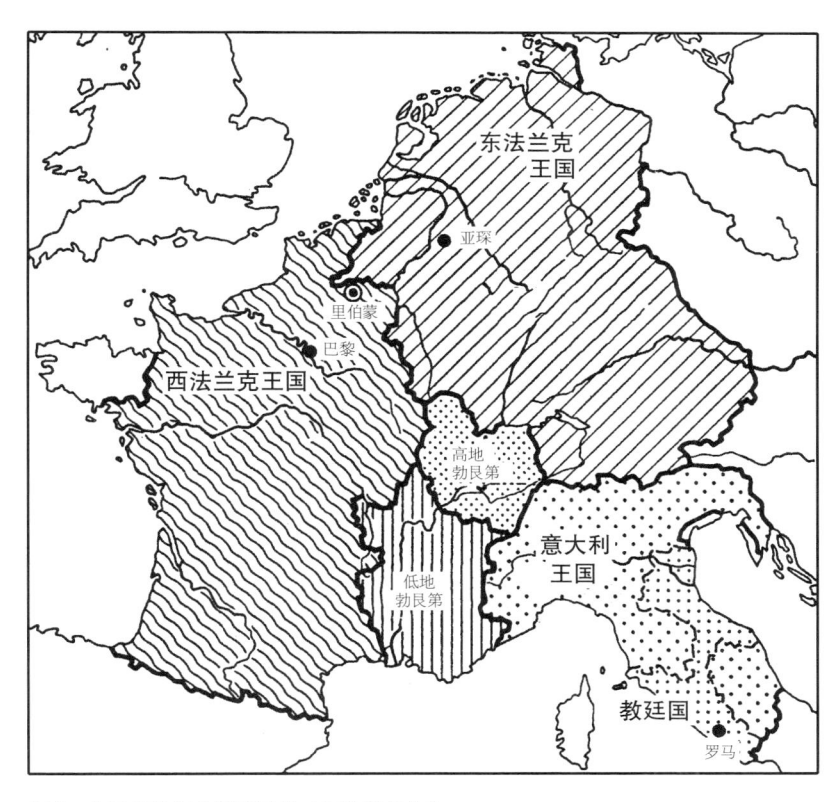

第一章 中世纪早期与盛期（6—13世纪）

图 2　公元 880 年分割帝国的《里伯蒙条约》

的"民族"动机：三个拥有继承权的兄弟查理、洛塔尔和路易（带着一个有违历史事实的外号"德意志人"）应该只是拥有着平等的分割权，而老大洛塔尔得到了两个皇帝驻地：亚琛与罗马。

在上述三个帝国组成部分中，地缘政治上最为不幸的中王国，被证明是最不稳定的。由于进一步的分割条约——870年的《梅尔森条约》和880年的《里伯蒙条约》——它的北部（阿尔萨斯和洛林）被划给东法兰克王国；在其最后一位加洛林家族的统一君主（查理三世，死于888年）去世后，它的南部被分成两个独立的"王国"（regna），即高地勃艮第与意大利。

当时仍向西扩张的东法兰克王国，仍然处于加洛林家族的统治之下。他们是"德意志人"路易（死于876年）、克恩滕的阿努尔夫（死于899年）和"孩童"路易（死于911年）。人们还必须注意到，中王国的北部，即洛林和阿尔萨斯，在870年和880年并不属于"德国"，而是被"德国"所占领。这本来是一个整体帝国内部的家族分割之举，但在长期历史发展中却成为德法两国之间最有影响力的边界关系。

尽管加洛林家族在东法兰克王国的统治延续性表现在各种方面，但具有重大意义的转折点，仍然出现在最后一位加洛林国王"孩童"路易去世（911年）后挑选继承者的行动之中。这里并没有被并入由"天真"查理所统治的西法兰克王国（如洛林人所为）。法兰克尼亚人[1]、士瓦本人、巴伐利亚人和萨克森人的部族贵族，决定选举康

---

[1] 原文 Franken，即法兰克人。在常见译名中，我们把那些没有跨过莱茵河的法兰克人称作"法兰克尼亚人"。——译者注

拉德一世（911—918年在位）为新国王——此人出身法兰克尼亚的康拉德家族。这一步并非是不可逆转的，但从这一步出发，东法兰克人却走得更远：这个中世纪的德意志人的国家一方面成为了一个"选举制国家"，而不是"世袭制君主国"；另一方面则保持了不可分割性。

康拉德对合法化的诉求，在东法兰克王国举行的国王涂抹圣油礼中，首次得以明确表达。其统治时代的核心问题是同此前得以实力增强的部族选侯们——在巴伐利亚、法兰克尼亚、萨克森、洛林以及略微被弱化的士瓦本，已经形成了所谓年轻的部族公国——作斗争；在此进程中，国王向教会（表现为其境内重要的大主教，如美因茨和康斯坦茨）寻求支持。但是，康拉德不仅未能成功获得教会的支持，也无法成功抵御匈牙利人，更没有成功地把洛林人重新并入其国家。尽管如此，此后帝国历史中的核心现象，却首度表现出来，即中央权力与选侯[1]的权力诉求之间存在着冲突；国王与教会之间则相互配合。

康拉德自己指定柳道夫家族的萨克森公爵亨利（919—936年在位）为其继承者。后者首先得到法兰克尼亚人和萨克森人的认可，随后也获得巴伐利亚人和士瓦本人的肯定。由此，东法兰克王国首次由一位非法兰克人所统治。广为盛传的观点认为，在某种程度上而言，"德意志王国"的诞生，经历了三个阶段，即东法兰克王国的分离、加洛林家族的统治落幕、第一个非法兰克人的国王登基。相

---

[1] 旧译"选帝侯"，不妥。早期"选侯"并不直接选举皇帝，而是选举国王。此处改为"选侯"。
——译者注

反，笔者希望提出另一些合理的想法。这牵涉到"德意志"（作为族群语言）这一词汇的意义、一种德意志民族意识的缺失和法兰克－加洛林的明显延续性。倘若人们特别注意到"法兰克王国"这一称呼得以保留下来的现象，那么笔者便提出如下问题：鉴于中世纪的合法性思想，在一个至今为止属于法兰克－加洛林家族统治下的帝国组成部分内，本应该出现一个怎样的名称？再者，我们可以确定的是：新萨克森王朝统治下的东法兰克王国，得到了西法兰克王国的查理三世[1]之认可（921年的《波恩条约》）；但它已经不再是9世纪末的那个加洛林家族统治下的帝国组成部分。因此，倘若承认所有上述重要的限制条件，并将之作为一种分期手段的话，我们或许可以如此前那样，把萨克森家族获得王权一事确立为德意志史的开端。

对于亨利一世而言，其任务是：规范本国与西法兰克王国之间的关系；抵制北方与东方的外来入侵；与其他部族选侯保持平衡。面对那些公爵时，他必须做出巨大让步；而为了得到查理三世的认可，他又不得不放弃洛林（921年）——不过4年后，他又把洛林重新并入自己的国家。这是颇有影响力的事件。843年由《凡尔登条约》所确定的中、西法兰克王国之间的界线，自925年起便成为德法两国的长期边界——或更准确点说，成为两国的边界空间。

亨利战胜了北部的丹麦人与斯拉夫人，特别是在里阿德（933年，大概在温斯特鲁特河畔）战胜了匈牙利人。这些胜利让亨利的帝国崛起为中欧霸权，并反过来强化了国王的地位，使之得以确立

---

[1] 即"天真"查理。——译者注

其儿子奥托作为继承人。接下去完全以加洛林的传统所进行的选举和加冕仪式（936年），已经在科魏的维杜金德报告中得以确认保留下来。

奥托一世（936—973年在位）在执政初期并不顺利。他要求获得直接的国王统治权，特别是推行国家干预教会之政策（即在国内确立大主教人选）。凡此种种，使之与其他部族公爵及其家族成员（唐克玛、亨利）爆发了危险的冲突。后者还参与夺权行动。就在莱希费尔德战役之前不久，奥托还由于儿子柳道夫的叛乱（953/954年），几近陷入毫无指望的失败危机中。奥托试图通过把亲戚送到公爵职位上的做法来寻求权力平衡，但此举并不完全成功。尽管如此，帝国历史的本质发展仍然被引入正路：在938/939年法兰克尼亚公国的叛乱被镇压后，奥托在美因河与中莱茵河流域地区建立了"接近国王似的"传统（P. 莫劳［P. Moraw］语）。此外，当奥托的平衡政策与家族政策都失败时，国王完全基于加洛林的传统，把教会（帝国教会与修道院）强化为其统治基础。奥托的兄弟布伦是科隆大主教兼洛林公爵，这便是上述发展的典型例证。这种帝国教会体制首先为奥托帝国提供了一种无与伦比的权力工具，但从长期而言，却成为极具威胁之事。当然，在10世纪中叶，人们并不能预见这一点。不过，奥托一世在其统治体系中引入帝国教会之举，毫无疑问，挑起了11世纪后三分之一时期内皇帝与教皇之间的冲突。

奥托在莱希费尔德对匈牙利人的胜利（955年），当然并不足以成为时代界限，但它却是欧洲政治大环境发生根本性转变的显著标志。在所有边界上，外来威胁减轻了。这一点有利于人口增长和经济繁荣，同时也使西方的基督教世界从防御态势转向进攻态势。不过,955 年战胜匈牙利人一事,对于奥托一世而言,其直接效果是让他在权力与威望两方面急剧上升,使之得以全方位地推进加洛林家族在意大利的政治传统。公元 962 年 2 月,奥托与教皇紧密合作(以"奥托和约"的名义),在罗马再次复兴了西部帝国。与此前广为流传的观点不同的是,这次进入加洛林帝国之举,并非德意志人此后历史的无法避免之不幸——当然,德意志人的历史由此也发生了巨大变化,因为此举产生的影响直到最近历史中仍然存在:接掌加洛林的庞大帝国之观念,意味着德意志人对于领导权的诉求,亦即拥有掌控整个基督教世界的潜能。早在中世纪盛期(12 世纪),这种目标设定便已招致德意志邻国的强烈批判。其导致的结果是,不同于英法两国,在德意志,并不存在一个核心的王国,也没有产生一个团结一致的"民族国家"。到 19 世纪,这一特征让很多德意志人都深信,他们获得民族观念的时间过晚、过于短暂了。

同样,由于在东部传教政策的成功(967 年建立马格德堡大主教区),并与拜占庭帝国达成平衡(奥托二世与拜占庭公主狄奥法诺[1]于 972 年在罗马结婚),到奥托一世去世时(973 年),这个重新复兴的帝国站在了权力与威望的新巅峰。不过,危机迹象很快出现在边缘地带:982 年,奥托二世在上意大利遭到阿拉伯人的重创;与此同时——尽管其中的因果关系仍是存在争议的——983 年的斯拉夫人暴动让易北河与奥得河之间的传教工作几乎完全被毁。当奥托三世(983—1002 年在位)尚未成年时(到 994 年为止),其母亲狄奥法诺(死于 991 年)和祖母阿德尔海德(死于 999 年)努力稳定局势。

―――――
[1] 存在 "Theophanu" 和 "Theophano" 两种拼法,本书采用前者。——译者注

第一章 中世纪早期与盛期（6—13世纪）

在兰斯大主教来自奥里拉克的吉尔伯特的影响下，奥托三世产生了一种早先被大多数人批判为幻想式的帝国统治构想——不过最近，这种构想又被称赞为帝国政策的巅峰之作。他期待"复兴罗马帝国"，即定都于罗马，并拥有一个把世俗与彼岸的统治权集于一身的皇帝称号。根据奥托三世的计划，帝国在波兰（1000年）和匈牙利（1001年）建起了与罗马直接相关（而非仅仅与德意志帝国教会相关！）的教会组织，在罗马建起了一个皇帝行宫，引介罗马-拜占庭式的皇宫礼仪。然而这种构想首先因罗马城居民的暴动（1001年）而失败。

萨克森王朝最后一位皇帝亨利二世（1002—1024年在位）的登基，在宪法史上具有重要意义。当时，从公开局势来看，前任皇帝并未指定他为继承者。因此他的继位并非基于血缘诉求，而是通过选举行动来获得王冠的。由此，精神领袖们首次与世俗选侯联手做出决定——而这一点对未来颇为重要。尽管此前子承父业的体制毫无问题，但现在，这种继承权或许在帝国内无法得以确立了。

亨利二世希望用"复兴法兰克王国"来取代"复兴罗马帝国"。这自然意味着某种程度上的收缩，但并未导致其政策与加洛林传统的皇帝政策完全割裂。他一再介入意大利，持续不断地在东部边界上进行战斗（特别是针对波兰公爵波列斯瓦夫·科洛布雷）。这表明，大帝国观念与皇帝观念仍然得以坚持下来。

为此，亨利二世采取的措施首先是利用帝国教会。他竭尽全力地支持建立帝国教会（如班贝格大主教区）。但与此同时，他又唯我独尊，反对帝国教会的任何统治者超越他自己。其想法是：加冕国王必须保障教会的安全与繁荣，但为此也有权从教会那里获得毫无保留的、无所限制的支持。藉此，皇帝感到自己立足于更为安全的

德意志史

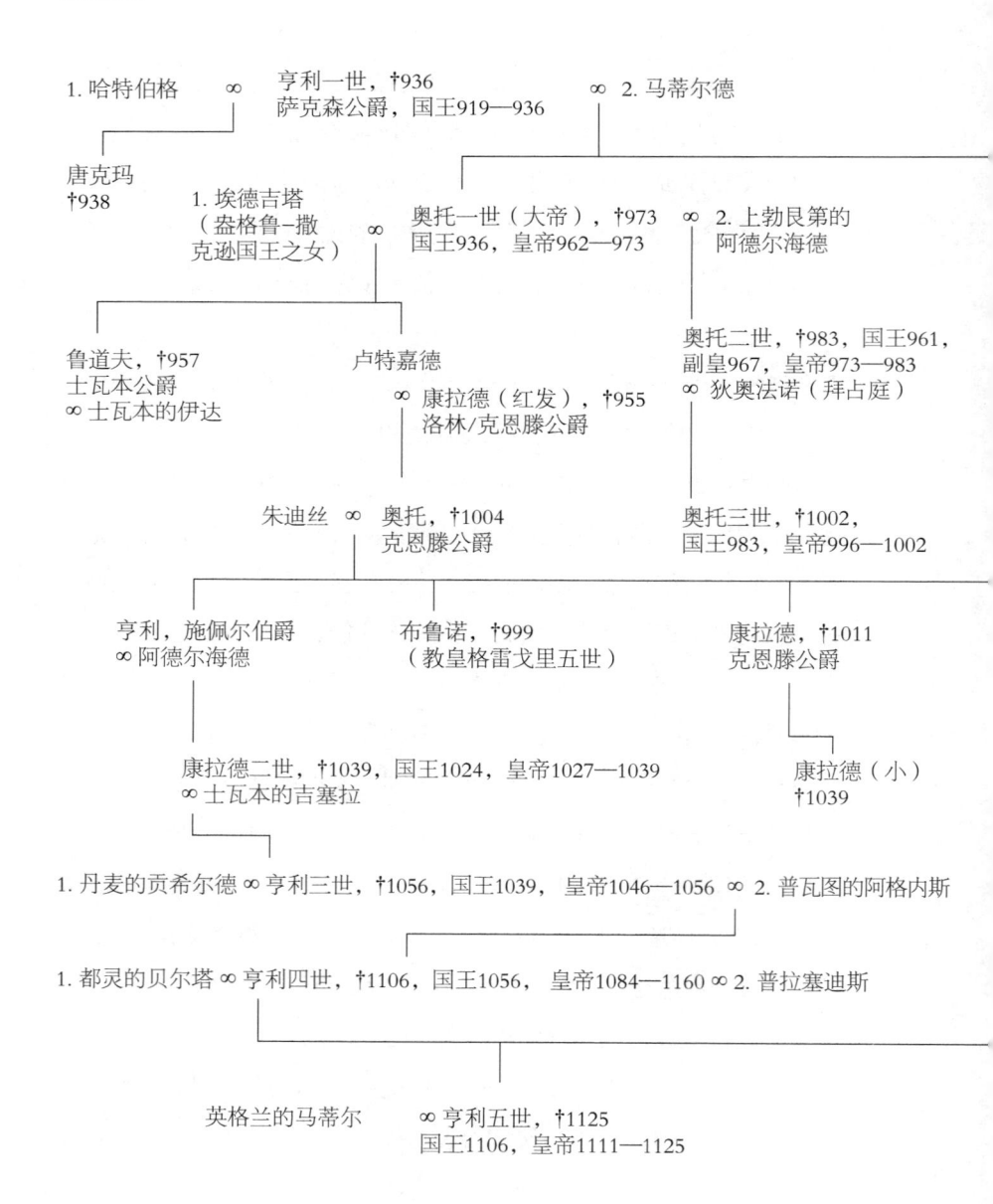

```
1. 哈特伯格  ∞  亨利一世,†936              ∞  2. 马蒂尔德
              萨克森公爵,国王919—936

唐克玛          1. 埃德吉塔
†938            （盎格鲁-撒
                克逊国王之女） ∞   奥托一世（大帝）,†973   ∞  2. 上勃艮第的
                                   国王936,皇帝962—973         阿德尔海德

鲁道夫,†957            卢特嘉德                    奥托二世,†983,国王961,
士瓦本公爵                                          副皇967,皇帝973—983
∞ 士瓦本的伊达        ∞ 康拉德（红发）,†955      ∞ 狄奥法诺（拜占庭）
                       洛林/克恩滕公爵

              朱迪丝 ∞ 奥托,†1004              奥托三世,†1002,
                      克恩滕公爵                  国王983,皇帝996—1002

亨利,施佩尔伯爵      布鲁诺,†999              康拉德,†1011
∞ 阿德尔海德         （教皇格雷戈里五世）      克恩滕公爵

          康拉德二世,†1039,国王1024,皇帝1027—1039     康拉德（小）
          ∞ 士瓦本的吉塞拉                                   †1039

1. 丹麦的贡希尔德 ∞ 亨利三世,†1056,国王1039,皇帝1046—1056 ∞ 2. 普瓦图的阿格内斯

1. 都灵的贝尔塔 ∞ 亨利四世,†1106,国王1056,皇帝1084—1160 ∞ 2. 普拉塞迪斯

              英格兰的马蒂尔  ∞ 亨利五世,†1125
                                国王1106,皇帝1111—1125
```

奥托王朝与萨里安王朝

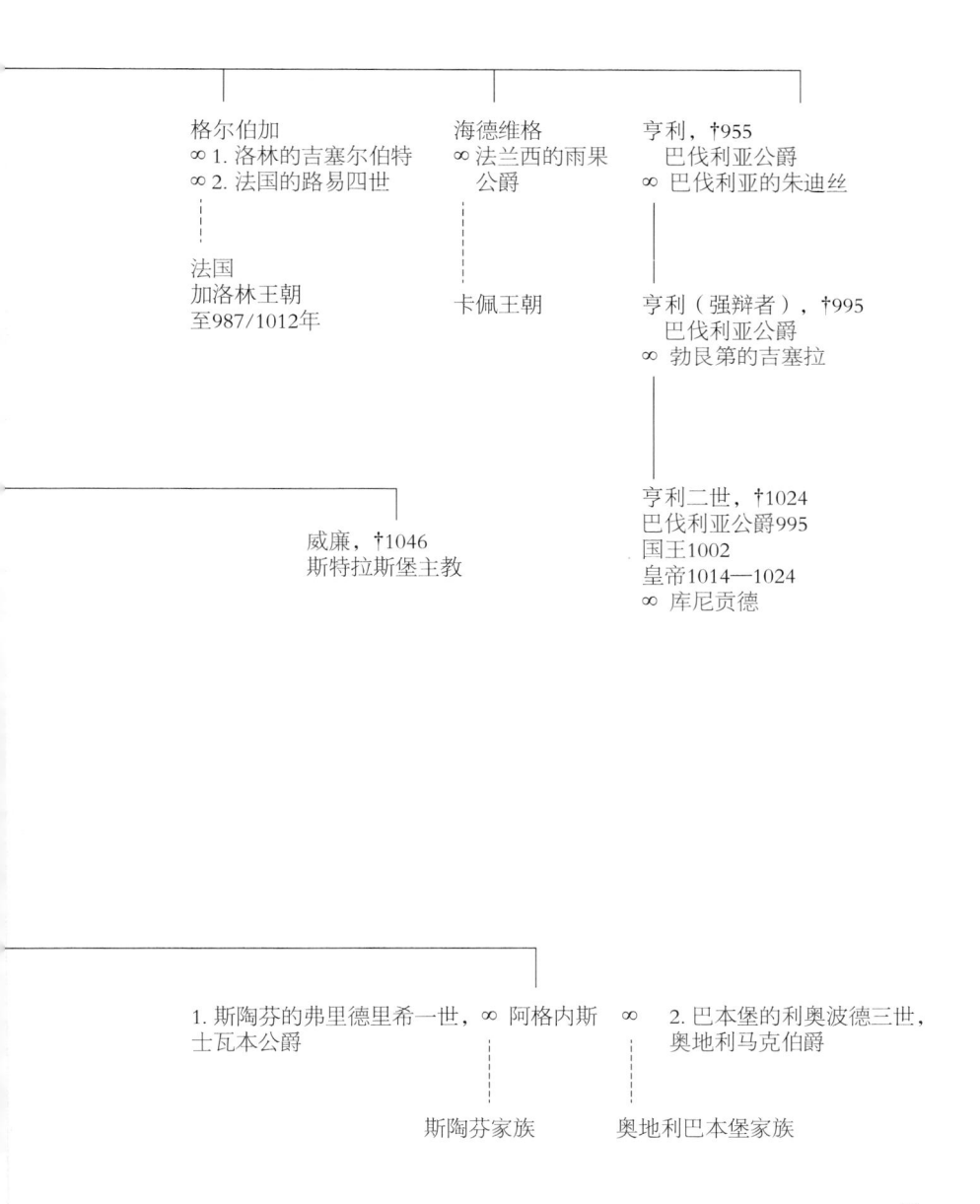

第一章 中世纪早期与盛期（6—13世纪）

格尔伯加
∞ 1. 洛林的吉塞尔伯特
∞ 2. 法国的路易四世

海德维格
∞ 法兰西的雨果公爵

亨利，†955
　巴伐利亚公爵
∞ 巴伐利亚的朱迪丝

法国
加洛林王朝
至987/1012年

卡佩王朝

亨利（强辩者），†995
　巴伐利亚公爵
∞ 勃艮第的吉塞拉

威廉，†1046
斯特拉斯堡主教

亨利二世，†1024
巴伐利亚公爵995
国王1002
皇帝1014—1024
∞ 库尼贡德

1. 斯陶芬的弗里德里希一世，∞ 阿格内斯 ∞ 2. 巴本堡的利奥波德三世，
　士瓦本公爵　　　　　　　　　　　　　　　　奥地利马克伯爵

　　　　　　　　　　　　斯陶芬家族　　奥地利巴本堡家族

41

基石之上，以至于他对克吕尼修道院提出的修道院和教会改革计划予以赞许，并多加关注。然而，上述改革计划的结果却肯定未曾被他预见过。

萨里安家族的皇帝：在通往主教叙任权之争道路上的帝国

1024—1039 年	康拉德二世在位，萨里安王朝的第一位国王，1027 年加冕为帝。
1026/1027 年	康拉德二世第一次前往意大利。
1032 年	康拉德二世成为勃艮第国王鲁道夫三世的继承者。
1037/1038 年	康拉德二世第二次前往意大利。
1039—1056 年	亨利三世在位，1046 年加冕为帝。
1044 年	洛林的戈特弗里德开始反抗亨利三世。
1046/1047 年	亨利三世的第一次意大利之行；在苏特里废除三位教皇。班贝格的苏德格尔大主教成为第一位德意志教皇（克莱门斯二世）。
1049—1059 年	列奥九世在位，第一位改革派教皇。
1055 年	亨利三世第二次前往意大利。
1056—1106 年	亨利四世在位，1065 年成年，1084 年加冕为帝。
1059 年	尼古拉斯二世颁布教皇选举令。
1073 年	萨克森人开始反对亨利四世。

1073—1085 年	教皇格雷戈里七世在位。
1075 年	亨利四世在温斯特鲁特河畔的洪堡战胜萨克森人。
1075 年?	格雷戈里七世发布《教皇独断令》。
1076 年	亨利四世与格雷戈里七世闹翻（沃尔姆斯宗教会议），并被后者开除出教。
1077 年	亨利四世在卡诺莎忏悔；教皇撤除破门令。
1080 年	亨利四世再次被格雷戈里七世开除出教。
1084 年	亨利四世在罗马由对立教皇克莱门斯三世加冕为帝；格雷戈里七世逃亡。
1085 年	宣布德意志达成上帝和平。
1095 年	教皇乌尔班二世在克莱蒙宗教会议上发出了十字军呼吁。
1096 年	伴随十字军扩张，出现了大规模迫害犹太人事件。
1104/1105 年	亨利五世参加反对其父亲的行动。
1106—1125 年	亨利五世在位，1111 年加冕为帝。
1110/1111 年	亨利五世第一次前往意大利；强迫教皇帕斯加尔二世做出让步（《特别法令》）。
1112 年	亨利五世被开除出教。
1116—1118 年	亨利五世第二次前往意大利。
1122 年	在旷日持久的谈判后，亨利五世与教皇卡利克斯特二世缔结《沃尔姆斯宗教协定》。

康拉德二世（1024—1039年在位）的当选，及其向萨里安家族的法兰克尼亚王朝（该名称在当时并未出现）的顺利过渡，证明帝国内部的王权稳定性。这一点与同时代法国王权弱小的情况正好相反。康拉德与奥托家族有亲缘关系，毫无变化地继续推进后者的政策（1027年加冕为帝，1033年与波兰缔结和约，1036/1037年前往意大利）。不过，在其选举中，他选择了另一条道路。由于他无须对抗高级贵族，因而同意大利的低级采邑承担者与缺少人身自由权的德意志宫廷侍从联手，将后两者打造成新的等级，使之成为其统治的基石。很明显，他还同正在形成中的市民阶层进行了首次接触。不过，尽管存在上述发展新迹象，但在康拉德二世——他还是施佩耶尔大教堂的资助者——的统治下，帝国教会仍然是统治者最重要的助手。此外，统治者还出售教会职务，用来赚钱。正因如此，"圣职买卖"之举广受指责。

在康拉德二世统治时代，最重要的决定是再次扩大帝国版图。1032年，在亨利二世协议的支持下，他得以成为断嗣的勃艮第国王鲁道夫三世的继承者，并于1033年在佩耶纳（即彼得林根）加冕。尽管如此，从此地到罗纳河口的广阔地区，王权的辐射力仍然很弱。不过，从现在开始，勃艮第成为德意志和意大利之外的第三个"王国"——这三个王国联合组成了整个帝国。

亨利三世（1039—1056年在位）早在1026年便被指定为继承者。其统治一开始便处于极为强大的状态。他的父亲早已将他确立为法兰克尼亚、士瓦本和巴伐利亚的公爵，1039年又增加了克恩滕公爵头衔。对于萨里安王朝帝国"集中化"的可能性及其边界而言，具有特殊意义的行动是，亨利三世把这些公爵头衔再次分发出去。

第一章　中世纪早期与盛期（6—13世纪）

不过，他以任命异邦人的方式，来强化这些头衔的职位特征。

倘若允许我们对相关材料做出评断，那么亨利三世或许是中世纪盛期最虔诚的统治者。正因如此，他才大幅度地超越前任，对教会提出并实施了干涉权。1046年，亨利三世在苏特里废除了三位对立教皇，并以"罗马人的保护者"（Patricius Romanorum）的头衔加冕为帝。与该头衔相关的权利是：在教皇选举中，皇帝拥有首要决定权。此外，他还把班贝格主教苏德格尔（即克莱门斯二世［1046—1047年在位］）确立为首位德意志教皇。以上种种举动，长时期属于中世纪皇帝历史中毫无争议的巅峰之作。

但是，受到当时人严厉批判的亨利三世政府，也出现过危机症状。在阿尔卑斯山以北，他不得不放弃针对匈牙利的采邑主权；在面对洛林公爵戈特弗里德叛乱时，他也未能取得实质胜利；此外，试图在帝国境内达成普遍和平的做法，在1043年失败了，并在1044年还激起了更大规模的贵族反叛行动。毫无疑问，亨利三世在位期间，其教会政策并未受到任何根本性的批评，由克吕尼修道院宣扬的教会自由权也未曾针对皇帝和帝国。而亨利三世自视为受宗教认可的统治者，毫无保留地支持了这场改革运动，并由此在无意中支持了这场对帝国而言意义重大的转折行动。在这场行动中，具有决定性价值的，是第三位"德意志"教皇列奥九世（1049—1054年在位）。他是皇帝的一位堂兄。为了支持他的改革方案，皇帝特别前往罗马。在那里，他会见了修道士希尔德布兰德（即后来主教叙任权之争中的教皇格雷戈里七世）与来自莫扬穆捷的亨伯特（后来改名为来自西尔维娅-凯蒂德的亨伯特，是改革运动中最具影响力的宣传家）。列奥九世本身极为重视同皇帝保持一致立场，但宗教会议却达

52

45

成了反对圣职买卖、反对在未经依教会法规而举行的选举之前接受教职的决议（1049年）。该决议当时是危险的，因为它将导致基督教精神世界领袖与世俗世界领袖之间不再拥有紧密的个人信任关系。

这场冲突的爆发，又由于亨利三世的早逝而加速。这场争议很快表明，它实际上并不仅仅围绕在个人和解之上。其对峙的主题是把帝国权力与教会之间的关系拆散，终结加洛林王朝、奥托王朝与萨里安王朝借助帝国教会体系而发展起来的共生状态。由此，现在回头来看，在11世纪中叶后，欧洲历史已经出现了一种意义重大的转折。与加洛林传统中得到普遍关注的统治构想不同，这种发展有利于小范围内的、"民族性的"解决方案，并沿着曲折之路（教会提出统治世界的要求），最终向着西方文化圈中政教彻底分离的方向前进。事实上，"主教叙任权之争"并非限于由普通教徒来接任教职的冲突之内。

亨利四世（1056—1106年在位）是接下去的第三位萨里安皇帝。他同样在其父亲在世时被指定为继承人（1053年），但到1065年才被正式宣布成年，到大约1068年得以实际掌权。帝国政府的监护人并不强大，因为并不存在一个正式的摄政者。首先是先皇遗孀阿格内斯，然后是科隆大主教安诺与不来梅大主教阿达尔贝特。他们作为监护人，利用上层贵族，来扩大皇帝的影响力。但他们付出的代价是：花费国王财产，并把改革派教会从皇宫影响下解放出来。改变上述趋势的做法，必定引发冲突。宫廷侍从出身的顾问们支持了亨利四世，让他雄心勃勃地把哈尔茨以东的广袤地区改造成直接而整体统治的权力新基础，并附之以城堡来加强维护。相反，1073年，从萨克森开始，国内出现了一场大范围的贵族暴动。国王借助

第一章　中世纪早期与盛期（6—13世纪）

沃尔姆斯市民（其中大部分是萨里安家族的宫廷侍从？）将自己从危机困境中解救出来，大胜萨克森人（1075年），从而达到了其权力统治的第一个巅峰。

尽管皇室并不参与教皇选举，尽管教廷通过了潜在的敌视帝国之决议（即1059年的教皇选举令，它把买卖圣职的证据延伸到普通教徒叙任主教之权中），但罗马教廷与帝国政府仍然在1056年后一再努力寻求维护妥协的方法。直到亨利四世开始独立执政，且格雷戈里七世于1073年未曾通过合乎教规的选举而当选教皇之时。这位教皇对最高宗主权的直接诉求（即1075年的《教皇独断令》？），不再具有妥协性。然而国王最初采取进攻姿态的决定，事实上也不明智。他作为德意志的胜利者，还希望在意大利获得完全的教会控制权（占领米兰、费尔莫、斯波莱托），并由此在形式上对教皇发起了挑战。而教皇的抗诉也是史无前例的粗暴生硬。帝国境内的主教因其政治地位受到改革派教皇的威胁，决定支持皇帝。藉此，亨利四世在1076年初与格雷戈里七世彻底断绝关系。教皇的回应（开除皇帝教籍，并禁止他入教）则意味着"主教叙任权之争"公然爆发。

在接下去长达十年之久的冲突中，首先出现了大量宣传小册子相互攻讦，后来又出现了一波三折的变化——对于这些细节，此处无法展开。1077年，亨利四世做出了著名的"卡诺莎忏悔之行"[1]。皇帝受到最新组成的贵族反对派之威胁，被迫寻找解决破门令的方法。不过，相比这一时常被过度强调的实际胜利更为困难的是，世俗统治者受宗教认可的合法性、他对自己与精神领袖拥有相同权利

---

[1]指亨利四世前往卡诺莎城堡，向正在那里的格雷戈里七世认错之举。——译者注

47

及价值地位的诉求,却由此受到严重损害。这同样是当时人的看法。尽管亨利随后在德意志(1085年达成上帝和平;1087年为其长子康拉德在亚琛加冕)和意大利(1084年加冕为帝;格雷戈里七世遭到流放,并于1084/1085年死于流放中)取得了引人关注的胜利,但他仍然一再被迫后退,奥托-萨里安的帝制再也没有恢复到此前地位。亨利还遭到了来自本家族的反对。其统治时期充满着悲剧色彩。它更多是"萨里安王权与西欧帝制的衰落"(A.哈弗坎普[A. Haverkamp]语)。与之相应,1095年,教皇(乌尔班二世[1088—1099年在位])而非皇帝,向基督教世界发出了重新夺回圣地(十字军东征)的号召;帝国领袖与帝国本身却未曾参与其中,按兵不动。尽管如此,在德意志史上,这些岁月仍然留下了一道深刻印痕,即在1096年当莱茵地区准备十字军东征期间,爆发了严重的迫害犹太人事件——这意味着犹太少数民族的经济和法律地位开始出现逐渐恶化的趋势。

亨利五世(1106—1125年在位)同样在其父亲在世时被指定为继承者。1098年,他已经加冕为国王。1104/1105年,他同教皇和贵族反对派结成联盟。好不容易取得权力后,他却完全走上了针对教廷的传统皇帝政策轨道——这是在德意志历史进程中一再被观察到的举动。现在的情况是,这种短期为之、且只能等待长期后才能加以实现的强权政策,无法再得以贯彻下去。1110年,亨利五世在其首次意大利之行中,几乎轻而易举地夺回了意大利王国。比较难的事情是同教皇帕斯加尔二世(1099—1118年在位)进行有关加冕为帝及彼此双方权利之谈判。首先,人们试图统一这条既激进又充满乌托邦色彩的道路。只要教会放弃所有获得的帝国财产与领地，它便能摆脱全部世俗诉求与义务。精神世界的胜利者或许是教皇，而亨利五世则是世俗世界的胜利者。然而，这一立约却因主要利益相关者（高级贵族与高教教士）的反对而失败。对此，国王的反应再次符合萨里安王族对教廷统治权的理解：他拘禁了教皇，强令后者做出巨大让步，特别是在主教叙任权问题上（1111年《特别法令》）。但是，只有许诺过的加冕为帝一事才得以成为现实，而上述"协议"则在1112年被教廷方面宣布无效，亨利五世则再次被处以破门令。

当皇帝的疆域政策在德意志内部遭到持续不断的反对时，他与教皇之间的会谈也在缓慢推进中。在此期间，来自沙特尔的伊沃提出，精神世界与世俗世界应该进行根本分离。这一想法勾勒出解决问题的途径。在此基础上，教廷在1107年已经同英法两国达成一致。教皇与皇帝之间的谈判则更为艰难一些。这是由帝国教会体制所直接导致的结果，因为政教之间的紧密纠结关系，让有关主教叙任权的问题，在政治上显得颇为重要。直到1122年，双方才达成《沃尔姆斯宗教协定》（这是17世纪之后才出现的术语）。它规定：在德意志境内，皇帝通过参与选举的权利，继续对主教和修道院长的人选确保某种影响力。对于该协定的评价，仍然存在诸多争议。可以肯定的是，强大的统治者（斯陶芬家族证明了这一点）首先借助采邑法所确立的义务，如往常那样，仍然可以把帝国教会作为其施政工具。但同样可以肯定的是，在1122年后，奥托-萨里安教会体制作为跨界统治最重要前提的法律基础已不复存在。

斯陶芬家族崛起为中世纪盛期帝制的最后巅峰

1125—1137 年	来自叙普林根堡的洛塔尔三世在位,1133 年加冕为帝。
1127 年	斯陶芬家族的康拉德成为对立国王。
1134/1135 年	斯陶芬家族来自士瓦本的弗里德里希和康拉德不得不承认洛塔尔三世。
1138—1152 年	康拉德三世在位,第一位获得王冠的斯陶芬家族成员。
1142 年	康拉德三世承认韦尔夫家族的"狮子"亨利登基为萨克森公爵。
1147 年	康拉德三世参加第二次十字军东征,克莱尔沃的圣伯纳德带路。
1148 年	康拉德三世与拜占庭帝国结盟。
1152—1190 年	"红胡子"弗里德里希一世在位,1155 年加冕为帝。
1153 年	弗里德里希一世与教皇欧根三世签署《康斯坦茨协议》。
1154 年	"狮子"亨利占有巴伐利亚公国。
1154/1155 年	弗里德里希一世第一次前往意大利。
1156 年	巴本堡人得到东部边区(后来的奥地利),拥有公国的广泛特权。
1156—1157 年	来自达赛尔的莱纳尔德成为帝国首相,1159

	年成为科隆大主教。
1157 年	在贝桑松举行帝国大会,对教皇书信及其有关帝制的观点表示不满。
1158—1162 年	弗里德里希一世第二次前往意大利。
1158 年	在隆卡利亚召开帝国大会,宣布帝国法。
1162 年	摧毁米兰。
1166—1168 年	弗里德里希一世第四次前往意大利。
1167 年	在罗马城外遭遇瘟疫灾难。
1176 年	"狮子"亨利在基亚文纳拒绝为弗里德里希一世的第五次意大利进军提供帮助;皇帝在莱尼亚诺战败。
1177 年	弗里德里希一世与教皇亚历山大三世缔结《威尼斯和约》。
1180 年	审判"狮子"亨利。
1183 年	弗里德里希一世与上意大利城邦达成《康斯坦茨和约》。
1186 年	亨利六世与西西里岛的康斯坦斯结婚。
1189 年	弗里德里希一世动身出发,参加十字军东征。
1190—1197 年	亨利六世在位,1191 年加冕为帝。
1191 年	亨利六世第一次进军意大利;在那不勒斯战败。
1192 年	英国国王"狮心"理查在维也纳被捕。
1194 年	英国国王在缴纳高额赎金后被释放;亨利六世在巴勒莫加冕为西西里王国的国王。

1196 年	亨利六世的"世袭制帝国方案"失败；他选择还不到两岁的儿子弗里德里希为德意志国王。
1197 年	西西里反对亨利六世的暴动失败。
1198 年	双重选举：士瓦本的菲利普（1198—1208 年在位）；韦尔夫家族的奥托四世（1198—1218 年在位，1209 年加冕为帝）。
1200/1201 年	教皇英诺森三世决定支持奥托四世；对批准权提出诉求。
1208 年	在菲利普被谋刺后，奥托四世被普遍认可。
1212—1250 年	弗里德里希二世在位，1220 年加冕为帝。
1212 年	弗里德里希二世前往德意志的冒险之路开始，目的是让奥托四世的王位面临争议。
1214 年	奥托四世与英王在布汶败给了法王"奥古斯都"腓力二世。
1215 年	弗里德里希二世应允参加十字军东征。
1220 年	弗里德里希二世与教会诸侯结盟，亨利七世被选举为国王。
1226 年	《里米尼金玺诏书》批准德意志骑士团的特权。
1227 年	教皇格雷戈里九世将弗里德里希二世开除出教。
1228/1229 年	弗里德里希二世参加十字军东征；缔结有关把耶路撒冷归还给基督教徒的协议。
1230 年	弗里德里希二世与教皇在圣杰尔马诺调解。
1232 年	发布有利于诸侯的法律；对此，亨利七世表示

	反对。
1235 年	皇帝向德意志的进军取得胜利;亨利七世被废黜,并遭到监禁;缔结《美因茨帝国和约》。
1239 年	弗里德里希二世再次、并最终被教皇开除出教。
1245 年	里昂宗教会议废黜皇帝弗里德里希二世。
1246 年	弗里德里希二世把奥地利公国并为帝国采邑。
1247 年	来自荷兰的威廉伯爵在德意志被选为对立国王。
1248 年	弗里德里希二世在帕尔马战败。

1125 年的继承法规证明,长达一个世纪的萨里安王朝统治,业已不足以用继承权来抵制高等贵族的选举权。对此,我们大可不必将之视作德意志人的"民族"不幸。不过,此处也存在着一种有别于西欧王国发展道路的本质差异。

1125 年,亨利五世去世后,士瓦本公爵弗里德里希二世及其兄弟康拉德拥有最直接的继承权。他们同时又是亨利四世之女阿格内斯与斯陶芬的弗里德里希的婚生子。但是,选侯们却决定支持萨克森公爵叙普林根堡的洛塔尔(1125—1137 年在位)。不过,这种场景并不等同于稍后出现的"跳跃式"选举。事实上,它没有选举一个(所谓)特别虚弱的继承者,而是在反萨里安家族的公爵反对派中挑选了一个最强者。尽管康拉德的对立王国(1127 年结束)能够把影响力扩散到王国南部,但洛塔尔仍然占领了纽伦堡、施佩耶尔和乌尔姆,赢得了斯陶芬家族的关键领地。弗里德里希(1134 年)

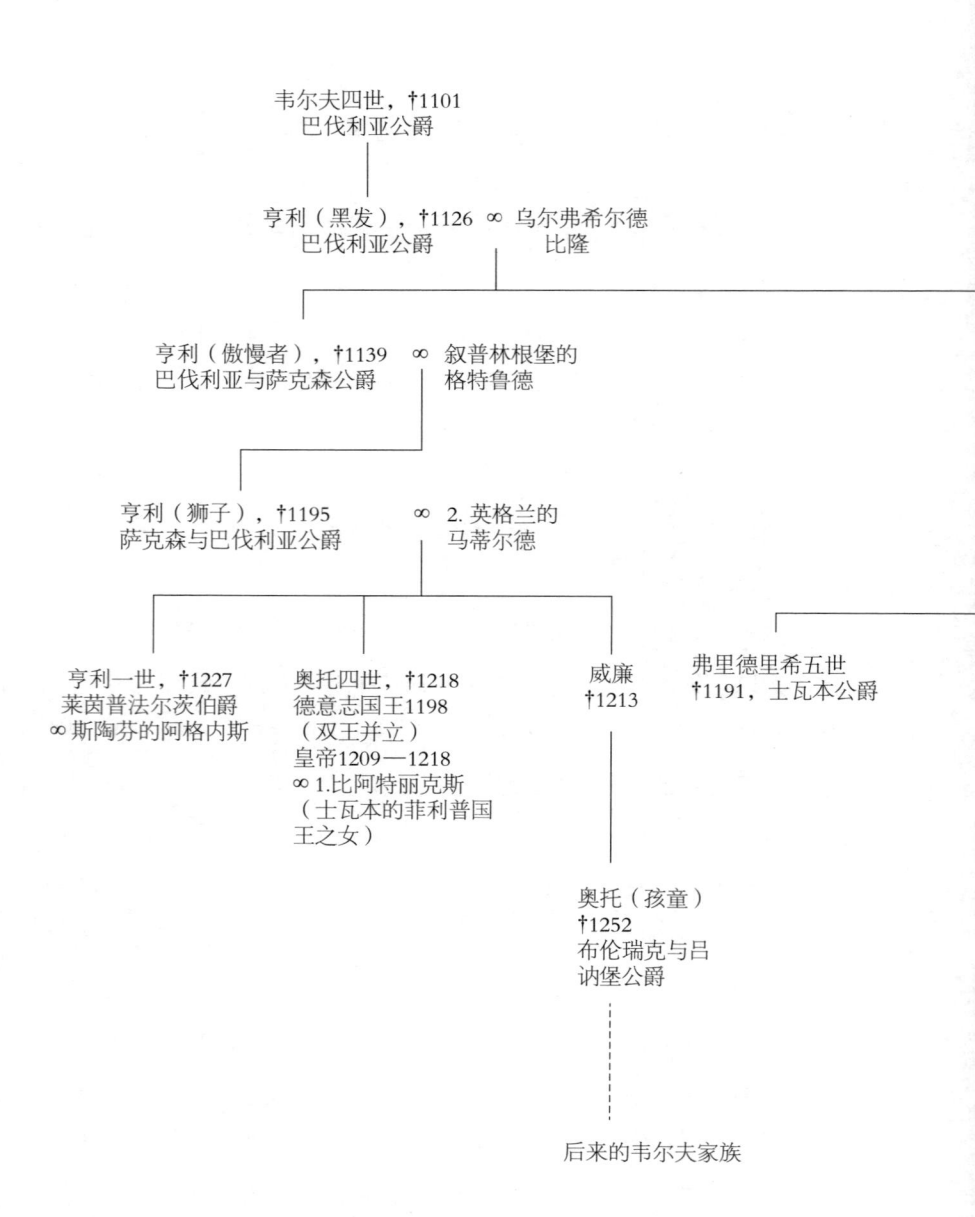

德意志史

```
                    韦尔夫四世，†1101
                    巴伐利亚公爵
                         │
            亨利（黑发），†1126 ∞ 乌尔弗希尔德
            巴伐利亚公爵              比隆
                         │
      ┌──────────────────┼──────────────────────────────────────┐
      │                                                         │
   亨利（傲慢者），†1139 ∞ 叙普林根堡的
   巴伐利亚与萨克森公爵      格特鲁德
            │
            │
      亨利（狮子），†1195 ∞ 2. 英格兰的
      萨克森与巴伐利亚公爵      马蒂尔德
            │
  ┌─────────┼──────────────┬─────────┐                    │
  │         │              │         │                    │
亨利一世，†1227  奥托四世，†1218    威廉            弗里德里希五世
莱茵普法尔茨伯爵 德意志国王1198   †1213          †1191，士瓦本公爵
∞斯陶芬的阿格内斯（双王并立）
                皇帝1209—1218
                ∞1.比阿特丽克斯
                （士瓦本的菲利普国
                王之女）

                              奥托（孩童）
                              †1252
                              布伦瑞克与吕
                              讷堡公爵
                                 ┊
                              后来的韦尔夫家族
```

斯陶芬家族与韦尔夫家族

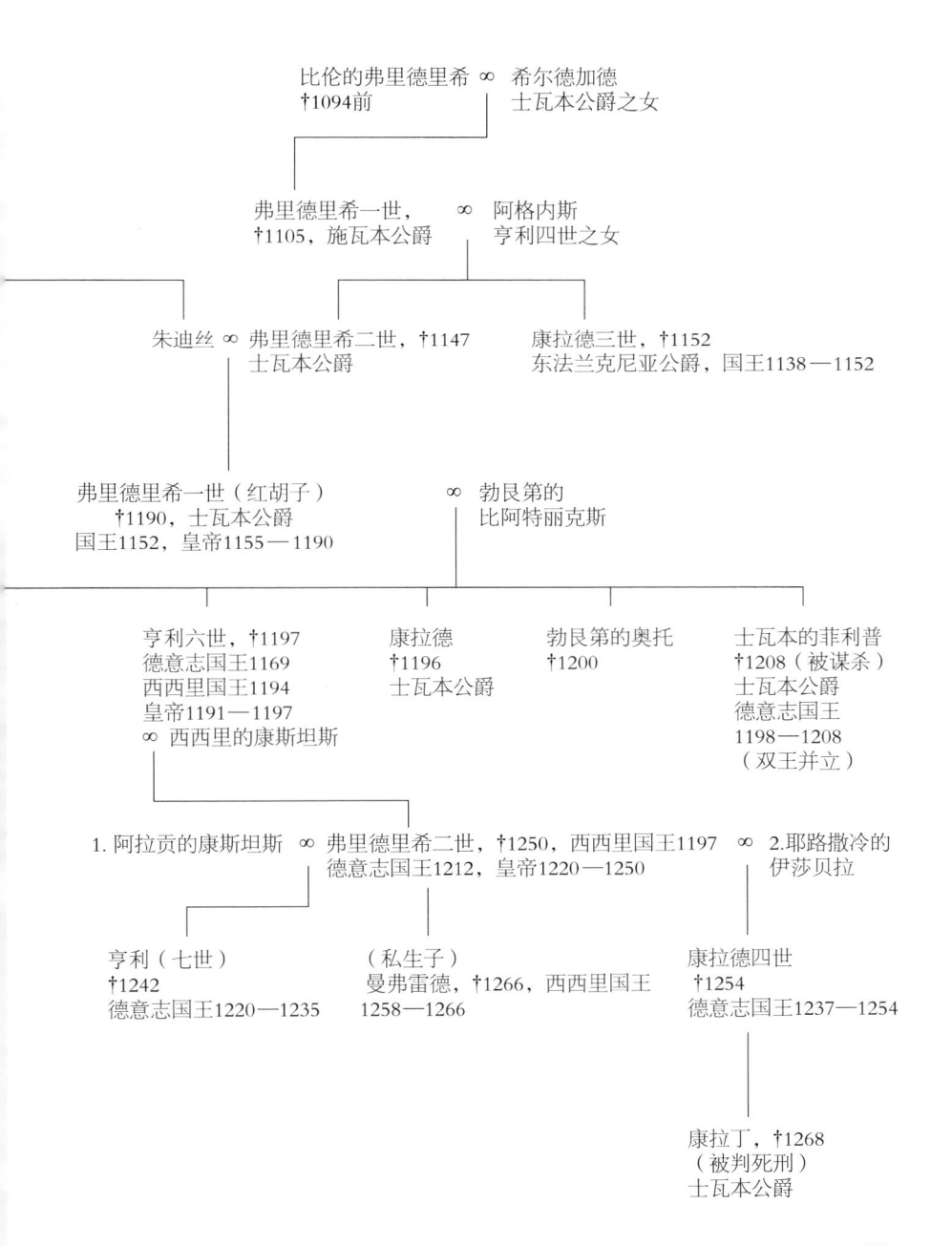

第一章　中世纪早期与盛期（6—13世纪）

比伦的弗里德里希 ∞ 希尔德加德
†1094前　　　　　士瓦本公爵之女

弗里德里希一世，　∞　阿格内斯
†1105，施瓦本公爵　　亨利四世之女

朱迪丝 ∞ 弗里德里希二世，†1147　　康拉德三世，†1152
　　　　　士瓦本公爵　　　　　　东法兰克尼亚公爵，国王1138—1152

弗里德里希一世（红胡子）　　∞　勃艮第的
†1190，士瓦本公爵　　　　　　　比阿特丽克斯
国王1152，皇帝1155—1190

亨利六世，†1197　　　康拉德　　　勃艮第的奥托　　士瓦本的菲利普
德意志国王1169　　　†1196　　　†1200　　　　　†1208（被谋杀）
西西里国王1194　　　士瓦本公爵　　　　　　　　　士瓦本公爵
皇帝1191—1197　　　　　　　　　　　　　　　　　德意志国王
∞ 西西里的康斯坦斯　　　　　　　　　　　　　　　1198—1208
　　　　　　　　　　　　　　　　　　　　　　　　（双王并立）

1.阿拉贡的康斯坦斯 ∞ 弗里德里希二世，†1250，西西里国王1197 ∞ 2.耶路撒冷的
　　　　　　　　　　德意志国王1212，皇帝1220—1250　　　　　　伊莎贝拉

亨利（七世）　　（私生子）　　　　　　　　　　康拉德四世
†1242　　　　　曼弗雷德，†1266，西西里国王　　†1254
德意志国王1220—1235　1258—1266　　　　　　　德意志国王1237—1254

　　　　　　　　　　　　　　　　　　　　　　　康拉丁，†1268
　　　　　　　　　　　　　　　　　　　　　　　（被判死刑）
　　　　　　　　　　　　　　　　　　　　　　　士瓦本公爵

55

和康拉德（1135年）最终不得不表示屈服。不过，由于洛塔尔三世的统治时期较短，1138年便出现了王朝更迭，因而我们很难确切知道，他在阿尔卑斯山南北两麓所推行的帝国政策，是否在事实上开辟出一条新路，以至于德意志历史有可能出现新方向。当然，他所留下的影响力主要体现在"向斯拉夫地区进军"的号召——这是12世纪全面展开的东部殖民运动的序幕——及其亲教皇政策之中。洛塔尔作为教皇封臣的名声，为教会将来抵制国王及皇帝的要求提供了合法性依据。

在首次冲击皇冠失败后，随着康拉德三世（1138—1152年在位）被选举为皇帝，位于帝国西南部的富裕家族斯陶芬终于脱颖而出。它曾经作为萨里安家族的追随者而崛起，但它绝非（如同早先浪漫主义式的解释那样）来自于小家族甚或拥有奴隶身份。新王朝继续寻求把一个普世性的帝制确立为现实性的政治强国，并且延续着带有加洛林-奥托王朝印痕的传统。当然，在为该目标努力时，也出现了一些新形式的、"现代的"方式，特别在弗里德里希二世统治时期——这些措施使得后世在评价斯陶芬王朝时存在着大量争议。其中，时常占据主导地位的，是下列完全反历史性的问题：这个王朝究竟在多大程度上主导着一个集权式的"民族性的德意志"王国？而斯陶芬家族在西欧所推行的"统治世界方案"却受到了错误理解——这一点不断为人所忽视。1871年德意志帝国建立及其对中世纪帝制的错误回顾，使得人们对这一时期的记忆不断受到连累。

确切地说，斯陶芬王朝统治的开端是比较糟糕的。主教叙任权之争的后果之一是，领地统治权（即此前所谓的"世袭领地"）成为事实上拥有行动能力之王国的最重要前提。就此看来，康拉德三世的实力显然弱于他的最重要对手：韦尔夫家族的公爵"骄傲者"亨利——后者控制着两个公国，即萨克森与巴伐利亚。斯陶芬派与韦尔夫派在整个帝国境内的激烈冲突，削弱了两者的自身实力。1142年，"狮子"亨利在尚未成年时，便被康拉德三世任命为萨克森公爵。但即便如此，国王终其一生，都未能达到形式上的均衡状态。至少从主观上而言，当时人把这种持久混乱的状态视作危机与崩溃的标志，是不无道理的。

康拉德三世试图弥补其王国在"领地"上的不足。首先，他在法兰克尼亚组织了一个向东扩展的王国领地。根据萨里安传统，他在那里把宫廷侍从优先确立为管理者，并推行当时流行的开垦运动。移居到那里的农民被置于他的直接统治之下，而作为中间管理者的高等贵族则被排除在权力体系之外。康拉德三世以此方式，提前表露出未来斯陶芬家族继承政策的倾向，并且取得了首次胜利。不过，为了有利于王国而推行的显性权力转移之举，却收效甚微。

尽管康拉德三世在同韦尔夫家族的冲突中极少占据上风，但他仍然让自己适应于皇帝身份。这一点表现在他参与到第二次十字军东征（1147—1149年）的行动中。这是由来自克莱尔沃的圣伯纳德所提议的，康拉德三世同拜占庭皇帝也进行了成功谈判，但行动本身却与教皇意愿相反：康拉德最终得到了当时还没有习惯使用的头衔"罗马帝国永远的奥古斯都"（rex Romanorum semper augustus）。这种把德意志王国与罗马帝国联系起来的做法，事实上是反历史性的，但他却以此提出了对整个"帝国"的统治权，其中囊括了意大利与勃艮第，而且继承方式只能通过国王选举，而无需教皇的正式授权。由此，康拉德三世呈现了斯陶芬家族皇帝政策的根本所在。

其整套宏大方案的关键是与拜占庭合作，共同抵制意大利南部的诺曼人。然而这种方案并没有被付诸实践。德意志帝国领土的教会立场、国王及皇帝在日益形成的欧洲权力系统中的地位，同样也是一系列悬而未决的问题。

幸亏此前与韦尔夫家族达成妥协，"红胡子"弗里德里希一世（1152—1190年在位）才于1152年初毫无困难地当选皇帝。这同时也宣告帝国统治进入到一个普遍稳定时期。与此相应，此前两个最重要的任务（即内部平衡，对外阐明帝国与教廷之间的关系）也进入到处理阶段。

当时，高等贵族已经无法上升为公爵等级，因为根据分封制度，公爵只能由统治者的后代来担任。弗里德里希一世则与高等贵族合作，试图中断萨里安王朝的对立路线，转而推行一种利益均衡政策，由国家来批准任何合法诉求。由此而受益者包括：策林根家族（贝特霍尔德四世的帝国辖权位于勃艮第）、韦尔夫六世（帝国辖权位于意大利），特别是"狮子"亨利，都与"红胡子"有着紧密合作关系。韦尔夫家族尤其在奥登堡、拉策堡与梅克伦堡传教主教区中，特别是巴伐利亚公国（1154年）中，获得了国王所认可的授职权（即国王拥有的授予和转交职务的权利）。巴本堡人"天地良心"亨利虽然失去了巴伐利亚公爵的头衔，但也获得了令人满意的补偿：这个从10世纪开始发展的巴本堡东部边区自此与巴伐利亚脱离，崛起为大公国（1156年）。在相关的证书（privilegium minus）上，公爵权限得到强化（司法权、继承权），而它相对于帝国的义务却被削减。回头来看，这是通往诸侯邦国分立体制发展中的重要一步，同样也是奥地利特殊发展的特别之处。

第一章　中世纪早期与盛期（6—13世纪）

缩小古老的巴伐利亚部族公国的做法，并非偶然之举。数年后，这一点在皇帝处理韦尔夫位于帝国北方之领土中得到证实。弗里德里希与"狮子"亨利最初亲密无间——在研究中，这一幕被视作"王国"（regnum）一分为二——但在1175年，两人关系却陷入危机中。韦尔夫家族拒绝在基尔维纳提供进一步援手，来进攻意大利（1176年），这便是清晰明了的信号。此前，萨克森人曾多次向"红胡子"控诉亨利，但皇帝都置之不理。而现在，这种控诉便成为具有政治动机的审判公爵进程之起点。1180年初，所有帝国封臣（甚至包括巴伐利亚与萨克森）都认同这一审判结果。尽管它或许并非是法律意义上的"强制归还"，但弗里德里希一世的两个公国仍然出于政治考虑而被再度交出，且遭到了分割：新的威斯特伐伦公国得到了科隆大主教管区，缩小的萨克森给了边区伯爵安哈特的伯恩哈德；在巴伐利亚，维特尔斯巴赫的奥托得到委任，而从巴伐利亚分离出来的施蒂利亚则由皇帝擢升为公国。

1156年和1180年的措施是出于政治方案的考虑，即皇帝与获得特权的公爵紧密合作，分割大型部族公国。这些特权的所有者应该通过分封权与政治利益均衡，始终与帝国首脑捆绑在一起。然而这种纽带后来被证明是虚弱不堪的。出乎"红胡子"的意料之外，12世纪后半叶所创造的条件，使得德国不同于西欧，出现了领地范围内的现代国家特性。

当然，"王国"内部对于公爵权力的诉求，并不意味着这些公爵完全无视弗里德里希一世的统治权。后者还通过他的勃艮第（1156年）和东部边界（1157年的波兰战役）的存在，特别是他的教会政策与领地政策，显现了自己的权势。从一开始，他便数次成功地在帝国境内建立亲近斯陶芬家族的主教区,并由此证明,他在拥有直接控制教会主权的问题上坚定不移。此外,他还成功地让帝国教会以完全前所未有的方式来为其政策服务,例如照料宫廷、跟随军队前往战场、处理外交事务。

在领土政策方面,弗里德里希一世大幅度地扩大了康拉德三世的意图。从联盟通道,经过博登湖地区、上莱茵、莱茵河–美因河地区、埃格兰,直至图林根与萨克森,出现了一个帝国领土复合体。这块区域大部分由皇帝的侍从加以管理。不过,大面积兼并直至形成"国王之国"的努力从未成功过,甚至国王也未曾想过要如此为之。当然,在这种扩张政策的范畴内,自然也涉及当时莱茵河以东地区业已出现的大规模城市之兴起。有关"红胡子"与市民阶层之间的关系如何成为具有发展能力的权力因素之问题,已经得到过不少讨论。在这里,他自然也身处其时代的困境之中,即在皇帝依仗主教城市领主服务的那些地方,他很难作为"市民自由"的促进者身份而出现;不过在皇帝直接施加统治的那些地方,如同在哈格瑙、盖尔豪森、亚琛,他便可以借助慷慨的特权赐予之举来持续性地推动物质发展。弗里德里希一世在同贸易、市场、口岸、商人、货币之间的打交道上——简言之,在同日益完善的"经济"的紧密关系方面——远胜于任何前任。

同样,在面对教廷时,弗里德里希一世也首先踏上了谈判之路,并最终在《康斯坦茨协议》(1153年)中实现了西方基督教世界政教元首之间的暂时性谅解。与此相关的是他的意大利之行。这在政治上别无选择,因为帝国在阿尔卑斯山以南地区重新确立统治权,在经济和财政方面都是一个颇具吸引力的目标。经过协商而进行的皇当强权政策的解决方法被证明无法实现后（1176 年在莱尼亚诺战败），皇帝开始启动谈判，并与教皇缔结《威尼斯和约》(1177 年），与伦巴德人的城市缔结《康斯坦茨和约》(1183 年）。"红胡子"不得不放弃建立一种大范围统治的设想，许诺让米兰及其结盟城市继续拥有自治权，特别是拥有经济特权。当然，我们并不能称之为皇帝政策的完全失败。弗里德里希一世仍然确保了一种强大地位，尤其是在意大利中部地区，而且他的形象也未曾受到负面影响。这种让步协议同样反映在产生众多影响的儿女婚姻中，即弗里德里希一世之子亨利六世迎娶西西里的康斯坦斯，而后者此时已经很可能成为诺曼王国的女继承人。

弗里德里希一世试图为了基督教世界而把 1187 年被萨拉丁占领的耶路撒冷夺回来，但最终于 1190 年 6 月 10 日死于小亚细亚——此事经常被人们刻画为一首终结之曲。然而，这份或许经过精心策划的十字军进攻方案，应该标志着"红胡子"普世统治的巅峰，而非终点。若我们从事实上的成功与否来看，这不过是毫无意义的猜测而已；但皇帝死后远征军分崩离析的事实却也清楚地证明，个人化的中世纪盛期历史之叙述也是有道理的。"红胡子"作为西方普世性皇帝理念的伟大代表之意义，不会由于后人对其个人的滥用而被贬低。

弗里德里希一世之子亨利六世（1190—1197 年在位）的短暂统治期，被视作斯陶芬家族帝国政策的巅峰时代。不过，就在他的执政初期，如同往常那样，国王－皇帝的权力潜能之局限暴露无遗。当"狮子"亨利提前从英国流放地回国后，国王不得不做好妥协安排，以便能够保住 1189 年留下来的西西里岛遗产。虽然他在罗马进行了

第一章 中世纪早期与盛期（6—13世纪）

帝加冕仪式，在罗马成功举行（1155年）。在此之后，"红胡子"与教皇哈德良四世（1154—1159年在位）之间的关系恶化了。由于皇帝拒绝教皇提出的共同抵抗诺曼人的建议，至今为止的对峙情势发生了逆转，教皇转而与诺曼人国王威廉签订了条约（1156年，贝内文托）。

如同此前那样，精神世界与世俗世界的最高领袖之间的互不信任感不断加深，并在贝桑松召开的帝国大会（1157年）上一览无遗。首相达塞尔的莱纳尔德曾在这些年间共同制定了帝国政策。当他在教皇信件中发现"beneficium"这一与皇冠加冕相关的术语被译为"分封"（Lehen）而非"赐福"（Wohltat）时，他唤起了上述情绪，并在宣传方面试图发起反教皇体制的行动。随后几年，在皇宫内，完全是在上述意义上，出现了一种被高度期待的皇帝-帝国理念，其中包括"皇帝的地位高于一切"这样的构思。它不能被诠释为皇帝对世俗统治权的具体要求，但对德意志邻国却产生了持久性的负面影响。

从意识形态的上层建构来看，从1158年（第二次意大利之行的开端）起，[帝国] 开始重新确立它在意大利的权利。弗里德里希一世在首度占领米兰后，于隆卡利亚召开的帝国大会宣布统治纲领一事，被后人解释为"以集权主义为目标的帝制统治在帝国的意大利地区建成"（A. 哈弗坎普 [A. Haverkamp] 语）。随后，皇帝与上意大利地区的城市之间爆发了多年冲突，最终导致了一系列具有戏剧性效果的事件发生，如1159年的教派分裂、1162年米兰被摧毁、1167年皇帝军队中爆发疫情灾难。这样的冲突不是反动与进步之间的碰撞，而必须被解释为相对的政治-经济利益之结局。

加冕，但他太过虚弱，无法应对诺曼人莱切的坦克雷德对王位的争夺之战。在那不勒斯，亨利六世不得不回撤军队。在此之后，皇帝对主教职权的干涉，又在德意志引发了一场大范围的、由韦尔夫家族与英格兰人反对派共同支持下的暴动。直到出现了一次并不算完全偶然性的幸运事件——即被宣布为帝国敌人的英国国王"狮心"理查在从十字军征战回国之路上被捕（1192年在维也纳）——斯陶芬家族才从上述危境中解脱出来。英国国王在1194年被释放之前，受到了皇帝的无情压榨：理查必须为其王国进行采邑效忠宣誓，并支付巨大银币作为赎金。

此举证明斯陶芬家族的皇帝政策向南转移。因为亨利六世用这笔银币重新获得了西西里，并在第二次进攻中以在巴勒莫大教堂加冕为帝来确保胜利（1194年底）。几乎与此同时，其子康斯坦丁-罗格尔（即后来的弗里德里希二世）出生——对于斯陶芬家族的统治而言，此事意味着该家族确保了它对西西里的世袭君主统治权，并由此扩大了德意志的统治范围。然而，亨利六世企图借助"世袭制帝国方案"来永久性确保本家族拥有德意志皇冠的尝试，却以失败告终——抵制力量更多来自教皇，而非王公贵族。

当上述政治方案面对日益紧张化的局面及十字军征战爆发时，亨利六世于1197年出人意料地因疟疾驾崩一事，不啻为斯陶芬家族的王朝灾难；或许对于德意志历史而言，它也是一次命运转折。尽管如此，所有关于"世袭制帝国方案"的成功可能性及其影响的思考，仍然只是猜测而已。

亨利六世过早驾崩的直接后果是一场新的斯陶芬家族和韦尔夫家族之间的王位之争。在这场争议中，参与者远远超越了选侯。一直受到关注的"欧洲化"强行从德意志王国与普世性皇帝政策之间的联系中产生，而后者的诉求超越了帝国边界。对于英法两国的国王而言——他们正处于争夺英国的大陆领地之战——1197/1198年的王位继承权问题关系到自己的合法利益。教皇也是如此，他试图从中找到一种与未来西方基督教世界的最高统治者保持可接受之平衡的途径。

支持斯陶芬家族继承权的庞大团体并不准备支持弗里德里希二世，而是决定支持"红胡子"的儿子士瓦本的菲利普（1198—1208年在位）。相反，在英国的支持下，帝国西北部反斯陶芬家族的团体选举"狮子"亨利的儿子奥托四世（1198—1218年在位）。不过，后者的统治能力在本质上而言远胜于至今为止的研究所做之评价。

在这种权力政治无法做出决断的情势下，英诺森三世（1198—1216年在位）这位中世纪的伟大教皇，从根本上扩大并更为清晰地构思了精神领袖的世俗权限。他从教皇距离上帝最近的理论出发，推导出具体的权利诉求，即皇冠的支配权、审查权及否决德意志国王选举的权利。在1200/1201年之交教皇决定选择奥托四世为德意志国王时，他提到了一些拥有优先选举国王权的贵族——这是稍后选侯大会的先声。但从政治上而言，韦尔夫家族的统治并未由此实现。菲利普的胜利看上去得到了确保，直至他在班贝格被刺身亡（1208年），此时才需要根本性的转变。该年秋天，奥托四世得以重申继承权，这一次他在无人反对的情况下当选为王。此次继承之争的历史意义，并非在于时常为人所抱怨的"帝国财富被廉价抛售"，而弗里德里希二世迅速赎回；从长期来看，更重要的是在王朝更迭外，依教规确立了教皇对德意志国王选举之影响。由此，在13世纪晚期和

第一章 中世纪早期与盛期（6—13 世纪）

14 世纪，德意志人重新确立一位具有行动能力的国王之努力不断遭遇困境。

正如一个世纪之前的国王亨利五世那样，现在，卓有成就的教皇保护人转变到传统的皇帝政策轨道中——其证据在于，在同时代人眼中，并不存在任何现实性的替代选择。当奥托四世在罗马加冕为帝（1209 年）后，不顾教皇破门令的威胁而占领意大利南部时，英诺森三世在法国国王的影响下，重新转向了斯陶芬家族——而就在不久之前，教皇还把斯陶芬家族贴上"教会迫害者的后代"的标签。1196 年，他宣布由一批反韦尔夫家族的贵族团体选举产生的德意志国王弗里德里希二世为未来皇帝（1211 年加冕）。有关弗里德里希二世如何与返回德意志的韦尔夫家族进行冒险竞争，时常得到十分详尽的描述。不过，当他幸运到达康斯坦茨宣布自己迅速获胜时，除了个人魅力外，我们也不能忘记其他重要因素：如教皇的支持及来自法国国王腓力二世（1180—1223 年在位）的资金。弗里德里希二世在布汶（1214 年）对奥托四世与英国国王的胜利是具有决定性意义的。奥托四世这位韦尔夫家族的国王为人所遗忘，最终于 1218 年在哈尔茨堡去世。

人们在未受世界观的局限下拔高或魔化弗里德里希二世（1212—1250 年在位），使他成为中世纪最令人着迷的统治形象之一。他的语言能力、学术兴趣及其视野广度，使之在其时代中拥有着一个特殊地位，但却不能被视作一个遥远未来的奇怪征兆。完全不合情理的事情是，人们时常对其是否属于德意志历史提出疑问：事实上，正是由于他的西西里-德意志出身，使之以完全理想化的方式符合了中世纪盛期有关普世皇帝的构想——而这种构想不可能受到"民族"的限制。

尽管弗里德里希二世对地中海空间抱有统治兴趣，但他在阿尔卑斯山以北的帝国区域史上同样留下了深深的痕迹。为了保证其子亨利（七世）（1220—1235年在位，卒于1242年）被选为国王，并由此确保帝国与西西里王国之间的权力统一性，他应允帝国教会诸侯在各自领地内拥有独自行使重要的、且符合经济-财政利益的主权，例如铸币权、收税权——为此，1220年，他与教会诸侯结成联盟。这种权力让渡并非意味着德意志邦国分立体制的开端，而是通过对现存状态的认可，来作为政教合作的前提。弗里德里希二世此举之意义，体现在其子亨利（七世）的命运中。当后者试图追求一种独立的（领土）政策时，便与帝国世俗诸侯们处于对峙状态。1231年，这些帝国世俗公爵要求他们被授予教会诸侯于1220年获得的被确保的同等地位。对此，弗里德里希二世颁布了法令（1232年"有利于公爵的立法"），批准了上述请求。被迫屈从的皇储发动了反对皇帝的短暂暴动，但最终被废黜，并被监禁（1235年）；有关他在意大利南部去世的情形（1242年）仍然不甚明了。

然而，皇帝与诸侯之间的利益平衡只不过初看起来令人惊讶，实际上斯陶芬家族在阿尔卑斯山以北强化及扩张的帝国权力并未由此结束。对此，相关证据不仅表现在皇帝向东北方向延伸统治利益——1226年，他把吕贝克提升为帝国城市，并授予德意志骑士团在东普鲁士的特权——而且还体现为斯陶芬家族成功的领土政策及帝国领地政策特别引人关注。少数遗留下来的证据（如1241年的帝国税收条目）表明，至少最初，改造一种文本化管理便属于上述政策。1235年弗里德里希凯旋回归德意志，批准当时业已颁布的《美因茨帝国和约》，把皇储康拉德四世选举为罗马-德意志国王，1236年计划并于1246年实施的兼并奥地利公国之举——所有这一切都强烈地表明，虽然1220年和1232年皇帝在诸侯特权方面做了所谓让步，但帝国权力在某些程度上仍然是存在的。同样，正是因为弗里德里希二世在原则上保证了帝国诸侯们的地位，他才能在自己长期缺位的情况下，让其针对阿尔卑斯山以北地区的政策有利于斯陶芬王朝。

不过，斯陶芬家族的命运以及由此相关的德意志历史之发展，是在意大利得到决断的。弗里德里希二世于1220年完成了皇帝加冕后，确保了自己在西西里王国的统治，并开始改造中央管理机构（以及经济部门）。然而与此同时，他却挑起了同教廷之间的第一次严重冲突。由于弗里德里希二世一再推迟1215年便已应允的十字军出征，教皇格雷戈里九世（1227—1241年在位）将之驱逐出教会。尽管如此，皇帝仍然于1228年攻破圣地，并通过与埃及素丹阿卡米尔协商的方式，令人惊讶地让耶路撒冷回归到基督教徒手中（1229年）。1230年，他在《圣杰尔马诺和约》中再次与教皇达成一致立场。不过，皇帝把南方得以确保的基础从上意大利分离出来、重新置于自己的权力控制之下的尝试，却最后以失败告终：因为教廷从自身立场出发，无论如何都不会让这个致命的包围圈成形。1239年，弗里德里希二世再次被教皇逐出教门。紧随而至的是皇宫与教廷之间的恶语相向，接着又是双方之间互相道歉——这些正是不少弗里德里希二世神话的源头所在，例如他对伊斯兰教的隐秘崇拜。由于教皇英诺森四世（1243—1254年在位）的努力，斯陶芬家族在里昂宗教会议上所推行的法定程序被中止（1245年）。尽管弗里德里希二世在此之后遭到打击，并在帕尔马战败（1248年），但他在意大利的地位却未曾受到严重威胁。正在此时，年仅56岁的皇帝却出人意料地驾崩了（1250年）。至于斯陶芬家族在西西里王国的稳定统治权，在弗里德里希二世之子曼弗雷德于1266年贝内文托战役中输给教皇支持下的"冒牌者"安茹的查理后，也不复存在了。即便弗里德里希二世之侄康拉丁（1268年在那不勒斯被处死）曾完成斯陶芬家族的最后一次意大利征战，而且也拥有着依然较强的斯陶芬家族追随者的支持，但他的事业也不过是毫无成功远景的冒险之举而已。

对于德意志历史而言，斯陶芬家族的衰落意味着某种程度上的重要分期，但它并非是一场灾难。最终失败的首先是当时有关一种普世帝制的中世纪构想，随后则是在德意志——德意志王国（Regnum Teutonicum）——推行一种有效国王统治的方案。对于阿尔卑斯山以北的帝国而言，从现在开始，不得不发展另一种组织形式。

文献指南

总体状况

1. 威廉·阿贝尔（Wilhelm Abel）:《农业危机与农业繁荣：中世纪盛期以来中欧土地经济与食品经济的一段历史》(*Agrarkrisen und Agrarkonjunktur. Eine Geschichte der Land- und Ernährungswirtschaft Mitteleuropas seit dem hohen Mittelalter*)，第3版，重新编辑与增补，汉堡/柏林，1978年。
2. 克劳斯·阿诺尔德（Klaus Arnold）:《中世纪与文艺复兴时期的儿童和社会》(*Kind und Gesellschaft in Mittelalter und Renaissance*)，帕德伯恩/

慕尼黑，1980年。

3. 赫尔曼·奥宾、沃尔夫冈·察恩（Hermann Aubin & Wolfgang Zorn）主编：《德意志经济社会史手册》（*Handbuch der Deutschen Wirtschafts- und Sozialges-chichte*），第1卷，"从早期到18世纪末"（*Von der Frühzeit bis zum Ende des 18. Jahrhunderts*），斯图加特，第2版，1978年。

4. 阿诺·鲍尔斯特（Arno Borst）：《中世纪的生活形式》（*Lebensformen im Mittelalter*），美因河畔法兰克福，第12版，1987年。

5. 卡尔·博斯尔（Karl Bosl）：《突破中的欧洲：10—14世纪的统治、社会、文化》（*Europa im Aufbruch. Herrschaft, Gesellschaft, Kultur vom 10. bis zum 14. Jahrhundert*），慕尼黑，1980年。

6. 卡尔·博斯尔（Karl Bosl）：《中世纪历史中的社会》（*Die Gesellschaft in der Geschichte des Mittelalters*），哥廷根，第4版，1987年。

7. 卡尔理查德·布吕尔（Carlrichard Brühl）：《公元6世纪到14世纪中叶法兰克帝国及其后续德意志、法兰西、意大利王国的经济基础研究》（*Fodrum, gistum, servitium regis. Studien zu den wirtschaftlichen Grundlagen des Königtums im Frankenreich und in den fränkischen Nachfolgestaaten Deutschland, Frankreich und Italien vom 6. bis zur Mitte 14. Jahrhunderts*），2卷本，科隆/格拉茨，1968年。

8. 约阿希姆·布姆克（Joachim Bumke）：《中世纪盛期的德意志文学》（*Geschichte der deutschen Literatur im hohen Mittelalter*），慕尼黑，1990年。

9. 卡尔洛·M.齐波拉、克努特·博夏尔特（Carlo M. Cipolla & Knut Borchardt）主编：《欧洲人口史》（*Bevölkerungsgeschichte Europas*），慕尼黑，1971年。

10. 卡尔洛·M.齐波拉、克努特·博夏尔特（Carlo M. Cipolla & Knut Borchardt）主编：《欧洲经济史》（*Europäische Wirtschaftsgeschichte*），第1卷，"中世纪"（*Mittelalter*），斯图加特/纽约，1983年。

11. 艾迪特·艾嫩（Edith Ennen）：《中世纪的欧洲城市》（*Die europäische Stadt des Mittelalters*），第4版，增补与修订版，哥廷根，1987年。

12. 艾迪特·艾嫩（Edith Ennen）：《中世纪的妇女》（*Frauen im Mittelalter*），第 4 版，修订与增补版，慕尼黑，1991 年。

13. 艾迪特·艾嫩、瓦尔特·詹森（Edith Ennen & Walter Janssen）：《德意志农业史：从新石器时代到工业时代开端》（*Deutsche Agrargeschichte. Vom Neolithikum bis zur Schwelle des Industriezeitalters*），威斯巴登，1979 年。

14. 汉斯−维尔纳·格尔茨（Hans-Werner Goetz）：《公元 7—13 世纪的中世纪生活》（*Leben im Mittelalter vom 7. bis zum 13. Jahrhundert*），慕尼黑，第 3 版，1987 年。

15. 迪特尔·汉格尔曼、赫尔穆特·施耐德（Dieter Hägermann & Helmuth Schneider）：《农业与手工业，公元前 750 年到公元 1000 年》（*Landbau und Handwerk. 750 v. Chr. bis 1000 n. Chr.*），柏林，1991 年。

16. 阿尔弗雷德·哈弗坎姆普（Alfred Haverkamp）：《十字军征战时代的犹太人与基督教徒》（*Juden und Christen zur Zeit der Kreuzzüge*），西格玛林格，1997 年。

17. 哈里·库内尔（Harry Kühnel）：《服饰与军备图像辞典：从古代东方到中世纪末期》（*Bildwörterbuch der Kleidung und Rüstung. Vom Alten Orient bis zum ausgehenden Mittelalter*），斯图加特，1992 年。

18. 卡尔−海因茨·路德维希、福克尔·施密特辛（Karl-Heinz Ludwig & Volker Schmidtchen）：《金属与权力，1000 年到 1600 年》（*Metalle und Macht. 1000 bis 1600*），柏林，1992 年。

19. 维尔纳·罗森纳（Werner Rösener）：《中世纪的农民》（*Bauern im Mittelalter*），慕尼黑，第 3 版，1987 年。

20. 罗尔夫·施帕朗德尔（Rolf Sprandel）：《中世纪的组织与社会》（*Verfassung und Gesellschaft im Mittalter*），帕德伯恩，1975 年。

21. 卡尔·费迪南德·维尔纳（Karl Ferdinand Werner）：《贵族的诞生》（*Naissance de la Noblesse*），巴黎，1998 年。

22. 哈拉尔德·维特霍夫特（Harald Witthöft）:《货币含金量、小砝码、加洛林重量以及法兰克时代北欧度量制度的确立》（*Münzfuß, Kleingewicht, Pondus Caroli und die Grundlegung des nordeuropäischen Maß- und Gewichtswesens in fränkischer Zeit*），奥斯特菲德尔恩，1984 年。

政治发展的基本特征

1. 戴维德·阿布拉菲（David Abulafia）:《文化间的统治者：霍亨斯陶芬家族的弗里德里希二世》（*Herrscher zwischen den Kulturen. Friedrich II. von Hohenstaufen*），柏林，1991 年。

2. 戈尔德·艾尔特霍夫（Gerd Althoff）:《奥托三世》（*Otto III.*），达姆斯塔特，1996 年。

3. 阿诺尔德·安格奈特（Arnold Angenendt）:《中世纪早期：400—600 年的西方基督教世界》（*Das Frühmittelalter. Die abendländische Christenheit von 400 bis 900*），斯图加特，1990 年。

4. 赫尔穆特·鲍尔曼（Helmut Beumann）:《奥托家族》（*Die Ottonen*），第 2 版，修订与增补版，斯图加特，1991 年。

5. 哈尔特姆特·布克曼（Hartmut Boockmann）:《德意志骑士团：其历史的十二篇章》（*Der Deutscher Orden. Zwölf Kapitel aus seiner Geschichte*），慕尼黑，第 3 版，1989 年。

6. 米夏埃尔·鲍高尔特（Michael Borgolte）:《中世纪的教会》（*Die mittelalterliche Kirche*），慕尼黑，1992 年。

7. 卡尔·博斯尔（Karl Bosl）:《波希米亚地区史手册》（*Handbuch der Geschichte der böhmischen Länder*），第 1 卷，"从古风时代到胡斯革命爆发之间的波希米亚地区"（*Die böhmischen Länder von deer archaischen Zeit bis zum Ausgang der Hussitischen Revolution*），斯图加特，1967 年。

8. 艾贡·鲍斯霍夫（Egon Boshof）:《"虔诚者"路易》（*Ludwig der Fromme*），达姆斯塔特，1996 年。

9. 卡尔理查德·布吕尔（Carlrichard Brühl）:《德意志历史开端》(*Die Anfänge der deutschen Geschichte*)，威斯巴登，1972年。

10. 卡尔理查德·布吕尔（Carlrichard Brühl）:《德国-法国：两个民族的诞生》(*Deutschland – Frankreich. Die Geburt zweier Völker*)，科隆/维也纳，1990年。

11. 彼得·蔡德斯（Peter Csendes）:《亨利六世》(*Heinrich VI.*)，达姆斯塔特，1993年。

12. 弗朗茨-莱内尔·艾尔肯斯（Franz-Reiner Erkens）:《康拉德二世》(*Konrad II.*)，雷根斯堡，1998年。

13. 奥迪罗·安格尔斯（Odilo Engels）:《斯陶芬家族》(*Die Staufer*)，第5版，修订版，斯图加特，1992年。

14. 约翰内斯·弗里德（Johannes Fried）:《形塑欧洲，840—1046年》(*Die Formierung Europas 840-1046*)，慕尼黑，1991年。

15. 约翰内斯·弗里德（Johannes Fried）:《进入历史之路：1024年前的德国起源》(*Der Weg in die Geschichte. Die Ursprünge Deutschlands bis 1024*)，柏林，1994年。

16. 霍斯特·福尔曼（Horst Fuhrmann）:《邀请进入中世纪》(*Einladung ins Mittelalter*)，第4版，完全修订版，慕尼黑，1989年。

17. 阿尔弗雷德·哈弗坎姆普（Alfred Haverkamp）:《启程与塑造：德国，公元1056—1273年》(*Aufbruch und Gestaltung. Deutschland 1056-1273*)，慕尼黑，第2版，1993年。

18. 爱德华·赫拉维希卡（Eduard Hlawitschka）:《从法兰克帝国到欧洲国家-民族共同体的构成，公元840—1046年：有关中欧史中晚期加洛林家族、奥托家族和早期萨里安家族之时代的研究》(*Vom Frankenreich zur Formierung der europäischen Staaten- und Völkergemeinschaft 840-1046. Ein Studienbuch zur Zeit der späten Karolinger, der Ottonen und der frühen Salier in der Geschichte Mitteleuropas*)，达姆斯塔特，1986年。

19. 贝恩德·乌尔里希·胡克尔（Bernd Ulrich Hucker）：《奥托四世皇帝》（*Kaiser Otto IV.*），汉诺威，1990年。（收于丛书 Monumenta Germaniae Historica. Historische Schriften.34。）

20. 赫尔曼·雅克布斯（Hermann Jakobs）：《教会改革与中世纪盛期，1046—1215年》（*Kirchenreform und Hochmittelalter 1046-1215*），第3版，修订与增补版，慕尼黑，1994年。

21. 恩斯特·康托洛维奇（Ernst Kantorowicz）：《弗里德里希二世皇帝》（*Kaiser Friedrich der Zweite*），柏林，1927年，增补版，1931年（更多版本）。

22. 哈根·科勒尔（Hagen Keller）：《在地区边界与普世视野之间，1024—1250年》（*Zwischen regionaler Begrenzung und universalem Horizont 1024-1250*），柏林，1985年。

23. 约翰内斯·劳达格（Johannes Laudage）：《亚历山大三世与"红胡子"弗里德里希》（*Alexander III. und Friedrich Barbarossa*），科隆/魏玛，1997年。

24. 汉斯·艾贝尔哈德·迈尔（Hans Eberhard Mayer）：《十字军史》（*Geschichte der Kreuzzüge*），第7版，修订版，斯图加特，1989年。

25. 费迪南德·奥普尔（Ferdinand Opll）：《"红胡子"弗里德里希》（*Friedrich Barbarossa*），达姆斯塔特，1990年。

26. 弗里德里希·普林茨（Friedrich Prinz）：《基础与开端，1056年前的德国》（*Grundlagen und Anänge. Deutschland bis 1056*），慕尼黑，1985年。

27. 皮埃尔·里谢（Pierre Riché）：《加洛林家族的世界》（*Die Welt der Karolinger*），C.迪尔迈尔和U.迪尔迈尔（C. und U. Dirlmeier）译，斯图加特，1981年。

28. 皮埃尔·里谢（Pierre Riché）：《加洛林家族：一个家族形塑了欧洲》（*Die Karolinger. Eine Familie formt Europa*），C.迪尔迈尔和U.迪尔迈尔（C. und U. Dirlmeier）译，慕尼黑，1991年。

29. 莱茵哈德·施耐德（Reinhard Schneider）：《法兰克帝国》（*Das Frankenreich*），第 2 版，修订与增补版，慕尼黑，1990 年。
30. 费迪南德·赛布特（Ferdinand Seibt）主编：《欧洲史手册》（*Handbuch der Europäischen Geschichte*），第 2 卷，"中世纪盛期与晚期的欧洲"（*Europa in Hoch-und Spätmittelalter*），斯图加特，1987 年。
31. 沃尔夫冈·斯图尔纳（Wolfgang Stürner）：《弗里德里希二世（1）：在西西里和德意志的国王统治，1194—1220 年》（*Friedrich II. Tl.1: Die Königsherrschaft in Sizilien und Deutschland 1194-1220*），达姆斯塔特，1992 年。
32. 斯特凡·维恩福尔特尔（Stefan Weinfurter）：《萨里安家族的统治与帝国：突破时代的基本路线》（*Herrschaft und Reich der Salier. Grundlinien einer Umbruchzeit*），西格玛林根，1990 年。
33. 卡尔-费迪南德·维尔纳（Karl-Ferdinand Werner）："德国：A 概念；地理-历史问题；诞生"（Deutschland. A. Begriff; geographisch-historische Problematik; Entstehung），载《中世纪辞典》（*Lexikon des Mittelalters*），第 3 卷，慕尼黑/苏黎世，1986 年，第 781—789 页。

第二章　中世纪晚期
（13 世纪中叶到 15 世纪末）

乌尔夫·迪尔迈尔

时代概览

"中世纪晚期"（Spätmittelalter）这一概念相对较新，出现于本世纪[1]的 20—30 年代，而在 19 世纪晚期的手册上则被表述为"中世纪最后时期"（letzte Zeiten des Mittelalters）。每一种时代划分与描写都包含着独断性的、基于时代类型的体验及社会心理状态。对于 19 世纪及 20 世纪初的德意志民族历史书写而言，在其与威廉时代政治自我描绘紧密联系在一起的背景下，斯陶芬王朝的衰亡意味着德意志历史上的中世纪"盛期"走向终结。在此之后的时代只能被视作衰落期。事实上，最近数十年的研究已经清楚开启了各种各样的新观念，并让人们看到，13 世纪后半叶进入到一个新时代。不过，这种"新"并不在于政治上的停滞，而是更多启动并完善了一种长时期的社会、经济、（最终）统治上的转型进程——这种转型进程的源头正是在 1250 年初左右。中世纪晚期的"终点"是有争议的，直到今天仍然面临着各种解释。在极为德意志风格的解释中，宗教改革被

---

[1] 指 20 世纪。——译者注

视作具有魔力的转折点。有关这一观点的根本想法，早已由格奥尔格·冯·贝洛和维利·安德烈亚斯于20世纪初提出。当然，它同另一种（根据喜好不同）或被视作补充现象、或被视作主导现象的事件结合在一起，即"发现美洲"（1492年）。直到今天，上述看法都被学术界与公共历史图景所共同接受。

　　从一开始，"中世纪晚期"这一概念是同有关流逝、衰落、消亡的想象联系在一起的。约翰·赫伊津哈便在其声名远播的文化史著作《中世纪之秋》（*Herbst des Mittelalters*，1919年）的标题中再次肯定了这种思潮。从经济史的角度出发，威廉·阿贝尔有关百年一遇的"农业危机"之理论，以及（经过修正的）有关1300—1500年间"农业萧条"的理论，同样证明了上述评断。尽管如此，在最近数年间，人们却可以从阿贝尔的学术大厦中发现大量研究新趋向。只不过我们还缺少比较性的地区实证研究，来完全推翻上述想法。同样，中世纪晚期的危机特征看上去似乎又联系到一系列灾难性后续事件，与事实上或次要性的人口变化相关，又反映在它对文化风貌所产生的影响中。从上述观点来看，土地荒芜的进程、首先是人口发展——基于糟糕的史料基础，直到15世纪末以后，人口数据才得到准确衡量，也由此可以得到解释——1347年黑死病爆发、15世纪发生多起跨地区性的瘟疫流行，直到梅毒首次出现等，促成了该时期具有决定性意义的、新式的基本特征，即国际性。虽然流动性、大范围旅行与体验他者之举贯穿着整个中世纪，但从现在开始，旅行才成为一种"批量性的"现象。商人、如制鞋匠和面包师那样的手工业者、打包者都长时期生活在其他地方，远离出生之地。特别是经济、货币流通与商品流通都是国际化的，它们不被空间所限。上德意志地区的经济依赖于意大利贸易。由此,利凡特与印度的产品被运入德意志市场。科隆与法兰克福成为英国、佛兰德、上德意志与意大利的贸易枢纽;吕贝克发展成为汉萨同盟的领头羊——该同盟从欧洲东北部一直延伸到佛兰德的广阔经济空间。布鲁日与佛罗伦萨之间、奥格斯堡与罗马之间的非现金式货币周转,属于欧洲范围内贸易公司的日常活动。国际性交换的稳定化,改变了此前着眼于普世性的教廷。其国际性的过度拉伸,应该是宗教改革的动因之一。这种关联的深度宽泛性最终还导致了德意志政治结构的变迁。在中央王国/帝国与诸侯权力之间的决断中,诸侯们及其越来越深受罗马法培育和国际教育的法学家们首先从业已确立的管理体制中赢得了胜利。不过,领土内的改造也由于冲突的国际化——如奥斯曼人的威胁、与勃艮第及法国的实际并业已爆发的冲突——而变得紧凑的帝国、或多或少独立于此前集权化形式与国王的机制(如帝国会议、帝国税收立法)之建构,最终到15世纪下半叶才出现。正因如此,从多种视角来看,中世纪晚期并不首先是一段"危机时代",而是一段过渡期。在这段过渡期中,社会结构仍在发展,并一直延伸到18世纪,部分延续到19世纪。

中世纪晚期的帝国:总体状况

中世纪晚期经历了一段社会及经济基本条件的深层转换。从13世纪末开始,中世纪盛期的人口快速增长的趋势停滞了。至少在14世纪中叶左右,出现了一个戏剧性的翻转趋势。直到15世纪下半叶,人口数量才开始先徘徊、随后再次增长起来。

人口增长情况，估算值以百万计

年份	整个欧洲	中欧与西欧	帝国领地
1340 年	73	35	11
1450 年	53	24	8
1500 年	76	33	10.5

前工业社会在人口统计上摇摆不定的因果关系，无法得到确切解释。可以肯定的是，中世纪晚期的人口危机因外来影响而在事实上更为恶化。这种外来影响包括：1315 年和 1317 年的农业歉收和饥饿灾难，特别是曾出现在中世纪早期的黑死病又重返欧洲。在 1347 到 1351 年间可怕的瘟疫流行结束后，这种疾病直到近代还是一个不断会变得严重起来的威胁。

第一次黑死病爆发始于 1347 年，导致局部地区的死亡率超过 30%。在此背景下，民众广泛出现了非理性的反应。其中包括大规模的自我鞭笞忏悔运动，此外尤为表现在严重的迫害犹太人行动中，而其特有根源扎根于宗教、经济与社会领域内。不过，与时常为人们所强调的观点不同的是，从总体而言，黑死病灾难造成的震撼，或许并未导致公共秩序与私人道德的持续不断的崩溃。

从中世纪来看，由黑死病带来的人口加速衰减，产生了下列重要后果：它不仅导致殖民东方的运动落下帷幕，而且还在整个帝国内——尤其是在更为不利的情况下——导致定居点密度与可耕地面积显著下降。若与中世纪盛期的最高状态相比，这种荒芜进程最终导致四分之一的可耕地定居点成为无人之地。同样，无可争议的是，

第二章　中世纪晚期（13世纪中叶到15世纪末）

尽管中世纪晚期土地种植面积一再增加，但业已转变的人地关系却形成了谷物相对过剩的局面，进而导致谷物平均价格在一个世纪内不断下降的趋势。对于同时代人而言，这种长期趋势自然是无法把握的。但他们感受更多的是：中世纪晚期所特有的谷物市场价格震荡；在收割条件陷入危机时期，谷物价格又会上涨数倍。毫无疑问，依赖市场的谷物生产与农产品的订购者——除了教会机构外，主要是贵族——深受谷物价格在百年内下跌局面的负面影响。由此，人们可以从中推导出中世纪结束阶段普遍存在的一种贵族危机，特别是下层贵族的危机。当然，最新研究也表明，同样存在着出路，而且这些解决方法也曾被一些人所利用，例如收入颇丰的雇佣兵，或那些为某一邦君服务的、低风险的仆从们。

在中世纪晚期的农业经济中，除了经济衰退的特征外，总体上也存在着必须得到正面评价的趋势：谷物市场的停滞不前，迫使出现合理化与现代化——这些趋势表现为宫廷的扩大，尤其发生在如维也纳这样的特殊文化背景中；或者表现为生产动物性产品，此外还过渡到服务于纺织业的商业性种植（亚麻原料地、用以生产蓝红颜色的菘蓝和蘆）。

当我们观察中世纪晚期的城市及其经济发展时，并没有发现统一的危机感。该时段还曾被称为"城市体制的黄金时代"（P. 莫拉夫语）。由于农村人口流动到城市，因疫情造成的人口损失得到了补偿，以至于城市的人口下降率低于平均水平。毫无疑问，这样一种相对稳定的城市人口既受益于谷物价格长期下降的趋势，也归功于同时代工资及商业产品价格的上涨趋势：在历史中，相较于如谷物（面包）和肉类等基本食品物质而言，时薪购买力从未如中世纪晚期那样高。尽管如此，当时也不是一个完全意义上的"黄金时代"，因为盈利可能性受到限制，生存并没有保障，大多数城市居民生活在最低水平线上，并无可能应对特殊危机或做好年老预防措施。

晚期中世纪城市的发展活力，极少符合普遍危机的画面。它既反映在建筑发展中，如路面铺石、有代表性建筑的出现等，也尤为明显地通过商贸发展表现在经济领域内。纺织品生产（单面绒布织物）、金属提炼与加工、造纸、造船、金融与信贷，最后还包括书刊印刷等表现出创新动力与质量上的发展。在此期间，帝国境内的大型经济中心已经超越了地中海地区的许多竞争对手，崛起后占据了领先地位。在北方，从商人联合会中产生了汉萨城市同盟。该同盟在北海与波罗的海的贸易中独占鳌头，并且对此地区施加着特定的政治影响。与之具有可比性的经济联合体[1]同样出现在帝国南方，但那里却未取得成功。尽管如此，如纽伦堡、特别是奥格斯堡这样的城市依然握有经济霸权。这样一种经济霸权通过"金融寡头"（W. 冯·施特罗默［W. von Stromer］语）一再转变为政治影响力。

然而，中世纪的城市发展同样必须被指出其黑暗面。其中首先表现为对犹太少数人群的屠杀与驱逐。从经济上而言，犹太受害者们由于信贷业的发展而变得可有可无。同时，他们又缺少足够的政治依靠力量。其结果是，他们一再遭受大屠杀，被其他人侵占财产——在这些行动的准备过程中，犹太人的竞争对手们，即基督教徒们，部分扮演了丑陋的角色。在身为基督教徒的城市人口中，片面的财产增长与权力分配有利于一小群领导阶层。这一点滋长了社

---

[1]指士瓦本城市同盟。——译者注

第二章 中世纪晚期（13世纪中叶到15世纪末）

会矛盾，有时也会引发极端血腥的宪法冲突。总体而言，中世纪晚期的城市社会显示出一种排斥、限制与固化的倾向——对于近代早期发展而言，这并非是有利的。

中世纪晚期的城乡社会表现出越来越严重的危机现象——这一点当然是无可争辩的。不过，倘若我们把这一症状延伸到整个时代，以为整个时代都面临着普遍性危机，这种看法则是过于草率了。与此相反，除了上文业已提及的经济指标外，在最为广泛的意义上，僧俗建筑领域中的文化成就、呈现出来的艺术作品、特别是学术成果，都是非危机性的。行将结束的中世纪发生了德意志历史上的第一次大学建设浪潮。从布拉格（1348年）到图宾根（1477年），在整个帝国领土上，一共出现了14座取得长期成功的大学，而且注册入学的学生数量在整个15世纪不断提升——帝国领土上大学建立的时间：布拉格，1348年；维也纳，1365/1385年；海德堡，1386年；科隆，1388年；爱尔福特，1392年；莱比锡，1409年；罗斯托克，1419年；鲁汶，1426年；格赖夫斯瓦尔德，1456年；弗莱堡，1460年；巴塞尔，1460年；因戈尔斯塔特，1472年；美因茨，1476年；图宾根，1477年。

尽管存在着相互对峙的发展趋势，但在中世纪晚期，德意志仍然打下了一些基础，以便让帝国的部分地区到16世纪成为经济和技术上领先的欧洲区域。不过，这种局面并不适用于帝国整体，因为足以在帝国层面上推行一种直接"经济"交往的宪法发展几乎是不可能之事。与整体发展恰好相反，领主邦国拥有了越来越多的规制和形塑能力，同样获得了越来越多的经济内涵。这是迈向现代国家的发展阶段。在德意志，这一阶段出现在领主邦国中，而且已经在中世纪晚期拉开了帷幕。

从斯陶芬王朝末期到选举制王国
（13世纪中叶到14世纪中叶）

1252 年	斯陶芬家族的最后一任国王康拉德四世，前往意大利。
1254 年	莱茵城市同盟建立。
1256 年	荷兰的威廉在阿克玛针对弗里斯人的战斗中阵亡。
1257 年	双重选举：康沃尔的理查德（卒于1272年）与卡斯蒂利亚的阿方索（卒于1284年）；选侯会议首次得到记载。
1266 年	斯陶芬家族最后一位西西里国王曼弗雷德在贝内文托战役中阵亡。
1267/1268 年	康拉丁的意大利之行。
1273—1291 年	哈布斯堡的鲁道夫而非波希米亚的奥托卡二世当选国王并在位。
1273/1274 年	重新召回（重申所有权）业已疏离的帝国领地方案。
1278 年	波希米亚的奥托卡国王在迪恩克鲁特战役中败给了鲁道夫。
1278/1282 年	鲁道夫把奥地利公国与施蒂利亚授予其子。
1291 年	乌里、施维茨和下瓦尔登缔结和平同盟。
1292—1298 年	拿骚的阿道夫在位。

1296 年	阿道夫宣布兼并迈森和图林根。
1298 年	格尔海姆战役，哈布斯堡的阿尔布莱希特战胜了阿道夫。
1298—1308 年	哈布斯堡的阿尔布莱希特在位。
1299 年	与法国国王"美男子"腓力缔结协议。
1301/1302 年	阿尔布莱希特镇压莱茵选侯。
1303 年	阿尔布莱希特请求得到教皇博尼法斯八世的批准。
1304 年	阿尔布莱希特开始入侵波希米亚。
1308 年	阿尔布莱希特被其侄子约翰（又叫"帕里西大"）刺杀。
1308—1313 年	卢森堡的亨利七世在位，1312 年后为皇帝。
1309 年	教皇克莱门斯五世前往阿维农。
1310/1311 年	亨利七世之子约翰与波希米亚的伊丽莎白结婚；在布拉格加冕。
1310—1313 年	亨利的意大利之行。
1313 年	在罗马加冕为帝。
1314 年	双重选举：巴伐利亚的路德维希（1314—1347 年在位，1328 年起为皇帝）和奥地利的"美男子"弗里德里希（1314—1330 年在位）。
1315 年	哈布斯堡家族在莫尔加滕败给了支持路德维希的瑞士联邦。
1322 年	路德维希在因河附近的米尔多夫战胜了弗里德里希。

1324 年	路德维希被教皇约翰十二世开除出教会。
1327—1330 年	路德维希的意大利之行,在罗马加冕为帝。
1335—1337 年	与教皇本笃十二世进行了徒劳无益的会谈。
1338 年	选侯会议与路德维希的皇帝法令。
1342 年	路德维希把蒂罗尔提升为伯爵领地。

当斯陶芬家族本质上以意大利为目标的皇帝政策趋向于失败后,这个罗马-德意志王国确立的任务是重新塑造它在帝国内的地位。但若与西欧邻国相比,它在建立中央君主制方面的成功却极为有限。由此,在中世纪晚期,出现了一系列决定近代德意志历史发展的决断,即有利于邦国崛起、帝国邦国分立化的决断。今天,我们不再对此进行负面评价,而是更多看到了在德国出现政治文化多样性的基础,而不是一种以首都为导向的中央集权制。联邦共和国的联邦结构在中世纪便拥有了它的历史源头。

当斯陶芬王朝的最后一位国王康拉德四世前往意大利(1252 年)后,在国外大力干涉下没有一个被送出的国王能够获得普遍的承认。荷兰的威廉或许是最有希望的一位候选人,但在 1256 年抵抗弗里斯人的战斗中败北。来自卡斯蒂利亚的阿方索从未踏上过帝国领地;康沃尔的理查德也未能跨越下莱茵地区。从宪法史来看,持续大约 20 年左右的空位期产生了两个结果:第一,1254 年,以"莱茵城市同盟"联合起来的城市,首次尝试介入帝国政治中。对此,有些研究者认为,这一发展表明,有可能出现另一种值得考虑的德意志历史,即市民阶层与国王联手抵抗诸侯。但是,这种同盟不过证明,城市对于一种广泛的、持久联合的兴趣终将与国王形成对峙关系——由于1257年的双重选举（卡斯蒂利亚的阿方索和康沃尔的理查德），该同盟已经解体。从宪法史上来看，出现的第二个重要结果是：人们事实上从上述选举中可以谈到"选侯大会"与"选侯"，因为从最初更大范围内的国王选举人中仅仅产生了如下几位选侯：莱茵地区的美因茨大主教、特里尔大主教和科隆大主教；波希米亚国王；莱茵河畔的普法尔茨伯爵；萨克森公爵；勃兰登堡边区伯爵。

这一选侯大会日益上升的权力及其自主性，既缩小了国王体制的行动空间，也缩小了它与帝制之间继续存在的联系性。正因如此，拥有德意志王冠便成为了一个关涉到欧洲利益的问题，进而导致外国干涉的必然结果。首要干涉者是教皇，特别是在博尼法斯八世（1294—1303年在位）时期达到巅峰，该教皇要求获得全部的俗世权力。由此，教皇有时便成为帝国政治中具有决定性意义的因素，并且索要高于德意志国王的指挥权。

例如当康沃尔的理查德去世后（1272年），教皇格雷戈里十世（1271—1276年在位）强烈要求德意志举行一次新选举，同时拒绝承认卡斯蒂利亚的阿方索作为帝国领袖的身份。1273年，选侯们在法兰克福拒绝选举强大的波希米亚国王奥托卡二世普热梅希尔为王，即便其统治受益于后斯陶芬时代，幅员辽阔，"从亚得里亚海直抵波罗的海"（H. 托马斯［H. Thomas］语）。选侯们的中意人是哈布斯堡的鲁道夫（1273—1291年）。他们期待此人能够行使一种具有合法性的、但又不过于强大的国王权力。哈布斯堡的鲁道夫或许是至今为止最有人气的中世纪晚期国王。他当时只是一位伯爵，而不是帝国诸侯。尽管如此，他并不如流传下来的奇闻异事所言那么"穷"。人们可以把他看作西南地区最成功、最强大的邦君。

鲁道夫不得不面对选侯们与教皇之间的对立。尽管如此，他却并未放弃加强自己的国王权力的构想。在这一过程中，最重要的工具是重新赢得（重新召回）斯陶芬家族的帝国领地。不过，尽管该举动最初取得了成功，但它最终表明，自成一体的帝国领地复合体作为国王统治之基础，再也无法重新获得。不过，鲁道夫的重新召回政策也在历史中留下了它的足迹：它让鲁道夫比波希米亚的奥托卡更早获得合法头衔。鲁道夫在赢得针对波希米亚国王的决定性胜利后（1278年，迪恩克鲁特）后，把奥地利公国、施蒂利亚与克恩滕转交给他的儿子（1278年、1282年）。这是哈布斯堡王朝在东南地区崛起的开端，而这种崛起则产生了超越帝国历史之影响。

由于鲁道夫争夺皇冠的努力以失败告终，因此他不可能作为皇帝，在有生之年把一个儿子提升为国王，并将之选为后继者。1291年，他最后尝试把自己唯一幸存的儿子阿尔布莱希特确立为继承者，却仍以失败告终。当时，此举导致乌里、施维茨和下瓦尔登缔结相互保障的和平同盟——回溯起来，这是稍后瑞士联邦特殊发展的动力。

1292年，选侯们希望用中莱茵地区的伯爵即拿骚的阿道夫（1292—1298年在位）来取代阿尔布莱希特，因为他们决定选择一位弱一点的候选人。由此，哈布斯堡的鲁道夫所选择的道路——在帝国内的王国与邦君之间进行均衡性的权力分配——再次消逝。然而阿道夫却欺骗了选侯们。他仍然如其前任那样推行"世袭领地政策"，兼并了图林根与迈森。不过，因其统治时间较短，上述政策并无重要意义。在沃尔姆斯附近的格尔海姆战役——该战役经常被视作中世纪的最后一批骑士战役之一——中，阿道夫败给了奥地利的阿尔布莱希特。后者认为，在王位继承问题上，选侯们使用了不可靠的法律方式来反对他。

阿尔布莱希特一世（1298—1308年在位）被视作中世纪晚期的第一位"诸侯国王"（P. 莫拉夫语），即第一位以世袭领地作为基础的统治者。其统治时期很明显表现在两个方面：一方面，德意志国王的权力增进之可能性仍然是开放的；但另一方面，教皇的影响力是如此深远，以至于对教皇而言，帝国领袖如同他的一枚棋子那样，被用于他同权力日益上升的法国国王"美男子"腓力之间的斗争。阿尔布莱希特一世在帝国西北地区的权力延伸，奠定了哈布斯堡家族在中世纪晚期的领土政策之恒量。不过，阿尔布莱希特一世试图通过占领荷兰与西兰岛，来控制从哥达直抵莱茵河口的最重要的帝国交通大道之努力，却以失败告终。业已抱有不信任感的莱茵选侯们计划废黜阿尔布莱希特（1300年），结果却都被国王予以镇压（1301/1302年）。

现在，对于凯旋的哈布斯堡家族而言，与教皇之间的和解便成为头等重要大事。当时，由于哈布斯堡家族和拿骚的阿道夫之间发生了王冠之争，所以教皇一直严词拒绝与之和解。1303年，国王的谈判代表团只能在充满羞辱的条件下（表示顺从）达成了预料中的教会法令。博尼法斯八世同时还让教廷在基督教世界中优先于帝国的地位——这一点清楚地凸显了政治氛围：对于教皇而言，此举是为了与德意志建立同盟关系，以便同法国的"美男子"腓力斗争。不过，由于博尼法斯八世突然下台（阿纳尼刺杀），阿尔布莱希特一世在没有特殊功绩的情况下，幸运地从事实上做出让步的负担中被解放出来。1308年，在阿尔布莱希特一世转向东方（波希米亚）的领土政策尚未显示成败之前，他被侄子约翰刺杀身亡。

在新一轮公开寻找继承者的情势下，卡佩家族的瓦卢瓦的查理，看上去有可能被提升为国王。这也是其哥哥、法国国王"美男子"腓力精心准备的结果。对于19世纪的德意志民族历史学家而言，这种局面是令人感到害怕的；但对于当时代人而言，它却并非是不同寻常之事。同样，当选侯们在特里尔大主教拜尔杜因的影响下，决定选择其弟弟卢森堡的亨利七世（1308—1313年在位），这也不是一种"民族反应"。帝国西部人有可能知道卡佩王朝的统治方式，并对此感到害怕而已。

在卢森堡王朝的短暂统治时期，出现了两个结果：卢森堡家族"占领了"波希米亚；前往意大利的皇帝加冕之行。在卢森堡王朝向波希米亚移民的进程中，其行动本身并非是按照亨利七世前任的榜样，推行目标明确的领地政策。其目的更多明确地来自于波希米亚的一个贵族集团。正是在其督促下，亨利七世之子约翰于1310年迎娶波希米亚的公主伊丽莎白，并于1311年在布拉格加冕为王。不过，在当时，卢森堡家族在波希米亚的长期安营扎寨及其产生的深远影响，或许只是一种选项而已。亨利七世自己并没有利用这种举动来为本王朝添砖加瓦。他也未曾如其前任那样期待一种以领土为基础的王国体制，而是一种再次回归到帝制的统治模式。在研究中，亨利七世的意大利之行（1310—1313年）经常被时代错误式地评价为毫无希望之举，但它仍然表明，在经济上高度发展的上意大利地区，帝国法仍然是有效的，而且在财政上可得以利用。特别值得一提的是，这位卢森堡人在其加冕为帝（1312年）后——这是斯陶芬王朝结束后第一位获得皇冠的德意志国王——以其职位尊严为名，驳回了教皇的要求和命令。与其前任不同，他还冒险做出了明确的反抗之举，不过其对象是一个在克莱门斯五世（1305—1314年在位）统治下业已遭到削弱的教皇国（1309年已经迁往阿维农）。

与法国改造国王权力之举形成鲜明对比的，不仅仅是1273年以来的王朝更迭一事，而且还反映在1314年包含错误在内的帝国选举规则和八年王位之争——一方是维特尔斯巴赫家族的巴伐利亚的路德维希（1314—1347年在位），他受到卢森堡家族支持；另一方是奥地利的弗里德里希（1314—1330年在位），他是哈布斯堡家族推出的候选人。由于哈布斯堡家族败给了正在形成中的瑞士联邦（莫尔加滕战役，1315年），获益的路德维希于1322年可以在因河附近的米尔多夫取得决定性胜利。在此之后，他支持其核心领地上巴伐利亚把慕尼黑作为首府来进行建设，并以此为基础，推行了极为成功的占有政策。他借助婚姻、继承与出售空缺封地等手段，获得了勃兰登堡边区、下巴伐利亚、荷兰、西兰岛、黑内郜和弗里斯兰。连同未来对蒂罗尔和上意大利的觊觎之心，他由此为维特尔斯巴赫家族提供了在帝国境内崛起为最强家族之契机。

然而，路德维希在帝国境内的成功，却引发了他与教廷之间的冲突。这是预料之外的中世纪盛期之遗产，而他并未想过从中解脱。由于路德维希介入上意大利，他被教皇开除出教会，而且还错误地让自己被置于教会法的程序处理中。虽然他在一些批评教皇的杰出神学家——如帕多瓦的马西利乌斯、奥卡姆的威廉——的支持下，终其一生都避免向教廷做出让步，但一种从根本上重新塑造德意志王国与教廷之间关系的目的也未曾达到：路德维希在最高诉求与转向准备之间犹豫不决，而且仍然前往罗马加冕为帝（1328年）。在左右摇摆的冲突范围内，中世纪晚期出现了"帝国宪法史上的第一个高潮"（P. 莫拉夫语），即 1338 年的选侯大会。在这一进程中，问题并非是反对教廷要求的一种民族反应，而首先是有关选侯独特利益之保护。此外，尽管如此，帝国法仍然得到了清晰建构，即一位得到超过半数选侯支持的德意志国王并不需要教皇批准。与此同时，路德维希发布了法令，把帝国头衔之授予权交给国王选举委员会。上述两点联系起来表明，政策方向是为了争取一种不受教廷约束的王国体制。不过，尽管路德维希在其因狩猎而身亡（1347 年）之前始终立于不败之地，但他却没有机会自行实现上述目标。

14 世纪中叶后塑造帝国的新开端

1346—1378 年	查理四世在位，1355 年起成为皇帝。
1347—1351 年	黑死病重返欧洲；迫害犹太人运动。
1348 年	查理四世在布拉格成立第一所德意志大学。
1354/1355 年	查理四世的第一次意大利之行，在罗马加冕为帝。
1356 年	颁布《金玺诏书》：规范国王选举，保障选侯权利。第一次汉萨同盟大会，城市同盟发展起航。
1368/1369 年	查理四世的第二次意大利之行。
1373 年	查理四世购入勃兰登堡边区。
1376 年	文策尔被选为国王。士瓦本城市同盟形成。

1378 年	西方教派分裂之开端。
1378—1400 年	文策尔（卒于 1419 年）在位。
1384 年	公爵与城市之间达成平衡（海德堡盟约）。
1386 年	哈布斯堡家族在森帕赫败于瑞士联邦。
1388/1389 年	城市战争，随后缔结《埃格尔禁止复仇条例》。
1400 年	4 位莱茵选侯废黜文策尔。
1400—1410 年	维特尔斯巴赫的鲁普雷希特在位。
1401/1402 年	鲁普雷希特的意大利之行以失败告终。
1405 年	鲁道夫[1]的对手们集结成立马尔巴赫同盟。
1410 年	双重选举：西格蒙德（1410—1437 年在位，1433 年起成为皇帝）；摩拉维亚的约布斯特（卒于 1411 年）。
1411/1415 年	西格蒙德把勃兰登堡边区转让给索伦家族的弗里德里希伯爵。
1413 年	西格蒙德筹备康斯坦茨宗教会议。
1414—1418 年	康斯坦茨宗教会议。
1415 年	扬·胡斯在康斯坦茨接受审判，并被处死。
1417 年	教皇马丁五世当选；教会分裂局面结束。
1419 年	波希米亚爆发胡斯派革命。
1422/1427	帝国确定在军事和财政上支持反对胡斯派教徒的斗争。
1431—1433 年	西格蒙德的意大利之行，在罗马加冕为帝。

---

[1]原文如此，疑为"鲁普雷希特"之误。——译者注

1433 年	与温和派胡斯教徒和解（布拉格和约）。
1438—1439 年	哈布斯堡的阿尔布莱希特二世在位。
1440—1493 年	弗里德里希三世在位，1452 年后为皇帝。
1442 年	弗里德里希三世的帝国改革方案以失败告终。
1444—1449 年	舒斯特抗争。
1448 年	针对奥地利缔结一份协定。
1448—1453 年	城市战争；纽伦堡对抗索伦家族的阿尔布莱希特·阿奇列斯边区伯爵。
1450—1456 年	明斯特教席之争。
1452 年	弗里德里希三世的意大利之行，在罗马加冕为帝。
1452—1463 年	弗里德里希三世与其弟弟奥地利的阿尔布莱希特六世发生领土之争。
1457/1458 年	在"遗腹子"拉迪斯劳斯去世后，波迪布拉德的格奥尔格（卒于 1471 年）和匈牙利的马蒂亚斯·考尔维努斯（卒于 1490 年）进占波希米亚。
1458—1460 年	辛德令时代（硬币危机）。
1471 年	弗里德里希三世首次参与帝国会议。
1473 年	弗里德里希三世提前中断与勃艮第的"大胆"查理（1465—1477 年）在特里尔的会面。
1474/1475 年	"大胆"查理围攻诺伊斯；招募一支帝国军。
1476 年	"大胆"查理公开确认勃艮第的玛利亚和奥地利的马克西米利安之间的婚约。

第二章 中世纪晚期（13世纪中叶到15世纪末）

1476 年	勃艮第公爵在格朗松和穆尔滕战败。
1477 年	"大胆"查理在南锡战役中失败并去世。
1477 年	马克西米利安与玛利亚成婚；他开启与法国争夺勃艮第遗产的斗争。
1482 年	勃艮第的玛利亚去世。
1486 年	马克西米利安在法兰克福被选为国王。
1488 年	马克西米利安在布鲁日被俘；招募一支帝国军。
1489 年	正式允许城市参加帝国会议。
1493 年	在桑利斯和约中，哈布斯堡在根本上强调了它对于勃艮第遗产的所有权。
1493—1519 年	马克西米利安一世在位，1508年后拥有皇帝头衔。
1494 年	法国国王查理八世向意大利进军。
1495 年	沃尔姆斯帝国会议。《沃尔姆斯决议》标志着帝国未来发展的转折点。

只有当卢森堡人查理四世（1346—1378年在位）被提升为对立国王时，帝国组织的新秩序才得以破茧而出，德意志王国才再次崛起成为欧洲政治力量格局中具有平等地位的国家，也才能与教廷相提并论。与其前任相比，他拥有一堆权力，使德意志王国可被归入"霸权王国"之列（P. 莫拉夫语）。不过，人们起初并未预见到这一点，因为这位卢森堡人是经由教皇要求的选举后才登上王位的，故而最初被人们贬低为"神父国王"。事实上，直到他与维特尔斯巴赫派实现

和解（1350年）后，他才获得帝国城市的支持。帝国高层政治与广大民众之间缺少沟通的地方表现在：自1348年以来，在阿尔卑斯山以北地区，即便黑死病蔓延情况严重，但查理四世的崛起势头并未明显受损，也并未导致爆发政治冲突。不过，这位卢森堡人也以不光彩的方式直接参与到当时广为流播的犹太大屠杀行动中。至少在纽伦堡（1349年），犹太社团被消灭一事，便直接让他在物质上受益。

查理四世从波希米亚首都、地位业已提高的布拉格出发，继续向北、向东（波罗的海空间、波兰、匈牙利）推进他的王朝领土政策。他的兴趣点沿着布拉格-纽伦堡-法兰克福轴，试图设计一种亚得里亚海-布拉格-波罗的海新商路方案，并最终与大获成功的汉萨同盟联结起来。以上这些想法表明，他在争夺领土方面的行动，至少也注意到了经济收益。

查理四世的第一次意大利之行虽然让他得到了皇帝桂冠，却未曾在当时的意大利编年史学家那里获得些许尊重或倾心。后者说他在财政上如同小商贩一般，缺少统治者的风范。尽管如此，皇帝头衔仍然为卢森堡人赢得了权威性，使之有可能在选侯大会（1338年）之后，走出中世纪晚期宪法发展中的具有决定性意义的第二步：颁布《金玺诏书》（1356年）。该诏书首先包含有关选侯权利的明确规定、确立国王选举的程序、敲定当选国王的全部行动能力——这里并未提到教皇的批准。

因《金玺诏书》而受损者，除了哈布斯堡家族外，特别是帝国城市被禁止自主结盟。尽管如此，查理四世自己却与富裕市民（特别是他经常访问的纽伦堡）保持着紧密关联。但他主要把它们视作财政上可以依赖的对象：1373年，城市资助他购买了勃兰登堡边区；

第二章 中世纪晚期（13世纪中叶到15世纪末）

1376年，城市又共同资助了查理四世之子文策尔当选为国王。这种自弗里德里希二世以来不顾一切反对皇帝健在时便确立后继者的做法，毫无争议地属于卢森堡王朝晚期的成功举动之一。同样，查理四世的第二次意大利之行（1368/1369年）和法国之行（1377/1379年）都属于此类成功之举。当然，其中也出现了问题：例如，南德帝国城市不顾《金玺诏书》的规定，自行结盟成立"士瓦本城市同盟"（1376年），以便拒绝皇帝提出的更多资助要求。此事必须被视为具有持久影响的信任危机之证据。更为严重的是，1378年开始出现西方教会大分裂，即乌尔班六世（1378—1389年在位）在罗马当选，克莱门斯七世在阿维农当选。查理四世无法阻止危机的爆发，因此事对西方的基督教界已经造成了负面后果。

卢森堡家族及其王国并未由于查理四世将其儿子文策尔（1378—1400年在位，卒于1419年）加冕为王而受益。当然，外部困境是原因之一，但帝国史上的不幸之偶然在于，文策尔没有能力继续推进其父亲启动的巩固王国之举。在帝国内，诸侯的联合与特别结盟之举产生了日益强大的影响，从而增加了文策尔推行统治的难度，而文策尔回避了这些困难，由此便失去了他高于各派的地位。尽管他偶尔也曾强有力地推进平衡格局（如1384年海德堡盟约[1]），但他仍然不能阻止公爵与城市在1388年发生冲突。贵族们证明自己在军事上明显占优。与此相应，《埃格尔禁止复仇条例》（1389年）[2]

---

[1] 指1384年皇帝文策尔把自己确立为城市领袖、并让公爵与城市之间达成停战的协议。——译者注

[2] 指1389年皇帝文策尔与士瓦本城市同盟之间达成西南德意志帝国城市结盟的协议。——译者注

也明显有利于他们。这的确是文策尔王国的巅峰。但其持久性的后果在于：尽管大型帝国城市仍然在政治上拥有影响力，但它们不再被视作制度层面上仅次于公国与王国的第三支力量。稍后，由于波希米亚的贵族反叛，文策尔事实上失去了他在帝国内部的行动能力。1400年，四位莱茵选侯联手，以不符合宪法的方式，宣布他被废黜，理由是他在教会大分裂和帝国衰落中袖手旁观、毫无作为。他在波希米亚一直生活到1419年，看到了扬·胡斯运动的发端，但对帝国史再也没有产生过影响。

莱茵选侯们选举普法尔茨伯爵鲁普雷希特（1400—1410年在位），期待他减少德意志王国把领土基础建立在帝国东部的发展趋势。尽管鲁普雷希特拥有现代管理方式，其周边人的学识能力较强，但他仍然缺少足以使之推行有效统治的权力。特别是他的意大利之行（1401/1402年），既体现了现代性一面，又事实上毫无成果。他曾经事先详细计划过意大利与上德意志的金融寡头之间进行协调来支付其旅行费用，但其最终仍然债务高企。鲁普雷希特的失败表明，西部的帝国诸侯们在面对东部大家族时，已不再有能力将王国拉入其阵营。

中世纪的最后一次双重选举让王冠再次回到了卢森堡家族。不过当其堂兄与竞争对手摩拉维亚的约布斯特（卒于1411年）早逝后，文策尔的弟弟西格蒙德（1410—1437年在位）成为唯一的候选人。这位能说会道的最后一位卢森堡王朝国王，推行了全面而多样的方案与行动。这使得有关他的研究及其认识，至今为止都特别困难。

西格蒙德在当选后，出于对波兰到亚得里亚海的政治兴趣，很明显远离帝国四年之久。尽管如此,在这段时间内,他仍然推行了下列颇有影响力的措施:1411年(最终及全面完成是1415年),他把勃兰登堡边区转让给来自霍亨索伦家族的城堡伯爵纽伦堡的弗里德里希——回过头来看,此举产生了具有世界历史影响力的结果。1413年,西格蒙德进一步在与教皇约翰二十三世的会谈中,为康斯坦茨宗教会议(1414—1418年)的召开做了准备。在这次中世纪最大的国际会议上,随着教皇马丁五世(1417—1431年在位)的当选,大规模教会分裂格局结束了。尽管教会改革未能顺利推进,但这一点仍然是成功之举,而且对于西格蒙德个人而言也是如此。不过,由于宗教会议的另一项决定,帝国却不得不承受了沉重负担,即布拉格的教会批评者及改革派扬·胡斯被作为异端烧死(1415年),其结果导致波希米亚爆发了胡斯革命。在这场运动中,神学革命、等级革命与社会革命的目标设定,偶尔是相对立的,但其冲击力是如此之大,以至于军事干涉行动反而导致了帝国军队的灾难性失败。1433年起,出现了多次艰苦谈判与各种争议。在此期间,人们也看到了帝国军事结构与财政结构发展的开端,而且这些发展随后在16世纪获得了更多成功。

西格蒙德通过把女儿伊丽莎白嫁给奥地利公爵阿尔布莱希特五世,下了一着对王朝而言意味深长的棋。不过,他未能料到此举最终有利于哈布斯堡家族。相反,他作为帝国首脑——1433年,他获得了皇冠——的政策却给人以极不稳定的感觉。西格蒙德在诸侯、骑士等级与城市之间摇摆不定,而且只能偶尔让城市站在他的一边。他既不能成功地重新确立查理四世所建立的霸权型王国,又不能推动形成另一种受到规制的模式,使得帝国内不同权力元素相互共存。

正因如此，在西格蒙德时代，很多人谈论并描述帝国改革一事，并非偶然，而是一种广泛流播之心境的表达。其中，最知名的事件发生在皇帝去世后不久，有人匿名出版了一本题为《西格蒙德的改革》（*Reformatio Sigismundi*）之书。

1438 年，向哈布斯堡家族的王位传递，开启了一个德意志史上到当时为止未曾出现过的王朝延续性现象。这次转变并非源于"跳跃式的"选举，而是符合了西格蒙德的婚姻政治及其明确表达的意志。当阿尔布莱希特二世（1438—1439 年在位）过早去世时，弗里德里希三世（1440—1493 年在位）紧随其后，出现了中世纪帝国元首领导下的最长执政期，但同时也导致了一种特别问题的出现。之所以如此，则是因为在此期间，既出现了长期不作为、毫无权力、被矮化贬低的现象，又能让人观察到许多地方出现了新萌芽以及面向未来的转折点。其中，皇帝意愿与方案参与性则经常是难以得到估算的：15 世纪下半叶的总体条件之变迁，肯定是一个完全不受约束的变化，但弗里德里希三世究竟在多大程度上、事实上预先规划了哈布斯堡家族的崛起呢？这种在其统治时期末端清晰可见的成功，究竟是皇帝坚持的一种结果，或者不过是自然性延续呢？以及我们该如何解释弗里德里希三世身上商人理性与我们看来天真偏见之间的共存呢？弗里德里希三世在亚琛加冕为王（1442 年），但在一次加强帝国内国王权力之努力宣告失败后，便退缩到自己的世袭领地中。在 1471 年前，他多次缺席帝国会议，避免个人介入到帝国事务中。只有当帝国与日趋扩张的瑞士联邦发生冲突时，他才直接参与，但其目的是为了哈布斯堡家族的利益，而非帝国利益。作为国王，他首先在西南部遭受到一次严重的声誉受损，因为 1444 年当他面临

第二章　中世纪晚期（13世纪中叶到15世纪末）

冲突时延请了凶残的阿马尼亚克雇佣兵团进入国内，却又无法控制他们。

在所谓第二次城市战争期间，弗里德里希三世只是以诉状的方式，参与同阿尔布莱希特·阿奇列斯的边区伯爵领地和纽伦堡这两个主角作战。这场冲突（1448—1453年）的起因是由于纽伦堡强调自己是帝国政治的独立权力因素，但遭到国王反对。弗里德里希三世在该时期的内部冲突——如舒斯特抗争（1444—1449年）[1]和明斯特教席之争（1450—1456年）[2]——中都缺席了。这使得帝国或王国还未受到质疑。但是，回过头去看，就研究而言，当时已经出现了通过集中化与法律化来推动帝国现代化的苗头（P. 莫拉夫语），亦即通过稳定和加强统治、等级代表会议和管理——只不过，在当时人的眼中，这一切却肯定不被视作进步之举。

当然，弗里德里希三世并非如此前人们习惯认为的那样完全无所作为地度过了1444—1471年的二十多年，但其政策实际上是由其家族利益所确定的。这一点同样适用于教会政策：弗里德里希三世与教皇联手抵制巴塞尔宗教会议，其目的不仅是为了在罗马加冕为帝（1452年），而且也是为了缔结一份对其世袭领地极为有利的条约，其中包括占有大主教区的权利。弗里德里希三世与庇护二世（1458—1464年在位）的合作，使之在1458—1464年间成为了圣座的长期信任者。这种紧密合作所产生的次要结果也不是事先规划好

---

[1] Soester Fehde，指的是舒斯特这座城市为保障自己的自由权同科隆大主教展开的斗争。——译者注

[2] Münstersche Stiftsfehde，指的是围绕明斯特大教堂议事会两个议席展开的家族斗争。——译者注

的。这种结果是让教廷逐渐地不再成为帝国政治的独立因素。最终，此举让中央权力与帝国等级之间的可控并立关系变得容易一些。

弗里德里希三世所推行的王朝性"世袭领地政策"之目标是把整个哈布斯堡-卢森堡领地联合体共同置于自己的控制之下。在阿尔布莱希特二世的遗腹子兼继承人"遗腹子"拉迪斯劳斯（卒于1457年）去世后，弗里德里希三世在波希米亚（波迪布拉德的格奥尔格[1458—1471年在位]）和匈牙利（马蒂亚斯·考尔维努斯[1458—1490年在位]）却未能阻止采用"民族的"处理方式，而不是以哈布斯堡继承者取而代之。不过，他仍然保留了这种合法要求。直到1526年，这种替代才最终完成。在奥地利，弗里德里希三世却同其弟弟即公爵阿尔布莱希特六世发生了冲突。属于这场激烈冲突的举动有皇帝占领维也纳的臭名昭著之举（1462年）、特别是中世纪晚期最严重的货币危机——辛德令时代（1458—1460年）[1]。弗里德里希三世自己通过财政操纵手段参与到上述扣人心弦的货币贬值中，并为此遭到了奥地利民众的痛恨。此外，一个等级反对派始终存在，而且经常从外部获得支持。正因如此，马蒂亚斯·考尔维努斯这位皇帝最危险的对头，便寻求援手，例如在抗击日益增强的土耳其人威胁之时，找到重新返回帝国之路。

在弗里德里希三世统治后期，属于可控主题之列的，是他及其儿子马克西米利安一世（1493—1519年在位）对于勃艮第遗产之争夺。此事对帝国和哈布斯堡王朝而言具有同等重要的意义。自1463年起，哈布斯堡家族参与到有关"大胆"查理之女、继承者勃艮第

---

[1] Schinderlingszeit，"辛德令"指的是一种银含量被极大削减的硬币。——译者注

的玛利亚的欧洲竞争中。当时,这场竞争事关位于德法边界空间两边的勃艮第公国之领地联合体问题。此地连同佛兰德一起,都是潜在的遗产,也是经济与财政上格外具有吸引力的地区。在这场婚姻牌局中,弗里德里希三世的最后一张王牌是他的皇帝头衔:只有他可以让勃艮第人对王冠的渴求得到合法认同。为了与"大胆"查理在特里尔的会面(1473年),他事先筹划好谈判决议。这清楚反映了皇帝的物质实力:皇帝为了打扮他的随从们,不得不问奥格斯堡的富格尔商业公司借贷。

然而未曾预想会议却以失败告终。紧随其后的是暴力冲突:"大胆"查理占领下莱茵城市诺伊斯长达10个多月,但在弗里德里希三世以民族热情(在中世纪末期总是能看到这一点)招募而来的帝国军队面前退却了(1475年)。这一场连"远离帝国的"北德也参与其中的斗争,值得人们特别关注。不过,在诺伊斯战役期间,双方会谈并未完全中止;查理当时应该已经做出了应允马克西米利安与玛利亚结婚的秘密承诺。

勃艮第公爵的生涯在他与瑞士联邦发生冲突的三场战役(格朗松、穆尔滕、南锡,1476/1477年)中出现了戏剧化的结局。由于"大胆"查理在1476年已经公开证实玛利亚与马克西米利安的婚约,因而在其死后,哈布斯堡王朝便得以战胜法国国王路易十一世(1461—1483年在位)和查理八世(1483—1498年在位)的计划,确立了它对勃艮第的继承诉求。马克西米利安一世的成功"迎亲"之举(他与玛利亚于1477年在根特举办婚礼)也经历了多年斗争。在其夫人过早去世(1482年)后,他还面临着佛兰德人的反对势力。马克西米利安被布鲁日市民监禁一事,是这一进程的巅峰。尽管如此，因皇帝弗里德里希三世领导下的帝国军日益逼近，马克西米利安最终得以被释放（1488年）。直至《桑利斯和约》（1493年）中，法国的查理八世才承认，若勃艮第遗产作为帝国封邑，最终可由马克西米利安拥有。不过，这块遗产已经由于经历多年战争而在经济上受损严重。当然，哈布斯堡家族在争取勃艮第领地中的持久胜利，使之崛起为世界强权，但也同时奠定了它与瓦卢瓦家族之间的王朝冲突。这成为了近代历史中的德法对峙的源头。

不过，就这件事与哈布斯堡家族崛起之间的相互关系而言，它并未产生直接的推动作用。在15世纪末，帝国宪法改革仍在缓慢推进中。改革的主要问题是帝国权力与帝国等级以及选侯和贵族们之间的关系。到当时为止，没有任何一方能够做出具有决定性意义的决策，以便有能力单独确定进一步的发展。当弗里德里希三世试图在1471年后继续维持抵制土耳其人与匈牙利人的帝国援助基金时，不可避免地遭遇到各等级相应提出制度性共决权的要求，特别是在塑造对外关系方面被视作具体成效的先决条件。这种斗争与其说是为了继续削弱事实上业已毫无权力的统治者，倒不如说是为了让已经存在的权力分配关系合法化。然而，弗里德里希三世在上述高要求面前坚持不肯妥协，以便仅仅表现出合法推行统治之根基。

尽管弗里德里希三世由于匈牙利国王马蒂亚斯的强力攻击而再度滑入饱受批判的统治期——放弃他的首都维也纳及维也纳新城（1484/1485年）——但事实表明，即便帝国元首与各等级之间存在着相互矛盾的基本立场，但二者仍然有可能达成有限的合作。这一点既体现在马克西米利安当选国王（1486年）一事，也体现在各等级为营救在布鲁日被俘的新选国王而情绪化地做好了援助准备。

第二章　中世纪晚期（13世纪中叶到15世纪末）

除了上述具有现实意义的动机外，证明帝国仍然具有行动能力的事情是帝国会议（从1489年起，帝国城市可以正式参与其中）的主题为帝国宪法之改革。没有任何一方对此事的迫切性提出异议，但它们的解决建议却是相对立的：对于弗里德里希三世及其之后的马克西米利安一世而言，正确道路是具有决定性意义地加强国王权力；相反，对于等级，特别是选侯与王公贵族而言——发言人是美因茨大主教贝特霍尔德，他有时也担当煽动者的角色——帝国应该通过一个由其主导的帝国政府来得到拯救。宪法新制度（大部分直到16世纪才得以实现）只是被两者视作临时妥协的方案，亦即创立国王与帝国的"体制化的二元性"（P. 莫拉夫语）——这是马克西米利安在沃尔姆斯召开的第一届独立帝国会议上才成功完成的。当时的情势很有特点：马克西米利安急需黄金，以便支持他针对1494年入侵意大利的法国国王查理三世之战争；与此同时，他还面临着等级提出的广泛要求——这在根本上是由贝特霍尔德大主教所概括的。面对一个在事实上会让他失去权力的贵族制帝国政府，马克西米利安一世是不会接受的。相反，在各等级参与保卫首次达成的"永久领地和平"、参与新的皇家最高法院之职位分配等方面，他在原则上做出了让步；相应，各等级也为他批准"共同芬尼"作为帝国税。

《沃尔姆斯决议》（1495年）对瑞士联邦从帝国中分离出去的结局存在影响，但对当时的社会张力（农民暴动）却没有任何作用，自然也未曾立刻解决帝国层面上的宪法问题，更未能众所周知地让帝国拥有在集中化与制度化意义上的现代国家性。与此相反，对于继续延续到1806年的帝国而言，它在当时反而创制了一种符合宪法的基础。

文献指南

总体状况

1. 乌尔夫·迪尔迈尔（Ulf Dirlmeier）:《在中世纪晚期上德意志城市中收入条件与生活开支之调查（14世纪中叶到16世纪初）》(*Untersuchungen zu Einkommensverhältnissen und Lebenshaltungskosten in oberdeutschenStädten des Spätmittelalters (Mitte 14. bis Anfang 16. Jahrhundert)*)，海德堡，1978年。
2. 菲利普·道林格尔（Philippe Dollinger）:《汉萨同盟》(*Die Hanse*)，斯图加特，第5版，1998年。
3. 伊雷妮·艾尔芬（Irene Erfen）/卡尔-海因茨·施皮斯（Karl-Heinz Spieß）主编:《中世纪的外国风格与旅行》(*Fremdheit und Reisen im Mittelalter*)，斯图加特，1997年。
4. 格尔哈德·福库尔特（Gerhard Fouquet）:《为了城市之建造：中世纪晚期城镇建筑公司中的财政、组织与劳动》(*Bauen für die Stadt. Finanzen, Organisation und Arbeit in kommunalen Baubetrieben des Spätmittelalters*)，科隆/魏玛/维也纳，1999年。
5. 贝恩德·海尔曼（Bernd Herrmann）/罗尔夫·施普朗德尔（Rolf Sprandel）主编:《中世纪人口发展的决定因子》(*Determinanten der Bevölkerungsentwicklung im Mittelalter*)，魏因海姆，1987年。
6. 贝恩德·海尔曼（Bernd Herrmann）主编:《中世纪的人与环境》(*Mensch und Umwelt im Mittelalter*)，斯图加特，1986年。
7. 约翰·赫伊津哈（Johan Huizinga）:《中世纪之秋》(*Herbst des MIttelalters*)，1919年，斯图加特，第11版，1975年。
8. 加布里埃尔·伊森贝尔格（Gabriele Isenberg）/芭芭拉·肖尔克曼（Barbara Scholkmann）主编:《中世纪城市之设防》(*Die Befestigung der*

第二章 中世纪晚期（13世纪中叶到15世纪末）

   mittelalterlichen Stadt），科隆／魏玛，1997年。
9. 艾贝尔哈德·伊森曼（Eberhard Isenmann）："15世纪的帝国财政与帝国税收"（Reichsfinanzen und Reichssteuern im 15. Jahrhundert），载《历史研究杂志》（*Zeitschrift für historische Forschung*），1980年第7期，第1—76页、第129—218页。
10. 艾贝尔哈德·伊森曼（Eberhard Isenmann）：《中世纪晚期的德意志城市，1250—1500年：城市形态、法、城市政府、教会、社会、经济》（*Die deutsche Stadt im Spätmittelalter 1250-1500. Stadtgestalt, Recht, Stadtregiment, Kirche, Gesellschaft, Wirtschaft*），斯图加特，1988年。
11. 彼得·约翰内克（Peter Johanek）／海因茨·施杜布（Heinz Stoob）主编：《中世纪与近代的欧洲商品贸易会及市场系统》（*Europäische Messen und Märktesysteme in Mittelalter und Neuzeit*），科隆／魏玛，1996年。
12. 埃里希·马希克（Erich Maschke）：《城市与人：城市、经济与社会史论文集》（*Städte und Menschen. Beiträge zur Geschichte der Stadt, der Wirtschaft und Gesellschaft*），威斯巴登，1980年。
13. 考尔德·迈克泽佩尔（Cord Meckseper）：《中世纪德意志城市文化简史》（*Kleine Kunstgeschichte der deutschen Stadt im Mittelalter*），达姆斯塔特，1982年。
14. 米夏埃尔·诺尔特（Michael North）：《货币及其历史：从中世纪到当代》（*Das Geld und seine Geschichte. Vom Mittelalter bis zur Gegenwart*），慕尼黑，1994年。
15. 奥托·格尔哈德·奥克斯勒（Otto Gerhard Oexle）主编：《贵族阶层：旧欧洲贵族的功能与排场》（*Nobilitas. Funktion und Repräsentation des Adels in Alteuropa*），哥廷根，1997年。
16. 弗里德里希·普费菲尔（Friedrich Pfeifer）：《中世纪的莱茵过境税》（*Rheinische Transitzölle im Mittelalter*），柏林，1997年。
17. 莱纳尔·克里斯托弗·施温格斯（Rainer Christoph Schwinges）：《14—15

世纪德意志大学生：旧帝国社会史研究》（*Deutsche Universitätsbesucher im 14. und 15. Jahrhundert. Studien zur Sozialgeschichte des Alten Reiches*），斯图加特，1986 年。

18. 沃尔夫冈·冯·施特罗默（Wolfgang von Stromer）：《上德意志的金融寡头，1350—1450 年》（*Oberdeutsche Hochfinanz, 1350-1450*），3 卷本，威斯巴登，1970 年。

19. 哈拉尔德·维特霍夫特（Harald Witthöft）：《有关利用经济史与社会史研究的一种历史计量学概要：在 13—19 世纪吕讷堡城乡、汉萨空间与汉诺威选侯国／王国内的度量衡》（*Umrisse einer historischen Metrologie zum Nutzen der wirtschafts— und sozialgeschichtlichen Forschung: Maß und Gewicht in Stadt und Land Lüneburg, im Hanseraum und im Kurfürstentum / Königreich Hannover vom 13. bis zum 19. Jahrhundert*），2 卷本，哥廷根，1979 年。

20. 海德·温德尔（Heide Wunder）：《德意志的农村乡镇》（*Die bäuerliche Gemeinde in Deutschland*），哥廷根，1986 年。

政治发展的基本特征

1. 海因茨·安格尔迈尔（Heinz Angermeier）：《帝国改革，1410—1555 年：中世纪与当代之间德意志的国家问题》（*Die Reichsreform 1410-1555. Die Staatsproblematik in Deutschland zwischen Mittelalter und Gegenwart*），慕尼黑，1984 年。

2. 奥托·布鲁纳（Otto Brunner）：《邦国与统治：中世纪奥地利领土宪法史中的基本问题》（*Land und Herrschaft - Grundfragen der territorialen Verfassungsgeschichte Österreichs im Mittelalter*），达姆斯塔特，第 6 版，1984 年。

3. 乌尔夫·迪尔迈尔（Ulf Dirlmeier）／格尔哈德·福库尔特（Gerhard Fouquet）／贝恩德·福尔曼（Bernd Fuhrmann）：《中世纪晚期的欧洲，

第二章 中世纪晚期（13世纪中叶到15世纪末）

1215—1378年》(*Europa im Spätmittelalter 1215-1378*)，慕尼黑，2003年。

4. 约翰内斯·弗里德（Johannes Fried）:《形塑欧洲，840—1046年》(*Die Formierung Europas 840-1046*)，慕尼黑，第2版，1993年。

5. 阿尔弗雷德·哈维坎姆普（Alfred Haverkamp）主编:《德意志史手册》(*Handbuch der deutschen Geschichte*)，第5卷，"12世纪，1125—1198年"（*12. Jahrhundert, 1125-1198*），第10版，全新修订版，斯图加特，2003年。

6. 阿尔弗雷德·哈维坎姆普（Alfred Haverkamp）主编:《德意志史手册》(*Handbuch der deutschen Geschichte*)，第1卷，"古典晚期到中世纪末"（*Spätantike bis zum Ende des Mittelalters*），第10版，全新修订版，斯图加特，2004年。其中，阿尔弗雷德·哈维坎姆普:"中世纪期间的德意志历史观"（*Perspektiven deutscher Geschichte während des Mittelalters*）；弗里德里希·普林茨（Friedrich Prinz）:"德意志史的欧洲基础，4—8世纪"（*Europäische Grundlagen deutscher Geschichte, 4.- 8. Jahrhundert*）。

7. 保罗·J.海尼希（Paul J. Heinig）:《皇帝弗里德里希三世（1440—1493年）：宫廷、政府与政策》(*Kaiser Friedrich III. (1440-1493). Hof, Regierung und Politik*)，2卷本，科隆/魏玛，1997年。

8. 约尔格·K.霍希（Jörg K. Hoensch）:《皇帝西格蒙德》(*Kaiser Sigismund*)，达姆斯塔特，1996年。

9. 赫尔曼·雅各布斯（Hermann Jakobs）:《教会改革与中世纪盛期，1046—1215年》(*Kirchenreform und Hochmittelalter 1046-1215*)，慕尼黑，第4版，2001年。

10. 卡尔-弗里德里希·克里格尔（Karl-Friedrich Krieger）:《中世纪晚期德意志国王的采邑制（约1200—1437年）》(*Die Lehnshoheit der deutschen Könige im Spätmittelalter (ca. 1200-1437)*)，阿伦，1979年。

11. 埃里希·莫伊腾（Erich Meuthen）:《15世纪》(*Das 15. Jahrhundert*)，第3版，增补版，慕尼黑，1996年。

12. 彼得·莫拉夫（Peter Moraw）："德意志，欧洲中世纪晚期"（Deutschland, E. Spätmittelalter），载《中世纪词典》（*Lexikon des Mittelalters*），第 3 卷，慕尼黑 / 苏黎世，1986 年，第 835—869 页。

13. 彼得·莫拉夫（Peter Moraw）：《从公开组织到形塑聚集：中世纪晚期的帝国，1250—1490 年》（*Vom offener Verfassung zu gestalteter Verdichtung. Das Reich im späten Mittelalter 1250-1490*），柏林，1989 年。

14. 汉斯·康拉德·佩尔（Hans Conrad Peyer）：《老瑞士的宪法史》（*Verfassungsgeschichte der alten Schweiz*），苏黎世，1978 年。

15. 阿恩德·赖特迈尔（Arnd Reitemeier）：《中世纪晚期的外交：帝国与英国之间的外交关系（1377—1422 年）》（*Außenpolitik im Spätmittelalter. Die diplomatischen Beziehungen zwischen dem Reich und England (1377-1422)*），帕德尔鲍恩，1998 年；

16. 莱茵哈德·施耐德（Reinhard Schneider）：《法兰克帝国》（*Das Frankenreich*），第 4 版，修订增补版，慕尼黑，2001 年。

17. 恩斯特·舒伯特（Ernst Schubert）：《国王与帝国：中世纪晚期德意志宪法史研究》（*König und Reich: Studien zur spätmittelalterlichen deutschen Verfassungsgeschichte*），哥廷根，1979 年。

18. 恩斯特·舒伯特（Ernst Schubert）：《中世纪晚期德意志史基本问题导论》（*Einführung in die Grundprobleme der deutschen Geschichte im Spätmittelalter*），达姆斯塔特，1992 年。

19. 费迪南德·赛布特（Ferdinand Seibt）：《查理四世：欧洲的一位皇帝，1346—1378 年》（*Karl IV. Ein Kaiser in Europa 1346-1378*），慕尼黑，第 2 版，1985 年。

20. 沃尔夫冈·施图尔纳（Wolfgang Stürner）：《弗里德里希二世》（*Friedrich II.*），2 卷本，达姆斯塔特，1992—2000 年。

21. 海因茨·托马斯（Heinz Thomas）：《中世纪晚期的德意志史，1250—1500 年》（*Deutsche Geschichte des Spätmittelalters, 1250 bis 1500*），斯图

加特，1983 年。

22. 海因茨·托马斯（Heinz Thomas）:《巴伐利亚的路德维希（1282—1347 年）：皇帝与异端》(*Ludwig der Bayer (1282-1347). Kaiser und Ketzer*)，雷根斯堡等，1993 年。
23. 理查德·沃格汉（Richard Vaughan）:《"大胆"查理：最后一位瓦卢瓦家族的勃艮第公爵》(*Charles the Bold; the last Valois Duke of Burgundy*)，伦敦，1973 年。
24. 赫尔曼·维斯弗莱克尔（Hermann Wiesflecker）:《皇帝马克西米利安一世：在向近代转折中的帝国、奥地利与欧洲》(*Kaiser Maximilian I. Das Reich, Österreich und Europa an der Wende zur Neuzeit*)，5 卷本，慕尼黑，1971—1986 年。

第三章　从宗教改革到《威斯特伐利亚和约》签订
（15 世纪末到 1648 年）

恩斯特·欣里希斯

时代概览

在德意志历史上，再也没有如宗教改革到《威斯特伐利亚和约》签订之间的一个半世纪那样，让德意志面貌发生如此根本性的变化。1500 年左右，神圣罗马帝国仍然处于一个世界政策的中心，看上去有可能在此进程中会建起一个大型帝国；然而到 1648 年，这里已经成为欧洲邻国权力政治算计的玩偶，而且还同时形成一个离心式分裂国度的舞台——这一幕直至 19 世纪晚期都决定着德国的政治现实。1500 年左右，在帝国的南部和西南部，存在着旖旎的城市风光以及由上德意志市民阶层所承载的经济兴旺场景；而在那场大型战役即将结束时，德意志经济已被远远抛下，不仅中世纪晚期的城市国家不复存在，而且还出现了政治经济形态各异的领土分立各邦。在宗教改革前，这里已经出现了一种业已提升的、在宗教生活、文化生活及政治生活等多种层面上加以表达的改革意识。其源头在于中世纪的虔诚感与当时代人的末世期待，而其目的是为了改变日觉丑陋的现状及同时代人的信仰和教会实践，以便由此让不可分离的、拥有威望的教会迎来新生。在三十年战争结束时，这种教会统一性最终在经历了一百多年斗争、其中部分血腥斗争之后沦丧了。如同欧洲许多其他国家一样，德意志邦国内部出现了更多教会与教派。它们坚持不懈地争夺教派势力范围，以便介入其影响区域内之民众的整个日常生活，并对未来德意志历史产生了影响。1500年左右，德意志各邦同样回应了产生于意大利、联结古代的文艺复兴和人文主义之文化及教育运动。在德意志，文艺复兴和人文主义首先体现在，大量以宽容为目标的著作得到了上德意志市民阶层出身的人文主义者的回应。然而一个半世纪后，德意志再次面对教派主义之间的强硬抗争，各派之间划定界限或融合的方式貌似成了唯一可能解决信仰问题的方法，而非彼此之间互相尊重、互相容忍。现在，不同于多思多虑的人文主义式涵养的现象出现了。被天主教徒与基督教徒理解为"女巫"的现象出现在整个地区。这一点不仅反映在农庄"女巫共同体"的"女巫舞"中，而且还被多次证明，那些接受过人文主义教育的大学法学家同样加入到审判女巫的行动中。

当然，这一段时期不能仅仅被视作摧毁、衰落或根本上衰亡的时代。如同欧洲其他国家那样，在德意志，以宗教改革为名出现的信仰和教会获得了新的力量。它们借助新教教义的活力向前推进，一些活力后来还被天主教义所吸收。在最新研究中，两种教派对生活条件与生活水平的作用，完全被解释为它们对于现代化进程的影响。从中世纪晚期的帝国发展、查理五世的普世性帝国观念之崩溃中产生的邦国世界是碎片化的。但它同样孕育着面向未来的政治与文化发展之契机。在德意志的土壤上，出现的不是一个霸权式的中欧大帝国，而是一个在政治上集中化的、却源于不同冲动的政治实

第三章　从宗教改革到《威斯特伐利亚和约》签订（15 世纪末到 1648 年）

体群。在此实体之上，人们才能把业已沦丧的旧帝国宪法中最强大的元素凸现出来，即在信仰天主教的南方与西南地区，文艺复兴时期、特别是巴洛克时期修建的邦君及大主教驻地城市美轮美奂；而在中部和北部德意志的小型且向内发展的新教领地上，则出现了新的邦国主权，它们着力于改造政教关系与教育条件；在东北部，17 世纪上半叶，勃兰登堡选侯得到了一些领地，初步显现出未来德意志强邦的轮廓；在北方，几乎未受战争影响的汉萨同盟城市汉堡与不来梅则继续向未来的大城市迈步。

现在，以分散、"联邦"结构显现的德意志已经出现了；绝对主义不是来自帝国的顶层，而是出现在拥有主权的各邦国——它也只是在那里发展成为一种可行政治系统之基础，因为领地邦国足够大，有能力赋予这样一种发展以历史意义。在巴伐利亚，这段时期只发生于拥有权力意识的马克西米利安一世统治期；除此之外，新的统治技巧主要出现在奥地利与勃兰登堡，那里为未来的一种德意志二元制创造了前提条件。其他更小的帝国等级也把自己的统治视作"绝对主义"，尽管他们的领地邦国几乎都太小，但他们同样如大邦君那样，以现代领主的方式进行统治。在其他许多邦国中，等级团体式组成要素包含着一种令人吃惊的、强大的生命力；也正因如此，它注定了联邦主义应该在德意志拥有未来。在最新历史研究看来，它对于未来德意志历史的意义得到了比此前更为正面的评价——此前，在一元论国家理解的时代，这种分散趋势曾经被视作衰落的表现。德意志宗教改革与教派分立的百年，对德意志组成状态及其政治的未来表现形式，产生了根本性影响。换言之，在宗教改革到《威斯特伐利亚和约》签订的时代中，每一种向往统一的观念，无论它源于精神、政治还是精神文化因素，都被打上了幻想的标志，多样性慢慢凝聚。在普芬道夫[1]意义上的每一种矛盾与"畸形"，都能够促生机遇和可能。

16 世纪初的德意志

1493—1519 年	皇帝马克西米利安一世在位。
1495 年	沃尔姆斯帝国会议：第一次帝国改革。
1496/1497 年	哈布斯堡家族与西班牙通过双重婚约而结盟：西班牙继承者唐·胡安迎娶马克西米利安之女、勃艮第的玛格丽特；马克西米利安之子勃艮第的菲利普迎娶西班牙公主"疯子"胡安娜。
1512 年	科隆帝国会议：帝国进一步改革，把帝国分为十个帝国区。
1515 年	维也纳诸侯大会：哈布斯堡家族与波希米亚及匈牙利的雅盖洛国王瓦迪斯瓦夫双重婚约。

---

[1] 普芬道夫（Samuel von Pufendorf, 1632—1694 年），17 世纪德意志最杰出的法学家。——译者注

第三章 从宗教改革到《威斯特伐利亚和约》签订（15世纪末到1648年）

人口、经济、社会

16世纪初，德意志民族的神圣罗马帝国属于欧洲人口众多的大型国家。这里（不包括意大利部分）生活着1500万—1600万人，与当时的法国人口相当。此后（1648年），人们估算，若除去从帝国联合体中离开的荷兰、瑞士及波希米亚王国，这里的人口仍然有1100万—1200万，其中大部分人并未向德意志西部和南部移民，而是由北部与东部提供扩张空间。之所以如此，则是因为在黑死病与长期停滞导致的150年左右收缩后，自15世纪末以来，发生了人口到处增长的现象。据估算，1560年左右，德意志人口应该已经恢复到1340年的1600万人。

这是近代早期的第一次人口增长，并一直延续到三十年战争。在整个16世纪，它为德意志及主要欧洲国家带来了明显的增长率。在那些资料保存较好的地区（中德、萨克森），人们可以获得准确的数据。依据时间、定居空间和增长持续期，人口增长率在0.33%到0.62%之间。这当然不是爆炸式人口增长，但它也足够快，以至于让当时的编年史作家们留下了一种新型活力的印象。齐梅尔恩伯爵（16世纪中叶）的编年史及其有关农业向偏僻森林山区突进以确保基本食品供应的记载[1]，曾被人们多次引用。

绝大多数人生活在规模较小的定居点。即便人们将之自豪地称

---

[1] 此处指《齐梅尔恩编年记》（*Zimmerische Chronik*），16世纪中叶的历史著作，主要是家族编年史。——译者注

作"城市"[1]，其实人口也不会超过2000，而且通常情况会更少。不过，在德意志的中部、南部和西南部，也明显聚集着一些较大的富裕城市（莱比锡、安娜堡、茨维考、纽伦堡、奥格斯堡、雷根斯堡、斯特拉斯堡）；在北部，只有汉萨同盟城市扮演着某种角色，但吕贝克的重要性开始消退，汉堡的未来角色初步显现。西部的科隆在16世纪初以3万居民的规模，成为德意志最大城市，但它并不属于宗教改革时代拥有活力的城市中心。

在这些城市里，生活着一群拥有自我意识的、经济上富裕起来的市民阶层。他们通过贸易和手工业致富，并获得了威望。不过，在1500年左右，人们的眼光由15世纪后半叶大威尼斯商业圈和商业兴隆局面所确立的成功过去，转向了一种富有活力的未来。这一点在德意志（如同欧洲许多国家一样）并未出现在城市，而是出现在领地邦国。直到几百年过后，德意志的经济重心如15世纪和16世纪初南德及中德那样，才再次由市民阶层所决定。在16世纪进程中，奥格斯堡成为数场帝国会议的举办地绝非偶然。它是上德意志地区除纽伦堡外最著名的早期德意志城市文化之代表。不过，正如人们对其税务名录所进行的详细调查所发现的那样，在这座城市中，社会影响力的分布是不均匀的。在大约3万居民（估算的整体人口）中，8.5%属于权贵上层；86.5%属于资产不多的下层；两者之间是少量中间阶层，但他们很难在其他城市居民面前凸显自我。

回头来看，在1500年左右，倘若这些市民阶层生活在长达一个世纪的工商业高度繁荣期，那么农民的情况则正好相反。对于他们

---

[1] Stadt，该词亦可被译作"城镇"。——译者注

第三章　从宗教改革到《威斯特伐利亚和约》签订（15 世纪末到 1648 年）

而言，这是一个不利发展条件走向终结的时期。在农村，每日的食品需求在数十年间都无法得到充分满足，这是人口数量快速回升所导致的结果。除了那些最靠近市场及前往市场比较方便的土地还得到深耕利用外，其他土地则被抛弃，大量农庄变成荒村。许多农民进入日益增长并繁荣起来的城市。此举不仅出于经济动因，而且还同样是为了逃离农村、更迭职业及等级的考虑。许多德意志（如同欧洲）地区的农民不同于"自由的"城市人，仍然如往常那样，在其个人自由和经济自由方面面临着明显限制。在经济欠发展的时期，这些领主权利不再得到认真践行；尽管如此，到 1500 年左右，相应关系也发生了新的变化。首先在西南德意志，很快出现了领主与其"附庸"之间围绕着耕地、牧场及森林的使用权爆发了激烈争夺战。

在这段时期里，领主与百年之前及百年之后没有什么不同，都是由贵族与教士组成的。领主把抽象名词"统治"具化为农奴主或地主的形象，具化为拥有审判权之领主或邦君之形象。稍后，我们还必须谈到教士及其在有关财产、统治与权力等颇为世俗化关系中存在问题的纠结之处。至少高级教士几乎都来自贵族，但正如他们并不期望出现一个相抗衡的贵族等级那样，其内部证明很大程度上也存在着较大差异：完全属于上层的是邦君，他们以邦国元首的形象来支配特有的国家权力雏形；随后是直属罗马皇帝及德意志国王的伯爵及男爵，或与邦君联系紧密的伯爵及男爵；最后在下层的是小贵族、骑士贵族，他们是邦君或皇帝的附庸，1500 年左右其功能的变化让他们的身份陷入危险中，因为在许多方面其功能都已成多余。

在这种等级森严的世界中，还存在着一个广泛的城乡下层民众，

117

其次是那些根据时代标准处于边缘地带或外在于等级社会制度的团体：如"欺诈"者、犹太人与吉卜赛人。"好的"等级社会抵制这些边缘群体之举并非不道德，而是习惯性的表现。然而对于后者而言，这些举动却通常是一种不可承受的压力。犹太人逐步通过向东方移民而迁出德意志。他们首先前往波兰-立陶宛。在那里，至少出于经济原因，他们在一段时间内是受到欢迎的。

文化、教育、精神生活

尽管我们不得不承认，1500年左右的德意志人大部分是文盲，但该时期仍然传递给我们一幅业已早熟的精神活跃之画面。宗教改革前，人们对于教会及其机制状态的批评，不仅借助印刷新技术，寻求在公共舆论中扩散之路，而且还在某种程度上大大推动了这种批评状态的持续发展。早在路德之前，人们已经激烈讨论过教会、帝国及"主从"两者的必要改革。这些讨论不仅发生在人文主义的学者圈中，或官员们的咨询会里，而且还出现在"普通"人的家中或路边。不过，这些讨论的基础并非是人们意识到他们希望越过伟大而古老的教会而转向世俗日常规则。相反，他们面前存在的是一种业已增强的虔诚感——1500年左右，这种虔诚感猛烈扩散。朝圣者、圣骨崇拜与敬奉之举日增，赦免罪行运动取得巨大成功，不可计数的虔诚捐赠，教会在济贫方面取得的质量和数量上的成功，此外还存在着大量见证当时虔诚实践的证明。所有这一切在当时、在那里就已经陷入到激烈批判教会的运动中。批评者认为，它们都是滥用之举，其后果无法估量。

第三章　从宗教改革到《威斯特伐利亚和约》签订（15 世纪末到 1648 年）

与此相反，对于教会提出理性的、某种程度上面向世俗化的批判，是一小部分由受教育者和学者组成的精英之事。他们就是人文主义者。他们大部分都不是神职人员，而是拥有着世俗职业，特别是在法律行业工作；而且他们也并非仅仅处理教会文本及其传统。中世纪晚期在意大利出现的人文主义，其核心是一种学术运动和教育运动。"人文主义学习"（studia humanitatis）指的是五种学术：语法学、修辞学、诗学、伦理学和历史学。它主要指向古代源头。在德意志，首先是那些南德市民阶层中的头面人物在这场教育运动中看到了自己的理想，并在通常情况下让它进一步加以推广。维也纳的康拉德·策尔蒂斯、纽伦堡的威利巴尔德·皮克海默和奥格斯堡的康拉德·波伊廷格就是伟大的德意志人文主义者。他们在完全不同的世俗知识领域中获得名声和威望。

德意志与欧洲人文主义都曾明确批判教会，但其目的并非为了分裂教会。然而尽管他们极少愿意为之，可是宗教改革却由此而做好了准备。约翰内斯·罗伊希林正是一位特别存在争议的头面人物。此外，人文主义者中最重要的人大概是鹿特丹的伊拉斯谟。此人是宗教改革的开路先锋，后来又成为宗教改革的敌人。他希望简化中世纪经院哲学式神学的极为复杂之网络，由此来找到至今为止仍在发挥作用的有关基督之教义。对于伊拉斯谟而言，基督"与其说是十字架上人与上帝的和解者，倒不如更多是（在实践古典伦理中）智慧、美德与虔诚的人类伟大导师"（H. 拉贝 [H. Rabe] 语）。

德意志人文主义的铺展，发生在教育体制重要扩张的背景中。同时，德意志人文主义也促进了教育体制的进一步发展。此外，倘若没有 1450 年左右投入实践的"德意志艺术"，即印刷术，德意志人文主义也不可能发展起来。1470 年起，在德意志，至少在城市，出现了越来越多对教育的需求——最底层出现了城市的读写学校；"完全上层"则出现了预科学校和大学。根据小心谨慎的估算，1500 年左右，大约有 40 万人属于积极的读者，这相当于总人口的 3% 到 4%。并不令人感到惊奇的是，他们大部分生活在城市，特别是生活在德意志南部、西南部和中部的王国贸易城市与手工业城市。同样，在北方的汉萨同盟城市，也存在着一种超过平均水平的基础文化教育技术之扩展。相反，在农村，特别是在东部的那些偏僻的、远离城市的村庄，我们必须看到这段时间还存在着分布极广的文盲。在宗教改革时代（及其之后），这些人才是整个德意志民众的主体。

政治体制：马克西米利安一世统治下的皇帝、帝国与帝国改革

在 15 世纪末 16 世纪初，德意志民族的神圣罗马帝国（简称"帝国"）成为多次宪法政治改革的对象。但它们都未能取得完全成功，因为在这个艰难的政治实体内——在 17 世纪，它应该被称作"庞然怪物"——两种相互对立的宪法元素联系在一起，即一方是作为一种集权性政治意愿化身的帝国与皇帝，另一方是作为分散权力承担者的帝国等级，其顶端是 7 个选侯。以上两者被理解为嵌入到帝国中的邦国主权之支柱，并在帝国政治体的政治可能性中见证了帝国宪法的一种不可丢弃的财富。以上总总又因为下列事实而变得更为复杂：自阿尔布莱希特二世以后，哈布斯堡家族成为国王与皇帝职位未被中断的持有者；与此同时，帝国政治体连同其强大的领地基础追寻着不同于帝国或其他帝国等级的利益。皇帝马克西米利

第三章 从宗教改革到《威斯特伐利亚和约》签订（15世纪末到1648年）

安一世统治下的哈布斯堡家族对于德意志之外表现出政治野心——这一点或许可以作为上述论断的证据。哈布斯堡家族的世袭领地位于帝国的东南边缘地带。它在波希米亚、匈牙利、上意大利、那不勒斯与西西里的政治发展，对于哈布斯堡邦君而言，有着最重要的意义。皇帝马克西米利安一世多次尝试在所有可能方向上建立王朝联系，便是反映上述特点的最好例证。他用联姻政策来抗击雅盖洛家族——这是波希米亚和匈牙利的主人。他迎娶勃艮第的女继承人玛利亚，还支持其家族与西班牙王室之间的双重联姻。如此这般，马克西米利安的王朝扩张政策具有其独特风格，没有或极少与帝国利益相关——这也是大部分帝国等级所注意到的特点。同样，马克西米利安一世从未成功地将自己对这些德意志之外问题的兴趣与整个帝国的兴趣紧密结合在一起。例如在上意大利，那里曾经是帝国的传统兴趣所在，而现在他也在那里推行令人印象深刻的帝国政策。与此相反，其他大部分帝国等级却对哈布斯堡家族的此类政治野心及其对资金武器援助的诉求极为怀疑，拒绝批准皇帝的那些铺张方案。

与此同时，当他自1486年起作为其父弗里德里希三世的共同执政者，尝试插足帝国事务时，作为哈布斯堡邦君的皇帝与其他帝国等级之间的利益冲突，便已在特有的帝国问题中"埋下了祸根"。马克西米利安一世并非是帝国改革的反对者，但他希望改革为其目的服务，即通过改革，把帝国塑造成一个有行动能力的、中央集权制的形态。这样一种构想与帝国一些改革家的观念截然对立。后者的代表是帝国首相、美因茨大主教黑内堡的贝特霍尔德。在他们面前浮现出的画面是一种协作式的帝国组织结构。这意味着皇帝权力隶

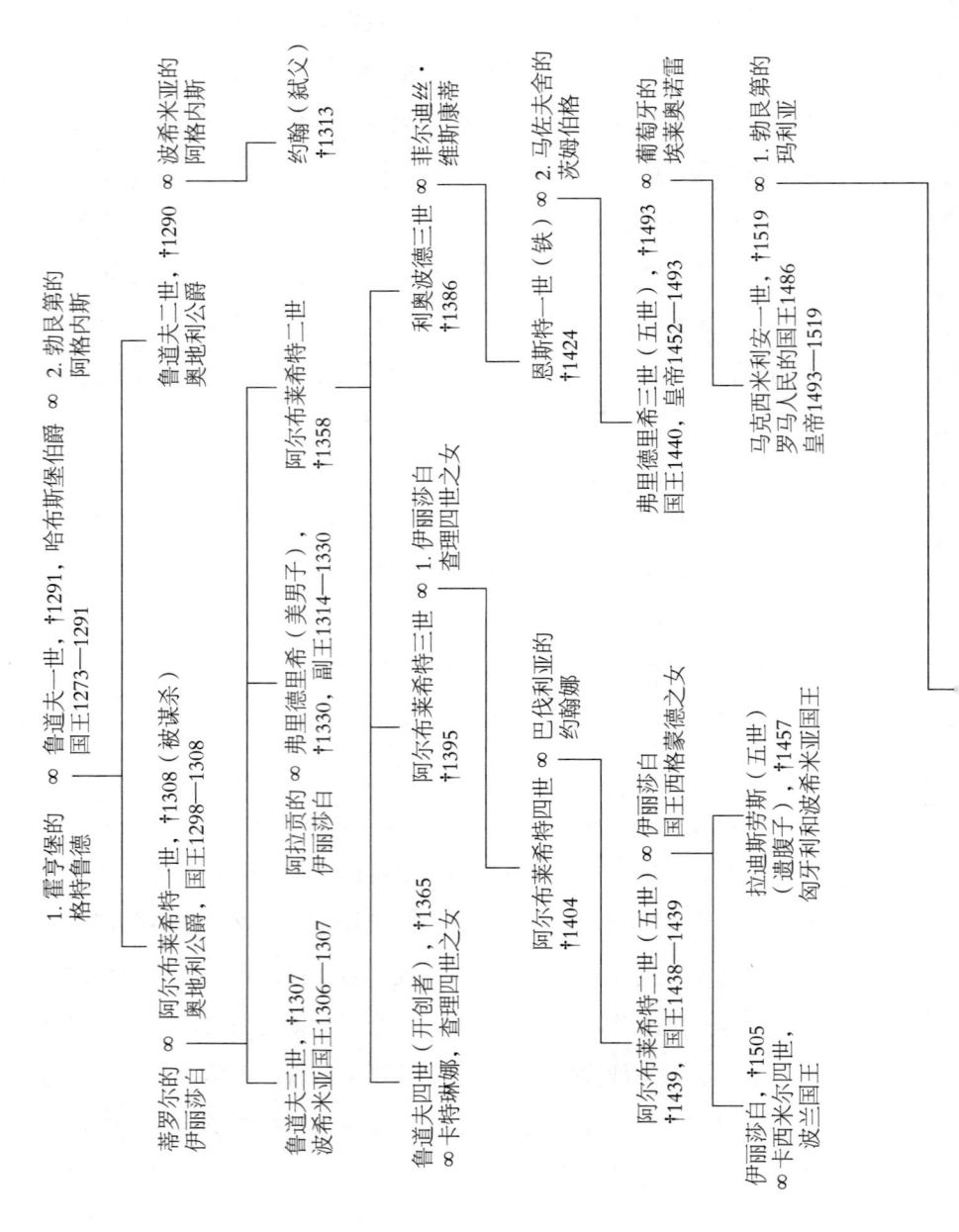

德意志史

家谱图(竖排文字,从右至左阅读):

- 1. 霍亨堡的格特鲁德 ∞ 鲁道夫一世,†1291,哈布斯堡伯爵 ∞ 2. 勃艮第的阿格内斯
  - 蒂罗尔的伊丽莎白 ∞ 阿尔布莱希特一世,†1308(被谋杀),奥地利公爵,国王1298—1308
    - 鲁道夫三世,†1307,波希米亚国王1306—1307
    - 阿拉贡的伊丽莎白 ∞ 弗里德里希(美男子),†1330,副王1314—1330
    - 阿尔布莱希特二世,†1358
      - 鲁道夫四世(开创者),†1365 ∞ 卡特琳娜,查理四世之女
      - 阿尔布莱希特三世,†1395
        - 阿尔布莱希特四世 ∞ 巴伐利亚的约翰娜,†1404
          - 阿尔布莱希特二世(五世) ∞ 伊丽莎白,国王1438—1439,†1439
            - 伊丽莎白,†1505 ∞ 卡西米尔四世,波兰国王
            - 拉迪斯劳斯(五世)(遗腹子),†1457,匈牙利和波希米亚国王
      - 利奥波德三世,†1386
        - 恩斯特一世(铁),†1424 ∞ 菲尔迪丝·维斯康蒂
          - 弗里德里希三世(五世),国王1440,皇帝1452—1493,†1493 ∞ 葡萄牙的埃莱奥诺雷
            - 马克西米利安一世,†1519,罗马人民的国王1486,皇帝1493—1519 ∞ 1. 勃艮第的玛利亚 ∞ 2. 马佐夫舍的茨姆伯格
  - 鲁道夫二世,†1290,奥地利公爵 ∞ 波希米亚的阿格内斯
    - 约翰(弑父)†1313

122

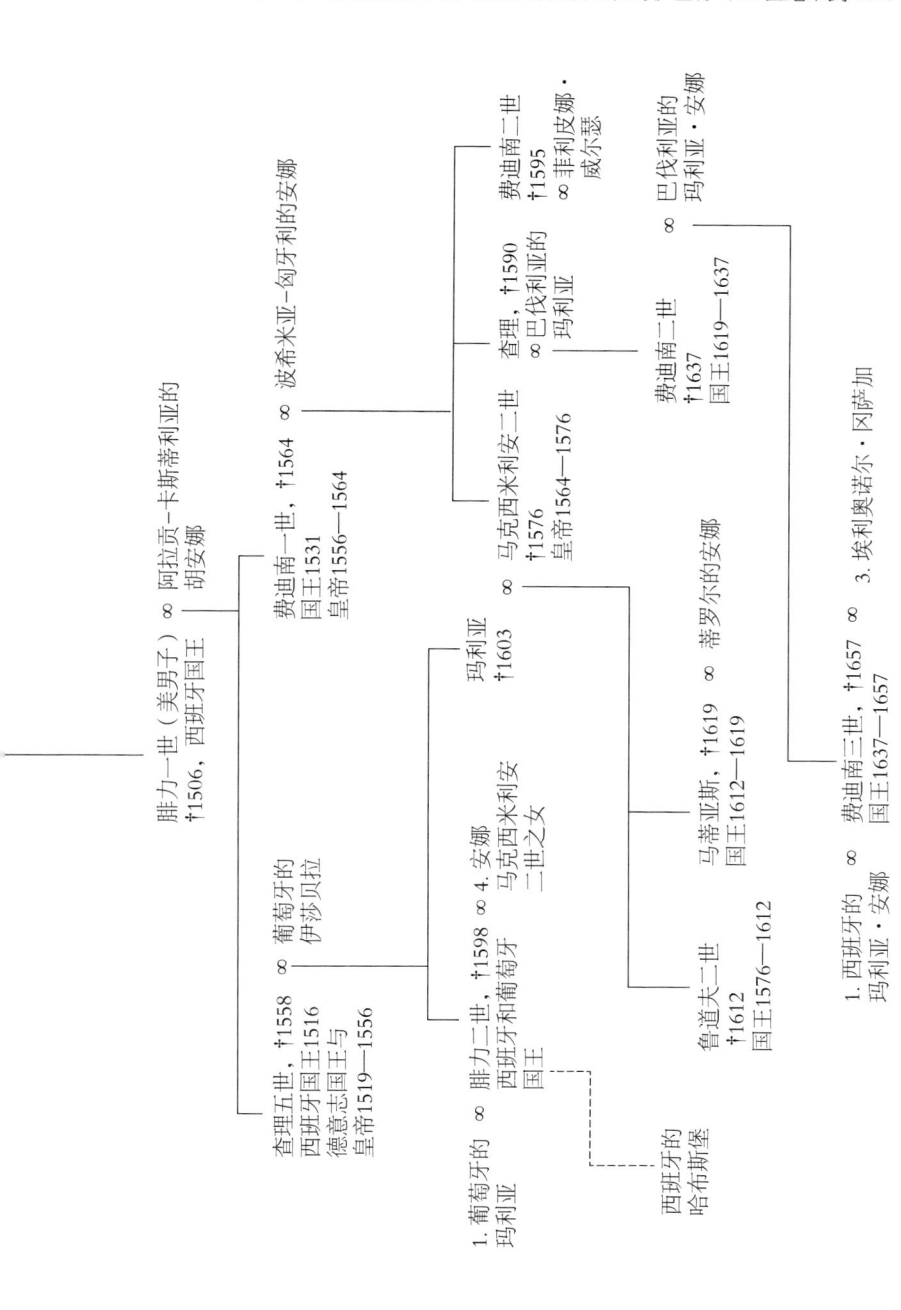

第三章 从宗教改革到《威斯特伐利亚和约》签订（15世纪末到1648年）

腓力一世（美男子） ∞ 阿拉贡-卡斯蒂利亚的胡安娜
†1506，西班牙国王

- 查理五世，†1558
  西班牙国王1516
  德意志国王与皇帝1519—1556
  ∞ 葡萄牙的伊莎贝拉
  - 1. 葡萄牙的玛利亚 ∞ 腓力二世，†1598 4. 安娜 ∞ 马克西米利安二世之女
    西班牙和葡萄牙国王
    - 西班牙的哈布斯堡

- 费迪南一世，†1564 ∞ 波希米亚-匈牙利的安娜
  国王1531
  皇帝1556—1564
  - 马克西米利安二世，†1576 ∞ 蒂罗尔的安娜
    皇帝1564—1576
    - 玛利亚 †1603
    - 鲁道夫二世 †1612
      国王1576—1612
    - 马蒂亚斯，†1619
      国王1612—1619
    - 查理，†1590 ∞ 巴伐利亚的玛利亚
      - 费迪南二世 †1637
        国王1619—1637
        ∞ 1. 西班牙的玛利亚·安娜
        3. 埃利奥诺尔·冈萨加
        - 费迪南三世，†1657 ∞
          国王1637—1657
      - 费迪南二世 †1595 ∞ 菲利皮娜·威尔瑟
      - 巴伐利亚的玛利亚·安娜 ∞

哈布斯堡家族

123

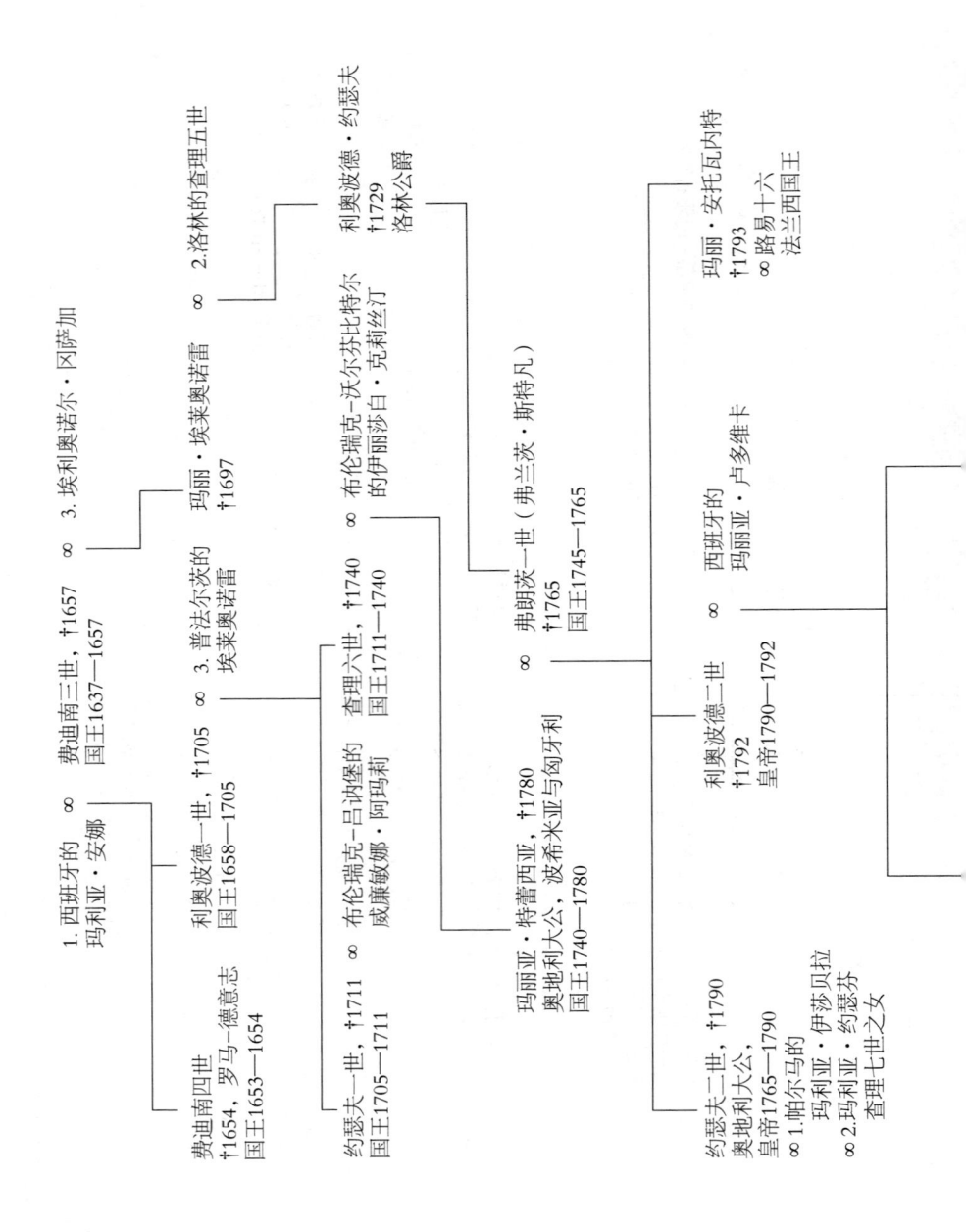

德意志史

```
费迪南四世                 1. 西班牙的
†1654, 罗马-德意志    ∞   玛利亚·安娜
国王1653—1654

                          费迪南三世, †1657
                          国王1637—1657

                      ∞   2. 洛林的查理五世
                          
                      ∞   3. 埃利奥诺尔·冈萨加

利奥波德一世, †1705
国王1658—1705
                                玛丽·埃莱奥诺雷
                      ∞   3. 普法尔茨的    †1697
                          埃莱奥诺雷

约瑟夫一世, †1711   ∞   布伦瑞克-吕讷堡的
国王1705—1711         威廉敏娜·阿玛利

                          查理六世, †1740     ∞   布伦瑞克-沃尔芬比特尔
                          国王1711—1740          的伊丽莎白·克莉丝汀

                                                    利奥波德·约瑟夫
                                                    †1729
                                                    洛林公爵

玛丽亚·特蕾西亚, †1780  ∞  弗朗茨一世(弗兰茨·斯蒂凡)
奥地利大公,                   †1765
波希米亚与匈牙利              国王1745—1765
国王1740—1780

                                                    玛丽·安托瓦内特
                                                    †1793
                                                    ∞ 路易十六
                                                      法兰西国王

                          利奥波德二世       ∞   西班牙的
                          †1792                  玛丽亚·卢多维卡
                          皇帝1790—1792

约瑟夫二世, †1790,
奥地利大公,
皇帝1765—1790
∞ 1.帕尔马的
   玛利亚·伊莎贝拉
∞ 2.玛利亚·约瑟芬
   查理七世之女
```

124

第三章　从宗教改革到《威斯特伐利亚和约》签订（15世纪末到1648年）

弗朗茨二世（一世），†1835
德意志皇帝1792—1806
奥地利皇帝1804—1835
∞2.那不勒斯的玛丽亚·特蕾西亚

约翰，†1859
摄政王1848—1849

费迪南一世，†1875
奥地利皇帝1835—1848
∞撒丁的玛利亚·安娜

弗朗茨·卡尔，†1878
∞巴伐利亚的索菲

弗朗茨·约瑟夫一世，†1916
奥地利国王1848—1916
∞巴伐利亚的伊丽莎白

卡尔·路德维希，†1896
2.两西西里的玛丽亚·安纳齐塔

弗朗茨·费迪南，†1914
∞索菲·霍泰克

奥托·弗朗茨·约瑟夫，†1906
∞萨克森的玛丽亚·约瑟芬

卡尔一世，†1922
奥地利皇帝1916—1918
∞帕尔马的齐塔

哈布斯堡家族

125

属于一个等级式的帝国政府。马克西米利安一世在同这种目的的斗争中，能够确保获得其他帝国等级的支持，因为美因茨大主教的改革想法几乎是乌托邦式的，遭到了不少人的抵制。也正因如此，并不令人感到惊奇的是，当马克西米利安一世面对帝国内围绕"帝国改革"所提出的各种极端不同的构想时，还能够回归到帝国政治体的立场上，首先思考确保与扩大其自身的领地权力之问题。

在这种背景下，值得人们关注的是，1500年左右，马克西米利安一世的帝国改革总体而言产生了一些持久性的成果。这场改革最主要体现在沃尔姆斯召开的"改革帝国会议"（1495年），随后通过其他帝国会议（如1500年奥格斯堡、1512年科隆）加以补充和修改。最终，改革产生的持久性成果体现在：确保帝国会议作为最高帝国机构的地位；成立帝国皇家最高法院，使之成为新的帝国最高司法机构；批准帝国税，用来资助帝国机构；创立所谓的"帝国区"，使之成为介于皇帝与帝国等级之间的"中层主管机构"，推行地区性管理，并至少在一些问题上能够拥有一种超越个别帝国等级的行动力；最后，为了帝国的特定政治共同体使命，创立一种等级式的帝国政府，但该政府的生命力却是短暂的，并不十分成功。

帝国会议在15世纪晚期实现了制度上的完善化，并在16世纪整个旧德意志史的进程中发挥了最高作用。它是帝国内等级式共治政府的中心机构。教俗选侯、公爵、伯爵、帝国骑士以及帝国城市是其中的成员，它们以不同的方式组织起来，其参与权也是完全不同的。

帝国会议的最上层是除波希米亚国王之外的所有选侯。这一团体在帝国极为复杂的组织结构中占有特殊位置。倘若没有它的批准，

第三章 从宗教改革到《威斯特伐利亚和约》签订（15世纪末到1648年）

帝国会议的任何决议是无效的。只有它负责法兰克福的德意志国王之选举——此时，波希米亚国王可以参与选举。第二层是诸侯代表团。在该代表团中，不仅包括拥有邦国主权和特殊"男性投票权"（意味着拥有个人投票权）的帝国教俗诸侯，而且还包括所有大约120名帝国伯爵与子爵，以及所有未能提升到诸侯等级的帝国高级教士——即便他们总共只有两张"代表团选票"。最后是帝国城市代表团。这是自15世纪末才出现的帝国会议特有团体。在宪法政治领域中，它从未产生过可与其他代表团相提并论的作用。尽管其成员承担着帝国越来越高的费用，但它对帝国会议决议的立场，一般而言，不过是不具约束力的主张而已。这一点再次证明，在近代早期，在欧洲地广人稀的大国中，城市即便拥有了经济影响力，但它们极少确立与之相应的政治影响力。

深受等级思想影响的帝国政治结构导致的结果是，与欧洲其他大的君主国相比，德意志采取了另一种宪法史发展形式，亦即向下发展，面向邦国领地。一般而言，邦君极少如帝国那样，拥有着丰富的、属于个人的经济储备，来支付其邦国发展所需的日益增长之开销。当然，其中一些邦国，如巴伐利亚公爵、萨克森选侯以及哈布斯堡家族，能够从其领地和"主权事务"——如铸币权、关税、开市权——中获得应对不断增长之开支的需求。但即便如此，倘若上述举动仍然无法满足需求，那么征税便是不可避免之举。正是因为根据权利来源说，倘若没有纳税者的同意，征税之举是无法推行的，或至少不能长期推行，所以在帝国各邦内，臣民参与程序逐渐出现，即便这种参与权通常是由贵族、教士或市民所分享，极少由农民参与，即便它不过是邦国政治体的附属品，但它终究打开了通往邦国议会的大门。

由此,邦国议会演变为等级共决权的论坛。自然,当邦君软弱时,这些附属等级能够进一步延伸它们对征税决议的影响力;相反,当邦君强大时,他们并不知道如何插手干预,而在其自身相关的领域(征收新税)内最终失去影响力。

教会和教会机构

倘若人们未能看到教会对当时生活的所有层面施加了巨大影响,那么他们便无法理解16世纪的德意志史与欧洲史。政治组织同样受到了教会的影响。在选侯会议(这是帝国核心的等级式组建工具)上,三个教会选侯(美因茨、特里尔和科隆)拥有着一半的选票。在诸侯代表团中,教士占据多数,因为所有帝国大主教都拥有如同帝国王侯的权利,所以他们与伯爵、子爵及其他帝国教士不同,拥有着一张男性选举票。

当然,教会的影响力并不仅仅止于控制重要的政治代表团。宗教改革前的教会是普世性的、由罗马加以领导的机构;一般而言,它的所有影响力及权力都源于罗马,且在事实上也是从罗马出发得以运用的。由此产生的后果是,德意志教士团体的巨大身躯,在其运行时总是在原则上效忠罗马,而且受其影响,即便关系到纯粹民族利益问题时,它也是如此。

罗马:它叫教廷!它是西方基督教世界的最高机构。在文艺复兴时期,由于那些特别对生活充满乐趣的、面向世俗事务的教皇,教廷既走向了巅峰,又开始了堕落进程——这一点已经出现在

第三章　从宗教改革到《威斯特伐利亚和约》签订（15世纪末到1648年）

中世纪盛期，出现在教皇与皇帝们、国王们的各种冲突中。这是世俗化的进程。当路德出生时（1483年），教廷更多是一种世界政治权力，而非仅仅是教会式的心灵治疗机构。它拥有了一个独特国家（即教廷国）、一个特有而无所不包的管理机制和一种区别化的财政体制，另外还配有一位受过教育的外交人员以及同拉丁语西方世界所有国家的世界政治之联系。其他还存在着哪些国家能如教廷那样，在同其竞争的国家内，通过对方的民族教士来拥有如此之多的影响力、拥有如此之高的忠诚度，以及拥有如此之大的政治行动可能性？

这种世俗化的进程在教会财政体制的特别明显形式中显露出来。"再也没有其他事物……如教廷提出的财政要求那样过分。它应该（正好在德意志）受到无所顾忌之剥削的指责。同样从未出现过的事情是后撤态度，即教廷的金钱需求的宗教意义及目的几乎完全缺失"（H. 拉贝语）。所有形式的教会部门，除了最严格的教会禁令外，都被免除了遵守教会规章的义务，借助赎罪券来拯救灵魂、避免沦入炼狱折磨——所有这一切，都是在罗马、并通过罗马以金钱来获得的。这在当时人眼中同样是一种丑闻——虽然个别例子并非如此，但在面向大众销售的教廷经济学的背景下，这就是一种丑闻。

而且对于民族教会而言，此举并非毫无后果！每一位主教、每一位大修道院院长、每一位修士、每一位神父，都隶属于来自罗马的财政体系之约束。让人感到惊讶的是——完全是在"奇迹"这一词汇的意义上——在近代初期，人们居然还能够期待德意志教士身上留有"道德"。在这一时段，教廷呈现出消极一面；同样，在德意志教士中，首先在其上层教士内，这种消极形象也根深蒂固："教俗权利与义务之间存在着问题较多的联系……对于教会部门而言，根据教规，圣祷与采邑之间的联系是不可分割的，它被个人承担义务的部门和可利用的法规视作生活导向的经济基础，是极端重要的。然而很久以来，教会各部门的上述因素却越来越不如神职人员的薪俸来得重要"（H. 拉贝语）。

教会职位推行薪俸制后，德意志教士从根本上丧失了其独特社会地位的宪法政治品质。他们不再以等级方式从贵族中招募，而这一点正是问题所在。它造成了教士独身主义，并在必要时阻止教士们公然转向市民阶层，尽管这一幕并未出现。但是，"教会成立了不可计数的部门和组织，转变为福利机构，而与这些部门相联系的教会功能却消逝了"（E. W. 齐登［E. W. Zeeden］语）。不过，仅仅关注心灵治疗与信仰实践的机制并不能长久存在下去。在这一意义上，一场宗教改革是必要的，也是被延误的。

宗教改革与查理五世的普世性皇帝政策

1483—1546 年	马丁·路德在世。
1517 年	反对赎罪券的《九十五条论纲》问世，宣告宗教改革的开始。
1518 年	奥格斯堡帝国会议：开启针对路德的异端审判；在红衣主教使节卡耶坦在场的情况下，路德拒绝撤回他的观点。 茨温利在瑞士开启宗教改革。

第三章　从宗教改革到《威斯特伐利亚和约》签订（15世纪末到1648年）

1519—1556年	查理五世在位。
1520年	路德的三部伟大纲领性著作出版。
1521年	沃尔姆斯宗教会议，通过《沃尔姆斯令》，放逐路德。
1521—1526年	查理五世针对法国的弗朗西斯一世的第一次战争。
1522—1523年	一些帝国骑士发起的"教士冲突"，特里尔选侯、普法尔茨选侯与黑森邦君联合招募的军队镇压了骑士军。
1524—1525年	农民战争。
1525年	查理五世在帕维亚获得胜利。
1526—1529年	查理五世针对弗朗西斯一世的第二次战争。
1526年	施佩耶尔的第一次帝国会议：决定由一次即将召开的宗教会议来解决信仰问题。
1527年	罗马之劫。 萨克森选侯邦国启动教会审查与教育审查，这是新教式邦国教会体制的开端。
1529年	施佩耶尔的第二次帝国会议：新教帝国等级"抗议"皇帝一再强化的信仰政策。
1530年	奥格斯堡帝国会议：明确证实信仰教派的对立；新教的《奥格斯堡告白》在菲利普·梅兰希通的领导下出版。
1531年	奥地利大公费迪南是查理五世的弟弟，1526年成为匈牙利国王，1527年后成为波希米亚

131

	国王，这一年成为罗马国王费迪南一世。
	更多新教帝国等级缔结为施马尔卡尔登同盟。
1532 年	纽伦堡帝国全体会议：有期限的信仰和平（"纽伦堡规矩"）。
	与此同时，雷根斯堡帝国会议：通过查理五世的《详细法院章程》。
1534/1535 年	明斯特出现浸礼派王国。
1541 年	雷根斯堡帝国会议：教派之间的信仰对话继续进行，但最后以失败告终。
1545—1563 年	特伦托宗教会议。
1546—1547 年	施马尔卡尔登战争。
1547 年	米尔贝格战役；查理五世战胜新教军队，俘虏萨克森选侯约翰·弗里德里希。
1547—1548 年	奥格斯堡帝国会议：通过《奥格斯堡宗教妥协》（1548 年）再次安排教派之间的和解。
1552 年	新教帝国等级与法国国王亨利二世结盟，抵抗查理五世，爆发军事行动（"邦君之战"）。
	《帕骚协议》：在费迪南的积极参与下，终结邦君混战；这是一份达成普遍宗教和平的方案。
1555 年	奥格斯堡帝国会议：《奥格斯堡宗教和约》。
1556 年	查理五世放弃皇位。

两场基础运动赋予 16 世纪上半叶的德意志历史以特殊形态：第

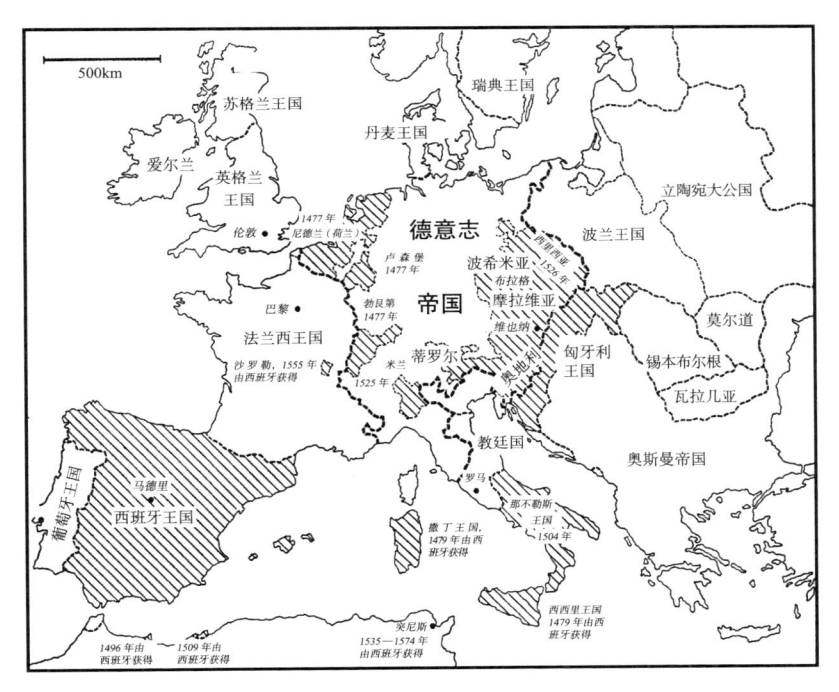

第三章 从宗教改革到《威斯特伐利亚和约》签订（15世纪末到1648年）

图3 查理五世的帝国

一场是宗教改革连同此后出现的教会组建与阵营组建进程；第二场是查理五世及其哈布斯堡家族在中欧建立一个大帝国的尝试——该帝国的另一个中心是 15 世纪统一起来并得到加强的西班牙。这是最后一位至少部分从帝国出发思考问题、并付诸实践的皇帝。但他的努力完全失败了。他的最后一次机会是走"自上而下"的道路，以构建一个欧洲强国，或许还有可能统一欧洲——对于这样一种欧洲统一形式，我们或许已经习以为常了。查理五世的失败，鲜明表现在哈布斯堡大帝国一分为二，即西班牙部分和奥地利-德意志部分，而皇帝本人则退位，从权力和世界中退出（1556 年）。相反，宗教改革"成功了"，即便它不如其最著名的先驱者马丁·路德所期待的那样范围广、有深度，但它仍然有意识地让教会不可避免地走向分裂。

在这半个世纪里，上述两场运动的链条持续不断地相互牵涉，彼此交叉与"干扰"，并导致了不少重要事件在其间发生：如农民战争、哈布斯堡王朝与法国之间的持久冲突、帝国内短暂的等级和解、教派分立进程的加剧。因此，我们必须从其内在联系中去观察这些事件。

马丁·路德

马丁·路德原本是一位来自严格的奥古斯丁隐修会的托钵修士，后来首先成为教廷的激烈批评者，进而演变为改革家。在这一发展中，具有决定性意义的是，他因其职业而远离当时普遍存在的、世俗性的教会批判。他的举止严肃，特别符合其教团身份。就此而言，这种态度不是新事物，而是中世纪晚期虔诚性与恪守教规态度的遗

第三章　从宗教改革到《威斯特伐利亚和约》签订（15世纪末到1648年）

产："在中世纪晚期教会的制度性分层中，入驻一个托钵修会，便在客观上意味着完美性要求的最高程度"（H. 卢茨［H. Lutz］语）。正因如此，路德在早年（1512—1517年）为其建构的理论走出一条完全独立的道路时，虽然在表面体现出独立性，但其神学内核并未受到人文主义的教会批判及其同时代世俗性思考之影响。同样，这条道路的终点，即教会分裂，是其思想与行动的深层结果之一，但也未受到其他任何同时代人及不久之后的先驱者们的影响。

路德早年进入托钵修会，随后很早开始担任教师。1512年起，他离开教团，进入维滕堡教堂。在某种程度上而言，上述事实对于路德的重要性，远高于他来自图林根"地位上升家庭"这一出身——而后者常常被用来解释其作为的缘由。"上帝希望我们不要通过自身的正义和智慧，而是通过他者的正义和智慧来有福；要通过不是来自于我们、成长于我们之间的正义，而是通过其他地方传递到我们中的正义；不要通过发源于我们这一地球的正义，而是来自天空的正义。"这是路德在其1515/1516年著名的罗马书信讲座中，首次对"外在的"善功得救理论提出他的批判；由此，他让那些在文艺复兴和人文主义中同样也正好由于上帝的缘故而变得伟大、拥有自我意识的人，再次变得渺小和谦卑。这次罗马书信讲座已经包含了他此后批判教会的许多元素，但此时，路德还未能够、也不愿意走上从根本上革新教会的道路。

在这里，1517/1518年的赎罪券之争产生了重要意义。正如时常发生的情况那样，世界历史上的大冲突与大事件发生之前，起点是一种相对无关紧要的但又深深扎根于当时滥用的教会实践行动之中，即在勃兰登堡的阿尔布莱希特当选为美因茨大主教、并由此成

135

为当时德意志教士等级中最高职位的所有者之际,教廷提出了过多的金钱诉求,而阿尔布莱希特则努力通过一种已被广为流行的赎罪券(这是一种为信仰者免除罪责和惩罚的证明)买卖来获取必要的金钱,由此引发了人们对于毫无顾忌的"恩典交易"之担忧。

路德及其许多同时代人对这种实践都极为愤慨,特别对阿尔布莱希特下达给赎罪券布道士的命令感到不满。他建议对此主题进行辩论,并个人致信阿尔布莱希特,且最终草拟了著名的《九十五条论纲》。不过,我们并不准确知道,《九十五条论纲》是否真的在1517年10月31日被贴到了维滕堡城堡教堂的大门上。不管怎样,当他把该文寄给与之交好的学者群后,该文很快在维滕堡外广为人知;此后在1518年初,该文连同路德的详尽注释被付梓出版。尽管该文的形式与内容并不是革命性的,但短时间内,它却在整个帝国内人尽皆知。在该文中,路德仍然尊重教皇的权威,但却严厉批判了赎罪券的使用。随后,他很快把该文改写为通俗性的《有关赎罪券及恩典的讲道》(*Sermon von Ablaß und Gnade*),以此让这篇以学术方式草拟的纲领加强影响力。普通人很快成为该文的购买者。这是宗教改革史的第一幕。在两年内,6万册书一售而空!这是路德在该文写作前从未想到的事,而该文也由此成为一次共同的、公开的事件——直到此时,所有一切的发生都并非是路德所愿意看到的!

这场赎罪券之争如同大规模的决堤般产生了影响力,迅速促成了更多理论及其作者们加入到观念斗争中。有关圣事的争议骤然升温;路德早在罗马书信讲座中便已经提出了"因信称义"(sola scriptura),而该理论明显转向抵制神学传统及教皇权威;进而,教廷作为基督代理人的要求也在根本上遭到了质疑。

第三章　从宗教改革到《威斯特伐利亚和约》签订（15世纪末到1648年）

随后，反对派阵线也出人意料地迅速组成——这恰恰证明了，尽管人们受迫于一连串事件所带来的压力，但至少德意志人正确看到了危险所在。赎罪券的拥护者及受益者们是在多明我会修士约翰·特策尔的参与下提出售卖方案的，而该方案燃起了争辩的战火。多明我会历来是奥古斯丁修会的竞争对手，现在便迅速扮演起旧事物的无条件辩护人。此外，许多教区神父承担起保卫老信仰的使命，特别是因戈尔斯塔特的神学家与卓越辩论家约翰·艾克。路德的所有反对者都以针对异端的多次有效武器予以回击，即以审判和火刑进行威胁！

尽管罗马针对路德的异端审判并未出现，但其原因是由于此事同大政治结合在一起，而后者当时又首次以整个宗教改革时代的典型方式混杂在教会内部的冲突之中。"智者"弗里德里希是萨克森选侯，并因此成为路德的邦君（并非支持者）。他并不准备把此时愈加知名的奥古斯丁修士送往罗马。他还增添了一把极有影响力的武器，即他作为选侯，鉴于皇帝马克西米利安一世病入膏肓，现在支持转向其他候选人。同时，罗马这一强国中的强国[1]，也从那里施加影响，因为其特殊利益在于，阻止哈布斯堡家族再出一位很有可能十分强大的德意志皇帝。为此目的，教廷竭尽所能地向德意志各选侯大献殷勤。

"智者"弗里德里希建议，路德首先在奥格斯堡帝国议会（1518年）上向红衣大主教卡耶坦申诉。路德接受了这一要求，但并未撤回自己的理论，以至于调查者一无所获，并带着对立加深的印象中止询问。现在，路德第一次把伟大的、燃起战火的应对观念带到了

---
[1] 指教廷国。——译者注

公共领域，而此举应该让他赢得了许多听众：他希望召开一次全体宗教会议，连教皇都无法否决他的判断。

　　这一诉求让冲突达到了新维度。它已不再是有关赎罪券这种微不足道之事，而是有关罗马和教皇权威之事。1519 年夏，在马克西米利安一世去世后，路德在莱比锡与约翰·艾克进行辩论，其主题正是上述问题。路德把教皇的最高权力解释为一种"历史"产物，它建立在最近 400 年的法规之上，而非基于《圣经》；他还辩驳每一次人类章程（包括宗教会议制定的章程）都不可混淆其品质；由此，他把教会的权威性相对化了。正因如此，在其对手眼中，路德俨然就是异端。在这场莱比锡辩论中，路德有意识地与旧教会一刀两断。从现在开始，他与这种教会的冲突"便演变为有关生死的一场斗争"（H.拉贝语）。

查理五世与帝国

　　皇帝马克西米利安一世做了许多准备，开始、中止、重新接受，结果让帝国在其 1519 年 1 月去世时再次回到复杂化的情势之中。问题并非仅限于信仰问题，也并非自路德出现后才导致混乱的。在全国及西南地区不少城市中出现的暴动，业已多次清楚地表明，早在农民战争爆发很久之前，农民与城市居民在经济和政治上的不满，又由于教会和信仰政策的辩论而增添了新动力；帝国的社会构成中已经出现了明显裂缝。倘若"穷人康拉德"（1514 年左右）[1]的农民

---

[1] 发生在符腾堡大公国的一场运动，农民和市民共同参加，并且得到了部分教士的支持，矛头对准邦君及其统治制度。——译者注

第三章　从宗教改革到《威斯特伐利亚和约》签订（15世纪末到1648年）

暴动还仅限于符腾堡大公国，那么"鞋帮"（1493—1517年）[1]则席卷了上莱茵更广泛的城乡地区，从北部的施佩耶尔主教区到南部的布赖斯高。

此外，现在还出现了无法解释的继承情况。正如在旧欧洲的任何一个父权制国家中，继承从来都不是一个小问题。长时期等待一位后继者，或者后继情况完全不明了（也被称为"空位期"）同样会轻易引发宪法政治混乱和社会混乱。并非是未来皇帝必须经选举产生这一事情成为问题；事实上，在最近150年的帝国发展中，基于选侯选举而产生皇帝的程序已经非常明晰。新问题在于：老皇帝未能成功地将其孙子查理确立为候选人，而拥有第二继承权的申请者却是一位重要的欧洲君主：法国国王弗朗西斯一世——但他又不是帝国诸侯。

由此，这演变为一场有关帝国及其相应受到大众热议政治气氛影响下的真正选战。最终的胜利者是查理五世。在其胜利多年后，奥格斯堡商人雅各布·富格尔曾如此回忆说，"倘若没有我的协助"——意思是这个奥格斯堡商业家族资助查理五世贿赂多位选侯——是不可能出现这一结果的。选侯们同样利用了这一机会，让年轻的皇帝在这次选举中做出了一些自我约束。他们不仅收下了表示谢意的捐助，而且还得到了查理五世在宪法政治方面的一系列选举承诺（"选举降约"），其中包含着几乎涉及帝国基本法性质的内容。例如，查理五世在此"选举降约"的一些重要条款上暗示，只能在选侯同意的情况下才与外国结盟，帝国职位以及皇宫内的职位

---

[1] 发生在西德意志的一场农民暴动，其部队标志是一种农民所特有的皮制鞋带。——译者注

只能由德意志人担任，帝国会议只能在帝国领地内召开，只能在帝国等级（至少在选侯）赞同的情况下才把外国士兵投入到帝国内。

当然，查理五世也由于这次选举获益良多：因为他不是普通人；他不仅是一位哈布斯堡家族的成员，也不仅是"最后一位骑士"马克西米利安一世——尽管他的帝国政治不幸遭到失败，但仍然广受欢迎——的孙子。他首先是最有可能的掌权者，而这种掌权可能性自查理大帝后从来都是中欧诸侯所获得的。他作为哈布斯堡家族成员和马克西米利安一世的孙子，继承了奥地利世袭领地——到1521/1522年他传给弟弟费迪南；同时，费迪南通过与雅盖洛家族的安娜的婚姻，成为匈牙利和波希米亚的王位继承人。作为尼德兰人及勃艮第的玛利亚的孙子，查理五世继承了当时勃艮第公国治下的领地：尼德兰与勃艮第自由伯爵领地。最后，作为"疯子"胡安娜之子，即阿拉贡的费迪南和卡斯蒂利亚的伊莎贝拉的外孙，他还得到了西班牙及其美洲领地。在这里，查理五世是马克西米利安一世精心筹划的婚姻政策与世袭领地政策的受益者，当然他也得益于其他继承者的早逝与生病。他的父亲勃艮第的"美男子"腓力公爵在1506年去世，外祖父西班牙国王阿拉贡的费迪南也在1516年驾崩。

由此，1519年选举是一个圆满的句号，因为它注定了查理五世成为唯一一位合适人选，使之根据普世性世俗头衔（这是当时赋予欧洲）的要求和传统，戴上皇冠。自然，可以得到理解的是，法国、罗马和其他帝国政治体试图阻止这一选举。当弗朗西斯一世被排斥在外后，它们把目光投向支持路德的萨克森选侯"智者"弗里德里希，因为他是马克西米利安一世的合适继承者。但"智者"弗里德

第三章　从宗教改革到《威斯特伐利亚和约》签订（15世纪末到1648年）

里希却不断抗拒，因而最终才让查理五世有可能在法兰克福的选举中获胜。

宗教改革与帝国：1519—1524年

在16世纪的发展进程中，这样一个大帝国，就其规模而言，唯有苏莱曼二世统治下的奥斯曼帝国方可与之相媲美。它要求统治者具有精力充沛的治理手段和精心雕琢的统治构想。然而，这位年轻的君主首先不具有上述两种才能，其次又极少向外施加影响力，没有"复兴式的"性格，而其内向型的品格却让他无法迅速考虑补救措施。尽管他能够从首相梅库里奥·德·加蒂纳拉那里获得有关其世界帝国之观点及现实的好建议，但他仍然需要更长时间的适应过程。

为此，在1519年后，在他眼中，"路德事件"很长时间内都不仅仅是有关路德的事件。相反，这场宗教运动——当时"宗教改革"这一概念已经到处得到使用——自1519年起业已强有力地散布开来。从现在开始，路德自己也加强了公共辩论行动，并在1520年出版了3部伟大的纲领性著作，为讨论指明了方向，并关注从散落各地的宗教改革观念中构建"此次"宗教改革。这一点再次表明，印刷术为这一进程带来了多少闻所未闻的益处；其最成功的著作《论基督徒的自由》(*Von der Freiheit eines Christenmenschen*) 在随后的15年间以36个版本扩散开去，并被译为6种欧洲文字。

路德在《关于教会特权制改革致德意志基督教贵族公开信》(*An den christlichen Adel deutscher Nation von des christlichen Standes*

Besserung）这一著作中，首次不再局限于教会改革，而是建议为教会与世界进行各种改革。路德在其著作《论教会的巴比伦之囚》（*Von der babylonischen Gefangenschaft der Kirche*）中发展了他的新神学，特别是有关圣事理论的核心问题："从根本上而言……我不得不对七种圣事的存在表示否定，就目前而言，只有三种圣事可以确立下来：洗礼、忏悔、圣餐。所有这一切都因罗马教廷而让我们陷入不幸被囚状态，而教会的所有自由则被剥夺了。"最后，短文《论基督徒的自由》发表——直到今天，它都是路德著作中翻印量最大的一本。此书内容完全不同于书名所显示的那样。路德不仅对罗马提出了批评，而且还谈及人们在表面上摆脱旧教廷的束缚，当时许多人被迫成为教廷的仆从。他在这里谈论的自由是内在自由，"正确的、精神上的基督徒的自由，是让内心从所有罪孽、律法与禁令中解放出来。这种自由要胜过其他所有自由，如同天堂胜过尘世一般"。毫不奇怪的是，当人们由此推导出"政治"自由——如1525年农民提出的要求那样——时，他感觉自己受到了误解，并做出了愤怒的反应。尽管如此，误解仍然获得了巨大成功，得到了所有阶层民众（甚至来自国外）的赞许和跟从。

　　在政治上具有重要意义的是来自下层贵族和骑士阶层的赞同。他们在乌尔里希·冯·胡滕和弗朗茨·冯·济金根的领导下，于1521年和1522年发起了一场针对特里尔大主教兼选侯的"教士冲突"，但很快遭到镇压。同样，许多人文主义者——其中不仅包括路德最著名的学生兼同事菲利普·梅兰希通——支持路德，有些从长期来看还超越了路德。在这里，很快成长起一个深受教育的并肩作战者阶层。他们在帝国的所有地区内为路德思想做宣传，并作为各

第三章　从宗教改革到《威斯特伐利亚和约》签订（15 世纪末到 1648 年）

自城市与邦国的宗教改革家介入德意志的教会史中。"在某一段时间内，人文主义运动与宗教改革运动根本上是融合在一起的"（H. 拉贝语）。对于其对手而言，现在必须更为活跃地行动起来，而不是像查理五世当选之前那样，经历数月之久小心谨慎地埋首于策略谋划。

1521 年初，当路德对撤回观点的时限视而不见，并公然焚毁教皇颁布的破门威胁令后，他被开除教籍。这件事在多个帝国等级中产生了重大影响，例如帝国剥夺法律保护令[1]并未如帝国法典所设定的那样自动产生后果。相反，路德被邀请参加帝国会议，进行最后一次"听证"。1521 年，他在沃尔姆斯第一次、也是唯一一次面见查理五世——后者并不情愿地安排了这次见面程序。这位在此期间于亚琛加冕（1520 年）的皇帝或许更多考虑到世界政治，因其王朝传统意识而倾向罗马体制，故转变为教廷在政治上的先锋。现在，他已不准备让这位德意志教士过分妨碍他在帝国之外的使命和目标。

因此，在沃尔姆斯，才出现了一场虽然短暂但也具有世界史意义的对峙。路德表示，只要他"不被书面证词或一个明晰论点所驳倒"，就不准备撤回观点。由此，他被剥夺了法律保护权。然而这一行动只是由皇帝和少数几位尚未离开沃尔姆斯的帝国等级做出的。于是，帝国会议从现在开始出现了分裂，首先被划分为"新教"帝国等级和遵从旧信仰的帝国等级，不过当时还没有出现任何成立邦国教会的举动。"智者"弗里德里希现在既作为邦君，又成为路德的支持者。他为路德提供了最重要的援手，在帝国审判程序——通过

---

[1] 原文 Reichsacht，指一种由国王或皇帝在帝国法庭的协助下、经过选侯批准的判决，旨在剥夺法律权利，且在整个帝国境内有效。——译者注

帝国法庭逮捕并宣判——启动之前，通过"绑架"的方式把他藏在瓦特堡加以保护。沃尔姆斯此前呈现出新教运动失败的形象，而现在则变为新教最重要的成功起点，在新教历史书写中，它被称为长达5年的"宗教改革突进年代"。

在这段时间内，皇帝、帝国与新信仰运动多多少少地彼此混杂在一起发展。查理五世离开了德意志，因为他自视为尼德兰人，身上接受的是勃艮第传统，却对德意志没有特别感受。在沃尔姆斯，他还遵循了帝国会议提出的一系列相对成果有限的意图。后者试图与皇帝进行协商，为两个权力之间的分配确立一个新基础。然而许多想法都未能成功。首先，领主体制与联邦组织之间的帝国政治缺少和谐关系。不过，查理五世的兴趣在于同罗马结成政治联盟，并由此考虑一种世界政治局势。在他看来，世界政治局势比德意志信仰问题与帝国问题更为重要，因为德意志不过是为其同弗朗西斯一世及法国进行争夺的领土准备而已。现在，他还把其兄弟费迪南确立为帝国西部的哈布斯堡领地的遗产继承者，以避免过多受困于"帝国"的统治负担。他自己"将其一生都投入到世界统治的战斗中。对他而言，德意志事务与路德不过是世界事务序列中的次要插曲"（H. 卢茨语）。然而事实很快表明，他的这种算计是错误的。

在此期间，新教运动突飞猛进。首先是那些从事日常心灵援助的委托者——教区神父与修道士——转入新运动中。当宗教改革在实践推动中把布道者（这是此前从未出现过的形式）确立为信仰者教区之核心时，他们在某种意义上是受益者。路德在其瓦特堡隐居期间，在最短时间内翻译了《新约》。这不仅是一次具有世界史意义的教会史标志事件，也是具有世界史意义的语言史标志事件。他还

第三章　从宗教改革到《威斯特伐利亚和约》签订（15世纪末到1648年）

很快创作了一批至今为止被广大民众喜爱的新教赞美诗。至于整个德意志实践中的教会生活如何改变，在此无法一一道来。不过以下想象却是错误的，即认为所有一切都在一刹那间发生了变化。实际上，重新确立礼拜仪式、圣像破坏运动、清空修道院、由牧师来缔结婚姻等新事物进入日常教会生活（倘若这也是一种"生活"的话）等过程，也被分为多个阶段。

正如任何一场重要运动那样，宗教改革同样出现了激进阶段，并由此产生了其潜在对手。这里指的不是发生在瑞士与德意志西南地区的胡尔德里希·茨温利运动。该运动仅仅源于维滕堡事件所产生的外在意义。它是宗教改革的另一种形式，带着另一些政治前提，发生在另一种社会背景下，以另一种形式推进，并产生了另一种神学。当然，它也是德意志历史，而且它在西南地区农民战争中所起到的影响力或许还高于路德教义，只不过很快退到幕后。然而，我们必须强调的是，当茨温利和宗教改革发生在上德意志的帝国城市时，一种明显的都市因素在16世纪信仰运动史中有了一席之地。西南德意志的帝国城市与宗教改革之间形成的张力关系，对德意志的这一地区产生了长远影响，并努力为信仰生活的新建构赋予了一种本质上完全不同于图林根与萨克森所出现之事的特征。

在此期间，路德在其周边越来越遇到敌对行动。例如来自维滕堡的安德烈亚斯·博登施泰因（即所谓"卡尔施塔特"）这名支持草根的人物，最初是真诚的开拓者，随后却成为尖锐批判路德的人，因为他认为路德还不够激进。他用"因灵称义"（solo spiritu）来取代路德的"因信称义"（sola scriptura），并于1522年以精神的名义煽动发起一场骚乱，但最终被路德亲自压制。

150

145

当然,我们还可以以托马斯·闵采尔为例。他是施托尔堡的一位手工匠之子,长大后在茨维考、阿尔施塔特与缪尔豪森担任传教士。闵采尔和卡尔施塔特一样,是一位"精神神学家"。他把整个世界中交错发挥作用的精神原则绝对化,并将之推向极致,以至于他无法认可路德作品中的一个核心要素"两个王国理论"——意思是从事于世俗政治事务的人归属于世俗权力之下。相反,他认为,世俗王国是或应该是同上帝王国相一致的。对于闵采尔而言,所有政治都必须被置于末日理解下的上帝统治中才能付诸实践。在他那里,这样一些想法演变为抵抗政府法令的聚焦点,并由此将历史转入到德意志农民战争史中——在中德地区的农民战争发展进程里,闵采尔起到了决定性作用。

农民战争

这场农民战争(1524—1526年)是从阿勒曼人居住的帝国西南部出现的,如同一场"平原大火"般(B.默勒[B. Moeller]语),向北扩展至北部哈尔茨山脉边缘地带,向东到蒂罗尔和萨尔茨堡,向东北延伸到法兰克尼亚和图林根。因此,唯有北方和西北方、巴伐利亚、萨克森与波希米亚各邦安然无恙。对于宗教改革中的路德特征而言,这是一次不合时宜的历史事件。该运动并未把路德教义作为改善世俗统治的实践指南,而当路德感到自己受到误解,并在政治上受到拖累时,便在这场战争的高潮时以粗鲁生硬的方式反击农民。然而农民们却以其他方式看待事物,并得到了城市内市民阶层的政论家们的支持。后者为农民编辑出版政治纲领:"这场农民战争

第三章　从宗教改革到《威斯特伐利亚和约》签订（15 世纪末到 1648 年）

的建构性特征在于，它在（也只有在）那些不远离城市、城乡之间存在某种纽带的地方打开了通道"（B.默勒语）。

　　对于农民而言，这场战争旨在纠偏性地界定他们面对众多教俗领主——农奴主与有审判权的领主、土地领主和邦君——时的权利和义务。他们应与领主们拥有（或诉求）对其土地及田地的相同权利。在路德看来，所有人都受益的《圣经》，看上去为农民的上述诉求做了见证，而且毫不迟疑地在此基础之上、并由此在"上帝法则"的基础之上，等同于一部有效的法典。在这一点上，这场运动与中世纪晚期的许多农民暴乱区别开来，因为它把"善的古老权利"置于中心。

　　在这一方面，这场农民战争所带来的最重要证据是："所有农民及隶属神职人员的仆从们，对那些他们深感不满的事情，提出以下基本而正确的条款"——这是上士瓦本起义者颁布的所谓《十二条款》(Zwölf Artikel) 中的话。其发表时间是在暴力行动出现之后。它把农民视作新教的真正支持者，而不把这场运动评价为暴乱。对于个人而言，该著作及来自其他地区的类似著作，针对的是个人负担，针对的是高租税与长年限服役及其存在的不公，针对的是高税收，针对的是深受威胁的森林、田地、渔场、猎场的集体所有权，针对的是布道士的自由选择权。所有这一切都证明，这些条款来自拥有财产的农民阶层，而非来自那些下层农民。由于人口增长，由于领主压力的不断增强——这些压力的目的都是为了提高雇佣农缴纳的租金额度，并更多把公用土地归于领主使用——由于税金不断提高，最终导致在许多德意志农村出现了经济与社会张力。这些张力借助宗教改革时期对于领主的普遍性批判而再次增强，现在便以暴力方式被释放出来。

由于地方领主力量及皇帝和帝国政府对于上述事件并没有做好准备,所以人数变得可观的农民军队在一开始赢得了大胜。暴力性地攻击修道院与宫殿,间或出现非军事性的集会。在此期间,还曾经存在着机会让他们把一些更重要的改革诉求上传到帝国层面,并在海尔布隆有可能召集一次大规模的、代表性的农民大会。然而这样一些发展却被士瓦本同盟的大规模反击武装所阻止。它是在15世纪末成立的等级同盟。在农民战争期间,它最后一次发起了集中性的政治行动;其军队无情而有力地打击了农民军队,并让大多数地区的暴动在1525年春夏之际走向终结。由此,农民寻求自助的伟大尝试失败了。尽管如此,与此前史学描述不同的是,农民在长达数世纪内丧失权利与重要性的结局,并非是他们为其暴力行为所付出的唯一代价。在许多地方,这场暴动更多带来的结果是:《十二条款》意义上所提出的农民诉求被保留在记忆中,或者完全被制造为宗教改革之基础。

宗教改革、帝国与信仰运动:1525—1555年

当农民战争发生时,宗教改革的"突进年代"已经过去。从现在开始,直至《奥格斯堡宗教和约》(1555年)签订,发生的是一段旷日持久的斗争。这场斗争一般而言是政治性的,但在巅峰时同样表现为军事性。其目标是有关帝国的教会及政治之未来。各种不同力量参与了这些斗争。一是皇帝及皇宫的政策,它主要为了确立查理五世一再被称为"普世性"的政治。二是帝国会议,它因信仰问

第三章 从宗教改革到《威斯特伐利亚和约》签订（15世纪末到1648年）

题出现了重要分裂，随后不再是皇帝政策手中的玩物，而是成为一个独立舞台，试图在信仰问题与宪法问题的交叉点上界定自己的位置。正因如此，在这段时期内，出现了前所未有的、数量众多的帝国会议，其结果是它实现了某种程度上的自立。第三种力量是德意志新教。1529/1530年后，它的形成已十分明显，并由拥有邦国主权的帝国等级代表其利益，随后发展为一种卓越非凡的政治运动。最后的参与者是老教会。它同样经历了形塑进程，在帝国等级中塑造其支持者，并从中受益。我们可以看到不少作为该时代标志的重要教皇，并借助他们才得以认真推进长久以来多次谈论的改革思想与召开宗教会议的想法。

在整个时期，查理五世的政策受困于两对根本性的矛盾。一方面，普世性的、超越帝国而存在的想法，因信仰问题及由此产生影响的"地区力量在德意志内被扩大的活动空间"（H. 卢茨语），使之不断地被束缚在帝国内，并遭到抵制。另一方面，从原则而言，他的目标是建立长久和平（哈布斯堡王朝约束下的和平）。但由于哈布斯堡王朝与法国之间的冲突——该冲突始于15世纪末，在查理五世与弗朗西斯一世之间的冲突中达到巅峰——而让和平状态不断地转向战争格局。皇帝从未完全解决过上述两对矛盾，并最终在这些问题上以失败告终。

在信仰问题上，查理五世几乎使用了所有策略和方法来应对新教徒。其个人对这场冲突的神学部分并无任何深层兴趣，但自沃尔姆斯帝国会议（1521年）后，他却成为旧教会的坚定支持者，同时又并不否认旧教会存在改革的必要性。如同其他人那样，查理五世也想过信仰不可避免走向分裂的可能性，但他仍然为妥协谈判与解决分裂格局做好准备。为此,他在很长时间内都寄希望于正在出现的教派重新统一苗头,并在此意义上支持一系列信仰对话。1540/1541 年,这些对话发生在哈格瑙、沃尔姆斯与雷根斯堡,但都无功而返。进一步来看,由于对查理五世而言,教廷并非是一个在外交政策上可以信赖的对象,因而皇帝的信仰政策变得更为艰难。他总是在法国与帝国之间犹豫不决,并如许多德意志帝国等级那样,更关注业已受到威胁的哈布斯堡"帝制"之优势如何转化为其政治行动的根本准绳。

由此,对于查理五世而言,把信仰问题引入到权力算计中,是不费吹灰之力的事。当他在沃尔姆斯帝国会议上对路德采取强硬反击后,在纽伦堡(1524 年)和施佩耶尔(1526 年),他却面向路德教派采取了拖延式的和解政策。随后,1529 年,他又在施佩耶尔的新一届帝国会议上再次采取强硬的沃尔姆斯路线。在这里,新信仰的代表们转向了具有世界史意义的"抗议",并从这一行动中为其派别找到了名称。在 1530—1541 年间,查理五世针对"抗议宗教徒"(Protestanten,即新教徒)在本质上推行了和解政策;此后,他又转向强硬政策,强迫他的旧信仰支持者们在一场对法胜战后,于 1546/1547 年再度发起针对以施马尔卡尔登同盟联合起来的新教等级的战争。这是德意志土地上爆发的第一场信仰之战。1547 年,皇帝的军事胜利使之权力达到巅峰。尽管如此,他的信仰政策却并未在帝国更大范围内取得成功。他的那些旧信仰支持者们(如罗马、天主教帝国等级的领头者巴伐利亚)不愿意在政治上继续支持他,因为它们不想看到哈布斯堡家族在帝国内部保持强大优势。就这一点而言,天主教帝国等级与新教帝国等级之间存在着许多共识。直到

第三章　从宗教改革到《威斯特伐利亚和约》签订（15 世纪末到 1648 年）

16 世纪 50 年代初，当法国成功地把帝国等级组织起来，形成针对皇帝的邦君反对派时，人们发现，帝国的死敌土耳其人居然是法国的盟友。由此，帝国内处于领导地位的邦君们才开始考虑长久性的解决信仰问题之方法。

经过长期准备后，1555 年，帝国会议在奥格斯堡举行。那里达成了《奥格斯堡宗教和约》。据此，奥格斯堡教派——这是路德抗议宗教徒在确立其"奥格斯堡告白"（1530 年）后的名字——在帝国法内被认同为除天主教会外唯一的新教派，茨温利派、加尔文派以及浸礼派仍然被视作"异端"。领地归属于哪个教派，则由邦君决定，即所谓"教随邦定"（cuius region, eius religio）。其他信仰者则被强制迁出。倘若教会诸侯变成新教徒，那么他应该放弃自己的教俗职位——这是存在高度争议、且直至 1648 年仍然遭到强烈抗争的条款，新教的帝国等级当然也有理由拒绝承认它，因为该条款阻止了他们获取教士领地。

正是奥格斯堡帝国会议上针对这种"教会保留条款"的激烈争夺，反而进一步让新运动在帝国内获得了强者地位。此时，带有路德痕迹的德意志新教得以巩固。为此，不仅路德亲自深入地做好将本教派区别于其他新教共同体的工作，而且路德的国家概念和政治概念让那些模仿路德宗的许多帝国等级对邦国当局提出了要求。两个萨克森（公国与选侯国）、黑森伯爵国、几乎所有的北部及东部德意志领土和帝国城市、法兰克尼亚的霍亨索伦家族领地安斯巴赫与库尔姆巴赫（拜罗伊特）、符腾堡及西南德意志的许多帝国城市，它们现在都皈依路德宗；同样，西里西亚的大部分地区及奥地利世袭领地的一些政治体也是如此。不过，领土稳固化并不意味着内部渗透的成功。在这里，领土与教派之间，直到该世纪中叶，仍然存在着许多各种支流。倘若我们认为，在该时期，各教派与帝国等级已经形成了泾渭分明、且彼此不可更改的相互对立局势，则是一种完全错误的想法。

在德意志，很长一段时间内抵制奥格斯堡教派的是加尔文宗。约翰·加尔文这位法国宗教改革家曾于1535—1540年间作为信仰难民待在德意志（斯特拉斯堡）。随后，自1541年起，他在日内瓦献身于自己的生命事业。他熟知路德神学，并在明确区分路德和梅兰希通的基础上发展出自己的独特理论。其核心是：预定论（Lehre von Prädestination）、个人命运预先注定说、举行教会会议、由信仰者行动所促成的教区结构、放弃等级式教阶后反对非基督教当局的抵抗权。加尔文在德意志的影响力始终是有限的，只有两部分（从信仰史和政治上而言）重要的支持者：来自尼德兰的信仰难民（Exulanten）和一些完全出于个人缘由而改信加尔文宗的帝国邦君——因为他们无法根据《奥格斯堡宗教和约》来强迫自己的臣民改宗。由于尼德兰信仰难民的缘故，加尔文宗在德意志的西北部、东弗里斯的埃姆登及其周边地区持久存在。这一教派也应该感谢邦君们的意图——当然从来没有成为"地区性"改宗，因为其他基督教派对此进行了激烈抵抗——加尔文宗渗入普法尔茨、拿骚；此外还出现在黑森、威斯特伐利亚和莱茵的一系列伯爵领地——如利珀、泰克伦堡、维特根斯坦——以及安哈特；稍后出现在库尔勃兰登堡和西里西亚。在农村，新教各派不得不保持共存状态，但两者关系却尤为紧张。加尔文宗在尼德兰、英国与新世界获得的世界政治重要性，却在德意志未曾获得过任何回音。

第三章 从宗教改革到《威斯特伐利亚和约》签订（15世纪末到1648年）

这些新教派别虽然也曾有过几次和解尝试，但最终却成为彼此敌对的阵营。除此之外，在16世纪上半叶，还出现过一些激进的新教分裂团体。它们后来被称为"浸礼宗"，因为它们一般而言坚持成人洗礼。1534/1535年，明斯特的"浸礼宗王国"曾在短时间内成为某种政治实体。但它由于过于激进、不包容，以至于整个浸礼宗运动不合时宜，并在长时间内名声扫地。

自1531年起，明斯特市接受路德理论。1533年，该城进行了市议会改选，路德宗教徒首次成为市议会中的多数派。然而，明斯特市民大多对宗教改革的成果感到不满。他们通过与邻邦尼德兰的各种联系，接触到尼德兰浸礼宗的理论。从1533年起，明斯特获得了越来越多的浸礼宗教义，并在此后数年以延续性且激进式的方法加以推进。在此进程中，幕后发挥作用的理论来自士瓦本哈尔的皮货商兼巡回布道者梅尔希奥·霍夫曼及其尼德兰支持者们。两位手工业者——明斯特的面包师扬·马特提茨和莱登的裁缝扬·伯克尔松——自1534年起在明斯特领导建立了一个所谓"上帝之国"的国家。该国承担着末日审判的期待，并由其独裁而无所不知的领袖加以严格掌控。私有财产被取消，城市的地产及其所占有的食品都被宣布为公共财产，债务全免，推行强制婚姻，并允许一夫多妻制。

这个明斯特的"上帝之国"在1534年9月便完全由扬·伯克尔松掌控。此人拥有"锡安之王"的称呼，是这场运动最重要的领导者。但这样的国家并没有长久存在。自1534年底开始，各种路德宗和天主教的帝国等级组织起来共同进行抵抗，以至于有可能出现多次针对这座城市的军事行动。在主教弗朗茨·冯·瓦尔德克的领导下，1535年，明斯特被占领。此年6月，由于内奸的出卖，这场运动最终失败。许多支持者被判死刑。但在明斯特，天主教信仰在未遭到路德宗教徒大规模抵抗的情况下得以重建。这是所谓"重新占领"的第一个早期例证，对稍后反宗教改革时期也应该产生后续影响。

在"宗教改革突进年代"的同时，天主教会也经历了一种巩固化阶段。一些重要的帝国等级——如巴伐利亚、教会选侯以及许多由于教会保留条款而"变得狭长"的教会领地——坚定了他们的老信仰。在此期间，他们还克服了偶尔出现的那些政治蠢话，如要求他们同时反对哈布斯堡家族成为天主教的领导力量，成为罗马与旧信仰的真正坚持者。这一认识还有助于他们在帝国内部费迪南一世与皇帝的等级冲突中，对后者及皇宫政策，予以赞同性的理解。费迪南一世是皇帝查理五世的弟弟兼罗马国王，1550年后日益强大起来。他比其兄长更灵活，公开告知帝国利益与帝国关切，在信仰问题上更实用主义，并在继承者问题上以某种方式充当反对派角色——这意味着他以几乎密谋的方式与每个帝国等级进行商谈，来反对皇帝。例如，1552年，《帕骚协议》以一种具有决定性意义的妥协方式，结束了反对查理五世的邦君反对派，而这正是费迪南一世的功绩：这份协议承认路德宗教徒暂时获得了自由进行宗教实践的权利，而最终解决教派问题的方法则首先通过一份临时协议得以确立，并最终由帝国会议加以批准。

不过，对于旧信仰者而言，最重要的发展出现在教会层面。自1545年起，特伦托举行了一次宗教会议。该会议虽在帝国领地上举行，但受罗马控制。其使命是在旧教会内确立那些被自己长久排斥在外的宗教改革思想，并由此在帝国及欧洲其他国家内为重新赢得

154

信徒做好准备。在三个会议期内,中间曾因皇帝的愤怒而把会址从特伦托迁往博洛尼亚,而教廷则在这里混杂以前进为宗旨的方案与防御性方案,从而为自己在宗教改革之后的发展奠定基础。教士们的神学进修通过神学院的建造而得到保障,主教的驻地义务被制定为强制义务,禁止滥用拥有薪俸的职位——这些都是明确回应宗教改革时代出现的批判。

在教义问题上,人们或许未能走得更远,甚至对本阵营提出的改革建议——例如有关善功得救的问题——不理不顾。经院哲学的神学框架仍然继续得到维护,甚至在保守意义上得到了增强。从天主教义来看,特伦托宗教会议的成功之处在于让斗争中的教派继续存在,而且由此拥有了一些教会分裂之前完全陌生的现代印痕,如:完全使用拉丁语;重点强调教会等级制;特别是把整个教会连贯性的集权架构建立在罗马。因此,在反宗教改革与天主教改革时代,对于争夺失去势力范围的斗争而言,教会已经做好了准备。

奥格斯堡与特伦托之后的德意志:"教派分立时代"

1556—1564 年	皇帝费迪南一世在位。
1564—1576 年	皇帝马克西米利安二世在位。
1576—1612 年	皇帝鲁道夫二世在位。
1583 年	"科隆战争",库尔科隆的大主教会议与邦议会对阵怀疑抱有新教倾向的科隆大主教、来自瓦尔德堡的格布哈德·特鲁希泽斯。

1583—1604 年	斯特拉斯堡教士咨询会冲突：4 位科隆高级教士（兼任斯特拉斯堡大教堂神父）被开除教籍，这是实施教会保留条款的证据。
1593—1609 年	土耳其战争；皇帝再次请求帝国等级缴纳土耳其援金，由此加强了后者的地位及帝国会议的地位。
1594 年	帝国会议批准缴纳土耳其援金。
1603 年	雷根斯堡帝国会议：取消帝国决议中的多数原则，加强帝国会议的地位。
1606 年	《维也纳协议》：皇帝的弟弟马蒂亚斯大公接受皇帝指令，对奥地利世袭领地进行统治。

就整个欧洲来看，帝国自宗教改革以来还处于世界政治的中心，而现在，其发展开始回缩。在西欧，隶属于加尔文宗的各种教会改革与信仰改革持续推进，并藉此造成许多基督教徒的高度政治化。这一幕，同样出现在帝国的西北边界。荷兰的北部省已经脱离西班牙，开始共同成长为一个独立的国家政体（1579/1581 年）。不过，它现在还属于帝国。直至《威斯特伐利亚和约》，由于荷兰的自由斗争，帝国才开始萎缩。相反，在帝国的其他地区，特别是在费迪南一世（1564 年）及其儿子、继承者马克西米利安二世（1576 年）相继去世后——此二人都来自信仰均势时代，属于热爱和平、制造均势的政治家——教派对峙日益尖锐化的进程拉开了帷幕。当然，在帝国等级中，仍然有人希望避免出现教派斗争的弊端（这是他们从荷兰与法国那里看到的场景），并保障帝国等级运动的统一性。但

第三章　从宗教改革到《威斯特伐利亚和约》签订（15 世纪末到 1648 年）

是，教派分立的特有动力却是无法阻止的。恶果很快出现：和解失效，宗教和约被撕毁，由此打开了各种冲突的大门。

首先，那些对于旧帝国而言极具特点的教会领地陷入多次冲突中。此类冲突不仅产生了教派影响，而且还持续性地、直接地产生帝国法及政治影响。新教徒在这一问题上并不赞同奥格斯堡决议，尤其是北德强有力地推进上述领地的世俗化。教会采邑现在成为世俗领地，由一位路德宗领主管辖。在 16 世纪后半叶，中德和北德的所有主教区都变成新教堂区。一般而言，皇帝和持天主教信仰的帝国等级并不认可这些变动，并拒绝在帝国法层面上承认这些信仰新教的采邑拥有者，拒绝在帝国会议中赋予其参与权和投票权。有关"偿还"教会领地的大量反宗教改革观念，更多表现为"彼岸"威胁，但它毒害了政治生活；与此类似，不少持新教信仰的邦君则在此岸猛烈地推动教会财产的世俗化与实物化。这两个大型教派虽以这种方式继续保持自我稳定，但它们之间的冲突却不可避免地对帝国的观念和现实造成了损害。

在 16 世纪后半叶，有关教会邦国及其教派政治未来，曾经出现三次严重冲突。在所有冲突中，帝国机制都受到了损害。

在科隆，16 世纪 80 年代，那里拥有选侯头衔者倾向于新教，且受到新教方面督促，准备将其采邑也坚持进行教派更迭，以此为撤销教会保留条款而斗争。这位选侯考虑的是一些普通人的想法，而没有任何高尚理由，因为他准备结婚，而且新娘是一位信仰新教的女性。不过，天主教徒十分认真地对待此事。他们把科隆视作其最重要的德意志堡垒之一，担心科隆选侯头衔一旦转移到一位新教徒手上，便会影响到未来持天主教信仰的皇帝之选举。他们随后推行了积极的干预政策，皇帝、西班牙国王与教皇都被动员起来参与其中，并最终获得了成功。由于那些忠于皇帝的新教徒——特别是萨克森选侯奥古斯特——不准备对帝国发起具有决定性意义的进攻，所以天主教徒在这场"科隆战争"中取得了胜利，并在长时间内确保了德意志主导邦国巴伐利亚对科隆选侯头衔的占有权。

在斯特拉斯堡，具有选举权的大教堂教士咨询会出现了一些新教成员。1592年，该咨询会选举产生了两位主教，一位属于新教，一位属于天主教。同样，这里证明天主教会在政治上更强大一些。新教候选人勃兰登堡的约翰·格奥尔格与信仰新教的大教堂牧师后来在经济上得到了补偿。

最后，在马格德堡发生的事情是帝国法层面上最困难的一件。这个大主教管区自1582年起便转向新教管理，但其管理者既非教皇认可，又没有经过皇帝封邑。根据帝国法规定，在此情况下，帝国皇家法院组成了一个帝国等级式委员会，行使监督职能。然而，天主教方面却不认可该机构，而坚持自行其是。于是，一个按照均势原则和国家司法章程组成的帝国机构反而成为荒谬之物。现在，帝国等级及其单个邦国的权力兴趣对帝国的政治事件产生了越来越重要的影响，并由此凿空与"溶解了帝国宪法"（M. 里特［M. Ritter］语）。

那么，在这种顽固的、总是一再吞噬帝国宪法本质的有关索赔、地产、信仰界限与帝国权力的争夺中，最高帝国权力与德意志皇室又是如何想的呢？如同时代法国爆发的宗教战争所证实的那样，倘若遭受信仰斗争的各国不想丧失它们的统一性，形成一个强大的中央权力是必要之举。在这一方面，查理五世及其弟弟费迪南一世并

第三章　从宗教改革到《威斯特伐利亚和约》签订（15世纪末到1648年）

没有真正过错，因为在皇帝不断转换强硬和机敏的政策中，帝国议会和帝国等级如同被拴住了笼头，信仰战争的趋势也受到限制。然而在他们的两位继承者——马克西米利安二世和鲁道夫二世（费迪南的儿子及孙子）——当政时，情况却完全不同。统治者缺少能力，是其中的一个原因；特别是让那位在西班牙的菲利普二世宫廷中成长起来、脾气古怪的鲁道夫继承皇位，对帝国及哈布斯堡家族而言，不啻为灾难。不过，热爱生活的马克西米利安二世并非毫无能力，否则他的父亲也不会对他如此信任。他有明确的新教倾向，有时还梦想着打造一个新教皇室："他如此知晓天主教徒和新教徒，以至于他希望在他手上能解决这一不可解决的德意志命运之结"（里卡尔达·胡赫［Ricarda Huch］语）。16世纪后半叶，在上奥地利与下奥地利，主要在贵族那里，出现了大规模皈依新教现象，便与他相关。不过，他本人仍然信仰天主教，并在两个教派之间的和解中制定了其统治的主要任务。

然而，马克西米利安二世通过宣传并推行一条和平式的中间道路来约束教派敌对力量的期待，却是与时代格格不入的做法。在这一层面上，《奥格斯堡和约》与其说是开启了一个新时代，倒不如更多是一个时代的终结标志。在帝国内，就皇帝与各等级的领导层而言，其倾向也在此期间发生了逆转，出现了一种"新的、尖锐化的心态"（H. 卢茨语）。随着各种样式的冲突爆发，连宗教和约本身也成为冲突的内容。

此外，一种新的、尖锐化的心态并不仅仅出现在诸侯与市议员心中。教派之间的竞争及愈演愈烈的敌对态势，使得宗教改革的风暴岁月与启程岁月充满着完全不同的、严厉的气氛，进而越来越影响到全体民众的生命与日常生活。所有教派都出现了信仰监管、控制、制定纪律、通过章程加以整顿等举动；此外还包括严格的书报审查制度、监控精神生活的转变与家庭事务，特别是生育和结婚——历史学家感谢教会机构的这些信息需求，因为它们留下了最好的史料之一，如教会簿记等。非婚生子与卖淫的行为被贬低。最后，自16世纪末起，猎巫运动以一种集体歇斯底里的方式广为流播。所有这一切都证明出现了一种精神趋向的转变，从文艺复兴时期的开放与自由，转向了教派分立时代的严肃论。邦君与贵族们当然可以自由转换教派，但所有德意志邦国的子民却完全受此束缚。

在教派分立时代以及相伴的反宗教改革时代的德意志，仍然还存在着一种独特的政治话题。正是借助这一话题，德意志还拥有着一个需要共同行动的对象：这就是（典型性的！）外交，即土耳其人的威胁。这种威胁并非到16世纪末才出现。早在15世纪末，一些帝国等级（特别是奥地利）已经一再感受到恐惧。当君士坦丁堡陷落（1453年）时，一些欧洲人业已明白，奥斯曼人的扩张进程绝不会停留在东南方向的某个固定点上。1520年起，第三次奥斯曼扩张浪潮启动，并从那时开始直到18世纪，奥斯曼人从来都是欧洲政治的处置对象。

抵制这种威胁——同时出于地缘政治上的考虑——首先是哈布斯堡家族的事务。在这一问题上，每一位哈布斯堡君主不仅作为国王兼皇帝，而且还身为向东南方向延伸的哈布斯堡重要世袭领地的族长，必须如此为之。这一点让哈布斯堡家族有别于其他欧洲统治者。那些欧洲统治者并不直接受到奥斯曼人可能存在之扩张的直接威胁，甚至如法国国王那样，偶尔还可以允许同土耳其人结盟。

第三章 从宗教改革到《威斯特伐利亚和约》签订（15 世纪末到 1648 年）

在这一问题上，大多数帝国等级坚定地站在皇帝一边。当 1593 年"土耳其人大战"[1]开始时，他们便应允帝国会议团结一致地支持皇帝。在这里，路德宗信徒毫不迟疑。但那些政治上积极的加尔文宗帝国等级信徒——在普法尔茨选侯领导下的新教"行动派"——却觉察到这是一个政治交易的机会，试图藉此强行取得皇帝在其信仰政策上的让步。由此，对于新教而言，出现在帝国会议中的上述裂痕是比帝国会议本身更为严重的问题。正是因为皇帝知晓路德宗的帝国等级信徒团结一致的立场，因而才能加大对"行动派"的压力，甚至以剥夺法律保护权利来加以威胁。

皇帝政策的收益体现在 1603 年帝国会议上。当时，皇帝获得了一笔至今为止闻所未闻的高额土耳其援金。尽管皇帝并未由此彻底消除土耳其人的威胁，但他仍然成功地迫使军事状态在 1606 年通过一份和平决议而终结。很快，事实表明，内部统一只能在它对外发挥"有效"作用时才会长久存在；因为当外部战争结束后，在帝国日常制度中，内部嫌隙便出现了，如同这些制度从未有效实施过。这些嫌隙最终改变了这一政治体的面貌，并赋予它以一种 1520 年左右路德开始登场时从未有人想象到的外表。

三十年战争的前史与历史

1608 年　　　雷根斯堡帝国会议：信仰天主教的帝国等级与

---

[1]指 1683—1699 年间奥地利应对的第五次土耳其战争。——译者注

	信仰新教的帝国等级爆发新冲突，新教联盟建立。
1609年	天主教同盟建立。
1609—1614年	发生有关于利希-克莱弗-贝尔格的继承冲突。
1609年	鲁道夫二世授予波希米亚等级宗教自由权（即"皇室承诺"）。
1612—1619年	皇帝马蒂亚斯执政；他不顾波希米亚各等级的反对，支持其严格天主教信仰的堂弟费迪南大公成为波希米亚国王的继承者。
1614年	《克桑滕协议》：于利希和贝尔格交给普法尔茨-瑙尔堡；边区伯爵领地与拉文斯堡交给勃兰登堡（于利希-克莱弗-贝尔格继承冲突结束）。
1618—1648年	三十年战争。
1618年	波希米亚各等级由于1609年"皇室承诺"受损而发动起义；布拉格发生"掷出窗外事件"。
1619年	波希米亚各等级选举普法尔茨的弗里德里希五世为波希米亚国王。
1619—1637年	皇帝费迪南二世在位。
1620年	白山战役；普法尔茨的弗里德里希五世和波希米亚等级遭到了毁灭性的失败。
1626年	在提利的领导下，天主教同盟在巴伦贝格附近的鲁特尔战胜了丹麦克里斯蒂安四世；华伦斯坦在德绍战胜曼斯费尔德的恩斯特伯爵。

第三章　从宗教改革到《威斯特伐利亚和约》签订（15世纪末到1648年）

1629年	费迪南二世颁布《偿还令》，命令自《帕骚协议》以来被新教徒占有的所有教会财产予以归还。
1630年	瑞典在国王古斯塔夫二世阿道夫的领导下参战。法国对它进行资助。
1632年	瑞典军队与华伦斯坦军队在吕茨恩对战；古斯塔夫·阿道夫阵亡；瑞典胜利。
1635年	皇帝与萨克森选侯达成《布拉格和约》。费迪南二世放弃推行《偿还令》。
1637—1657年	皇帝费迪南三世在位。
1644年	皇帝与法国在明斯特、皇帝与瑞典在奥斯纳布吕克同时开始和平谈判。
1648年	在明斯特与奥斯纳布吕克签订《威斯特伐利亚和约》：在帝国境内结束三十年战争；在1555年《奥格斯堡宗教和约》的基础上规制教派关系；把1624年确立为教派分区"元年"；在帝国法上承认参与宗教改革的团体为教派；确认巴伐利亚拥有选侯头衔；把"第八个选侯"头衔赋予普法尔茨；承认所有帝国等级拥有完整的邦国主权；帝国等级在所有帝国事务中拥有共决权、彼此之间以及与外国之间的结盟权；瑞典拥有包括什切青与奥得河口在内的前波莫瑞地区、吕根岛、维斯马尔、不来梅大主教采邑（不包括城市本身）、威尔登采邑，并

成为帝国等级成员；法国拥有哈布斯堡家族在阿尔萨斯的占有权，并被批准购买图勒、梅斯和凡尔登主教管区，但法国未能成为帝国等级成员；瑞士与尼德兰北部拥有完全主权，并从帝国政治体中分离出来。

三十年战争既非一场不可避免的战争，又非一场有利于所有参战国的战争。在其进程中，时常出现结束它的契机，但不断增长的敌意却错过了有利时机。并不存在连续发生三十年之久、毫无中断的战争事件，但时人却清楚地感到战役连续不断地发生。更为灾难性的是，这场战争发生在德意志的土地上，它持续的时间越长，被引入德意志的外国力量越多，并使后者对这场战争的结局拥有决定权，成为真正的战争受益者——在欧洲的北部和西部，这场战争甚至在1648年后还在持续进行中。对于拥有老外形的帝国而言，这场战争使之走向了崩溃。事后，它也只能部分得到恢复。不过，大部分帝国等级却从这场战争中获得了重要收益。尽管他们中的一些人在其领土上深受困境之苦，但在1648年后，却以帝国为代价，增添了快速增长的竞争力以及大范围推行外交的行动力。另一些人免受战争影响，不仅安然无恙，而且还由于是畜牧饲养和谷物生产者，从庞大军队的食品供应中获益匪浅，甚至还多多少少地把这一时期反向视作伟大幸福期。起初，在这场战争中，占据主导地位的是宗教——或者更确切点说，教派政治动机。然后，对于德意志历史而言，它总是以一种特别方式同另一场斗争捆绑在一起。在那场斗争中，一方是等级统治原则，另一方是绝对主义统治原则。在战争中

第三章 从宗教改革到《威斯特伐利亚和约》签订（15 世纪末到 1648 年）

立足天主教阵营的皇帝费迪南一世及其堂兄巴伐利亚公爵马克西米利安一世成为首批应用"绝对主义"统治新原则的德意志贵族。尽管如此，从一开始，这件事便混入了国际政治因素，而且它持续的时间越长，便越明显体现出政治权力斗争的色彩：这里是皇帝、天主教帝国等级和西班牙，那里是新教帝国等级及其各种外部同盟国。

三十年战争发生在欧洲国民经济发展期的末端，并伴随一系列瘟疫流行，而它所造成的大规模荒芜结局又进一步地扩大了瘟疫流行范围。战争、瘟疫和饥饿席卷许多德意志邦国，让它们失去了大量人口——根据战事发生的程度不同，各邦损失人口在 30%—50% 不等。它所留下的毁坏、荒芜与死亡的明显痕迹，直到 18 世纪还存在，部分甚至保留到今天。

至少在某种意义上而言，"哈布斯堡家族内部的兄弟阋墙"（格里尔帕茨尔[Grillparzer]语）是这场战争的起点。争斗双方是皇帝鲁道夫和马蒂亚斯。马蒂亚斯后来也加冕为帝（1612—1619 年在位）。他十分执拗地努力缩减其兄长鲁道夫并不充分的执政范围，希望通过与帝国东部地方等级缔结一种复杂化的结盟关系，来显现帝国权力。由此，奥地利、匈牙利、摩拉维亚、特别是波希米亚的贵族们成为帝国政治的核心要素。由于这些贵族现在大部分都属于新教，所以哈布斯堡家族与帝国的这位天主教信仰守护者需要有所规划。新教帝国等级与天主教帝国等级业已各自结成了互保联盟：它们是 1608 年新教的"联盟"和 1609 年天主教的"同盟"。此事再次表明，帝国的统一性业已消逝。1609 年，鲁道夫与马蒂亚斯达成了妥协：马蒂亚斯确保皇帝再次获得波希米亚的王冠；马蒂亚斯则得到匈牙利、奥地利、摩拉维亚的统治权以及作为波希米亚继承者的候补资格。

与此同时，在帝国的其他地区，也出现了一些危机，而且同样表现为3个本质上属于政治性的元素：(1)教派对峙；(2)有关一块帝国领土继承权的权力冲突；(3)外部强国因利益关系介入其中。这一点尤其明显地发生在西部有关于利希-克莱弗的继承权之争（1609—1614年）中。人们唯有通过一种人为分割统治权的方式，把有权继承该地的候选人增加为两名，分为新教候选人与天主教候选人，才避免发生更大冲突。与此相反，在意大利，却出现了一连串天主教信仰阵营内部的冲突。这恰恰证明，在欧洲范围内，信仰因素从未起到决定性作用；而"国家利益"才是此时意法两国政治辩论占据主导地位的话题之一。法国国王亨利四世（1589—1610年在位）率先实践这种理论。他直截了当地介入意大利及于利希-克莱弗冲突中，丝毫不顾及信仰利益问题。倘若1610年他不在一批狂热天主教公众的鼓掌中被刺杀，或许其成就远超黎塞留大主教的外交事业。

尽管如此，三十年战争这场"欧洲的世界大战"（G. 曼［G. Mann］语）却并非源于上述所有这些冲突。它源于波希米亚的情势和哈布斯堡家族出于政治、家族和信仰等问题的拒斥立场——该立场在鲁道夫去世（1612年）和马蒂亚斯继位后仍然没有改变。由于马蒂亚斯没有子嗣，因而继承问题很快再次出现。如同一再发生的情况那样，人们必须考虑哈布斯堡家族的所有利益，其中包括西班牙、意大利、尼德兰、帝国、世袭领地、波希米亚与匈牙利。哈布斯堡家族内的德意志派统一选择施蒂利亚的费迪南大公为马蒂亚斯的继承者，支持他既获得皇冠，又成为波希米亚国王。这一点明显波希米亚等级而言,"布拉格掷出窗外事件"是帝国政府权力介入整个邦国的信号;由此,他们成立了一个由30位"负责人"组成的等级政府。"很快,人们开始收税,安排军队,驱逐耶稣会士,没收天主教对手们的财产。"(H. 卢茨语)

尽管布拉格发生了如此史无前例的事件,但情势并非已经变得一发而不可收拾,以至于一场漫长且毁灭性的战争注定要发生。直到皇帝马蒂亚斯于1619年3月20日去世时,维也纳与布拉格之间仍然出现过一系列协商努力。然而,在此之后,由于波希米亚人一再进行军事威胁,维也纳人不再退让的立场越来越坚定。同样,现在,波希米亚等级也知道并开始猛烈地"透支自己的政治账户"。他们放弃了自己的承诺,不再选举费迪南为波希米亚国王,转而去寻找一位新的候选者。最终,1619年8月19日,普法尔茨选侯弗里德里希五世这位帝国内的新教运动阵营领袖、"联盟"主席当选。他是英国国王的女婿。因此,对波希米亚而言,鉴于他有可能获得的外来支持,此人是一个不错人选。当整场大戏拉开帷幕时,正是维也纳再次面临来自帝国东部(匈牙利和土耳其帝国)强烈、但又迅速消逝的攻击之际。

由此,对于接下来的战争进程而言,具有决定性意义的敌对情势业已出现。从现在开始,首先在哈布斯堡王朝一方,其政策是延续而成功的。1619年8月,在费迪南二世当选为帝后,毫无意外的是,帝国与反宗教改革运动的目标扭结在一起。10月,皇帝费迪南二世向其慕尼黑的堂兄许下了若干有力诺言,其中就包括许诺把普法尔茨选侯头衔转交给巴伐利亚,从而赢得了后者的支持,因为后者毫无疑问地对拯救天主教事业抱有极大兴趣。

第三章 从宗教改革到《威斯特伐利亚和约》签订（15 世纪末到 1648 年）

是教派政治的标志。因为费迪南是马克西米利安二世的侄子，母亲家族与严格信仰天主教的巴伐利亚大公马克西米利安是亲属，而且其言论和行为都表明他肯定是反宗教改革运动的坚定代表。正如其巴伐利亚堂兄那样，他还带有严格的绝对主义观念。

然而这一切完全不能让波希米亚等级感到满意。他们大部分是信仰新教的贵族。在哈布斯堡兄弟阋墙期间，他们受益匪浅：1609 年，鲁道夫在"波希米亚皇室承诺"中于信仰和等级政治方面做出了很大让步；与此相应，他们还产生了自己的等级自信心。正如当时观察家所强调的那样，这种意识并非是好战性的沾沾自喜，而是一种自豪感、自信心；略带一些虚荣心，但在宗教事务上不再狂热，而是变得容忍；不过在政治上略微轻率，因为他们还沉浸在最近获得的成功之中。人们在卢萨蒂亚、摩拉维亚和西里西亚同上述两位具有坚定信仰的兄弟关系较好，其领袖的政治联系直抵奥地利与帝国境内的新教"联盟"。

1617 年，波希米亚等级通过马蒂亚斯，已经准备认可费迪南作为波希米亚国王继承者的资格——这肯定是他们准备妥协的迹象。然而，当哈布斯堡家族有可能在东部具有自我意识的新教领地上推行大规模反宗教改革方案时，很明显，波希米亚等级内部鉴于激进新教诉求而出现了变化。1618 年 5 月，人们在布拉格召开了一次"新教徒大会"。在此进程中，由于激进代表的影响，出现了一件引起轩然大波的事件。而一般认为，这件事可被视作三十年战争的起点：5 月 23 日，皇帝在布拉格的两位代表马丁尼茨和斯拉瓦塔被人从布拉格城堡内住所的窗口中扔了出去。两人没有死，还行动自如，但此事俨然是一场计划中的政变。对于那些现在已经成为暴动者的

第三章　从宗教改革到《威斯特伐利亚和约》签订（15世纪末到1648年）

波希米亚在帝国中的地位有多低——这一点清楚地表现在：连萨克森选侯国这一帝国内路德宗的领导强邦，居然也愿意结成反波希米亚的联盟，而新教联盟最终只能宣布中立。在宗教改革以来的德意志历史中，这是值得注意的发展，即在具有决定性意义的时期，面对帝国观念与信仰之间的忠诚度冲突，许多信仰路德宗的帝国等级仍然选择了前者——而且是在政治收益并无把握的情况下。当然，信仰路德宗的帝国等级与信仰加尔文宗的帝国等级之间，存在的深入且在此时还未借助和睦方式加以解决的不信任感，有助于形成上述立场。尽管如此，透过这种不信任感，我们仍然能看到一种本质上的、流传下来的帝国意识在闪闪发光。只不过，这种意识在此刻仍然是存在争议的。从其效果而言，路德宗信徒们的这种行为或许只能被视作有益于反宗教改革运动的贡献罢了。

对于波希米亚而言，从现在开始，所有一切迅速变化，而且越来越不利于它。1620年11月8日，被其使命过度压垮的普法尔茨的弗里德里希——那位"冬日国王"在布拉格以西的白山被天主教同盟军一举击败。在极短时间后，该邦的整个等级政策全盘崩溃。现在，波希米亚及其邻邦成为一场极为猛烈且坚定不移的报复性战役的受害者。大规模的天主教复辟式报复措施席卷普法尔茨，其程度"超越了数百年来以此种方式业已驯服之欧洲所经历过的所有手段"（H. 卢茨语）。同样，在奥地利，反宗教改革运动也极为猛烈地爆发。由此，这场长期战争在信仰政策上所产生的最重要之结果显现了，即奥地利世袭领地、波希米亚、摩拉维亚和匈牙利，所有这些自豪的等级邦国——它们曾利用帝国衰落，让自己从绝对主义约束中解放出来，并进行了宗教革新——再次改宗天主教，并把这种信仰保持至今。在此过程中，它们至少以阶段性方式打上了哈布斯堡王朝绝对主义统治的烙印。波希米亚经历了房产与土地被没收等惩罚措施，叛乱者被没收的财产还被转移到忠于哈布斯堡家族的天主教贵族手中——这是该邦整个社会政治关系的根本转型。

这场战争本该就此结束的。然而，从现在开始，却出现了长达二十八年之久的复仇行动。这些行动针对的是此前行为，向外部强国呼吁援助，或者时常表现为完全无计划的国内军队行动——他们只能如此为之，因为这些军队已经结集存在，很难解散——由此，德意志境内不可能出现和平。战争启动了它的自主发展进程。巴伐利亚稳定下来，不再急速前进，直至它在反对普法尔茨的战斗中所获得之受益——如一部分领土、选侯头衔等——最终于帝国宣布不再保护弗里德里希五世后兑现。新教军队领袖从波希米亚战争中抽身，返回北德，随后引来了敌军。鉴于维也纳采取了大规模反宗教改革的措施，并进一步挑起针对德意志新教徒的斗争，新教各国组成了一个国际联盟。在战争的这一阶段，丹麦的克里斯蒂安四世留下了他的足迹。在皇帝一方，他的对手是冯·提利伯爵和阿尔布莱希特·冯·华伦斯坦。华伦斯坦是三十年战争中最大的战争贩子及最出名的军队领袖。1583年，他出生在一个波希米亚新教家庭。1606年，他改信天主教，并从那时开始转变为皇帝手上的一张好牌。与此相应，他的个人收获颇丰。1618年后，他从其波希米亚等级的灾难中获得了这些收益，同时又把这些人亲自送上断头台。在此期间，华伦斯坦变成了弗里德兰公爵兼萨冈公爵。他还借助自己与皇宫之间的惹人眼球的联系及其愿意冒险投机之性格，得到了黄金和土地方面的巨额财产。

第三章　从宗教改革到《威斯特伐利亚和约》签订（15 世纪末到 1648 年）

丹麦人被打败了，并被全线压制。此事鼓励了皇帝，使之于 1629 年颁布《偿还令》。这是他在巴伐利亚影响之下把反宗教改革政策推向巅峰的标志。自 1555 年以来，所有反宗教改革思想与方案的主要焦点是偿还在此期间被"异教徒"世俗化的教会领土，亦即全面推行"教会保留条款"。现在，费迪南果断下令，且完全出自他的皇帝全权。由此，他进一步确立了帝国在此战中的转折点，因为如此一种政策同样把至今为止效忠帝国且立场保守的新教邦国——其中主要是两个选侯邦国，勃兰登堡和萨克森——推向敌营。这样一来，新教阵营得到增强。1630 年，瑞典国王古斯塔夫·阿道夫登陆波莫瑞，并得到了法国的资助。信奉路德宗的瑞典自此介入其中。随后五年，战争形势极为严酷。在此进程中，1632 年，约翰·冯·提利和古斯塔夫这两位战争中最著名的军事领袖丢掉了性命。

当然，不同派别之间的沟通桥梁并非总是完全断裂的。对于这场战争和这段时期而言，值得关注的是，至少德意志的一些领头邦国总是在寻求缔结和约的可能性——自然，这些努力来自较弱一方。当然，一些国家意识到战争进程中的巨大不幸，但并非所有人都是如此。在 1634 年秋到 1635 年初之间，萨克森选侯与皇帝在此意义上加以沟通，并于 1635 年 5 月取得一致意见，达成《布拉格和约》。费迪南二世当时准备放弃"偿还令"，并接受把 1627 年作为帝国内教派分布的基准年。

尽管如此，德意志各邦之间的这种单独行动，却在国际层面上无法落实。这不仅是因为维也纳与西班牙之间的联系反对上述发展；而且还因为法国的黎塞留——尽管他至今为止只是间接地参与战争——更愿意在德意志看到"一切付之东流"的场景（黎塞留语），而非看到皇帝的地位得到增强。就在《布拉格和约》缔结后不久，法国向西班牙宣战。现在，战争不再针对信仰或德意志统治结构，而是针对那种传统的德法关系——自查理五世与弗朗西斯一世以来，这场权力斗争便已开启，其中一方是整个哈布斯堡家族（即奥地利-西班牙），另一方是法国。不过，战争的新意在于，信奉新教的瑞典，作为一个称霸近百年的欧洲强国，如今作为信奉天主教的法国之盟友，被卷入到这场权力冲突中。信仰中立的"国家利益"锻造了这种同盟关系。

此处并非是详细描述1635年法国参战及其相系的战争国际化后"欧洲内战"（H. 科尼斯贝格[H. Koenigsberg]语）之场景的地方。在一本简明扼要的德意志史范畴内，这一点似乎也是多余的。现在，战事、以大批士兵合伙抢劫与寻求和平为标志的战争自发进程，比此前17年更为频繁而紧密地发生。此外，法国的战争目标十分明确，即"让意大利和帝国保持邦联式结构，同时重重打击哈布斯堡家族，让法国得到事实上的强国地位"（H. 卢茨语）。但只要法国能够以和平方式达到上述目的，它也愿意努力追求和平。由此，早在战争还在进行时，从1644年开始，皇帝与法国、皇帝与瑞典的正式和平谈判便已拉开帷幕。前者发生在明斯特，后者出现于奥斯纳布吕克。

在经历四年艰难谈判后，1648年，《威斯特伐利亚和约》最终签订。该和约改变并确定了数百年间的德意志和欧洲之面貌。而且正如此前一个半世纪的整部帝国史那样，信仰问题、权力问题和宪法问题彼此之间的复杂关联，最终几乎在每个条款中都有所表现。

直到现在，在明斯特和奥斯纳布吕克的和约之中，1555年《奥

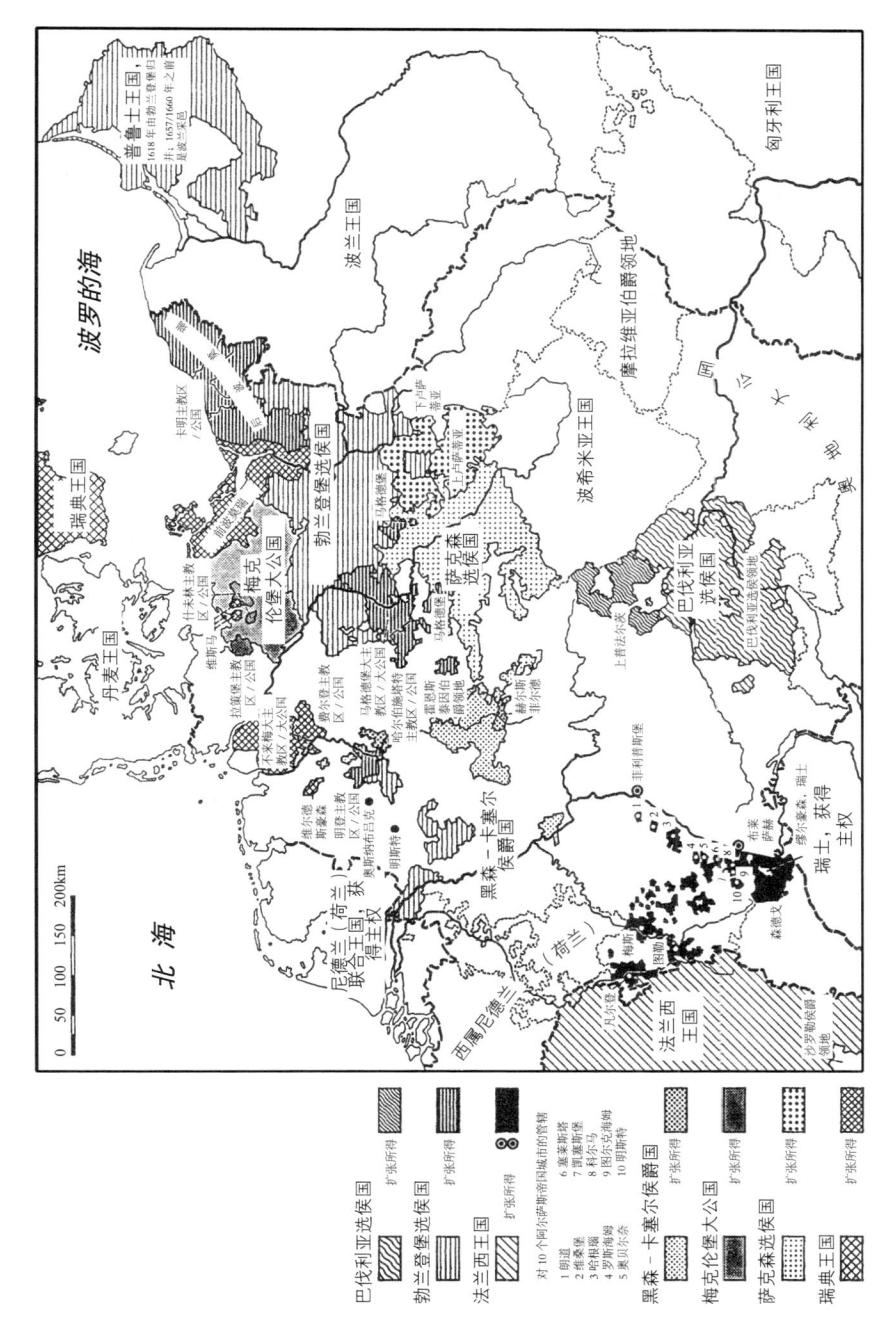

图 4 1648 年《威斯特伐利亚和约》

格斯堡宗教和约》这一宣布搁置重要信仰政策问题的约定，最终得到"落地"；历史上的大部分遗留问题由此得到解决。信仰和教会财产的"标准年"被宣布为 1624 年，而教会保留条款则从德意志宪法史中被剔除。除了哈布斯堡世袭领地及上普法尔茨的居民外，德意志邦国的所有臣民从此之后无须跟随其邦君改变信仰。这一条无异于宣布，1555 年《奥格斯堡宗教和约》中的"教随邦定"原则至少部分失去了效力。加尔文宗这一战前大规模的"运动派别"，现在获得了如路德宗那样的帝国法资质，成为一个受到承认的教派。不过，偿还原则在本质上被缩减到巴伐利亚：巴伐利亚的马克西米利安一世仍然保有上普法尔茨和选侯头衔，以表彰他对皇帝和天主教事务的无条件之忠诚。

尽管皇帝权力曾随着费迪南二世在战争开启时上扬，皇帝成为一个拥有权力意识与成功事业的代表，但在战争结束时，皇帝权力却受损严重。《威斯特伐利亚和约》批准德意志邦国和帝国等级在宪法政治上获得进一步自治权。皇帝的宣战权、缔结和约权和结盟权都必须与帝国会议结合在一起，而各邦也得到了一系列外交行动能力。它们可以有权自行在外交领域上决定结盟，但该行动不能针对皇帝。倘若人们考虑到一些外部强国（如丹麦）也成为德意志帝国等级，那么很明显，德意志皇权业已失去了"王权"或"主权"，而这正是当时所有邦君竭力以求之的对象。

如此一来，谁才是这场真正的获益者已经一目了然：那就是黎塞留的法国及其追随者、新兴强国瑞典。这个强大邻国[1]在克服了

---

［1］指法国。——译者注

第三章　从宗教改革到《威斯特伐利亚和约》签订（15世纪末到1648年）

自身威胁生存的宗教危机后，在其外交政策中严酷地搁置信仰争论，并同样严格地追求自己独一无二的目标，即削弱整个哈布斯堡家族。自弗朗西斯一世以来，哈布斯堡家族的法国政策被法国人视作"包围"之举，成为法国人感到恐惧的对象。现在，这一点变为法国增强德意志新教中等邦国与天主教巴伐利亚。《威斯特伐利亚和约》还为各邦提供了重要的可趁之机：如人们看到的那样，在总体上而言，帝国等级在外交上的重要性得到加强。法国的盟友瑞典在帝国和东部及北部得到了大片领土：包括什切青与奥得河口在内的前波莫瑞地区；吕根岛、维斯马尔、不来梅大主教采邑（不包括城市本身）、威尔登采邑。瑞典还晋升为帝国等级，得以从现在开始直接影响帝国政治。北德其他强国，首先是勃兰登堡-普鲁士以赔偿形式得到世俗化的大主教区。巴伐利亚获得上普法尔茨——但不是普法尔茨。后者重新建立起来，并得到了新的选侯头衔，成为第八个选侯。当然，在西部（阿尔萨斯、布莱萨赫等），法国的收益也不少。最后，明斯特和奥斯纳布吕克的和约在形式上终结了北部荷兰与瑞士对帝国的归属关系。事实上，这两个地区长期以来早已同帝国分离。

文献指南

史料与文件

1. 马克斯·布劳巴赫（Max Braubach）与康拉德·雷普根（Konrad Repgen）主编：《威斯特伐利亚和约档案：近代史研究联合会委托编辑》（*Acta Pacis Westphalicae. Im Auftrag der Vereinigung zur Erforschung der*

Neueren Geschichte），1—3 辑，明斯特，1962 年及随后数年。

2. 海因茨·杜赫哈特（Heinz Duchhardt）主编:《德意志民族的神圣罗马帝国（1495—1806 年）宪法史资料集》（*Quellen zur Verfassungsentwicklung des Heiligen Römischen Reiches Deutscher Nation (1495-1806)*），达姆斯塔特，1983 年。

3. 鹿特丹的伊拉斯谟（Erasmus von Rotterdam）:《选集》（*Ausgewählte Schriften*），拉丁语和德语的研究选集，8 卷本，维尔纳·维尔茨格（Werner Welzig）主编，达姆斯塔特，1967—1980 年。

4. 京特·弗朗茨（Günther Franz）主编:《德意志农民战争：档案集》（*Der Deutsche Bauernkrieg. Akten-Bd.*），达姆斯塔特，1977 年。

5. 汉斯·H. 霍夫曼（Hanns H. Hofmann）:《德意志民族的神圣罗马帝国（1495—1815 年）宪法机制资料集》（*Quellen zum Verfassungsorganismus des Heiligen Römischen Reiches Deutscher Nation 1495-1815*），达姆斯塔特，1976 年。

6. 鲁特·卡斯特纳（Ruth Kastner）主编:《宗教改革资料集》（*Quellen zur Reformation*），达姆斯塔特，1994 年。

7. 阿尔弗雷德·考勒尔（Alfred Kohler）主编:《查理五世历史资料集》（*Quellen zur Geschichte Karls V.*），达姆斯塔特，1990 年。

8. 戈特弗里德·劳伦兹（Gottfried Lorenz）主编:《三十年战争前史与开端史资料集》（*Quellen zur Vorgeschichte und zu den Anfängen des Dreißigjährigen Krieges*），达姆斯塔特，1991 年。

9. 库尔特·阿兰德（Kurt Aland）主编:《马丁·路德著作新选》（*Die Werke Martin Luthers in neuer Auswahl für die Gegenwart*），10 卷本，补充本，斯图加特，1957 年及随后数年。

10. 京特·弗朗茨（Günther Franz）主编:《托马斯·闵采尔著作与信件：考证性全集》（*Thomas Müntzer: Schriften und Briefe. Krit. Gesamtausg.*），居特斯洛，1968 年。

第三章 从宗教改革到《威斯特伐利亚和约》签订（15 世纪末到 1648 年）

文献

1. 威廉·阿贝尔（Wilhelm Abel）:《前工业时代德意志的大规模贫困与饥饿危机》(*Massenarmut und Hungerkrisen im vorindustriellen Deutschland*)，哥廷根，1977 年。

2. 约阿希姆·巴尔克（Joachim Bahlcke）:《冲突中的地区主义与国家融入：在哈布斯堡家族统治第一个世纪内的波希米亚王国（1526—1619 年）》(*Regionalismus und Staatsintegration im Widerstreit. Die Länder der Böhmischen Krone im ersten Jahrhundert der Habsburgerherrschaft (1526-1619)*)，慕尼黑，1994 年。

3. 彼得·布利克（Peter Blickle）:《暴动还是反抗？旧帝国内农民抵抗研究》(*Aufruhr und Empörung? Studien zum bäuerlichen Widerstand im Alten Reich*)，慕尼黑，1980 年。

4. 彼得·布利克（Peter Blickle）:《德意志臣民：一种异议》(*Deutsche Untertanen. Ein Widerspruch*)，慕尼黑，1981 年。

5. 彼得·布利克（Peter Blickle）:《1525 年革命》(*Die Revolution von 1525*)，慕尼黑/维也纳，第 3 版，1993 年。

6. 约翰内斯·布克哈特（Johannes Burkhardt）:《三十年战争》(*Der Dreißigjährige Krieg*)，美因河畔法兰克福，1992 年。

7. 娜塔莉·泽农·戴维斯（Nathalie Zenon Davis）:《近代早期的妇女与社会》(*Frauen und Gesellschaft in der frühen Neuzeit*)，柏林，1986 年。

8. 弗里茨·迪克曼（Fritz Dickmann）:《威斯特伐利亚和约》(*Der Westfälische Frieden*)，第 5 版，康拉德·雷普根（Konrad Repgen）主编，附带 1964—1984 年间有关威斯特伐利亚和约及三十年战争的论文，温弗里德·贝克尔（Winfried Becker）编辑，明斯特，1985 年。

9. 京特·弗朗茨（Günther Franz）:《德意志农民战争》(*Der Deutsche Bauernkrieg*)，达姆斯塔特，1977 年。

10. 卡洛·金茨伯格（Carlo Ginzburg）:《奶酪与蛆虫：1600 年左右一位

磨坊主的世界》(*Der Käse und die Würmer. Die Welt eines Müllers um 1600*)，美因河畔法兰克福，1983年。

11. 汉斯–于尔根·格尔茨（Hans-Jürgen Goertz）：《浸礼宗：历史与解释》(*Die Täufer. Geschichte und Deutung*)，慕尼黑，1980年。

12. 卡尔·冯·格莱耶茨（Karl von Greyerz）主编：《宗教、政治与社会抗议：有关近代早期德意志的三项研究》(*Religion, Politics and Social Protest. Three Studies on Early Modern Germany*)，伦敦，1984年。

13. 里卡尔达·胡赫（Ricarda Huch）：《信仰分裂的时代》(*Das Zeitalter der Glaubensspaltung*)，有高罗·曼（Golo Mann）的后记，苏黎世，1987年。

14. M. 休斯（M. Hugues）：《近代早期德意志，1477—1806年》(*Early Modern Germany. 1477-1806*)，伦敦，1992年。

15. 哈尔姆·克鲁亭（Harm Klueting）：《信仰时代，1525—1648年》(*Das konfessionelle Zeitalter. 1525-1648*)，斯图加特，1989年。

16. 约瑟夫·库里歇尔（Josef Kulischer）：《中世纪与近代经济史》(*Allgemeine Wirtschaftsgeschichte des Mittelalters und der Neuzeit*)，2卷本，慕尼黑/柏林，1929年；重印，达姆斯塔特，1976年。

17. 赫尔穆特·拉尔卡姆普（Helmut Lahrkamp）：《三十年战争·〈威斯特伐利亚和约〉：1618—1648年的一次描述，连同326张图片和文件》(*Dreißigjähriger Krieg. Westfälischer Frieden: eine Darstellung der Jahre 1618-1648 mit 326 Bildern und Dokumenten*)，明斯特，1997年。

18. 海因里希·卢茨（Heinrich Lutz）：《宗教改革与反宗教改革》(*Reformation und Gegenreformation*)，慕尼黑/维也纳，第2版，1982年。

19. 海因里希·卢茨（Heinrich Lutz）：《争夺德意志统一和教会革新：从马克西米利安一世到〈威斯特伐利亚和约〉签订，1490年到1648年》(*Das Ringen um deutsche Einheit und kirchliche Erneuerung. Von Maximilian I. bis zum Westfälischen Frieden. 1490 bis 1648*)，美因河畔法兰克福/柏林，1983年；研究版本，柏林，1987年。

第三章　从宗教改革到《威斯特伐利亚和约》签订（15 世纪末到 1648 年）

20. 海因里希·卢茨（Heinrich Lutz）/阿尔弗雷德·考勒尔（Alfred Kohler）主编：《16 世纪的日常生活》（*Alltag im 16. Jahrhundert*），维也纳，1987 年。
21. 高罗·曼（Golo Mann）：《华伦斯坦》（*Wallenstein*），美因河畔法兰克福，1977 年。
22. 贝恩德·默勒（Bernd Moeller）：《宗教改革时代的德意志》（*Deutschland im Zeitalter der Reformation*），哥廷根，1977 年。
23. 保罗·缪希（Paul Münch）：《近代早期的生活形式，1500—1800 年》（*Lebensformen in der Frühen Neuzeit. 1500 bis 1800*），柏林，1992 年。
24. 沃尔夫冈·瑙尔格鲍尔（Wolfgang Neugebauer）：《霍亨索伦家族》（*Die Hohenzollern*），卷 1，《起源、邦国与 1740 年前的君主独裁》（*Anfänge, Landesstaat und monarchische Autokratie bis 1740*），斯图加特，1996 年。
25. 托马斯·尼佩代（Thomas Nipperdey）：《宗教改革、革命、乌托邦：16 世纪研究》（*Reformation, Revolution, Utopie. Studien zum 16. Jahrhundert*），哥廷根，1975 年。
26. 海考·A. 奥贝尔曼（Heiko A. Oberman）：《路德：上帝与魔鬼之间的人》（*Luther. Mensch zwischen Gott und Teufel*），第 2 版，修订版，柏林，1987 年。
27. 霍斯特·拉贝（Horst Rabe）：《帝国与信仰分裂：德意志，1500—1600 年》（*Reich und Glaubensspaltung. Deutschland 1500-1500*），慕尼黑，1989 年。
28. 霍斯特·拉贝（Horst Rabe）：《德意志史，1500—1600 年：信仰分裂的世纪》（*Deutsche Geschichte. 1500-1600. Das Jahrhundert der Glaubensspaltung*），慕尼黑，1991 年。
29. 沃尔夫冈·莱茵哈德（Wolfgang Reinhard）："作为现代化的反宗教改革？"（"Gegenreformation als Modernisierung?"），载《宗教改革史档案》（*Archiv für Reformationsgeschichte*），1977 年第 68 卷，第 226—252 页。
30. 贝恩德·洛克（Bernd Roeck）：《帝国体制与帝国传统：在 17—18 世纪政治传播中的帝国国家性之讨论》（*Reichssystem und Reichsherkommen.*

Die Diskussion über die Staatlichkeit des Reichs in der politischen Publizistik des 17. Und 18. Jahrhunderts），威斯巴登，1984 年。

31. 贝恩德·洛克（Bernd Roeck）：《当这个世界希望折断时：三十年战争时代的一座城市》(*Als wollt die Welt schier brechen. Eine Stadt im Zeitalter des Dreißigjährigen Krieges*)，慕尼黑，1991 年。

32. 贝恩德·洛克（Bernd Roeck）等主编：《文艺复兴中的威尼斯与上德意志：艺术与经济之间的关联》(*Venedig und Oberdeutschland in der Renaissance. Beziehungen zwischen Kunst und Wirtschaft*)，西格玛林恩，1993 年。

33. 汉斯·乌尔里希·鲁道夫（Hans Ulrich Rudolf）主编：《三十年战争：视角与结构》(*Der dreißigjährige Krieg. Perspektiven und Strukturen*)，达姆斯塔特，1977 年；

34. 海因茨·席林（Heinz Schilling）：《起义与危机：德意志，1517—1648 年》(*Aufbruch und Krise. Deutschland 1517-1648*)，柏林，1988 年。

35. 海因茨·席林（Heinz Schilling）："帝国中的教派分立化：1555—1620 年间德意志的宗教与社会转型"（"Die Konfessionalisierung im Reich. Religiöser und gesellschaftlicher Wandel in Deutschland zwischen 1555 und 1620"），载《历史杂志》(*Historische Zeitschrift*)，1988 年第 246 卷，第 1—45 页。

36. 弗里德里希·赫尔曼·舒贝尔特（Friedrich Hermann Schubert）：《近代早期国家理论中的德意志帝国会议》(*Die deutschen Reichstage in der Staatslehre der frühen Neuzeit*)，哥廷根，1966 年。

37. 温弗里德·舒尔策（Winfried Schulze）：《地方防御和国家建构：奥地利内部邦国战争体制研究，1564—1619 年》(*Landesdefension und Staatsbildung. Studien zum Kriegswesen des innerösterreichischen Territorialstaates (1564 bis 1619)*)，格拉茨，1973 年。

38. 温弗里德·舒尔策（Winfried Schulze）：《近代早期的农民抵抗与封建统

第三章　从宗教改革到《威斯特伐利亚和约》签订（15 世纪末到 1648 年）

治》(*Bäuerlicher Widerstand und feudale Herrschaft in der frühen Neuzeit*)，斯图加特，1980 年。

39. 温弗里德·舒尔策（Winfried Schulze）：《16 世纪的德意志史，1500—1618 年》(*Deutsche Geschichte im 16. Jahrhundert 1500-1618*)，美因河畔法兰克福，1987 年。

40. 费迪南德·赛布特（Ferdinand Seibt）：《查理五世：皇帝与宗教改革》(*Karl V. Der Kaiser und die Reformation*)，柏林，1990 年。

41. 斯特凡·斯卡尔万特（Stephan Skalweit）：《帝国与宗教改革》(*Reich und Reformation*)，柏林，1967 年。

42. 赖内尔·沃尔范尔（Rainer Wohlfeil）：《德意志宗教改革史导论》(*Einführung in die Geschichte der deutschen Reformation*)，慕尼黑，1982 年。

43. 海德·文德尔（Heide Wunder）：《"他是太阳，她是月亮"：近代早期的妇女》(*"Er ist die Sonn, sie ist der Mond". Frauen in der Frühen Neuzeit*)，慕尼黑，1992 年。

44. 恩斯特·瓦尔特·齐登（Ernst Walter Zeeden）：《教派的诞生：信仰斗争时代教派建构的基础与形式》(*Die Entstehung der Konfessionen. Grundlagen und Formen der Konfessionsbildung im Zeitalter der Glaubenskämpfe*)，慕尼黑／维也纳，1965 年。

45. 恩斯特·瓦尔特·齐登（Ernst Walter Zeeden）：《争霸战争与信仰斗争，1556—1648 年》(*Hegemonialkriege und Glaubenskämpfe 1556-1648*)，美因河畔法兰克福等，1977 年。

第四章　从《威斯特伐利亚和约》签订到维也纳会议

（1648—1814年）

安德烈亚斯·格斯特里希

时代概览

在这段时期的开头与结尾，都出现了一部大型和约。两者都寻求重新规制德意志的邦国体系。两者都出现在一场长期战争之后。《威斯特伐利亚和约》结束了三十年战争。维也纳会议结束了长达二十年的冲突：冲突的一方是帝国，另一方是革命法国与拿破仑。

在两部和约之间的时期存在着各种世界。而它们又同另一些世界联系在一起。德意志民族的神圣罗马帝国在三十年战争期间业已面临崩溃之虞，而后通过《威斯特伐利亚和约》，确立了一种新形式。该和约既加强了德意志邦国的领土主权，又为它们彼此之间团结一致与共生共存提供了一种框架，并藉此为确保欧洲和平做出了重要贡献。

这一帝国于1806年解体。不过，帝国解体不仅源于拿破仑的军事优势，而且还是离心趋势所导致的结果——由于《威斯特伐利亚和约》加强了邦君在帝国宪法中的地位，从而已经启动了这种离心趋势。再者，普鲁士迅速崛起，并与奥地利形成竞争关系，随后导致势力范围的两极化。这一切使得帝国机制运行受阻，并消融了此前业已存在的"帝国爱国主义"，进而加速帝国解体。维也纳会议最终完成了这一崩溃进程，从中诞生了一种新的、以属邦保持国家独立为目标的联盟（Bund）。不过，与此同时，在这种领土延伸中，人们再次在旧帝国那里寻找方向。同样，德意志的国家新秩序再次成为欧洲和平秩序的一种本质要素。

存在于两部和约之间的世界并非仅仅表现在德意志的国家秩序上。它还表现在17世纪中叶到19世纪初的日常生活结构与人类精神之中。在德意志，尽管并没有出现一场大型革命来摧毁旧帝国的传统社会，但在我们所研究的整个时段内，蔓延开来的启蒙运动之影响，仍然从根本上改变了所有社会阶层有关上帝、尘世及人类角色的观点。

教会与国家的古老权威遭到了质疑。对于习俗的批判，对于人类理性之信任，以及从中引申出来的知识、社会及政治之进步，让属于静态世界与社会秩序的古老思想失去功效。但是，在德意志，从这些有关社会和政治的新思想中所产生的变化，却不是被"自下而上"地强制推行的，而是由开明贵族与公务员们"自上而下"地颁布推行的。

在18世纪下半叶，德意志社会以"开明专制"（aufgeklärter Absolutismus）之名推行了一种持续性的现代化与理性化进程。在王宫内，巴洛克式的邦君们采取了差异化的管理措施，启用了一批教育层次越来越高的专业人士。这一措施还同持续不断的集中化、消除地方优先权——特别是消除农业等级机构，因为它们被视作老特

第四章 从《威斯特伐利亚和约》签订到维也纳会议（1648—1814年）

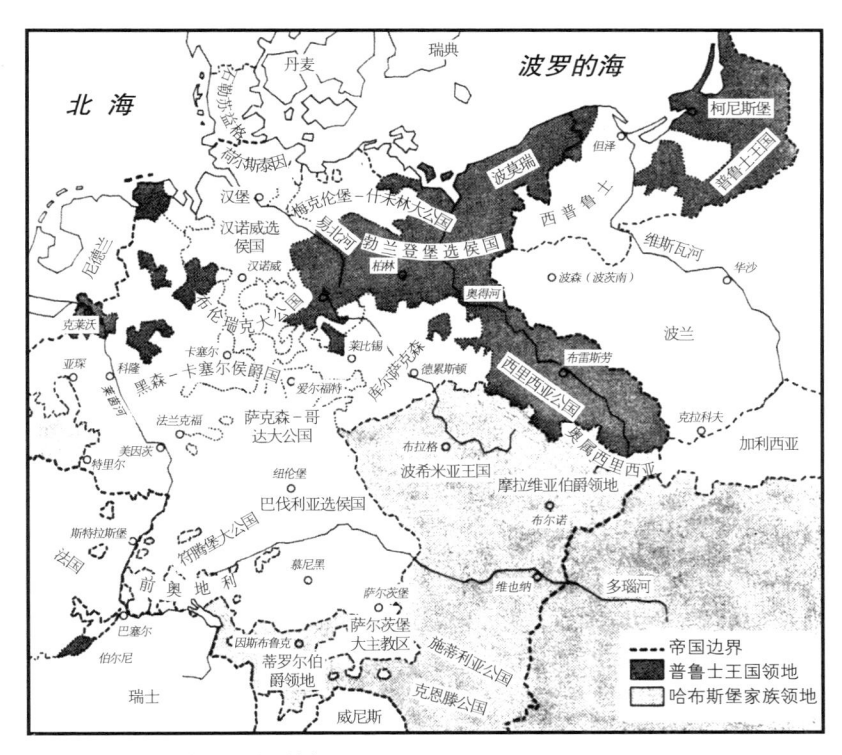

图5 1795年前的奥地利与普鲁士

权的保卫者——等方式结合在一起。在经济领域中，邦君支持在工场推行劳动分工生产，限制保卫地方特殊利益的行会之权力。

不过，在所有上述趋势中，德意志各邦之间的差异是极大的。这使得描述这段时期内越来越多的邦国之发展颇为不易。实际上，帝国史只能作为地区史来得到书写。然而此举如同帝国那样，又是漫无边际的。正因如此，描写法则总是再次集中于几个大邦，如普鲁士和奥地利。当然，我们也意识到，此举并不意味着那些帝国强者便可以不尊重、不保护小邦们的生存。

三十年战争结束时的帝国

1640—1688 年	勃兰登堡的弗里德里希·威廉"大选侯"在位。
1648 年	《威斯特伐利亚和约》签订。
1653 年	边区邦议会协定。
1654 年	最新一次帝国会议决议。
1658—1705 年	皇帝列奥波德一世执政。
1663 年	"永久性帝国会议"在雷根斯堡开幕。
1671 年	普鲁士重新接纳犹太人。
1685 年	撤销《南特敕令》；颁布《波茨坦敕令》，确保法国胡格诺教徒在普鲁士的信仰自由权。
1688 年	帝国最高法院从施佩耶尔迁到韦茨拉尔。

第四章　从《威斯特伐利亚和约》签订到维也纳会议（1648—1814 年）

人口与经济

　　三十年战争的后果与压力是极端不均衡的。德意志帝国的不少地区提供了一幅荒芜场景。然而另一些地区却并非如此，还有一些地区甚至根本没有受到战争的影响。正因如此，历史研究划出了未受影响区、被彻底摧毁区和过渡区。未受影响区主要位于帝国的东南部（哈布斯堡世袭领地、萨尔茨堡大主教区）和西北部（主要是荷尔斯泰因和奥登堡）。汉堡、吕贝克和不来梅在战争期间及之后依然保持着正常的经济繁荣景象。相反，被彻底摧毁区则如一条对角线，从西南部到东北部，横穿整个德意志。在这两个方向上，法国军队和瑞典军队在 17 世纪 30 年代分别突进帝国。梅克伦堡和波莫瑞、图林根、普法尔茨、摩泽尔河区域和符腾堡尤其受到战争影响。同样，在中间区域，如勃兰登堡、黑森、法兰克尼亚和阿尔萨斯，也遭到了超出平均水平的打击。

　　最为糟糕的战争后果是人口数量锐减。战争开始时，帝国境内一共生活了大约 1700 万人；到 1648 年战争结束时，帝国只有 1000 万人。换言之，此时人口只有战前人口的 60%，总数不超过 1500 年的水平。尤其在遭到摧毁的地区，人口损失还要严重，其比例在 40% 到 80% 之间，个别地区甚至达到 90% 以上。

　　这种灾难极少源于军事性冲突的直接性影响，而是由战争造成的许多糟糕的间接后果引发的：如穿越邦国领土的部队及其庞大附庸者（天主教同盟军拥有 4 万士兵和大约 14 万陪同者！）带来了瘟疫，并留下了饥荒。同样，逃避兵役的那些人进一步加大了瘟疫传播的范围。就大规模人口锐减而言，主要出现在17世纪20年代和30年代的黑死病瘟疫期间。

此外，还出现了由战争和天气条件所造成的饥荒。在16世纪中叶到19世纪中叶期间，欧洲出现了长期明显的恶劣气候。历史学家们把这段时期称作"小冰期"。气温极点出现在17世纪后半叶。当时，许多歉收年份与饥荒以更为紧凑的方式接连出现。正因如此，灾难持续了100年左右，直到帝国人口在总体上降到战前水平。在许多农业地区，这一过程甚至延续到19世纪。与此相反，在城市里，由于城乡人口流动加速，那里的人口数量在战争期间和战后反而更快增长。

迁徙运动正是战后人口增长的主要因素之一。深受战争影响的那些地区就是"人口统计上'发生深刻变化的地方'"（Chr. 普费斯特［Chr. Pfister］语），周边地区的人迁入那里。他们中的一部分人是被招工广告吸引过去的。迁居阿尔萨斯、巴登-符腾堡的许多人，来自瑞士和那些较少受到战争影响的地区，如福拉尔贝格和蒂罗尔。

不过，这场三十年战争后的迁徙运动的多数参与者，更多出于信仰原因，而非经济缘由。早在战争前，来自尼德兰的新教信徒难民便涌向帝国。战争至少从其一开始便体现出教派对立的本质特色，因而在战争期间，大量新教徒在面对哈布斯堡家族推行再天主教化的措施时，逃往新教邦国，其中主要是法兰克尼亚和萨克森。战后，这种信仰移民运动继续发展：1685年，《南特敕令》（1598年颁布，用来保卫法国胡格诺教徒之安全）被路易十四撤销。由此，20万—30万法国新教徒被迫逃往国外，其中4万人逃往德意志。他们在普法尔茨选侯领地、黑森-卡塞尔和勃兰登堡-普鲁士找到了

第四章　从《威斯特伐利亚和约》签订到维也纳会议（1648—1814 年）

落脚点。1700 年左右，柏林人口的三分之一都来自法国。

不过，接收难民的邦国并非仅仅出于团结相同信仰者的考虑，而是同样考虑过经济收益问题。根据绝对主义时代占据统治地位的经济理论，即所谓"重商主义"，庞大人口是国家富裕的根本前提之一。正因如此，许多邦君推行一种有目的的"人口政策"。正是在这种背景下，普鲁士才一方面接收了大批新教信徒难民，另一方面又于 1671 年再次允许犹太人入境。

针对积极的人口政策，重商主义的想法是：国家通过一种积极的贸易结算，即促进出口、限制进口——来让国家财富增殖，从而可以充盈贵族们的财库。正因如此，邦君们首先支持那些以出口为导向的商业性大规模生产项目。他们不顾传统手工业行会的反对，主要在所谓"工场"中建立起分工生产系统。这一点尤其在那些国家自己担当大用户的领域（特别是军事领域）中取得成功。在这里，出现了火药工厂与布料工厂；同样，武器制造也在手工工场上发展起来。此外，这种生产形式还在大规模制造奢侈品的行动中具有重要意义，例如瓷器、玻璃和丝绸。1706 年，迈森瓷器工场建立。

总体而言，在 17 世纪和 18 世纪初的德意志，尽管存在着上述国家推动的各种措施以及由移民带来的刺激，商业部门在国民经济中依然只拥有次要意义。80% 以上的就业者是在农业中赚取其生活开销的。而在那些受战争影响最大的区域中，战后场景首先是令人感到绝望的。村庄已荒无人烟，许多农田已多年未有耕种，到处都缺少牲畜——因为牲畜是士兵们首要掠夺的对象。正因如此，在符腾堡大公国，大多数行业中的牛马存栏量业已缩减到战前数量的十分之一。这意味着人们不得不自行耕种或艰难松土。

另一方面，对于幸存者而言，他们现在面临着足够富余的土地和食物生产空间。战前，由于中世纪晚期的人口快速增长，土地曾经变得稀少紧缺。而现在，对于那些来自无地下层幸存者而言，获得一块经济上得以确保的土地之机会增加了。与此同时，在绝大部分帝国领土上出现的人口回缩现象，增强了农民相对于领主的地位。正因如此，农民所要缴纳的赋税额度降低了，他们也能以有利条件得到那些富余农田。勃兰登堡是例外情况。在这里，地方上的贵族们反而加强了他们控制农民的权力。

然而，幸存者们的这种经济乐观主义在战后很快被泼了冷水。因为人口回落与大量耕地可供使用（当然是那些首先得到很好耕种的土地），极快导致了农业生产过剩与农业价格崩塌的结果。此前一个多世纪以来，农业价格曾经出现过一种持续增长的状态（"16世纪价格革命"）；而现在，农业价格回落到1550年左右的水平。如此一来，在这场大战结束后的数十年间，对于大部分人而言，他们仍然面对着一个危机时代。这一危机时代表现为新战争、瘟疫流行、农业歉收、饥荒与经济不稳定。

帝国的政治结构与宪法

《威斯特伐利亚和约》是在两个分会场完成谈判的。在明斯特，信奉天主教的各国开会；在奥斯纳布吕克，信奉新教的各国商谈。通过这种广泛会谈，人们应该创建一种"基督教的、普遍的、永久的和平"。此外，法国的领土诉求（阿尔萨斯、布赖斯高）和瑞典的领土诉求（威尔登、不来梅和前波莫瑞地区）必须得到满足。不过，

第四章　从《威斯特伐利亚和约》签订到维也纳会议（1648—1814 年）

该和约主要为了从法律角度稳定帝国的内部结构，并且找到一条结束信仰冲突之路。尽管《威斯特伐利亚和约》列举了众多决议，但它并未永久性地终结欧洲的权力政治。与此相反，帝国的稳定目标却完成得更好。《威斯特伐利亚和约》的条款，如《奥斯纳布吕克和约》的第 17 条，事实上就是"帝国的永久章程与根本法"。帝国执行这一功能，直至 1806 年落下帷幕。

早在威斯特伐利亚大会开始前，明斯特和奥斯纳布吕克上出现的帝国政治之转折点业已显现：因为大会不顾皇帝的反对，在法国和瑞典的支持下，让帝国贵族们有权独立参会。如此一来，此举标志着他们成为了某种程度上拥有主权的邦君，获得了宣战权与缔结和平权（ius belli et pacis）。贵族们的这种准主权地位在《奥斯纳布吕克和约》的第 8 条上得到了确认。不过，在随后岁月中，只有那些真正强大的帝国贵族才能成功实现这种权利。而那些势力较弱的等级则无法成功确保一种完全国际法意义上的主权：因为皇帝成功地在这些地区逐渐地重新加强他的地位。

不过，《威斯特伐利亚和约》确保了帝国等级能够抵制哈布斯堡家族此前的诸多行动，避免让后者建立强大的帝国中央权力，或成为绝对统治者。把帝国改造为一个现代集权国家的努力失败了。取而代之的是权力的分散化，并把中央权力建立在单个邦国的层面上。由此，帝国演变为一种国家法上无法加以界定的形状。1667 年，塞缪尔·普芬道夫在其闻名于世的形容中，将帝国比作"一种违反常规的、类似于庞然巨物的躯体"。它包含着君主制因素、贵族制因素以及（在帝国城市中的）民主制因素。它既不是一个联邦国家（Bundesstaat），也不是一个邦国同盟（Staatenbund）。相对于联邦国家而言，它缺少一种具有高级行动力的帝国机制；相对于邦国同盟而言，单个邦国又未能获得完全主权。邦君至少在名义上继续通过效忠誓言与皇帝结合在一起，并遵守帝国法。

从 19 世纪和 20 世纪初的民族国家观来看，这种缺失集权国家的特性总是成为历史学家们对帝国加以负面评价的根源。不过，在最近几十年的历史研究中，业已确立了一种明显的新评价。人们不再把帝国宪法立足于民族国家式权力政治的理想之中加以评判，而是将之置于时代功能中加以思考。这种时代功能体现为避免帝国内部冲突及确保欧洲和平之效。从这一点出发，我们也可以不再消极看待集权性及散权性帝国机构的行政能力。这些机构首先包括帝国会议、帝国法院（帝国最高法院和帝国皇家法院）与帝国区。

在 17 世纪，皇帝总是无规律地，且只在紧急状况下才召开帝国会议的。相反，自 1663 年起，到帝国解体为止，帝国在雷根斯堡持续性地召开帝国会议。时人很快称之为"永久性帝国会议"。它的成立虽然不是有意识推行帝国改革决议的后果，但也不是偶尔出现的现象，而是帝国等级重要性得以提升之后的必然结果。

帝国会议（即"永久性帝国会议"）并非是现代国会的前身。它是选侯、公爵及其他帝国等级（帝国伯爵、帝国修道院长、帝国城市）的集会。1663 年起，这些人可派（指定）代表出席雷根斯堡的帝国会议。帝国会议的立法能力是极小的。但它拥有针对现存冲突的"清理"（杜希哈特语）能力。在 18 世纪，它最终作为一种绝不能被低估的工具，服务于皇帝在帝国内部的权力政治。

此外，帝国的中央机构还包括帝国最高法院和帝国皇家法院。它们是最高的帝国司法机构。帝国最高法院是帝国等级于 1495 年旨

第四章　从《威斯特伐利亚和约》签订到维也纳会议（1648—1814年）

在宣布永久性国家和平时成立的。它最初在施佩耶尔办公，后来由于法国入侵，于1688年迁往韦茨拉尔。它负责惩戒破坏国家和平之举，但也负责协调管理争议，或审理平民上告直属帝国之贵族的案件。与此同时，对于邦君不拥有特权之区域的所有案件而言，帝国最高法院的上诉庭是最后审理机构（ius de non appellando）。因此，它必须协调臣民同其邦君之间的冲突。帝国皇家法院成立于1498年，驻地在维也纳的皇宫。当时，它是作为针对等级式帝国最高法院的对立机构而出现的。不过，帝国皇家法院与帝国最高法院之间的权限范围并未在所有案件中加以明确区分。帝国皇家法院的重心在帝国采邑事务。此外，它还负责惩罚那些直属帝国的邦君，以及处理有关皇帝特权的争议。

在帝国最高法院，消极因素在于，许多帝国等级对这样一个帝国内有行动力的最高上诉机构兴趣不大，因此时常拖延甚至根本不支付该法庭所需费用，即"法院税"。正因如此，法院无法完成必要的增加人手任务——与之相应，处理案件的时间便被拉长。同样，倘若法院针对有权有势的邦君，那么其判决的可执行性便不那么简单。普芬道夫在1667年写道："凡信赖其权力者，便会把来自施佩耶尔的空话视若粪土。"

执行帝国最高法院判决及帝国法令，是由"中层"的一个机构完成的，即所谓"帝国区"。帝国区是帝国等级在地区层面上的结合，其目的是在该区域内有效完成国家任务，例如铸币、打击犯罪以及组建军事组织。在帝国南部，这种帝国区发挥了最大效用。在那里，一群中央权力较弱的小邦国在帝国区下结合起来。例如士瓦本区拥有40个教会区、68个世俗区和40个帝国城市。在如此区域内，帝国区完成了本质上属于国家的功能。相反，在那些由大邦君统治的区域内，帝国区仍然是毫无意义的，或者被大邦君视作积极行使主权的竞争者而受到阻挠。

绝对主义在邦国内的崛起

自16世纪起，在欧洲王侯中，以下趋势越来越明显，即建立一种专制式的、基于不受限的君主统治基础之上的政府形式——今天，它一般被称作绝对君主或绝对主义。在16世纪，哈布斯堡家族曾作为皇帝，在帝国内试图推进这一形式。但《威斯特伐利亚和约》却最终阻止了这种努力。在《奥斯纳布吕克和约》中，帝国的邦君与等级不仅保障了他们在所有帝国事务中的共决权，而且还确定了他们在各自统治区域内的教俗事务内拥有不受限制的邦国主权。在随后岁月里，绝对主义统治形式只能在单个邦国内发展起来。

"绝对主义"这一概念是从罗马法术语"princeps legibus [ab] solutus"中脱胎而出的。该词的意思是：统治者"脱离了"法律的控制，他高于法律而存在。16—17世纪的国家理论家把这一术语用于界定统治者的君权。法国法学家让·博丹在其著作《共和六书》(*Les six livres de la république*，1576年)中如此谈论这种君权："王侯的君权必须可以根据其裁量而对法令加以改动……正如领航员必须自行掌舵，因为倘若他必须咨询所有同行者的意见再做决定，这艘船就会沉没。"

在博丹看来，王侯的君权尤其反映在他们可以根据自己的全权，在不经过其他机构参与决定的情况下，取消旧法令、颁布新法令。

第四章　从《威斯特伐利亚和约》签订到维也纳会议（1648—1814 年）

这是同中世纪与近代早期一般法律观念相抗衡的想法。正因如此，其实践也完全不同。统治者取消流传下来的法规之举，在各地都遭到了反抗，推行也极为困难。特别在帝国内，以流传下来的法规来约束统治者的做法，被视作抵抗绝对主义的最强大的堡垒之一。

同样，所谓邦国等级——隶属于邦君的贵族们、教士、一部分城市和村庄之代表——在另一些问题上的参与决定权，并没有被邦君们在所有领地中消除干净。许多邦君——这一点足以让我们再次研究博丹的理论——仍然进一步向其邦国等级进行咨询。这些邦国等级依然拥有传统的决定征税之权。这一点让他们继续对其邦君的"外交"行动拥有较大影响力，特别是对其开战及缔结和平的决定存在影响。

三十年战争后，等级们的上述权利首先阻碍了邦君们改造此前业已存在的军队。按照古老习俗，一场战争结束后，军队再次解散，各地无需再承担军队开支。现在，大部分邦君则出于安全和威望的考虑，并不希望解散全部士兵，且至少在和平时期维持一支小规模的常备军。此外，几乎在所有邦国，等级与邦君之间的冲突都出现了恶化迹象。尽管如此，邦君们仍然通过帝国会议（1654 年帝国决议）成功确立了以下规定，即邦国等级必须批准为建立城堡和军营而征收的必要税种。藉此，邦君们拥有了一种合法手段来强迫等级们在和平时代资助一支常备军。

常备军成为邦君手上的一支不可谓不重要的工具，以备他们确保自己在邦内的统治。现在，等级们在其他政治问题上提出的共同咨询与共同决定的诉求，便可以被邦君回避了。在许多邦国，那种老的、在各方面深受等级影响的枢密院下属委员会——枢密院这一机构本身便是更为古老的集体咨询形式的缩减版——不是被邦君们解散，就是只能处理极少重要事务。集体咨询讨论的形式被"内阁治理"所取代。在这种形式下，邦君们通过他们的"内阁秘书"及其相应部门来进行管理，且对后者发号施令。他们让自己成为政府首脑，政府车轮只能围绕其个人来运转。

不过，这种通往个人独裁体制的趋向不过是绝对主义政府体制的一个方面。在另一方面，人们必须看到，消除等级、由内阁来治理，再次奠定了一种改革政策的基础，而这种改革政策是不可能在一个由等级占据统治地位的领土上发生的，因为等级们经常捍卫旧特权与特殊利益。与此相反，邦君们立足于一种集中性的、有效率的治理体制——正如当时流行语所言，立足于一种"好政策"。邦君们的这种"政策"，如 1656 年维特·路德维希·冯·泽肯多夫在其影响力巨大的著作《德意志邦君国家》(*Teuscher Fürsten-Staat*)中所指出的那样，首先指向三个领域，即邦国的正义、和平与福利（"收容"）。由此，他们推进司法治理、筹备立法、建立军队，还积极推进经济发展。不过，"福利"这一概念并不排他性地被局限在经济领域中。它还延伸到教育体制、"教育政策"、人口健康与食品供应。在上述所有领域中，邦君管理机构越来越追求更强规制化、统一化、部分现代化的介入手段。

在排斥等级、改革管理体制方面，勃兰登堡-普鲁士统治者家族冲锋在前。不过，即便在普鲁士的例证中，我们也可以看到，统治者并不能在所有统治区域内中断等级们的权力。当勃兰登堡边区中的霍亨索伦家族在这一方面相对容易地推进其权力时，他们在普鲁士大公国及克里夫与马克伯爵领地内却步履艰难，甚或毫无收

第四章　从《威斯特伐利亚和约》签订到维也纳会议(1648—1814年)

获。同样,在帝国大部分其他领地上,也并没有形成明显的绝对主义统治形式。一般而言,更多出现的情况是:"邦君与邦国等级的权限"彼此重叠与"渗透"(菲尔豪斯[Vierhaus]语)。

宫廷社会的出现

与绝对主义紧密结合在一起的现象是宫廷社会的崛起。邦君们努力把本邦以往独立的贵族拉入他们的宫廷,以便把他们变成体现以君主个人为化身的国家的仆役,变成观看统治者自我表现的观众,变成宫廷的社会生活的演员。

宫廷社会的出现,曾是欧洲的一个普遍现象。它既出现在天主教国家,也出现在基督新教国家。它既在教会宫廷中,也在世俗宫廷内。在建筑与组织方面的模式化榜样是路易十四在凡尔赛的宫廷。他的魅力在帝国内同样巨大。不过,人们也不能忽视的是,每个宫廷在仪式问题上首先可以回溯到它们各自的传统中,并且(如维也纳的皇宫那样)部分是有意识地与法国模式保持相异。不少统治者(如普鲁士的弗里德里希·威廉一世)便完全拒绝宫廷社会在财政上的浪费及其对社会和政治产生的压力,禁止在其宫廷内举行任何仪式。

宫廷社会的基础是建造各邦首都。许多摄政者通常离开比较古老的城市王宫,然后(追随路易十四在凡尔赛的榜样)在城市中心之外建造富丽堂皇的巴洛克宫殿。完全崭新的城市公共设计出现了,例如在曼海姆、卡尔斯鲁尔或路德维希堡。大部分城市的自我呈现方式是:它们在空间象征语言中,把受到绝对主义意识形态推动的整个国家建立在统治者身上,使之成为唯一的权力中心。为此,它们把整座城市的观察中轴线置于核心的国家空间——在凡尔赛,该中心就是国王的卧室——并从那里向四周辐射出去。在卡尔斯鲁尔,这种焦点是一个八角形的、代表邦国整体的塔楼。从这座塔楼上,边区伯爵可以眺望整座城市。

在用油画和雕塑装饰宫殿时,以比喻方式来描述邦君们的行为和美德之举,扮演着重要角色。在此过程中,大部分装饰品都来自那些希腊-罗马神话人物形象:阿波罗[1]就是被法国太阳王所喜爱的象征;相反,哈布斯堡家族更中意赫拉克勒斯[2],因为在其历史中,此形象有助于把基督教美德和耶稣形象结合在一起。不过,总体而言,在几乎所有宫廷中(也包括那些教会邦君),在以下两端之间很少存在张力:一端是通过英雄般古典神话来对统治者加以艺术拔高,另一端是他们自视为基督教徒的理解;一端是把自己比喻为天神的做法;另一方面则是有意将自己展示为上帝的谦逊仆人。

不过,宫廷不仅仅承担着从美学上拔高统治的功能。三十年战争后,它们还同时成为政治决策中心,并最终成为重要的经济元素。例如,不仅生活于宫廷中的贵族数量增加,而且在那里工作的市民臣属数量也持续增长。18世纪初,在维也纳和慕尼黑的大宫廷里,大约生活着2000人;德累斯顿宫廷大约有500人。同样,在那些教会邦君的宫廷中,也部分生活着200—300人不等。

对于宫廷生活而言,财政花费是巨大的。在慕尼黑(这肯定是一个极端例证),1700年左右,全邦所有开支的一半多都被用于宫廷

---

[1] Apollo,古希腊神话中的光明神。——译者注
[2] Hercules,古希腊神话中的著名英雄,完成了12项"不可能完成"的伟绩。——译者注

花费。而 20% 到 30% 之间的花费比例也绝不在少数。因此，宫廷的一个重要职能便是推进都城的商贸业发展。对于不少城市而言，由新建宫殿而扩大宫廷的做法，往往带来灾难性的后果。

最后，宫廷不仅对于平民工商业具有重要意义；同样，它们还通过驻扎在那里的邦国中央管理机构，来为许多平民学者（主要是法学家）提供重要平台，以便于他们专业精进、并提高社会地位。因为当贵族在宫廷内热衷于社会生活时，邦君管理机构在 18 世纪的进程中则越来越职业化，并由平民专家们来负责运行。不过，这种管理延伸与深化所导致的结果是：在 18 世纪末，管理机构越来越与宫廷脱离，而宫廷也丧失了它们作为国家政体之象征的重要性；最终，19 世纪形成了统治者的私人财政特征。

在 1648—1740 年间欧洲冲突中的帝国

1658 年	第一次莱茵同盟。
1663—1664 年	土耳其战争。
1667—1668 年	遗产战争。
1668 年	莱茵同盟解体。
1672—1678 年	路易十四发起针对尼德兰的征服战争。
1674 年	帝国向法国宣战。
1679 年	内伊梅根和约。
1679—1684 年	法国与阿尔萨斯再联合政策。
1681 年	法国军队占领斯特拉斯堡。

德意志史

1683—1699 年	土耳其战争。
1683 年	占领维也纳；卡伦山战役。
1688—1697 年	普法尔茨战争。
1688—1713 年	勃兰登堡选侯弗里德里希三世，自 1701 年起成为普鲁士的国王弗里德里希一世。
1700—1721 年	北方战争。
1701—1714 年	西班牙王位继承战。
1705—1711 年	皇帝约瑟夫一世在位。
1711—1740 年	皇帝查理六世在位。
1713/1714 年	乌特勒支、拉施塔特和巴登和约结束西班牙王位继承战。
1713—1740 年	普鲁士的国王弗里德里希·威廉一世在位。
1716—1718 年	土耳其战争。
1718 年	帕萨罗维茨和约。

《明斯特和约》与《奥斯纳布吕克和约》本应创造"永久和平"。但和平岁月仍然十分短暂。很快，帝国内的一些邦国连同帝国整体再次陷入战争中。这次战争的起因大部分源于 1648 到 1740 年间绝对主义邦国所面对的主要问题，即具有合法性的王室绝嗣。由于欧洲统治者家族彼此之间结成了紧密的婚姻网络，以至于时常出现彼此相互竞争、且又具有同等权利的继承诉求。由此战争总是一再出现，即所谓继承战。这是该时代占据优势的战争形态。这些战争或许能帮助解决继承权不明晰的问题，但从历史上来看，它们实际上并没有做到这一点。邦君们在欧洲以及全球越来越多的权力政治目

第四章　从《威斯特伐利亚和约》签订到维也纳会议（1648—1814年）

标，正是原因之一。

三十年战争的参与国原本期待用《威斯特伐利亚和约》来巩固帝国现状，为欧洲政治带来和平。但是，这项和平事业的保障者——即法国与瑞典——却成为第一批对上述和平状态提出质疑的国家。此外，奥斯曼帝国带来了新威胁。正因如此，在《威斯特伐利亚和约》签订后，帝国尤其遭遇到以下三种危机：法国试图称霸欧洲的野心；由瑞典延伸开去的争夺波罗的海区域霸权的权力斗争；奥斯曼帝国向哈布斯堡领地的扩张。

在路易十四征战中的帝国

1661年，当路易十四的绝对主义政府宣告成立后，法国外交政策的扩张主义阶段拉开了帷幕。路易十四的领土目标是把法国边界一直扩张到莱茵河，使之成为法国的天然东部边界线。他的政治目标则是法国称霸欧洲。这种设想的"加冕"巅峰出现在马萨林[1]枢机主教试图为一位法国统治者谋求皇帝头衔的举动中。当帝国面对路易十四以娴熟技艺用所有合法手段来论证他的领土要求、推行自负的法国外交时，首先是手足无措。当然，这也是由于帝国在三十年战争中严重受损，无力应对法国军事霸权的结果。此外，1658年，许多帝国邦君还在所谓"第一次莱茵同盟"中与法国结盟，以确保它们在威斯特伐利亚和平谈判中拥有全权，来应对哈布斯堡家族的修约企图。正因如此，帝国内抵抗法国扩张政策的行动，组织得十

---

[1] Kardinal Mazarin (1602—1661年)，又译"马扎然"。——译者注

分缓慢。

对于法国的霸权政策而言，本质基础之一是"具有世界史意义的婚姻"（兰克语），即路易十四迎娶西班牙国王菲利普四世的长女玛丽亚·特蕾西亚。这场婚姻极为重要，因为从整个欧洲而言，人们已经预料到西班牙的哈布斯堡家族父系绝嗣的可能性：菲利普的老来得子查理二世从小体弱多病。人们预测他的寿命不长，也不认为他能有子嗣。这两种猜测果真变成现实。

由于这段婚姻，路易十四获得了等同于（如其自己认为的那样）、甚至超过皇帝列奥波德一世和维特尔斯巴赫家族的选侯王子约瑟夫·费迪南所享有的西班牙王位继承权，因为前者同样娶了菲利普的一位公主，但系菲利普的第二段婚姻所出，后者不过是西班牙哈布斯堡家族的某位远方亲戚。但是，查理二世却在其第一份遗嘱中把约瑟夫·费迪南这位公爵列为继承者，其目的是为了避免发生一场哈布斯堡家族与波旁家族之间的冲突，最终导致西班牙帝国被分割。不过，出人意料的是，1699年，约瑟夫·费迪南居然去世了，比查理二世的逝世还早一年。如此一来，西班牙问题再次爆发。

早在有关西班牙世界帝国继承者的大型冲突演变为西班牙王位继承战（1701—1713/1714年）之前，路易十四便在其岳父菲利普十四世于1665年去世之后，提出过第一次王位继承诉求。他根据"布拉班特继承法"[1]的私法条款的授权，即"遗产法"，为其王后提出，在

---

[1] 14世纪中叶，位于帝国西北部的布拉班特大公国遭遇无男性继承者的问题。当时，老国王希望把公国传给长女，但其他两个女儿表示反对，并在老国王去世后挑起了一场战争。战争结束后，帝国境内的邦君都承认，任何一位邦国继承者在继承遗产时，都必须得到其他具有相等权利的继承者之赞同。——译者注

第四章　从《威斯特伐利亚和约》签订到维也纳会议（1648—1814 年）

政治上继承西属荷兰（今天的比利时）。当这一要求被西班牙方面拒绝后，他便发动了"遗产战争"，以军事方式占领该地区。在这一事务中，帝国是利益牵涉方，因为西属荷兰属于勃艮第帝国区的一个组成部分。但此时，在帝国内部，却还没有形成抵抗路易十四的统一立场。针对西属尼德兰，人们既不能又不想发动任何一场战争。尽管如此，帝国外交官弗朗茨·保罗·冯·利索拉在其一本著名的、且引起轰动的争议性著作《国家与正义之盾》(*Le Bouclier d'Etat et de Justice*) 中早已预测到，围绕西班牙遗产，注定要爆发一场大冲突，并呼吁帝国团结一致地抵抗路易十四的扩张企图。

1670 年，路易十四以同样未经确定的法律缘由，占领了洛林大公国，而皇帝与帝国却对此未能认真予以防卫。两年后，当路易十四得寸进尺，在完全没有法律根据的情况下，针对其最大的贸易对手——尼德兰共和国——发动了战争，推倒篱笆，派军进入帝国。由此，抵制法国霸权政策的抵抗行动拉开了帷幕。皇帝和大部分邦君——除那些德意志"邻国"外，如科隆、明斯特及巴伐利亚和汉诺威——都以尼德兰支持者的身份参战。尽管如此，法国军队却尽可能地承受住了压力。此外，在内伊梅根和平会议（1678/1679 年）上，路易十四的使节成功拆散了针对法国的国际阵线，以至于法国能够以巨大领土受益的方式（即弗朗什-孔泰大区）结束这场战争。

最终，由于路易十四发起了另外两次攻击，帝国内部反对法国而建立起来的团结立场得以增强。第一次是路易十四试图重新与阿尔萨斯联合的政策。为此，他充分利用《威斯特伐利亚和约》在法律条款上不准确的缺陷，首先让阿尔萨斯的 10 座帝国城市完全被置

203

于法国宗主权的控制之下，然后通过重新激活古老权利的可疑方式，要求获得曾经同这块区域相互连接的许多领土，再以强制性方式让它们与法国"重新联合"，从而实现把它们置于法国领主统治之下的目标。由于斯特拉斯堡无法以这种权利加以吸纳，法国最终于1681年用军事方式进行占领。

另一次是所谓普法尔茨战争或奥尔良战争。当普法尔茨选侯卡尔·路德维希去世后，在该地统治的普法尔茨-席美恩家族父系绝嗣。路易十四则以其弟媳普法尔茨女伯爵伊丽莎白·夏洛特（普法尔茨的莉泽洛特）的名义，要求获得非固定的私人财产、自由地及家族财产，以作为一部分遗产。当路易十四在帝国最高法院的上诉被推迟后，1688年，他占领了普法尔茨及附近区域。

现在，雷根斯堡的帝国会议通过了发动帝国战争的宣言，并号召组建一个反对法国的全欧洲联盟。在这场战争的进程中，处于守势的法国军队多次在它们不得不撤离的地区，进行彻底摧毁。其中，最出名的例证是梅拉克伯爵的部队夷平了海德堡。同样，曼海姆、施佩耶尔、沃尔姆斯以及符腾堡王国各地，都遭到了这种有计划的摧毁。

由于帝国在同一时期不得不与土耳其人开战，同时也因为帝国军队指挥内部存在矛盾，这场针对法国的作战效率不高，拖拖拉拉。在此情况下，情势再次有利于路易十四。早在1697年赖斯韦克的和平谈判准备阶段，路易十四便已成功分裂了他的战争对手，并在独立谈判中拆散了反法联盟。正因如此，这种和谈的结果对于路易十四而言，并不是消极的。帝国虽然达到了它的战争目的，即让法国撤退到1648年界线，但路易十四至少还坚持保有了阿尔萨斯。

第四章　从《威斯特伐利亚和约》签订到维也纳会议（1648—1814 年）

对于组织帝国宪法而言，《赖斯韦克和约》在某种程度上也是重要的，因为这里清楚地表明，尽管单个帝国等级能够在军事上介入战争，但它对和谈进程却毫无影响。帝国虽然派出了一支帝国代表团，但谈判实际上是由皇帝领导的。由此，皇帝得以再次重新获得帝国外交政策的控制权。

北方战争与西班牙王位继承战

北方战争是一场围绕波罗的海展开的海域空间争霸战。它打了二十多年。其源头是丹麦与瑞典的一场冲突。另一方面，瑞典又介入到丹麦国王与高特陶普公爵争夺石勒苏益格地产的冲突中。在此情形下，丹麦成功地与俄国和波兰结成了反瑞典同盟。帝国立于这场冲突的边缘地带，只是因为下列缘由牵涉其中：第一，萨克森选侯"强壮者"奥古斯特以个人联合的方式，同时还身为波兰国王；第二，在战争进程中，汉诺威和普鲁士（作为波兰的采邑承担者）参加了反瑞典同盟。卡尔十二世[1]无法长期与这种优势力量相抗衡。战争末期，俄国沙皇成为同盟的领袖人物。当卡尔十二世于 1718 年去世后，俄国成为波罗地海区域的霸主。

就在北方战争爆发后不久，出现了第二场大范围的军事冲突，即西班牙王位继承战（1701—1713/1714 年）。自 17 世纪 60 年代以来，所有的欧洲强国都已经带着贪欲和担忧盯着西班牙。无论是波旁家族还是奥地利的哈布斯堡家族单独继承遗产，都会让两者争夺

---

[1] Karl XII.（1697—1718 年在位），此处遵循常见译名。——译者注

欧洲霸权的竞争天平明显滑向一方。正因如此，一场围绕继承权的长期斗争已在人们的算计之中。当然，所有阵营都希望尽可能地避免这种冲突。因此，早在西班牙的查理二世在位期间——但并未将之牵涉在内——人们便已经提出了分割方案。

共同参与这份方案者——组成部分出现过变化——是那些海洋强国（即英国与尼德兰共和国）、法国及奥地利；不过参与多次协商的国家只有法国与海洋强国。皇帝尽管最初支持分割方案，但后来总是要求获得整个遗产。在继承人维特尔斯巴赫家族的约瑟夫·费迪南过早去世后，西班牙国王首先倾向于把王位传给皇帝的次子卡尔大公。

不过，在西班牙宫廷内，存在着一支法国派。由于皇帝政策上优柔寡断且不直截了当，因而这支法国派得以赢得优势。西班牙的目的是王朝得以不被分割地传递下去。看上去，倘若考虑到皇帝手上的帝国，西班牙王位传递给波旁家族，似乎更可以保障上述目标。正因如此，西班牙的查理二世修改了他的遗嘱，于1700年10月2日决定把路易十四的孙子腓力[1]列为单独继承人。1700年11月1日，查理二世去世。11月16日，路易十四宣布其孙为西班牙国王。

腓力成为西班牙君主国所有组成部分的新君主——这件事并非毫无反对声。事实上，路易十四赞成查理二世修改遗嘱、并随后宣布其孙继承王位的行为，破坏了他与海洋强国缔结的分割协议。现在，人们担心法国贸易政策将对西班牙殖民地产生支配性影响，从而对英国经济与荷兰经济产生令人难受的结果。同样，皇帝也不准

---

[1] Philipp，此处遵循常见译名。——译者注

第四章 从《威斯特伐利亚和约》签订到维也纳会议（1648—1814年）

备接受查理二世的新遗嘱及波旁王子登基这一事实。1701年9月7日，他与海洋强国结成联盟。1702年初，战争打响，绝大多数帝国邦君立即参与其中。帝国的正式宣战声明则出现在1702年晚夏。

战争进程中出现的重要转折是年富力强的皇帝约瑟夫一世于1711年令人震惊的早逝。查理这位西班牙王位的索取者现在首先继承他的兄长，登上了皇帝宝座。由此，对于海洋强国而言，情势发生了根本性变化。尽管旧哈布斯堡荣光依然闪耀，但西班牙由于美洲黄金持续不断地涌入发生了通货膨胀，国内生产又因为进口的缘故而回落，从而在经济上业已崩溃。不过，倘若查理六世通过双重继承而建立一个新的超级强国，那么查理五世的旧帝国则会再度复兴。正是为了阻止这样一种权力集中现象的出现，海洋强国才联手抗击波旁家族。因此，现在，英国与尼德兰不再支持新皇帝及其协商成立的"大联盟"，并于1713年同路易十四及西班牙缔结《乌特勒支和约》。

这份和约规定，在西班牙继承王位的波旁一系必须同法国王室进行绝对分离。任何一种交换继承或两系联合之举，都不被允许发生。此外，西班牙的意大利领地与西属尼德兰则作为赔偿，割让给皇帝。皇帝与帝国最初坚决反对上述无理要求。他自行发动了一场战争，并将之持续到1714年，但随后也不得不缔结《拉斯塔特和约》和《巴登（瑞士）和约》。

英国是西班牙王位继承战的真正受益者。从这场违背条约而结束的战争中，英国从法国那里获得了哈得逊湾与纽芬兰；从西班牙那里得到了直布罗陀、梅诺卡岛，特别是取得了"黑奴协议"的权利，即向美洲西班牙殖民地贩卖奴隶的垄断权。西属尼德兰与意大利被划给了哈布斯堡家族，使之得以借此加强其作为欧洲强国之地位。从根本上而言，帝国在这场战争中一无所获。它并没有实现自己的旧目标，即重新夺回法国在阿尔萨斯的收获。正因如此，帝国邦君们在接下去的岁月里（只要有可能便）采取回缩立场，不再愿意卷入到哈布斯堡家族在国际冲突中的利益政治。

抗击奥斯曼帝国的战争

奥斯曼帝国的扩张政策，在素丹苏莱曼大帝在位期间（1520—1566年）达到巅峰，此后则迅速回落。1571年，在著名的勒班陀海战中，西班牙舰队摧毁了奥斯曼在地中海的舰队。1593年起，奥斯曼帝国曾针对奥地利发起了争夺锡本布尔根宗主权的新战争。1606年，这场战争也通过《吉托瓦-托洛克和约》降下了帷幕，双方在承认军事现状的基础上达成停战。双方不再对锡本布尔根提出诉求。这部和约为奥斯曼帝国与哈布斯堡帝国带来了较长时间的和平期，甚至度过了三十年战争仍然存在。

不过，随着穆罕默德四世（1648—1687年在位）继位，情况发生了变化。现在，哈布斯堡家族与奥斯曼家族都介入到锡本布尔根的内部冲突中。在那里，由于当地贵族格奥尔格二世拉考茨去世，出现了有关继承人之争。和平处理这场危机的努力都以失败告终。1663年，奥斯曼军队进入了奥属匈牙利。当皇帝部队首先遭受一场失败时，皇帝与教皇向帝国和其他欧洲强国发出了呼吁，希望针对突进的奥斯曼人发起一场共同斗争。1664年，帝国与法国的联合军队在莱维采和拉布河畔圣哥达战胜了素丹的军队。

第四章　从《威斯特伐利亚和约》签订到维也纳会议（1648—1814 年）

但自 1680 年起，帝国东南部又出现了新冲突。匈牙利公爵伊姆雷·托科利——所谓"库鲁茨"的领袖，这是一支农民起义军——在奥斯曼与法国的支持下，占领了这片土地的其他区域。法国军官给予军事援助，并站在他这边指挥特殊部队作战。路易十四也积极煽动哈布斯堡帝国东南部的矛盾。于是，1683 年，这些矛盾演变为一场新的"土耳其战争"。这场战争导致在 1683 年两次占领了维也纳，到达其巅峰——当然，这一结果并不与路易十四的政策存在着因果联系。对于凡尔赛宫与高门[1]之间的确切结盟，同时代人尽管存在着多种多样的猜测，但从未得到过证实。

1683 年 5 月，强大的奥斯曼军队在贝尔格莱德集结，托科利的军团加入了其中。6 月底，奥斯曼人出现在拉布河畔——这是多瑙河的支流，位于巴拉顿湖与维也纳之间的半道上。面对这次进攻，皇帝在军事上却毫无准备，因为帝国机制的启动总是需要很长时间。两周后，7 月 17 日，奥斯曼军队已出现在维也纳城下，开始攻城之战。

现在，援助不仅来自帝国，也来自波兰国王扬·索比斯基（1675—1696 年在位）。后者带着 2 万余人赶往维也纳，被当时人视作该城的真正解放者。他担任了重要突进队的指挥官。1683 年 9 月 12 日清晨，这支突击队开始进攻土耳其军，并最终在卡伦山战役中取得了决定性胜利。

然而，奥斯曼人并没有完全失败。战斗随后在匈牙利继续进行。1685 年，帝国一方出现了明显的进攻态势。皇帝军团占领了城市奥

---

[1] Hohen Pforte，指奥斯曼帝国。——译者注

芬，并再次战胜了奥斯曼军队。在短时间内，匈牙利人的起义被完全扑灭。锡本布尔根人从素丹手中逃离，现在重新把自己置于皇帝的保护之下。

此外，哈布斯堡家族在匈牙利还推行了一种相对残酷的镇压政策。他们希望中断反对派的抵抗。再天主教化的措施得以推行。起义的"库鲁茨"军遭到迫害，很多人被绞死。加尔文宗牧师被处以在橹舰上做苦役的惩罚。1687年，匈牙利等级被迫接受一种法令，让匈牙利的选举君主制在实践中转变为哈布斯堡世袭君主制。也在同一年，皇帝列奥波德让他的儿子，后来的皇帝约瑟夫一世加冕为匈牙利国王。

在帝国东南部发生的战事不可能对西部毫无影响。路易十四试图充分利用皇帝的困境，尽可能地阻碍帝国援助维也纳的物质运送出去。他首先加速与阿尔萨斯再联合，派部队在西部边界集结，并于1683年维也纳包围战达到巅峰时跨过边界，进入西属尼德兰，以占领卢森堡，并推倒那边的堡垒。不过，勃兰登堡大选侯也利用了皇帝的困境：他拒绝援助皇帝，因为他需要法国的支持，以便在北方实施针对瑞典的方案。与1663年的情势不同，1683年，抵抗奥斯曼帝国的防线已经出现了巨大漏洞。帝国邦君们带着怀疑目光，站在了哈布斯堡家族业已得到增强之权力的对立面。18世纪初，针对奥斯曼人的更多斗争，是同奥地利的一再扩张及其重心向东南方向的转移结合在一起的，因而只能由哈布斯堡家族依靠自身力量来投入斗争。

第四章 从《威斯特伐利亚和约》签订到维也纳会议(1648—1814年)

转变中的社会:18世纪的文化、宗教、经济

1670 年	菲利普·雅各布·施佩纳在法兰克福创立"敬虔团契",这是虔敬主义的源头。
1694 年	哈勒大学创立,成为德意志早期启蒙运动的中心。
1695 年	奥古斯特·赫尔曼·弗朗克在哈勒建立穷人学校与孤儿院;更多基金会随之建立。
1700 年	柏林成立科学院。
1717 年	在普鲁士,建立全邦范围的义务教育制。
1720—1760 年	大量巴洛克风格的邦都宫殿建立起来(如曼海姆、路德维希堡、维也纳)。
1727 年	在哈勒大学建立财政学教席。
1737 年	改革派大学哥廷根大学建立。
1778/1780 年	鲁道夫·撒迦利亚·贝克尔的《为农民书写的紧急与救助小册》出版,它在18世纪卖出了100多万册。
1784 年	伊曼纽尔·康德在《柏林月刊》上发表了著名论文"答复这个问题:什么是启蒙?"。

18世纪是发生深刻变化的一段时期。在其落幕时,旧欧洲社会的精神、社会秩序与政治秩序都已处于危机之中。不过,这场危机

早已在 17 世纪末开启。在 18 世纪后半叶，它达到了明显深化阶段。此时，概念与价值，连同感觉与行为方式，都开始持续性地发生变化。正因如此，人们把这段时间称之为"鞍型期"。换言之，在这段时期内，旧欧洲的世界被甩在后面，出现了跃向现代的浪潮。

日常生活与科学中的感知变化

我们在这一世界中的定位基础是时空感。这两个要素都听命于历史变化与文化变迁。在 18 世纪末，人们发现了时间感受在历史与文化上的相对性。对于现代世界理解而言，这一点具有本质意义。在此之前，基督教世界中的时间及其划分，都拥有神圣性。它让人类最终由上帝决断。自中世纪以来，历史被解释为四个世界帝国的一连串发展，而罗马帝国正是最后一个。德意志民族的神圣罗马帝国是罗马帝国的延续，而其崩溃之时便到了世界末日。从这一观点出发，由三十年战争带给帝国的那种无序场面，便拥有了世界末日的特征。当时，许多人都期待在不久的未来将迎来"时间的终结"。

然而，17 世纪末，至少在那些受过教育的人那里，这种有关历史的宗教视角却缓慢地发生了变化：有关帝国的救赎史式观念被世俗化了；皇帝的地位被邦君们的王权所破坏；维护和平不再是上帝的尘世代表之使命，而成为国际共同体的一致要求，并通过权力均衡来得到保障。有关世界帝国的理论退却了，取而代之的是一种在宗教上持中立态度的分期法，即把历史分为古代史、近代史和现代史。哈勒大学历史学家克里斯托弗·塞拉里乌斯在其 1685 年起出版

第四章 从《威斯特伐利亚和约》签订到维也纳会议（1648—1814年）

的普世史[1]中首次运用了这种分期法。

随着世界末日观的消退，历史成为了一个开放进程。对于历史转变的新感受，便符合这一进程。它不再追随上帝的专断天命，而是拥有了一种独特的内在逻辑与动力。从这一观点的推论出发，在18世纪末，出现了有关历史进步的观念和概念。同样，一种变化的感受不仅出现在有关历史的认识中，而且也出现在有关时间整体的认识里。

这一点反映在事实性感受与行为的许多领域。例如在生物学，发展与演化的思想接替了基督教的创世说法。在经济学理论建构中，人们开始关注生产率。这意味着，在一段时间内所进行之工作的成就接受衡量。生产率应该得到提高。在18世纪的进程里，此类对绩效的衡量也出现在体育运动中。传统竞赛只是确定胜者而已。但从18世纪20年代开始，用秒、克、厘米来精确衡量成绩的做法取而代之。

这种时间衡量与速度感越来越占据统治地位的例证，同样出现在日常举动的其他许多领域。在社会舞蹈中，华尔兹因其表现速度和张力感，并注重几何式空间编排，而成为宫廷舞蹈。在基础设施领域里，人们突然越来越重视交往速度与交通速度的提高。正因如此，人们才投资建设新道路与邮政通道。同样，媒体也重视新速度。报纸出版时间间隔越来越压缩，而到18世纪末，报纸甚至一日多次报道最新消息。在日常生活的绝大部分领域里，在18世纪后半叶，出现了一种明显的变化，即从静态的、与空间相关的秩序，转向有关进程、动力、速度和进步的感受。

---

[1] 指《古代史》（*Historia Antiqua*）一书。——译者注

如果说有关时间的变化感受是 18 世纪末占据统治地位的标志，那么对于空间问题的特殊关注则是该时段的典型特征。在科学和艺术中，衡量与分割空间成为中心事务。在 17 世纪和 18 世纪初，几何学已经拥有了"主导科学"的地位。它在形式上的论证结构已侵入到其他极为不同的科学与日常讨论中，正如 19 世纪的生物学和历史学那样。

在 17 世纪，对于空间的科学研究，首先针对宇宙。1609 年，开普勒发表了他的《新天文学》(*Astronomia nova*)；1623 年，伽利略发表了他的《对话》(*Dialogo*)，在该书中，伽利略在开普勒发现的基础上，捍卫了哥白尼的宇宙认识，并证明地球是围绕太阳运转的。现在，人们依靠越来越好的天文学工具来衡量宇宙，并思考它根据上帝秩序而形成的几何法则。上帝的"建造方案"成为可被认识的对象。

除了天文学外，衡量艺术很快把兴趣点转到了地球。1683 年起，受法国国王的委托，天文学家兼数学家乔凡尼·多美尼科·卡西尼系统性地测量了全部省区。在德意志，17 世纪末和 18 世纪同样出现了一种系统化的地图学。它当然是财政统计兴趣使然，但后来成为邦君深入管理组织统治区域的基础。

对于空间的测量及规制，尤其在巴洛克建筑艺术中，找到了它的独特艺术性与政治性表达。无论在巴洛克式宫殿与城堡建设中，还是在邦君城市（卡尔斯鲁尔、曼海姆）和市民城市（巴特、伯尔尼）中，都出现了空间的几何化、规则化和等级秩序的空间化现象——这些带着本质上、某种程度上具有宗教救赎史理解的意义。它们是一个由上帝所创造的等级化宇宙之表现，因而在社会联系中反映着安置与维持秩序结构的思想。

第四章　从《威斯特伐利亚和约》签订到维也纳会议（1648—1814 年）

随着世界的世俗化与感受的时间化，到 18 世纪末，几何学失去了它在宗教象征意义上的地位，随后则产生了它在政治与社会象征意义上的作用。

从巴洛克到启蒙运动

自 17 世纪末以来，除巴洛克外，还出现了一种思潮。这种思潮首先根本上完全反映在 18 世纪下半叶的文化与政治中。这就是启蒙运动。这一概念直到 18 世纪中叶才进入德意志流行语中，其概念之下包含着一种极为不同的精神史思潮。它不仅可从时间上被分为早期、盛期和晚期，而且不同主张者群体内存在着差异性。正因如此，人们谈到了一种新教启蒙运动、天主教启蒙运动和犹太教启蒙运动，或者资产阶级启蒙运动和民众启蒙运动。

不过，大多数人都承认，启蒙运动可以被视作从 17 世纪 80 年代延续到 19 世纪初的一场统一运动。启蒙运动之所以存在这种统一性，则是因为它普遍信任理性力量，即认为人类有能力进行不矛盾的论证性思考、感受与行动。从这种对于人类理性的信任出发，产生了进一步的、贯穿整个启蒙运动的根本立场，即反对所有知识、宗教与社会领域中所存在之偏见的斗争；把思考投诸人类与此岸世界，并且认为，这个世界有可能通过理性的运用而变得更好。由此，启蒙意味着人类的自我认知与自我解放，或者如康德在其 1784 年所下的著名定义中所言，"人类从其自我造成的不成熟状态中解放出来"。

启蒙运动的本质起点存在于圣经考证、宗教批评，特别是教会批判之中。在 17 世纪末，圣经流传中的矛盾之处，已经产生了原动力，并促成人们对神圣文本进行历史考证性分析。上帝构思必须让信仰实践与教会实践同理性规则相一致。"上帝就是理性"的说法在世纪之交时由约翰·克里斯蒂安·埃德尔曼提出。此人从虔敬主义出发，变成了激进的教会批判者，进而成为一种"自然宗教"的启蒙支持者。对于这种理性宗教而言，有关教派的激烈斗争和当时一再流行的奇迹信仰或女巫信仰，都是不适宜的举动。

倘若启蒙运动特别在有关信仰批判领域中的发展明显远离巴洛克的世界观，那么另一方面，我们不能忽视的是，早在 17 世纪末，早期启蒙运动首先出现在许多拥有巴洛克思维方式的共同体中。它贯穿着当时的几何精神、建筑艺术与政治学。例如，哈勒大学教授克里斯蒂安·沃尔夫的著作便深受"依几何学方式进行思考"的辩论之影响。对于沃尔夫而言，数学和几何学都是完美的科学。

在政治学领域中，德意志早期启蒙运动的哲学家们进一步地把现存等级社会构造论证为一种符合理性的机制。他们捍卫了君主制与绝对主义国家形式，即便这些国家形式包含着专制，并旨在剥夺臣民福利。在他们看来，缺少机制性控制、在政治上共同发挥影响的可能性缺失，都不足以让绝对主义君主制发展成为暴政。克里斯蒂安·沃尔夫在其著作《有关人类社会生活的理性思考》（*Vernünfftige Gedancken von dem gesellschaftlichen Leben der Menschen*，1721 年）中指出，只有当"统治者一再操纵整体福利，且仅将其独特利益视作主要目标"时，邦君们的统治才能被视作暴君式的制度。

假如德意志早期启蒙运动——这与激进的法国启蒙运动完全不同——几乎完全亲近于诸侯邦国，且表现为首先偏爱一种家长式的

第四章 从《威斯特伐利亚和约》签订到维也纳会议（1648—1814 年）

绝对主义，那么到 18 世纪末，启蒙运动在有关政治组织的问题上清楚地分裂为两个不同阵营。德意志启蒙运动的主流仍然与早期启蒙运动的国家思想相联系。此外，带着"开明专制"标签的统治实践也同上述国家思想形成了颇具影响力的联系。根据这一观点，君主是其国家的"第一仆人"（弗里德里希二世），旨在为其臣民的福利而工作。其统治的合法性较少来自上帝恩赐，而是更多来自他在经济和政治上的成功，来自他对国家不错而公正的管理。1794 年《普鲁士一般邦法》的编撰，正是这种开明专制的体现。

另一方面，启蒙思想又获得了独特的动力，并在政治领域内同业已稳定的掌权者发生冲突。有关理性普世性的假设，不再赞成一种对于政治共决权加以等级式限制的做法。启蒙运动的目标必须是让所有人都从其"自我造成的不成熟状态中解放出来"，由此获得自己的政治自决权。对于启蒙运动的这一进程而言，在康德看来，其基础在于公民能够公开而自由地讨论。倘若统治者让其民众拥有公开交流意见的自由权，那么他的自我启蒙"几乎是必然发生的结果"。内阁所推行的绝对主义保密政策及其对媒体的审查，限制了交流——而这一结果将阻止启蒙运动的发展，并抵制理性之光的扩散。对言论自由、出版自由、公民解放的诉求，遭到了专制国家的抵制。而这种抵制让激进的启蒙者在 18 世纪末越来越站到了绝对主义邦国的对立面。这一点特别表现为法国大革命初期大多数德意志知识分子们采取了积极反抗行动。

启蒙运动的所有思潮都对实践提出了自己的诉求。因此，它们需要不同的机构与媒介来扩散和确立它们的方案。启蒙运动的承担者首先是那些学术上经过训练的市民阶层与贵族们。与此相应，大学与科学研究院扮演着突出的角色。自17世纪末以来，出现了一批新大学。它们负责传播启蒙运动的科学理想。在这些新大学中，最有影响力者首先是哈勒大学（1694年）。如克里斯蒂安·托马西乌斯与克里斯蒂安·沃尔夫在那里任教。1723年，普鲁士的弗里德里希·威廉一世在那里设立了第一个财政学教席。稍后，1737年成立的哥廷根大学接过了改革派大学的领导大旗。

倘若一些大学成为传授学术理论的重要启蒙思想财富的传播者，那么对于那些以实践为导向的研究机构而言，来自于意大利人文主义的、很快与启蒙运动紧密结合在一起的机构，则扮演着特别重要的角色。它们就是科学研究院与社团。此类科学研究院中最出名、影响最大的，是1662年在伦敦成立、主要以自然科学为目标的"皇家学会"。在巴洛克时代到启蒙运动的德意志，哲学家兼博学家戈特弗里德·威廉·莱布尼茨则是科学院思想的重要辩护人和促进者。1700年成立的柏林科学社团便能回溯到他。在德意志，其他科学院首先出现在18世纪后半叶：1751年在哥廷根；1757年在曼海姆。著名的巴伐利亚科学研究院在1759年成立。

倘若研究者在研究院与协会中组织起来，那么对于启蒙运动的传播而言，更为重要的是读者组织，即组织在所谓"阅读协会"中的读者。这些协会来自市民在阅读共同报刊基础上的联合。从这种联合里，一方面出现了以供阅读的图书馆，另一方面是阅读协会。此类阅读协会不仅以提供优惠读物为宗旨，而且还旨在让阅读者共同讨论与评价书籍。

在18世纪，大学与研究院主要是供那些受过学术教育的市民阶层及贵族之后代进行研究。与此相反，阅读协会的社会组成结构则

第四章 从《威斯特伐利亚和约》签订到维也纳会议(1648—1814年)

更开放,吸纳了那些非学术性的城市上层。例如在不来梅,18世纪90年代初,一共存在着36种阅读协会。在这些协会中,人们通过共同读物与观念建构,更为显著地形成了一种政治公共空间。而这种政治公共空间则对理性判断政治问题提出了要求。除个别例外,阅读协会的成员们主要是公务员、资产阶级城市上层。但这种集中现象并没有让德意志的此类机构成为反绝对主义的反对派中心——这一点与法国正好相反。

在18世纪末,此类组织很快演变为共济会分会。1737年,第一个共济会分会在汉堡建立。1776年,因戈尔施塔特的法学教授亚当·维斯豪普特建立了光明兄弟会。但光明兄弟会因其特别充当激进启蒙思想的传播者,而在1785年遭到禁止。

阅读协会指向一种与启蒙运动紧密结合在一起的普遍现象,即人口识字率越来越高,随后在18世纪后半叶出现了时常被视作"阅读革命"的报刊书籍数量及版本激增。在该世纪的后三分之一时间内,被算作潜在读者的人群数量,在帝国6岁以上人口中的比例,从大约15%到至少25%不等。当然,我们也必须考虑到巨大的地区差异性。在16世纪中叶到19世纪中叶的德意志,小学教育体制建立起来,普遍教育义务制也得到了确立。

人口阅读能力的不断增强,首先表现在德语公开出版读物的数量持续增加之中:在1740年到1800年间,以拉丁语写作的著作数量从整个书籍生产的27%多下降到4%;与此同时,学术著作与神学著作的重心不仅扩大到哲学与纯文学,而且还扩大到经济学与教育学。

不过,书市增长不仅取决于阅读出版物的增多,而且还在于阅读习惯的变化。对于 18 世纪前的时代而言，时常受到阅读的刊物主要是宗教文献；而现在，阅读出版物则演变为主题广泛的新书，由此增强了人们对阅读材料的需求。

如鲁道夫·撒迦利亚·贝克尔的《为农民书写的紧急与救助小册》(*Noth- und Hülfs-Büchlein für Bauersleute*) 取得了文学上的成功。该书在 1778 年和 1780 年以两卷本的形式问世，到 1810 年左右已经卖出了 100 万册。这一点最终指向了晚期启蒙运动的一个重要现象，即所谓民众启蒙运动。这种启蒙运动的社会扩展，其理论起点是启蒙运动对所有人拥有普遍理性天赋、自然尊严、权利和自由的基本思想。就这一点而言，民众启蒙运动是一种持续不断地把启蒙运动从其社会"孤立状态"中引导出来的做法。另一方面，民众启蒙运动也考虑到大部分民众的识字率低、教育水平不高的现状。正因如此，它很少集中关注国家公民的解放与广泛民众阶层的普遍教育，而更多注重民众生活实践之改善——这一点尤其反映在这场运动期待通过教育来让他们适应更大的"工业性"和劳动纪律。

当然，从这场民众启蒙运动中并没有产生特殊的政治动力。这种特殊政治动力也不是一下子出现在法国大革命时代的。它与 18 世纪 60 年代后出现的教育改革与工业教育运动密切相关。这些运动又与瑞士人约翰·海因里希·裴斯泰洛奇的名字结合在一起。同时，来自于哈勒大学的虔敬派神学家奥古斯特·赫尔曼·弗朗克给予这些运动极大的动力。此外，做出贡献的人还包括教育改革家约阿希姆·海因里希·坎培或边区贵族弗里德里希·埃伯哈德·冯·罗雪。后者用自己的财产建立了模范学校，自己编写新的教科书和其他教育著作。

在工业学校中，开明的改革教育家把下层民众的基础教育和对儿童进行阶段性严格培育结合在一起。在特定的上课时间之外（部分在上课时间内），儿童主要在纺织工业内进行劳动，服从铁的纪律。这种教育形式是一种对18世纪末业已紧迫的贫困问题之回应，并认为应该通过克服由于贫困而时常缺失自主性的毛病，让孩子们加强自助能力，同时也让他们养成节俭、清洁与守序的基本美德。在教育改革家的眼中，上述做法的目的最终是藉此来走进开明的资产阶级社会。

宗教与教会

《威斯特伐利亚和约》在帝国层面上是一种宗教和平。它完全精确地与《奥格斯堡宗教和约》联结在一起。不过，若我们仔细思考，则会发现，《威斯特伐利亚和约》偏离了1555年的两个核心原则：在《奥格斯堡和约》中，只有两个教派受到帝国法的法律认可，即天主教信仰和路德宗信仰。1648年，在不顾路德宗信徒的反抗情况下，加尔文宗被视作第二个新教信仰，得到和约的认可。对于其他团体而言，这并不是和平，因为它们在邦国内还未能得到容忍。

与《奥格斯堡宗教和约》不同，邦君们不再有自由决断其邦内臣民归属教派的自由权。每个邦国的信仰按照1624年"标准年"得到确立。在17世纪末和18世纪，时常出现的、大部分由继承政策所决定的统治者信仰更迭，对其臣民的教派并不产生任何影响。

以此，1648年后，帝国各邦仍然继续保留着单一教派的状态。不过，拥有不同教派的邦国倒是可以在一顶王冠的统治下联合起来。勃兰登堡选侯及后来的普鲁士国王们都是管理着路德宗、改革宗和天主教信仰区域的统治者。相反，不同教派在一个地方生活在一起，主要出现在所谓平等的帝国城市中。1555年，帝国城市被明确赋予双教派之权。此外，在一些邦都，为了支持"人口政策"，统治者同样确保了宗教容忍。新维德是由信仰加尔文宗的维德伯爵弗里德里希三世所建。在18世纪，那里生活着7种不同宗教共同体。同样在勃兰登堡，虽然选侯改信加尔文宗，但由于胡格诺教徒迁入，使得该地除了传统路德宗信仰外，还让一个加尔文宗教会稳定下来，即便此举并非毫无反对声。

三十年战争后，教会仍然是邦君手中的重要统治工具。在新教邦国，邦君们不过是占据了大主教职位；而天主教邦君们同样把教会与教士们视作附属品，为稳定其统治而对它们加以利用。

教会与世俗统治之间合作的根本点，是那种在三十年战争后各地出现的、对于臣民道德与生活方式的强化监督。在最新研究中，这种监督被多次指向社会规范化。由此，抗击罪孽斗争的宗教动机与国家追求改善劳动纪律、限制浪费、普遍提升生活方式之理性的经济兴趣部分相一致。

这种国家与教会之间的紧密联系，遭到了不少基督教徒的批判，因为如此一来，既会出现教会的"肤浅化"——例如天主教修道院不断追求巴洛克式的华丽外表，便是明证——又强化了人们在内心虔诚之前遵从外在法规的习惯，这一点正是由新教教会纪律所推动的。与此相反，自17世纪末以来，在整个欧洲范围内，各种教会内部改革运动与此背道而驰。

17—18世纪天主教内部的大型革新运动是詹森主义。它是以伊普尔主教科内利乌斯·詹森（1585—1638年）而命名的。詹森主义虔敬主义的目标是让基督教信仰内在化，尤其克服新教内部由于内心虔诚与生活改革实践化——这是对 16 世纪神学宗教改革的补充，且使之走向终结——而导致的教派冲突。正因如此，虔敬主义注重慈善行动与（低层次的）教育体制建设。慈善与教育这两个视角在一个最出名的虔敬主义机构中统一起来。该机构就是 1695 年建立的哈勒孤儿院。其创立者是奥古斯特·赫尔曼·弗朗克。该机构很快发展成为一个著名的教育和教师培养中心，即"弗朗克基金会"。在弗朗克去世时，1727 年，它已收容了 1700 名学生。哈勒的虔敬主义者与普鲁士邦国有着紧密联系。弗里德里希一世便是这一事业的重要资助者。

相反，在另一些邦国，如符腾堡，虔敬主义者则与统治家族相对而立，并由此反对与后者联系的邦国教会。许多激进的虔敬主义者完全拒斥教会，因此被视作"分离主义者"而遭到世俗统治者的迫害。在一些邦国，直到 18 世纪最后十年，此类迫害才被开明统治者所废除。随着启蒙运动的发展，出现了越来越多的宗教宽容实践。宗教共同体与信仰共同体的多样性发展成为现代笃信的一个特征。

儿童、青少年与家庭的转变

至今为止，对 18 世纪转型进程加以研究的许多观点，都聚焦于近代早期社会的核心社会机制之转变，即家庭之转变。对于家庭的理解，在很长时期内都受到"全屋"（ganzes Haus）这一标准形象的影响。它是通过"家长文学"在 18 世纪前广为传播下来的。这是一种有关如何成为好家长的指导性文学形式。在此之后，由于雇工、

第四章　从《威斯特伐利亚和约》签订到维也纳会议（1648—1814 年）

者在神学上与耶稣会士截然对立，而后者曾是反宗教改革运动的强大推动者，并不反对教会获得世俗权力地位。詹森主义者回溯到奥古斯丁，但与天主教会的流行理论相对，特别是与耶稣会士的理论相对。他们提出了一种类似于加尔文主义的预定论：上帝以其自由意志选择了祂愿意拯救的对象；人不能为其拯救做任何事（例如善功），拯救与否完全由仁慈的上帝所决断。从这一理论基础出发，詹森主义者提出了一种极为精神化的虔诚学说，既反对教会完善权力之举，也反对天主教会的告解实践。

在 17 世纪末 18 世纪的法国，詹森主义产生了特别大的影响力。路易十四试图予以镇压，但几乎导致法国天主教会的分裂。在德意志帝国，尽管詹森主义并没有那么强大，但在哈布斯堡领地，许多贵族却与之联系紧密。欧根王子心胸开阔地面对这种学说，而玛丽亚·特蕾西亚同样倾心于它。类似，在德意志，有关詹森主义的强烈争执出现在天主教会内部，而且持续存在。正因如此，它并非毫无影响：它推动产生了一种更为强大的精神化与私人化的虔诚形式，并由此特别在帝国的天主教会中确立了一种发展进程，即被后来人称作建构一种宗教多元主义的发展进程。

这种朝着虔诚个人化与多元化的发展趋向，是现代宗教笃信的典型特征。比詹森主义更为细腻化的信仰，便是虔敬主义。虔敬主义是一种新教的信仰革新运动。如同加尔文主义那样，它出现在 17 世纪后半叶的路德宗内，并在 18 世纪上半叶达到某种程度的繁荣期。它的名称来自"敬虔团契"（collegium pietatis）。这是一种阅读圣经、进行祈祷的私人聚会，由路德宗神学家菲利普·雅各布·施佩纳于 1670 年在法兰克福建立，此后成为虔敬主义运动的源头。

第四章 从《威斯特伐利亚和约》签订到维也纳会议（1648—1814年）

学徒、帮工也融入到家长控制下的"家庭"中，家庭与经济生产之间形成了紧密联系，而它成为"全屋"的特征之一。一般而言，这种联系意味着共同劳动、吃喝与居住，且没有根据亲近相系的核心家庭来分割特别的私人领域。

另一方面，对于"全屋"的标准场景而言，其特征还在于，家庭被包装在等级式社会体制与统治体制之中。家长的"支配权"延伸到屋内的所有人。同样，面对学徒时，他还获得了教育权与惩罚权。在某种意义上，他位于从邦君直到天父的等级排列权威体制中的最低一级。作为天父在尘世中的代表，家长在小范围内所拥有的功能，类似于邦君们在大范围内所拥有的功能。

不过，在历史发展中，这种对于"全屋"的想象更多是一种标准性的主导图像，而不是一种事实。接下去，在17—18世纪，这种理想图像主要存在于农业领域的一些家庭形式中。在那里，家庭与雇工一起居住和生活的情况，部分到19—20世纪还维持不变。相反，在城市家庭中，这样一家庭整体明显在17—18世纪消逝了。例如在萨尔茨堡，16世纪60年代还有一半的家庭存在着雇工住家的情况，而到18世纪末，其比例下降到三分之一——与此同时，雇工数量在人口中的比例从总体而言却并未缩小，甚至还有所上升。

城市雇工也不再居住在主人的家庭内。之所以出现这种发展，则是因为在行会性质的手工业中，就业者比例出现回缩。在第二行业内，越来越多的就业者在所谓经销处或工场中工作——这两个行业都是前工业时代生产的组织形式——他们由此缔结了工资关系，以至于能够或被迫租赁私人住房。

正因如此，在城市家庭中，在最广泛的层面上，确立了一种核心家庭私人化的进程。这种新家庭形式最为明显地出现在业已扩大的市民阶层里，特别是那些受过教育的市民阶层和公务员阶层。在这些阶层，家庭的经济功能不再是或几乎不是生产车间。人的劳动场所更多位于房屋之外，而且与家庭协作毫无关系。另一方面，在市民阶层中，对于儿童的家庭教育和培养，则成为社会身份再生产的重要途径。

对于婚姻之内的角色分配及儿童和青少年的塑造而言，此种情形带来了多层后果。在"全屋"的"家庭"中，男性和女性是特定功能的承担者——即作为男主人和女主人——由此，他们成为一个全面社会秩序和宗教秩序的组成部分。在此类秩序内，男性和女性的位置优先于他们的情感联系。唯有在此基础上，大部分根据物质关系而缔结的婚姻才能够"运作起来"。

随着"全屋"及其支持它存在的政治—宗教性秩序思想消逝，伴侣关系变得个人化起来：正如社会中的整体情况那样，个体现在也被承认拥有一种"幸福权"。这种"幸福权"被写入18世纪的革命宪法中。因此，至少从启蒙观点来看，婚姻被界定为一种带着幸福诉求的契约关系。1794年《普鲁士一般邦法》便规定，婚姻关系的解除——倘若他们还没有孩子——必须得到双方同意。

这种有关家庭与婚姻的组织及其理解之变化，特别对性别角色产生了影响。倘若妇女在传统"全屋"中承担着一种全面的、延伸至经济领域的使命，那么在18世纪的资产阶级家庭内，男性就业劳动与女性家务及家庭劳动之间的明显区分得以确立起来。在资产阶级中，出现了有关婚姻和家庭的新的主导图像，也出现了"献身"男性与儿童的专业化妇女——这些还成为其他阶层家庭共同生活的标准特点，并一直辐射到当代。

18世纪资产阶级出现的进一步变化，发生在有关儿童与青少年的观念及实际安排中。如同雇工从核心家庭中撤离那样，在资产阶级家庭内，儿童越来越多地从成人世界里抽离出来。这一点体现在：住房平面结构出现变化，儿童房出现，一种特殊的儿童及青少年文学随后发展起来，教育学也出现了日益职业化的现象。

现在，人们承认，儿童拥有着一种特殊的、与成人明显不同的特征，并应该被置于保护之下。对于他们的知识发展（特别是道德发展）而言，上述这种认识尤为重要。他们的社会化越来越同成人职业世界的直接要求脱离，而是建立在一般"成熟过程"的要求之上——这种要求既针对道德稳定、情绪稳定及自主性的培养，也针对"教养"的传授。

之所以出现这样一种资产阶级儿童与青少年主导新图像的进程，主要原因是成人世界变得越来越复杂，随之产生了许多工作的职业化，绩效要求得以增强，流动性也得到提高。在这种世界连同其变化的要求里，儿童与青少年的"有机"成长，不再如从前那样，被视作合适之举。与此同时，这种有关年龄的新构想，同样是业已出现变化的时代感之表达。由此，有关进步和发展的思想便在个人传记中得以固定下来。

18世纪的农业和工商业

在18世纪，农业在德意志仍然是占据统治地位的经济部门。例如在萨克森，1750年左右，超过60%的居民都生活在村庄，并直接从事农业生产。在小的邦国城市里，不仅存在着工商业，而且农业同样是许多人的生活基础。不过，在德意志，农民的法律和经济情况存在着极大差异。在封建领主土地所有制的农业组织内——事实也表明，世俗领主或教会领主都是大部分土地的上位财产拥有者——有可能存在着不同层次的农民财产占有关系。在易北河以西的德意志，存在着世袭佃权的形式，亦即农民对土地和农田共同拥有财产权。在18世纪末的巴伐利亚，56%的农业土地属于教士，34%的农业土地属于贵族。不过，在这里，如同德意志整个易北河以西地区那样，90%土地的下位财产权由农民占有。为此，他们必须支付赋税，承担让人感到厌烦的徭役。不过，这种制度在某种程度上也确保了农民的权利。

相反，在东部德意志，农民的情况则相当糟糕。在易北河以东地带的财产组成框架内，只有一小部分农民拥有土地的共有财产权。大部分人则作为无地的下层民众，在贵族的大量田地上劳动。在法国，情况极为类似。在那里，这种情况对革命的成功并非毫无影响。

在18世纪的德意志，农民骚乱特别集中在东部地区：在萨克森、普鲁士，尤其是西里西亚——那里的农民情况尤为糟糕——在整个18世纪，特别是在法国大革命期间，发生了不少骚乱，其中大部分是地方性骚乱。在南部，农村冲突便没有出现如易北河以东地区那样的激烈形式，它们也从来没有与一场大范围的起义运动联系起来。

德意志的工商业生产在近代早期时首先集中于城市，并在行会的手工业中得以组织起来。这些行会对工商业的门槛、学徒帮工的培训及成为师傅的资质都加以规制。此外，它们还控制着产品的质

第四章 从《威斯特伐利亚和约》签订到维也纳会议（1648—1814 年）

量，规定有资质帮手及用具的数量。行会政策的目的是维护所有成员达到足够高的生活水平，并限制地方市场中的竞争。对于邦君们以提高生产和出口为导向的重商主义经济政策而言，这些行会是一种阻碍。而邦君们则希望尽可能增加他们对经济进程的干预可能性。正因如此，1731 年出台的帝国监督法则便是公然限制行会自治权的首次尝试。

于是，18 世纪带来了新生产方式的崛起。一方面，这种方式出现在工场里。在那里，生产流程被分工组合。当然，这种方式与现代工厂并不相同，因为在工场的生产形式中，其本质仍然是手工劳动，而不是机械化的生产进程。另一种创新是手工业大规模延伸到农村（特别是手工纺织业），而农村手工业者被组合在所谓"经销处"中。在这里，手工业者或多或少地强烈依附于商人，由后者为他们提供原材料，并买走加工品。这是一种具有依赖性的工资劳动的前身。到 18 世纪末，在工商业生产领域内，大约有一半就业者仍然在传统手工业里工作；大约 43% 的人在经销体制中工作，7% 的人在工场劳动。

在 18 世纪后三分之一时间里，由于经常性发生歉收，农产品价格出现了大幅度提升。这导致了工商业陷入困境。帮工和日薪领取者特别受到牵连。谷物价格提升与其工资上涨幅度不相匹配。由此，在手工业者里，多次爆发骚乱和罢工。特别是帮工，他们总是发动劳动起义，并部分演变为跨地区性的有组织行动。在法国大革命期间，这些行动越来越被当局视作威胁。在 1793 年布雷斯劳爆发的裁缝罢工中，邦君便出动了军队，最终导致 27 人死亡。

当时，除了争取工资上涨外，帮工们还为了维护特权而斗争，

229

例如"蓝色周一",亦即周一休息权。此外,他们还多次抱怨,行会推行的严格岗位政策限制了工匠的开业权。而行会证明自己更多是上层小手工业者利益的保护伞。由于整体范围内出现的人口增长,这一阶层面前出现了大量受到雇佣的帮工。在实践中,这些帮工并不关注工匠岗位,而是关注经济自主性。由此,在前工业时代,行会控制下的手工业与类似于经销处组织起来的农业手工业中,出现了一大批具有实践依赖性的工资工人。对于他们而言,向19世纪工业生产方式的转变,便不再是一个重大事件。

旧帝国的落幕

1740—1780 年	玛丽亚·特蕾西亚,波希米亚与匈牙利女王、奥地利女大公在位。
1740—1786 年	弗里德里希二世国王,普鲁士的"弗里德里希大王"[1]在位。
1740—1748 年	奥地利王位继承战。
1740—1742 年	第一次西里西亚战争。
1742—1745 年	皇帝查理七世(维特尔斯巴赫家族)在位。
1744—1745 年	第二次西里西亚战争。
1745—1765 年	皇帝弗朗茨一世(哈布斯堡-洛林家族)在位。

---

[1]旧译"腓特烈大帝",今根据读音和实际情况(即他并非皇帝、而是国王的身份)来翻译。——译者注

第四章 从《威斯特伐利亚和约》签订到维也纳会议(1648—1814年)

1756—1763 年　七年战争。

1765—1790 年　皇帝约瑟夫二世在位,"开明专制"的突出代表。在哈布斯堡领土上推动激进改革的时代。

1792—1798 年　第一次反法同盟战争。

1792—1793 年　美因茨共和国。

1794 年　《普鲁士一般邦法》。

1795 年　《巴塞尔和约》;直到 1806 年前,普鲁士退出了反法同盟。

1799—1801 年　第二次反法同盟。在《吕内维尔和约》中,法国获得了莱茵河左岸的德意志领土。

1803 年　帝国代表团决议;首先通过教会资产的世俗化,来赔偿莱茵河左岸领地的损失。

1806 年　16 个帝国邦君在巴黎决定结成莱茵同盟,并退出帝国。皇帝弗朗茨二世放弃皇冠。

1806—1807 年　普鲁士反法战争。普鲁士军队在耶拿和奥尔施泰特输给了法国。

1807—1811 年　在首相冯·施泰因男爵和冯·哈登贝格的领导下,普鲁士在经济、管理和军队中推行根本性改革。

1813—1815 年　德意志人民反对拿破仑统治的战争。

首先,在 17 世纪末和 18 世纪的帝国内政发展中,对德意志历史产生最为持久影响的事情是普鲁士崛起成为奥地利之外的第二个德意志强邦。在这里,便出现了一种发生冲突的潜力。而这种冲突潜力在德意志民族的神圣罗马帝国崩溃后依然存在，并且成为 19 世纪民族国家建构的岔道口。

普鲁士的崛起及德意志二元制的开端

霍亨索伦-勃兰登堡家族持续性的权力增长，早已发端于 17 世纪初。在普鲁士公爵阿尔布莱希特·弗里德里希去世后，这块波兰采邑的继承权落到了勃兰登堡家族手中。在此，1619 年，格奥尔格·威廉从其父亲约翰·西吉斯蒙德手中得到了统治者的位置。不过，后者通过其妻子普鲁士的安娜不仅使这片东部大公国成为其囊中之物，而且还在帝国的西部提出了继承于利希公国的诉求。1609 年，于利希大公国的"疯子"约翰·威廉大公无子而终。与此同时，普法尔茨－诺伊堡家族也提出了继承诉求。自 1612 年起，这一继承问题又卷入到邻国西属荷兰与叛变的邦代表大会之间的冲突中。1614 年，上述问题通过《克桑滕和约》得到解决。勃兰登堡获得了克莱弗公国及马克与拉文斯堡伯爵领地，而改宗天主教的普法尔茨伯爵诺伊堡的沃尔夫冈·威廉则得到了天主教徒占据多数的于利希和贝尔格。1666 年，这些领土最终仍然落到了勃兰登堡手中。

随后，《威斯特伐利亚和约》让勃兰登堡首先得到了后波莫瑞地区，然后又让它在西部得到了更多领土：明登和哈尔贝施塔特主教区、霍亨施泰因伯爵领地。此外，它还得到卡明主教区，并成为马格德堡大主教区的候选继承人。1660 年，大选侯通过在瑞典－波兰战争（1556—1660 年）中的机智妙招，在《奥利瓦和约》中获得

第四章　从《威斯特伐利亚和约》签订到维也纳会议（1648—1814 年）

了普鲁士的采邑宗主权。由此，1701 年，他的儿子弗里德里希才能在柯尼斯堡加冕为"普鲁士的国王"[1]。同样，在西班牙王位继承战与北方战争期间，普鲁士还在东边（前波莫瑞、什切青、乌泽多姆、沃林）以及西边（上盖尔登）获得了其他一些领土。

尽管普鲁士获得上述领土后已成为北德地区的最强邦国，但它的领土是分散的，无法在战争状态下予以自卫。因此，在随后的岁月里，普鲁士强制性地将其至今为止并不重要的军事力量加以强化，使之成为一种在战争状况下"整合"邦国领土的整体手段。普鲁士军事力量的改造，首先是"士兵王"弗里德里希·威廉一世的成就。在其统治结束时，他留下了一支训练有素、装备精良的部队——但他自己却从未将之用于战争目的。而以战争方式来扩大领土者，是其儿子弗里德里希二世的功绩。

弗里德里希二世的首个大型战争兼并行动并不是把勃兰登堡与东西部的分散领土联结起来，而是在南部兼并西里西亚。奥地利的哈布斯堡家族男系子嗣断绝，而女性继承王位一事存在着不确定性——这一点被普鲁士所利用。皇帝查理六世于 1740 年去世。同年继承王位的弗里德里希二世乘机入侵西里西亚。当然，弗里德里希二世将其战争理由建立在继承遗产的诉求之上：西里西亚的耶格恩道夫公国最初属于霍亨索伦家族，但在三十年战争期间，于 1621 年被皇帝兼并，并被赐给了支持皇帝的贵族。此外，霍亨索伦家族本应在利格尼茨、布热格和沃劳等公国的 1675 年遗产继承顺序中得到相同待遇，但它

---

[1] 原文 König in Preußen，并非"普鲁士国王"（König von Preußen）。这里体现出所有权的区别。——译者注

德意志史

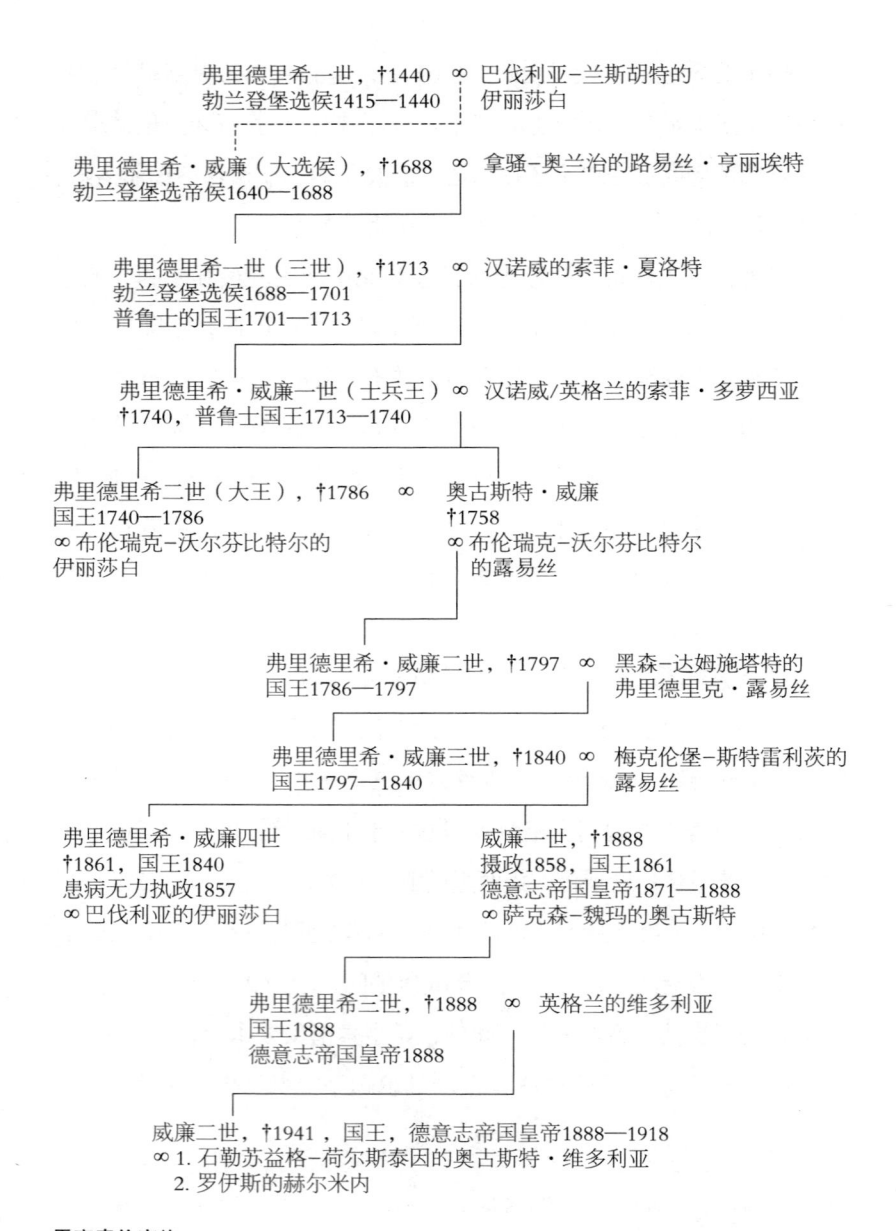

弗里德里希一世，†1440　∞　巴伐利亚-兰斯胡特的
勃兰登堡选侯1415—1440　　　伊丽莎白

弗里德里希·威廉（大选侯），†1688　∞　拿骚-奥兰治的路易丝·亨丽埃特
勃兰登堡选帝侯1640—1688

弗里德里希一世（三世），†1713　∞　汉诺威的索菲·夏洛特
勃兰登堡选侯1688—1701
普鲁士的国王1701—1713

弗里德里希·威廉一世（士兵王）∞　汉诺威/英格兰的索菲·多萝西亚
†1740，普鲁士国王1713—1740

弗里德里希二世（大王），†1786　∞　奥古斯特·威廉
国王1740—1786　　　　　　　　　　†1758
∞ 布伦瑞克-沃尔芬比特尔的　　　　∞ 布伦瑞克-沃尔芬比特尔
伊丽莎白　　　　　　　　　　　　　的露易丝

弗里德里希·威廉二世，†1797　∞　黑森-达姆施塔特的
国王1786—1797　　　　　　　　　弗里德里克·露易丝

弗里德里希·威廉三世，†1840　∞　梅克伦堡-斯特雷利茨的
国王1797—1840　　　　　　　　　露易丝

弗里德里希·威廉四世　　　　　　威廉一世，†1888
†1861，国王1840　　　　　　　　摄政1858，国王1861
患病无力执政1857　　　　　　　　德意志帝国皇帝1871—1888
∞ 巴伐利亚的伊丽莎白　　　　　　∞ 萨克森-魏玛的奥古斯特

弗里德里希三世，†1888　∞　英格兰的维多利亚
国王1888
德意志帝国皇帝1888

威廉二世，†1941，国王，德意志帝国皇帝1888—1918
∞ 1. 石勒苏益格-荷尔斯泰因的奥古斯特·维多利亚
　 2. 罗伊斯的赫尔米内

霍亨索伦家族

234

第四章 从《威斯特伐利亚和约》签订到维也纳会议（1648—1814 年）

们却被皇帝列奥波德一世作为最高领主而短期占有。对此，尽管霍亨索伦公爵完全有理由表示愤怒，但这一进程最后仍以有利于另一种收获而闻名于世。他完全不在乎这种立即军事占领该地区的做法违背了帝国法。此外，弗里德里希二世还提出了继承查理六世遗产的要求，而这一点同样建立在法律根由极为薄弱的基础之上。

随着弗里德里希二世进军西里西亚，他对哈布斯堡家族提出了更多的诉求和欲望。例如，尽管查理六世在所谓《国事诏书》（*Pragmatische Sanktion*）中业已确定其女儿玛丽亚·特蕾西亚的继承权，并得到了国际认可，但弗里德里希二世仍然对其王位继承资格提出了公开挑战，启动了奥地利王位继承战（1740—1748 年）。与哈布斯堡家族存在亲属关系的巴伐利亚公爵查理·阿尔布莱希特对哈布斯堡世袭领地提出了顺位继承权；萨克森选侯也对更多领土提出了要求。不过，不仅是奥地利的继承权被摆到了砧板上，而且连哈布斯堡家族拥有 300 多年的帝国皇帝尊号也成为争夺对象。最后，情况很快明了，这场围绕奥地利遗产的冲突也无法脱离（特别是）英国、西班牙和法国之间殖民领土的冲突和矛盾；而且法国也希望利用这一机会来削弱哈布斯堡君主，并在皇帝选举中实现王朝更迭。

在这一点上，普鲁士、巴伐利亚和萨克森三位选侯与法国目标一致，携手共进。1741 年，巴伐利亚的查理·阿尔布莱希特在法国和萨克森军队的帮助下，占领布拉格，并在那里被加冕为波希米亚国王。1742 年，他最终加冕为帝。另一方面，英国尽管有所迟疑，但后来为了维护欧洲均势，则同奥地利结盟。在英国的支持下，玛丽亚·特蕾西亚重新获得了帝国内的军事优势，首先占领了巴伐利亚。维特尔斯巴赫家族的皇帝过早去世后，其继承者马克斯·约瑟夫于 1745 年拒绝将其领土作为赔偿，但放弃了巴伐利亚对哈布斯堡遗产的所有诉求，并支持洛林的弗朗茨·斯特凡这位玛丽亚·特蕾西亚的丈夫当选为帝。由此，皇冠再次回到了维也纳，并在那里一直由新成立的哈布斯堡–洛林家族保留到帝国解体。

在英国的调解下，1745 年，弗里德里希二世在德累斯顿签订了一份和约。其中规定，奥地利在西里西亚领土上做出让步，以换取普鲁士在皇帝选举中的选票。这一占领而来的领土，最终是在 1748 年《亚琛和约》中被交付给普鲁士。这标志着奥地利王位继承战的结束，其结果也得到了其他欧洲强国的认可。

然而，《亚琛和约》更多体现了停战特征，而非一种持久性和平。由于旧状态的重新恢复，大国在海外领地上的平衡问题再次出现。因此，一场新的殖民冲突指日可待。由于《亚琛和约》对哈布斯堡家族而言是丢脸的，因而它期待一场海外冲突再次与欧洲冲突结合起来。由此，自 18 世纪 50 年代中期开始，当英法两国在印度以及美洲的殖民冲突再次明显增强时，机会来了。

英国为了避免这场殖民冲突影响到它在帝国内的领土（汉诺威），1756 年，它在《威斯特敏斯特条约》中与普鲁士结盟。弗里德里希二世之所以结盟，则是因为他推测，哈布斯堡家族与法国这两个老冤家绝不可能结盟。然而，玛丽亚·特蕾西亚的首席内阁部长考尼茨伯爵却在数月后成功实现奥法结盟。在历史学家看来，这种妙计无异于"外交革命"；在当事人看来，此事亦被称作"同盟逆转"[1]。

---

[1] 原文即法语 "Renversement des Alliances"。——译者注

第四章　从《威斯特伐利亚和约》签订到维也纳会议（1648—1814 年）

考尼茨还尝试把这种奥法联结转变为一种针对普鲁士、并把俄罗斯包含在内的防御性结盟。其目标是让西里西亚回归奥地利，并事实上由邻国瓜分普鲁士。今天可以肯定的是，弗里德里希二世已经知晓了这些谈判，而且还明白萨克森−波兰应被卷入到这种联盟中。1756 年 8 月，弗里德里希二世出兵萨克森，开启了一场防御战，以便拆散上述联盟，提前结束与之相关的军备措施。

普鲁士军队以令人震惊的方式面对着敌人们的优势兵力，尤其当瑞典作为反普一方参战后。不过，当普鲁士盟友英国在首相皮特倒台后只能给予非常微弱的支持时，弗里德里希二世的局面极为困难。在此情形下，俄国女沙皇伊丽莎白一世于 1762 年的逝世被视作"勃兰登堡家族的奇迹"，成为这场战争的转折点：她的继承者、沙皇彼得三世来自荷尔斯泰因−高特陶普家族；他是弗里德里希二世的崇拜者，很快与之达成和约。尽管同一年，他的皇后叶卡捷琳娜二世[1]执政后两国再次出现裂痕，但她至少对普鲁士采取了一种中立立场。

俄国崛起后，瑞典也结束了针对普鲁士的战争。现在，弗里德里希二世可以再次挺进萨克森和西里西亚。由于此时英法两国对它们的殖民冲突进行了调解，奥地利不得不最终改变初衷，因为它无法依靠自己的力量来继续推动一场针对普鲁士的战争。1763 年缔结《胡贝图斯堡和约》，战争以回到战前状态的结果而告终。这场耗资巨大、极为残酷的战争并没有在帝国内部改变任何领土状况。普鲁士得以坚持自己对西里西亚的占有权，并以这场漫长的、针对明显

---

[1] Katharina II.（1762—1796 年在位），此处按俄国历史传统译法。——译者注

优势强国的战争来获得额外提升的声望，最终得以稳固它作为欧洲强国的地位。

在随后岁月间，这一点还反映在一场分割行动中。1772年，普鲁士参与了第一次分割波兰的行动。由此，俄国与奥地利之间的冲突也得到了解决。不过，它同样让普鲁士作为俄国的盟友，得到了大片土地。另一方面，在1778/1779年的巴伐利亚王位继承战中，显而易见的是，普鲁士阻止了一项奥地利-巴伐利亚的交换方案，即巴伐利亚与奥属尼德兰交换，并得以确立它对绝嗣的霍亨索伦旁系安斯巴赫-拜罗伊特的继承权。在帝国政治及在此之外的东北欧中，普鲁士已经扮演着一种核心权力角色。

在开明专制标签下的改革

在弗里德里希二世统治下，普鲁士的军事胜利首先源于受过严格训练的军队与充盈的国库。而这一切都是弗里德里希·威廉一世留给他的遗产。相反，玛丽亚·特蕾西亚的失败，同样是奥地利国家财政受损严重的后果，而且这一问题在其登基之前早已存在。同样出于巩固国家统一体的必要性，以便能够在未来保卫现有领土，这两个邦国，无论普鲁士还是奥地利，都在奥地利王位继承战后开启了一段内政深入改革期。

不过，推动改革的因素，也不仅仅在于军事上的必要性。重要动力还来自启蒙运动提出的国家思想。据此，统治不再是"君权神授"；其目的不再是维护一种宗教理解上的秩序，而是促进臣民在此岸世界中的幸福与"喜悦"。与此同时，启蒙运动还促使君主们对

第四章 从《威斯特伐利亚和约》签订到维也纳会议（1648—1814年）

管理、经济与司法进行理性论证、合理规制及有效实施。正因如此，在上述三个领域里，出现了一系列现代化努力。期间，如普鲁士的弗里德里希二世、巴登的边疆伯爵卡尔·弗里德里希或皇帝约瑟夫二世等君主，越来越投身于这种论证其统治合法性的新方式，把自己视作国家及臣民们的"第一仆人"或"第一公务员"。他们自己成为最重要的支持改革者，推动了人们视之为"开明专制"或"改革专制"的政府形式之构成。

在奥地利王位继承战结束后，普鲁士的弗里德里希二世再次拾起了父亲的人口政策。因为人口众多被视作国家富裕的基础，而此前普鲁士的人口密度并不高。1747—1753年间，来自奥地利、普法尔茨及帝国其他地区的人被普鲁士招募过来，作为垦殖者，进入河水已被排干的奥德布鲁赫地区。在该邦的很多其他地区，通过排干河水来获得土地的类似项目都得到了推行。

在吸引外邦人垦殖的项目中，弗里德里希二世尤为关注的是工商业的提升问题。在普鲁士王国的西部省，乡村出现大量手工纺织业生产。然而易北河以东地区与之不同，那里的农业结构根深蒂固，并没有出现任何类似生产。1752年，弗里德里希二世在其遗嘱中表示，他已经确定，勃兰登堡与普鲁士还缺少6万名毛纺工人。毛纺工场不得不从萨克森购买原料。由此，不必要的金钱便流向国外。因此，他指出，应该系统性地招募那些能够在纺织业中工作的人，让他们定居在普鲁士。

弗里德里希二世及其受到启蒙运动多层面推动的官员们，在开明专制意义上所采取的改革措施中，另一个领域是司法体制。由于王国各领地具有独立性，因而邦国内部存在着漫无头绪的行政程序。

司法体制改革的目的之一便是为了把上述行政程序统一化和精简化。此外，目的之二是为了实现刑法的人道化（如1740年废除刑讯逼供手段）。目的之三是为了创设一部普适性的、适用于整个王国的，并与启蒙原则相联系的民法。

无论在普鲁士，还是在奥地利，司法改革都是开明专制的核心内容。它首先体现在工程浩大的法律汇编中。这项工作最终导向1794年《普鲁士一般邦法》和1811年《奥地利一般公民法》。这两部法都几乎带有基本法的特征。普鲁士枢密高级司法顾问卡尔·戈特利布·斯瓦雷茨被视作《普鲁士一般邦法》的"创始之父"之一。他曾强调指出，这部立法的目的是"将其确立为（同样对统治者生效）的有关正义与否的基本法"，以便能够让它在没有宪法的国家中"代替行使类似功能"。

倘若弗里德里希二世在其领土中所推动的改革措施是在其前任的基础上，推动建立集中化与现代化的管理体制，那么在奥地利，玛丽亚·特蕾西亚统治时期的改革情况却完全不同。国家财政业已崩溃，信用丧失，不同领地甚至还没有出现一种初步的统一管理制度，个别领地中的等级在财政问题上的权力极大。在首相豪格维茨伯爵的领导下，奥地利以普鲁士的国家管理体制为模板，推行了一场彻底改革，实施了集中化政策。1749年，《公共与议事厅公务指南》出台。据此，最高管理与财政机构得以建立。司法与管理分离，一个最高司法机构成立。不过，重要的是，从税收管理及其他财政管理部门中把等级清理出去。因此，对于德意志与波希米亚邦国而言，大部分权力都被掌握在一个迅速发展起来、且越来越职业化的中央管理部门手中。

第四章　从《威斯特伐利亚和约》签订到维也纳会议（1648—1814 年）

如果说，在玛丽亚·特蕾西亚统治期间，奥地利的改革已经得到了本质上的推动，那么在其继任者约瑟夫二世在位期间，现代化节奏又得到了进一步加速，而且把那些启蒙意义上的措施推向极致。约瑟夫二世是于 1765 年作为共同执政者进入权力核心的，1780 年亲政。他"带着一种简直属于革命激进性的特质"，尝试"根据一种理性方案，彻底改造国家及其机构"（E. 维斯 [E. Weis] 语）。正因如此，人们通常称之为"约瑟夫主义体制"。

约瑟夫二世的改革主要表现在：君主制整体管理的不断集中化；把匈牙利与奥属尼德兰囊括在内，即便这两个地方在玛丽亚·特蕾西亚统治时仍然以独立方式存在。与此同时，他还推行一种特殊的、不受人欢迎的语言政策，即要求邦国所有领土把德语提升为唯一的官方语言。正如其他同样具有重大影响且强行推进的措施一样，该政策遭到了巨大抵制。

约瑟夫主义改革不仅涉及国家管理机构，而且还延伸到几乎所有的社会领域。"人人平等"这一启蒙运动基本理论得到了持续不断的运用。由此，贵族与教士在税收体制中的特权应该被废止。农业改革源于所谓重农主义者的理论，即认为，农业（而非工商业）才是国家财富的源头。在这种农业改革的背景下，1781 年，农奴制被废除。同年，哈布斯堡王朝决定，确立"法律面前人人平等"的新原则，并通过所谓"容忍法令"，禁止镇压或歧视信仰少数派，特别是新教徒和（限制条件下的）犹太人。

功利主义的想法、追求一种天主教改革的内在化虔诚之心、按照新教模式来建立一种精简化的国家教会体制——所有这一切最终让约瑟夫二世与天主教会产生了冲突。而这场冲突最终以 700 座修道院世俗化的结果而告终。神职人员领薪制主要改善了村庄神甫的待遇，改造了农村教育体制。对于教会权利的激进干预，转变为约瑟夫主义的内涵。

在许多维度上，对哈布斯堡王朝内仍然与传统存在很多联系的民众而言，约瑟夫二世改革的步伐过快了。它也遭到了那些现在特权受到限制的精英们的抵制。正因如此，约瑟夫二世的继承者，他的弟弟列奥波德二世虽然曾在托斯卡纳公国推行过现代模式的改革方案，但在继位后，却在改革的一些要点上回缩了。

约瑟夫主义改革具有激进性，试图把启蒙运动的思想投诸政治实践中。它肯定是帝国境内改革尝试的巅峰之作。不过，奥地利与普鲁士并非是推行彻底现代化方案的唯一邦国。在巴登，边区伯爵卡尔·弗里德里希同样推动了农业的现代化，废除农奴制，促进教育体制与工场体制的建立，废止刑讯逼供手段。在魏玛，公爵卡尔·奥古斯特推动艺术发展，延请德意志精神生活的引领巨人访问本邦，把他们视作启蒙的君王——他们实际上是激进启蒙派的光明兄弟会成员——使之在本邦政治中占据核心位置。歌德作为部长，整顿了国家财政。赫尔德改革了该邦的教育体制。

在18世纪末，法国无法大规模地推行上述彻底改革措施。与之相反，在帝国的大量领土上，即便是那些教会公国，也对改革（而且是"进步的"）充满好感。之所以如此，原因之一肯定在于，法国大革命的思想与榜样，并未如一些具有民主思想的启蒙者（他们在帝国内的数量不可低估）所期待的那样，在帝国发展成为爆炸力。

第四章　从《威斯特伐利亚和约》签订到维也纳会议（1648—1814年）

旧帝国的终结与欧洲的新秩序

　　普鲁士与奥地利的对峙，以及两个统治家族试图以牺牲其邻邦为代价扩大它们在帝国内部领土的趋势，已经让帝国处于进退维谷的困境之中，但还未让帝国分崩离析。直到法国大革命与拿破仑带来意识形态与军事上的挑战后，帝国才分崩离析。

　　在德意志，就在知识分子中，很大一部分人曾在法国大革命拉开帷幕时欢欣鼓舞，并呼吁在德意志同样赋予自由、平等和博爱的共和国原则。然而，当革命在雅各宾统治时期变得激进化后，他们却感到恐惧，随后退缩了。不过，法国民主人士与德意志民主人士之间的深入沟通，却超越了革命的第一阶段而继续存在。正因如此，不论德意志民主人士究竟秉持什么精确的政治立场，他们都被其对手们称作雅各宾派。同样正因如此，在历史学中，"德意志雅各宾派"这一概念也被用于指代那些支持法国大革命者。

　　在美因茨，1792年10月到1793年4月间，出现了一次建立共和国的尝试。这一尝试得到了法国占领军的庇护，但并未受到后者的直接推动。法国占领军为德意志雅各宾派提供了自由鼓动的机会。不过，在附近农庄的农民那里，共和国并未引起大的共鸣，甚或被公开抵制。此外，德意志雅各宾派的准备工作看上去也没有做好。因此，在法国大革命期间，德意志多场地区性民众暴动是否能够联合起来、是否具有革命潜力，抑或仍然是地区背景下的传统骚乱而已，都是问题，在历史学中仍未得到解答。不过，事实是，大部分开明邦君现在都针对其臣民采取一种本质上更为强硬的"姿态"。他

255

243

们出于对一场革命的敬畏之心，而对启蒙思想与启蒙组织加以打击或镇压。

推动与支持上述行动的是一场战争，即1792年至1797/1798年间法国抵抗由奥地利、帝国及其他国家结成的反法同盟（第一次同盟战争）。皇帝列奥波德二世与普鲁士国王弗里德里希·威廉二世于1791年8月21日发表了《皮尔尼茨宣言》，推动了事态发展。两位君主宣布，法国国王的情况牵涉到所有合法统治者的利益，而且应允支持路易十六。

然而在法国，一些革命政治家却出于内政原因，希望开战。吉伦特派的雅克·皮埃尔·布里索宣布自己投身于"民族善行"。在一场军事冲突中，革命的内部敌人可以被消灭，而民族则能统一起来。因此，1792年4月20日由法国宣布开启的这场战争——首先宣布推行普遍兵役制——被有意识地刻画为一场"争取世界自由的十字军"（布里索语）。这种战争的"民族化"取得了重大成果。革命军在反法同盟的优势面前岿然不动，而且还由此赢得了巨大声望。1795年，普鲁士便从同盟中退出，并在巴塞尔与法国达成了一项特别和约。现在，奥地利事实上单独承担了这场战争的所有重压。尽管如此，在年轻大公卡尔的军事领导下，它仍然在帝国内取得了值得关注的军事胜利。不过，当它在意大利败于拿破仑指挥的军队后，它也不得不指望与法国达成和约。如同普鲁士那样，奥地利也必须按照法国的要求，同意莱茵河左岸领土转让给法国；不过，作为回报，奥地利也得到了萨尔茨堡大主教管区，并将之世俗化。早在1793年，法国便已向帝国宣战。此时，帝国也需要和平。在雷根斯堡，针对上述条件，出现过一些抗议。尽管如此，1798年，拉施塔特的和

第四章　从《威斯特伐利亚和约》签订到维也纳会议（1648—1814 年）

平会议仍然满足了法国人的要求。

然而，在拉施塔特谈判期间，旨在修改上述和约内容的力量也聚集起来。在奥地利，负责领导修改运动的部长图古特是一位顽固的反对革命者。无论是俄国还是英国，也都做好了结成新一轮反法同盟的准备。1799 年，一场更新的、第二次同盟战争爆发。普鲁士没有参加该同盟，保持中立。拿破仑通过 11 月 9 日的国家政变，成为法国的第一执政官。他毁灭性地横扫俄、奥两国军队。1801 年，交战双方在吕内维尔缔结和约。该和约最终固定了把莱茵河左岸地区分割出去的决定。但是，那些地区被废黜的邦君们则可以在莱茵河右岸地区得到补偿。由于拿破仑把撤军与帝国对这份和约的批准联系在一起，所以帝国会议不得不对此投了赞成票。在这项和约缔结后，部分帝国会议参加者被任命为帝国代表团，着手处理有关赔偿方案。拿破仑还保留着对这份赔偿方案的批准权。1803 年，这份方案做出来了，即所谓帝国代表团主决议，它被帝国会议接受。帝国会议批准帝国事实上解体，因为帝国代表团主决议需要取消 112 个帝国等级。几乎所有的教会统治体都被世俗化，如帝国骑士与帝国城市这样的小领地则从帝国直属变为邦属。这意味着，它们变成较大邦国的领土，隶属于如巴登、符腾堡或巴伐利亚——这些邦国被拿破仑系统化地加强成为抵抗德意志两大强邦的制衡力量。

帝国现在已走在解体的道路上。这一幕特别表现在皇帝弗朗茨二世于 1804 年加冕为奥地利皇帝弗朗茨一世。这一举动一方面是对即将来临的拿破仑加冕为帝的反应，另一方面也清楚表明，皇帝已知道帝国将迅速走向终结，并愿意以上述方式来保障自己的头衔。事实上，帝国的真正落幕已不用等待太长时间了。

英国首先发起了第三次同盟战争（1805 年），但很快，这场战争演变为同盟军队在奥斯特里茨的三皇战役中遭到毁灭性败局，维也纳随后被拿破仑占领。南德邦国巴登、巴伐利亚和符腾堡在这场战争中早已站到了拿破仑的阵营。1806 年，德意志南部与西部的 16 个邦君正式从帝国中退出——这在帝国法中实际上是不可能发生的——并在巴黎结成莱茵同盟。在此情况下，1806 年 8 月 6 日，弗朗茨一世除下帝冠，解散相应机构。对于许多同时代人而言，这一幕还拥有着一种宗教–救赎史意义。

不过，不仅仅只有哈布斯堡家族在同拿破仑的冲突中丧失了它的旧有地位。自普鲁士于 1795 年以来从反拿破仑战争中退出后，弗里德里希·威廉三世仍然梦想着能在战争中打败法国，但它只能找到萨克森、布伦瑞克与魏玛作为盟友。1806 年 10 月 14 日，普鲁士于耶拿和奥尔施泰特在一日内连续输给法军。这种毁灭性的败局不仅导致了普鲁士的军事崩溃，而且还使之政治崩溃。在《提尔西特和约》里，普鲁士失去了易北河以西领土——拿破仑将之转变为威斯特伐伦王国，由其弟弟来担任执政官。在东部，普鲁士同样失去了领土——拿破仑从这里出发攻打俄国与萨克森。法国皇帝对普鲁士提出的赔偿要求，则远远超过了这个"骨架国家"的经济能力。普鲁士沦落为不重要的中等国家，并陷入一场深层次的、由于拿破仑针对英国施行的大陆封锁政策而被进一步加深的经济危机和国家危机之中。

这场从外部引发的危机，接下去在内部激起了对抗力量。它着手准备方案，强化压力，来推行一种有关国家、经济和社会的新改革。这种对抗力量首先是同帝国男爵冯·施泰因的名字联系起来的。

第四章　从《威斯特伐利亚和约》签订到维也纳会议（1648—1814 年）

在 1807—1808 年间，他让中央政府转型，解散老的内阁顾问体制，由专业人士取而代之。在 1808 年的城市条例中，城镇自治管理原则得以确立，不过该原则向乡镇的扩展却因遭到贵族们的抵制而失败。

然而，"施泰因改革"中的最重要组成部分是取消农民的人身依附性与强制服役——这两点早已出现在其他国家的开明专制改革中。不过，在这一法令里，并未规定取消农民的负担，因而在随后岁月里，由于推行取消令，许多农民转而形成了对庄园主的一种更新的、经济上的依附性（二次农奴制）。

在拿破仑的压力下，施泰因被解职。随后，卡尔·奥古斯特·冯·哈登贝格继续领导改革事业。他首先把工商业条例现代化，取消强制加入行会的规定。1811 年，普鲁士实现工商业自由经营，并推行一般税收改革——不过，在这场税收改革里，贵族仍然得以继续捍卫自己的特权。最后，对于随后时代而言，重要的是在格奈泽瑙与沙恩霍斯特领导下的改革。拿破仑业已把普鲁士军队压缩到 4.2 万人。但改革者通过提前复员与重新招募的方式，事实上提高了受过训练兵士的数量。

当拿破仑在 1812 年冬进攻俄国遭到毁灭性败局时，普鲁士接过了领导德意志邦国抗击拿破仑的大旗，并成为解放战争的引擎——在此过程中，上述体制证明了它的有效性。与莱茵同盟的部队不同，普鲁士部队的损失很小，而前者兵力在进攻俄国的战斗中几乎完全被消灭了。1812 年 12 月，瓦尔滕贝格的路德维希·约克擅自决定将其指挥的军团从拿破仑军队中撤出，并由此转向抵抗一方。

1813 年 3 月，普鲁士首先向拿破仑宣战。如同 1792 年的法国那样，这里也推行了战争期间普遍义务兵役制。不过，战时后备军的

247

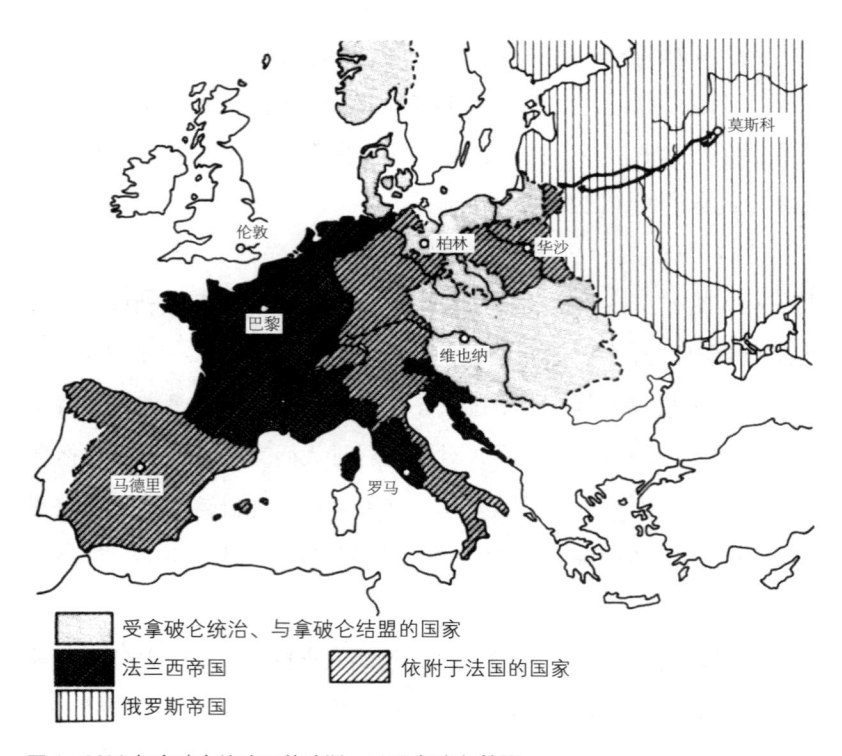

图6 1810年拿破仑统治下的欧洲，1812年出征俄国

第四章　从《威斯特伐利亚和约》签订到维也纳会议（1648—1814年）

重要性仍然很低——这一点与全国流行的说法不同，即把解放战争刻画为普遍的"民族战争"。自1813年起，如恩斯特·莫里茨·阿恩特这样的政治评论家，或哲学家约翰·戈特利布·费希特此前早已在其《对德意志民族的演讲》（*Rede an die deutsche Nation*，1808年）中那样，以极大的民族热情，呼吁德意志民众与邦国投入到抵抗拿破仑的战斗中。

当莱茵同盟中的邦国仍然站在拿破仑的阵营时，奥地利、俄国、英国以及瑞典最后都决定支持普鲁士。在所谓"莱比锡民族大会战"中，拥有2万士兵的拿破仑强大军队败给了只有一半人数的盟军。符腾堡与萨克森军团在战斗中倒戈到盟军一方。拿破仑在这场战斗中失去了三分之一兵力，他也逃回法国。不过，盟军继续推进战场，并在1814年3月30日最终攻入巴黎。由此，拿破仑最终失败。他宣布退位，并被流放到厄尔巴岛。

在帝国之后，现在，莱茵同盟与整个拿破仑统治体制同样解体了。现在，人们必须为德意志邦国找到一个新的国家统治形式。1814年5月，《巴黎和约》确定了总体方向："德意志邦国是独立的，并通过一个联邦式同盟联合起来。"人们把这样一种联邦式同盟的建构使命，交给了1814年秋在维也纳拉开帷幕的大会。

文献指南

史料

1. 《普鲁士档案：18世纪普鲁士国家管理纪念碑》（*Acta Borussica. Denkmäler der Preußischen Staatsverwaltung im 18. Jahrhundert*），普鲁士科学院

（Preußische Akademie der Wissenschaft）主编，柏林，1892—1970 年。

2. 《威斯特伐利亚和约档案：近代史研究联合会委托编辑》（*Acta Pacis Westphalicae. Im Auftrag der Vereinigung zur Erforschung der Neueren Geschichte*），马克斯·布劳巴赫（Max Braubach）与康拉德·雷普根（Konrad Repgen）主编，第 1—3 册，明斯特，1962 年及随后数年。

3. 《1794 年普鲁士一般邦法》（*Allgemeines Landrecht für die Preußischen Staaten von 1794*），汉斯·哈藤豪尔（Hans Hattenhauer）引论，京特·贝内尔特（Günther Bernert）提供书目，2 卷本，美因河畔法兰克福/柏林，1970—1973 年。

4. 《旧帝国的终结：1803 年帝国代表团主决议与 1806 年莱茵同盟文件，及附属文档》（*Das Ende des Alten Reiches. Der Reichsdeputationshauptschluß von 1803 und die Rheinbundakte von 1806 nebst zugehörigen Aktenstücken*），恩斯特·瓦尔德尔（Ernst Walder）编辑，柏林，1948 年。

5. 理查德·迪特里希（Richard Dietrich）主编：《霍亨索伦家族的政治遗言》（*Politische Testamente der Hohenzollern*），慕尼黑，1981 年。

6. 《弗里德里希大王著作》（*Die Werke Friedrichs des Großen*），德语版，1—10 卷，古斯塔夫·贝特霍尔德·沃尔兹（Gustav Berthold Volz）主编，柏林，1912—1914 年。

7. J. L. 克吕贝（J. L. Klüber）：《维也纳会议档案》（*Acten des Wiener Congresses*），9 卷本，新版（初版于 1815—1835 年），奥斯纳布吕克，1966 年。

8. 哈尔姆·克吕廷（Harm Klueting）主编：《约瑟夫主义：特蕾西亚－约瑟夫改革史资料选集》（*Der Josephinismus. Ausgewählte Quellen zur Geschichte der theresianisch-josephinischen Reformen*），达姆斯塔特，1995 年。

9. 《玛丽亚·特蕾西亚：信件与档案选集》（*Maria Theresia: Briefe und Aktenstücke in Auswahl*），弗里德里希·瓦尔特（Friedrich Walter）主编，达姆斯塔特，1968 年。

第四章 从《威斯特伐利亚和约》签订到维也纳会议（1648—1814 年）

10. 约翰·雅各布·莫泽尔（Johann Jacob Moser）:《新德意志国家法》（*Neues Teutsches Staatsrecht*），20 卷本，法兰克福/莱比锡，1766—1782 年；新版，奥斯纳布吕克，1967/1968 年。

11. 《普鲁士国家档案馆印刷品：受档案管理机构的批准与支持》（*Publicationen aus den Preußischen Staatsarchiven. Veranlasst und unterstüzt durch die Archiv-Verwaltung*），1—94 卷，莱比锡，1878—1928 年（部分重印，奥斯纳布吕克，1965—1969 年）。

12. 塞缪尔·冯·普芬道夫（Samuel von Pufendorf）:《德意志帝国宪法（1667 年）》（*Die Verfassung des deutschen Reiches [1667]*），霍斯特·丹泽尔（Horst Denzer）注解本，斯图加特，1976 年。

13. 《德意志民族的神圣罗马帝国宪法机制史料集，1495—1815 年》（*Quellen zum Verfassungsorganismus des Heiligen Römischen Reiches Deutscher Nation 1495-1815*），汉斯·胡贝特·霍夫曼（Hanns Hubert Hofmann）主编与导读，达姆斯塔特，1976 年；

14. 《法国大革命战争期间（1790—1801 年）奥地利的德意志皇帝政策史资料集：证明、国家文书、外交档案、军事档案》（*Quellen zur Geschichte der deutschen Kaiserpolitik Oesterreichs während der Französischen Revolutionskriege 1790-1801. Urkunden, Staatsschriften, diplomatische und militärische Actenstücke*），阿尔弗雷德·里特·冯·维文诺特（Alfred Ritter von Vivenot）选编，第 1—5 卷，维也纳，1873 年及随后数年。

15. 《维也纳会议（1814/1815 年）史料集：一种欧洲和平秩序探求的前史与历史》（*Quellen zur Geschichte des Wiener Kongresses 1814/1815, Vorgeschichte und Geschichte des Versuches einer europäischen Friedensordnung*），克劳斯·米勒（Klaus Müller）主编，达姆斯塔特，1986 年。

16. 《维也纳会议上小邦的宪法政策资料集：德意志小邦国与德意志联盟的诞生（1813—1815 年）》（*Quellen zur kleinstaatlichen Verfassungspolitik auf dem Wiener Kongress. Die mindermächtigen deutschen Staaten und die Entstehung

251

des Deutschen Bundes 1813—1815》，米夏埃尔·亨特（Michael Hundt）主编，汉堡，1996年。

文献

1. 卡尔·奥特马尔·冯·阿瑞廷（Karl Otmar von Aretin）:《帝国：和平保障与欧洲均势（1648—1806年）》(*Das Reich. Friedensgarantie und europäisches Gleichgewicht 1648-1806*)，斯图加特，1986年。
2. 卡尔·奥特马尔·冯·阿瑞廷（Karl Otmar von Aretin）:《旧帝国，1648—1806年》(*Das Alte Reich 1648-1806*)，3卷本，斯图加特，1993—1997年。
3. 福克尔·鲍尔（Volker Bauer）:《从17世纪中叶到18世纪末德意志的宫廷社会》(*Die höfische Gesellschaft in Deutschland von der Mitte des 17. bis zum Ausgang des 18. Jahrhunderts*)，图宾根，1993年。
4. 亨利·布伦瑞克（Henri Brunschwig）:《18世纪普鲁士的社会与浪漫派》(*Gesellschaft und Romantik in Preußen im 18. Jahrhundert*)，美因河畔法兰克福，1975年。
5. 弗朗西斯·L.卡斯滕（Francis L. Carsten）:《普鲁士的诞生》(*Die Entstehung Preußens*)，科隆/柏林，1968年。
6. 瓦尔特·德梅尔（Walter Demel）:《从开明改革国家转向官僚国家绝对主义》(*Vom aufgeklärten Reformstaat zum bürokratischen Staatsabsolutismus*)，慕尼黑，1993年。
7. 弗里茨·迪克曼（Fritz Dickmann）:《威斯特伐利亚和约》(*Der Westfälische Frieden*)，明斯特，第3版，1972年。
8. 克里斯托弗·迪佩尔（Christoph Dipper）:《德意志史，1648—1789年》(*Deutsche Geschichte 1648-1789*)，法兰克福，1991年。
9. 海因茨·杜希哈特（Heinz Duchhardt）:《绝对主义时代》(*Das Zeitalter des Absolutismus*)，慕尼黑，1989年。
10. 海因茨·杜希哈特（Heinz Duchhardt）:《旧帝国与欧洲国际世界，

第四章 从《威斯特伐利亚和约》签订到维也纳会议（1648—1814 年）

1648—1806 年》（*Altes Reich und europäische Staatenwelt 1648-1806*），慕尼黑，1989 年。

11. 海因茨·杜希哈特（Heinz Duchhardt）：《权力平衡与五头治理：国际关系，1700—1785 年》（*Balance of power and Pentarchie: Internationale Beziehungen 1700-1785*），帕德伯恩，1997 年。

12. 海因茨·杜希哈特（Heinz Duchhardt）主编：《威斯特伐利亚和约》（*Der Westfälische Frieden*），历史杂志（*Historische Zeitschrift*）特刊第 26 辑。

13. 米夏埃尔·埃尔伯（Michael Erbe）：《德意志史，1713—1790 年；二元制与开明专制》（*Deutsche Geschichte 1713-1790. Dualismus und Aufgeklärter Absolutismus*），斯图加特，1985 年。

14. 贝恩哈德·埃尔德曼斯道弗尔（Bernhard Erdmannsdörffer）：《从〈威斯特伐利亚和约〉到弗里德里希大王执政开始期间的德意志史，1648—1740 年》（*Deutsche Geschichte vom Westfälischen Frieden bis zum Regierungsantritt Friedrichs des Großen 1648-1740*），2 卷本，柏林，1892/1893 年。

15. 伊丽莎白·菲伦巴赫（Elisabeth Fehrenbach）：《从旧制度到维也纳会议》（*Vom Ancien Régime zum Wiener Kongress*），第 3 版，未修改版，慕尼黑，1883 年。

16. 安德烈亚斯·格斯特里希（Andreas Gestrich）：《绝对主义与公共领域：18 世纪初德意志的政治交往》（*Absolutismus und Öffentlichkeit. Politische Kommunikation in Deutschland zu Beginn des 18. Jahrhunderts*），哥廷根，1994 年。

17. 弗里德里希-威廉·海宁（Friedrich-Wilhelm Henning）：《前工业时代的德意志，800-1800 年》（*Das vorindustrielle Deutschland 800 bis 1800*），帕德伯恩，第 3 版，1977 年。

18. 恩斯特·欣里希斯（Ernst Hinrichs）主编：《绝对主义》（*Absolutismus*），美因河畔法兰克福，1986 年。

19. 哈约·霍尔伯恩（Hajo Holborn）:《近代的德意志史》（*Deutsche Geschichte in der Neuzeit*），卷1,《宗教改革与绝对主义时代（1790年前）》（*Das Zeitalter der Reformation und des Absolutismus (bis 1790)*），慕尼黑1970年；美国原版，1959年。

20. 哈尔姆·克吕廷（Harm Klueting）主编:《天主教启蒙运动——德意志天主教地区的启蒙运动》（*Katholische Aufklärung- Aufklärung im katholischen Deutschland*），汉堡，1993年。

21. 约翰内斯·库尼希（Johannes Kunisch）:《绝对主义：从〈威斯特伐利亚和约〉签订到旧体制危机的欧洲史》（*Absolutismus. Europäische Geschichte vom Westfälischen Frieden bis zur Krise des Ancien Régime*），哥廷根，1986年。

22. 哈尔姆特·雷曼（Hartmut Lehmann）:《绝对主义时代：君权神授与战争危机》（*Das Zeitalter des Absolutismus. Gottesgnadentum und Kriegsnot*），斯图加特，1980年。

23. 霍斯特·莫勒尔（Horst Möller）:《王侯邦国还是公民国家：1763—1815年的德意志》（*Fürstenstaat oder Bürgernation. Deutschland 1763 bis 1815*），柏林，1989年。

24. 赫尔穆特·诺伊豪斯（Helmut Neuhaus）:《近代早期的帝国》（*Das Reich in der Frühen Neuzeit*），慕尼黑，1997年。

25. 奥古斯特·尼希克（August Nitschke）主编:《工业革命中的行为变迁》（*Verhaltenswandel in der Industriellen Revolution*），斯图加特，1975年。

26. 克里斯蒂安·普菲斯特（Christian Pfister）:《人口史与历史人口统计，1500—1800年》（*Bevölkerungsgeschichte und historische Demographie 1500-1800*），慕尼黑，1994年。

27. 福克尔·普莱斯（Volker Press）:《战争与危机，1600—1715年的德意志》（*Kriege und Krisen. Deutschland 1600-1715*），慕尼黑，1991年。

28. 海因茨·席林（Heinz Schilling）:《宫廷与联盟，1648—1763年的德意

第四章　从《威斯特伐利亚和约》签订到维也纳会议（1648—1814 年）

　　志》（*Höfe und Allianzen. Deutschland 1648-1763*），柏林，1989 年。
29. 维尔纳·特罗斯巴赫（Werner Trossbach）：《农民，1648—1806 年》（*Bauern 1648-1806*），慕尼黑，1993 年。
30. 鲁道夫·菲尔豪斯（Rudolf Vierhaus）：《绝对主义时代的德意志（1648—1763 年）》（*Deutschland im Zeitalter des Absolutismus (1648-1763)*），第 2 版，全新修订版，增加参考书目，哥廷根，1984 年。
31. 鲁道夫·菲尔豪斯（Rudolf Vierhaus）：《从〈威斯特伐利亚和约〉到〈胡贝图斯堡和约〉，1648—1763 年》（*Vom Westfälischen bis zum Hubertusburger Frieden 1648 bis 1763*），柏林，1984 年。

第五章　从维也纳会议到第一次世界大战爆发
（1814—1914 年）

于尔根·罗伊勒克

时代概览

"现代化"这一概念，尽管（或由于）它的模糊性，最为经常性地被用来形容前后相继发生的整个时代。在此概念之下，倘若人们首先搁置所有的差异，那么它指的是一种"革命性的、不可避免的、不可逆转的、全球性的、复杂的、系统的、长期的、可被分为阶段性发展的、逐渐同质化的，以及（最后但同样重要的）进步的过程"（H.-U. 韦勒［H.-U. Wehler］语）。不过，德意志是以特殊方式，并至少比"先驱"英国要延后一代人的时间，才经历了这一阶段。对于同这种进程模式紧密联系、并以之为解释导向的单一论而言，尽管存在着各种批评声，但"现代化"这一构想却能够提供一系列把各式各样的分进程加以排列组合的可能性，以至于它仍然值得我们继续讨论。另一些普世史构想，如资本主义、工业革命、世俗化、合理化、西方化（托马斯·尼佩代［Thomas Nipperdey］语），却并不拥有这样的普适性（或中立性）。这一点是广泛存在的共识。它们无法成为标识18—20世纪转型多维性的关键概念。简言之，我们可以把德意志接下去的发展主线做如下概括：起初，在政治、经济和社会结构中出现了一连串"创新"，特别是通过新信息乃至信息洪流实现了一种持续性的视野扩大。从现在开始，所有这一切强迫当时代人持续不断地转变观念，做出各种反应，并一再寻求新的解释，加以调适，而流传下来的有关行为方式与行为指令的习俗已不再有效。人们彼此之间的关系，他们同其创造并确定的机制之间的关系，都以上述方式进行着变化，显著向前发展，即进入到一个新的时期（neue Zeit，即"近代"[Neuzeit]）。这是一种有目标性的校准行动，无法再被阻滞。在许多人的经历及期待视野中，首当其冲的是"进步"概念得到了凸显。不过，这一点时常很快被证明具有两面性，即进步是有得有失的。在进步中，个人形象与集体形象（从家庭到国家）得以最终完成，而它们在此期间的遭遇及其可资利用之处，却是"前所未闻的"。

现代化存在着不断发展的准备期和前进期，其中部分还可以被追溯到此前存在很久的源头。但在19世纪后半叶，现代化主要在社会-经济领域中完成。其关键词如：现代阶级社会与工业资本主义的形成。与此同时，在政治领域内，各种传统的统治形式——即便在1871年帝国建立之后——直至第一次世界大战结束时仍然继续存在。这一进程的承担者与推动者，首先是那些自18世纪末以来不断形成之中的现代市民阶层。他们的"社会化"特殊方式解开了绝对主义国家的臣民联合体，并越来越让一种包含着归属感、评价与解释、归因与互动的新体制取而代之。人们把这种新体制称作"市民社会"。尽管一方面存在着"许多不同时代的同时代性"，另一方面基于部分区域的矛盾与张力产生了不同的发展动力，而且特定阶层

第五章　从维也纳会议到第一次世界大战爆发（1814—1914 年）

普遍存在着无能的特点，但该社会仍然长时期地保持着快速发展节奏。新阶层与阶级的出现随后导致更多领域内出现了危机四伏的场景。由此，看起来，所有西方工业国中都存在的现代化问题，在极为短暂的时间内、以特别急促的方式，出现在德意志帝国。不过，回头来看，威廉时代的帝国尽管存在着向外凸显的军事力量和强大经济实力，但它本身却是极端不稳定的构成体。它的内在问题情势只是被一种得以加强的民族主义与军国主义所遮蔽了。在此背景下，许多同时代人最终期待第一次世界大战能够如洗澡般发挥作用，不仅把渴望中的"阳光下的地盘"[1]送给德意志人，而且还在内部带来社会和谐，并为一种民族团结式的伟大民族共同体奠定基础。

19 世纪前半叶的启程、反动与改革

1807—1819 年	在冯·施泰因男爵和冯·哈登贝格男爵领导下的普鲁士改革。
1814/1815 年	维也纳会议与德意志联盟成立（1815 年 6 月 8 日联盟文件颁布；1820 年 5 月 12 日最终文件颁布）。
1815 年	5 月 22 日：普鲁士的弗里德里希·威廉三世承诺立宪。

---

[1]原文 Platz an der Sonne，威廉二世统治时期，首相比洛在国会中发言，提出德国要争取"阳光下的地盘"。此言论被视作德意志帝国挑起争夺殖民地大战的先声。——译者注

	9月26日：成立"神圣同盟"，由俄国、奥地利和普鲁士组成。
1817年	10月18日：德意志大学生社团在爱森纳赫举行瓦特堡节。
1819年	3月23日：诗人奥古斯特·冯·科策比被大学生卡尔·桑德刺杀；在"卡尔斯巴德决议"的相关法令中（特别是"追究煽动者令"）；"梅特涅时代"拉开帷幕。
1830年	法国的七月革命；在德意志，出现了一些地区暴动（特别是黑森和布伦瑞克）。
1832年	5月22日：汉巴哈节。
1833年	4月3日：冲击法兰克福警察总局的暴动（"警察局暴动"；结果带来了更为强化的反动，追究煽动者令得到修改。
1834年	1月1日：在普鲁士领导下（在没有奥地利的情况下），成立德意志关税同盟。
1837年	11月20日：逮捕科隆大主教，"科隆教会冲突"（通婚问题）达到巅峰。
	12月14日：七位哥廷根大学教授反对汉诺威国王恩斯特·奥古斯特废止宪法的行动（"哥廷根七君子"）。
1839年	3月9日：普鲁士推行儿童保护立法，这是德意志第一个国家性质的社会政策。
1840年	6月7日：弗里德里希·威廉三世去世；弗里

	德里希·威廉四世在普鲁士继位。
1844 年	6 月：西里西亚纺织工人起义。
	8 月 15 日：柏林举行关税同盟展览会。
	10 月：成立中央联合会，以争取工人阶级福利。
1847 年	2 月 3 日：普鲁士颁布有关成立联合邦议会的委任状。
	9 月 12 日/10 月 10 日：德意志南部和西部自由运动集会（奥芬堡与黑彭海姆）。
1848 年	2 月：卡尔·马克思与弗里德里希·恩格斯公开出版《共产党宣言》。
1848/1849 年	3 月：维也纳和柏林爆发革命；德意志的自由三月政府。
1848 年	5 月 18 日：德意志国民议会在法兰克福保罗教堂开幕。
1849 年	3 月 25 日：帝国宪法颁布；同时，传统力量加强，革命被镇压。

1820 年左右，一位批判性的、年约 50 岁的书商来自哥达的弗里德里希·佩特斯发现了让他及许多老一代人感到高度不安的现象。他是这么说的：迄今为止，人类的精神趋向、标准与价值只能在数百年进程中才能实现目标转换，"然而我们的时代却在目前同时生存的三代人中把完全无法统一的东西统合起来了。"1789 年和 1815 年的环境之间存在着巨大对立，但两者却没有任何过渡；正因如此，

它们不再被理解为前后相系的时间,"而只能被理解为眼下生者的并列时间,而生者或是祖父、或是父亲、或是孙子"。在这段时期内,人们在一些德意志区域内已逐渐观察到工厂体制的出现。对于这一点,一部分同时代人热情洋溢地把它庆贺为"向公民幸福与精神快乐"(尤斯图斯·格鲁纳[Justus Gruner]语)的完全天堂般发展之基础,而在目光锐利的佩特斯看来,却是"埋葬我们的特征、我们的精神与我们的力量之坟墓"。他当然有理由驻足不前。即便复辟力量也曾多次试图在汹涌澎湃的浪潮面前构筑防洪坝,但他那由传统所确立的世界——这意味着"等级社会"整个文化系统的重要组成部分——依然开始迅速解体。

倘若人们不把社会(Gesellschaft)理解为一种明确的机制(与国家并立,或与国家保持一种辩证关系),不把它理解为添加在三种"相对自治"的维度(统治、经济和文化)之上的构成物(H.-U. 韦勒语),而是把它视作特殊形式和方法,它使人类能够在其相应的时代情形与历史空间中经历和享受他们的彼此关系,发现一种整齐有序的相互交往的规则和章程,制造以及(用流传下来的方法或新方法)组织各种各样彼此之间的"相互影响"。然后在短短几十年间,这种社会压缩式地过渡到"现代世界纪元",在本质上跨越了个别革命事件,同时发现人类的心脏和头脑所遭受到的挑战,从而实现了革命性的过渡。这一幕关系到至今为止由等级原则所确定的共同生活自此解体,同时还让与之紧密相连的绝对主义-正统主义的统治体制完结,取而代之的是一种有关权利平等、公民解放、个人追求幸福、越来越多的参与可能性、"现代"生活方式、"主观性"以及全

第五章　从维也纳会议到第一次世界大战爆发（1814—1914 年）

新的相互交往之理想。这种进程是以矛盾的方式前行的。是的，它时常首先由于其矛盾性及其影响而被同时代人所感知。它让许多人感到极度恐惧，迫使他们重新定位方向，改变行为方式，不得不去衡量对他们而言至今为止一无所知的价值序列，不过这也让他们获得了此前从未有过的自由的行动能力——这既是防御性的目标，又是重组革新式的目标。

美、法两国的政治革命和英国的工业革命，是极为重要的现代化导火索。但它们在德语空间的大部分领土上仅仅产生了间接的、次要的和延后的影响。对于这些地区的居民而言，更为直接和当下的体验，是针对革命法国而发动的反法同盟战争、1803 年帝国代表团主决议、德意志西部的政治重组（1806 年后的莱茵同盟）、特别是法国人的异族统治直至拿破仑 1812 年侵俄战争和 1813/1815 年解放战争所产生的影响。随着维也纳会议的召开，这种长达四分之一世纪的混乱终于落下了帷幕。实际上，当奥地利于 1813 年 8 月 12 日加入反拿破仑的阵营时，这场战争已经改变了至今为止的特点：自此之后，解放目标越来越退到幕后，取而代之的是由奥地利首相梅特涅所偏爱和争取的目标，即重新确立旧制度下的欧洲均势。维也纳会议应该首先符合这一目标。当拿破仑在莱比锡（1813 年 10 月 16—19 日）的民族大会战中败北，随后盟国与法国缔结（第一次）《巴黎和约》（1814 年 5 月 30 日）后，9 月 18 日，大会在维也纳胜利开幕。梅特涅担任主席。他的关注点在于：败北的法国不能被排除在领导强国系列之外。法国的塔列朗代表团在五个强国的谈判桌前被赋予平等权利。而这一会议撇开了中小邦国的首脑，一方面单独确立了欧洲的领土新秩序，另一方面又在此前德意志民族

263

德意志史

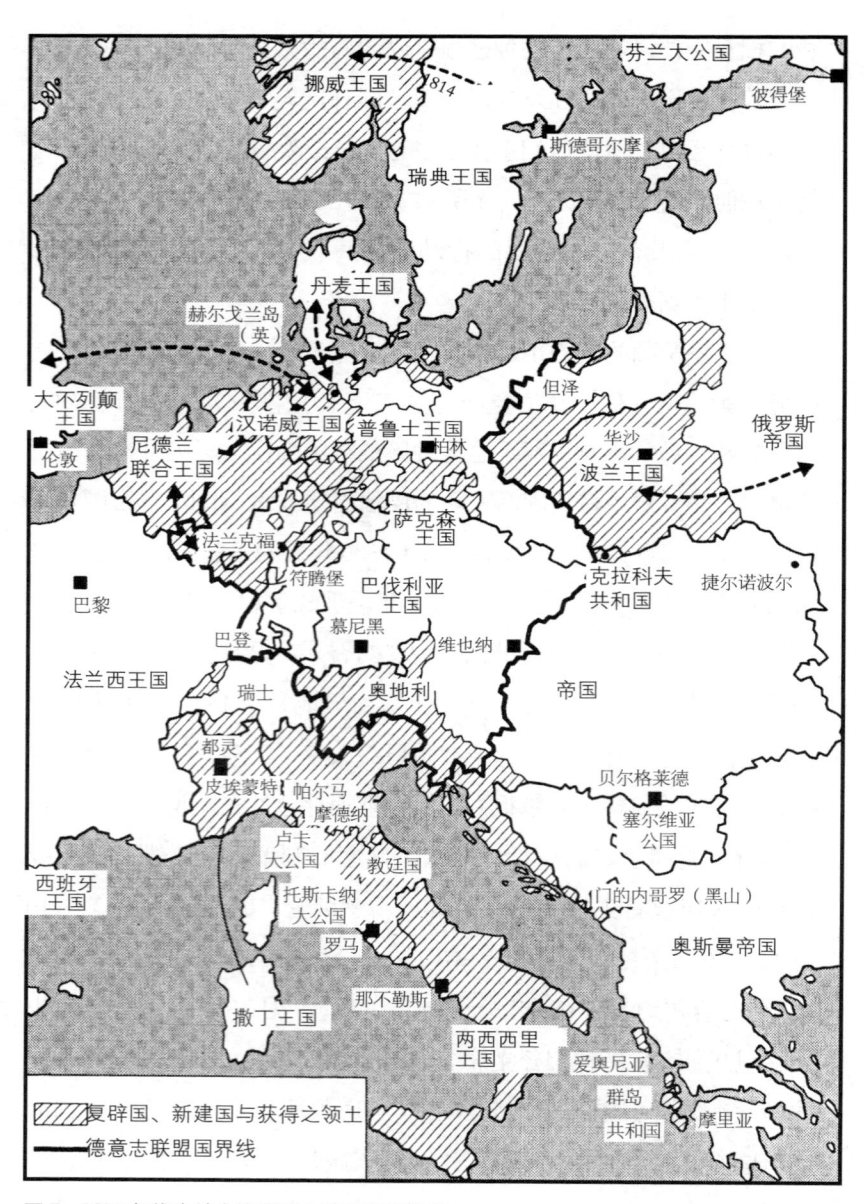

图 7　1815 年维也纳会议所确立的欧洲新秩序

264

第五章　从维也纳会议到第一次世界大战爆发（1814—1914 年）

的神圣罗马帝国领土上创建了一个新的政治秩序，即德意志联盟（Deutscher Bund，见下文）。除了一些重要例外，1792 年前大国边界再次得到了确认，被拿破仑所推翻的统治家族重新恢复王位。在此期间，君主正统主义原则，即从"君权神授"的角度来论证王侯权力的合法性，重新完全有效。只有在一些领土改变上，体现了以未来为导向的特征：如俄国获得了波兰的大片领土，即"会议波兰"[1]；普鲁士几乎转让了它的所有波兰领土，但获得了北萨克森以及威斯特伐伦和莱茵兰的更多领土；奥地利放弃了它对低地国家（比利时）的占有权，但保留了新近获得的领土，其中包括萨尔茨堡、伦巴多-威尼托和加利西亚。一个新的尼德兰王国出现了，瑞士则被确保"永久中立性"。

倘若国务政治家们本质上着力于"复辟"，告别革命的任何形式，那么参加维也纳会议的那些国家的民众仍然抱有三点期待：持久和平、统一与自由。然而，他们应该会继续感到恐惧，因为在随后的半个世纪中，尽管在事实上没有出现更大规模的战争，但追求自由宪法与民族统一的期待落空了，也未能阻止社会继续对峙的局面，而且在很多群体内日益滋生不满。许多邦君曾通过努力，动员臣民抵抗法国，并且为了强化臣民们的防御准备，在最终废除拿破仑宪法时，也曾以书面方式应允在政治上共同决断的可能性，例如普鲁士国王弗里德里希·威廉三世便在 1815 年 5 月 22 日做出过这样的承诺。但在维也纳会议后准备实践上述承诺的人，却是有限的。

---

[1] 原文 Kongresspolen，指的是议会制波兰王国，它根据个人联合的方式，与沙皇结合在一起。——译者注

具体而言，在 1818/1820 年后，尽管一些邦国（巴伐利亚、符腾堡、巴登、黑森-达姆斯塔特）在原则上坚持君主制，同时也跨出了向立宪制发展的第一步；但邦国发展主流却与之不同，大部分邦国并不允许组建人民代表大会，特别是普鲁士和奥地利。尽管如此，在随后的岁月里，在德意志的南部，特别是西南部，不仅形成了一种政治自由运动，而且还出现了（间接）选举产生的邦议会。这一进程产生了长期的、超越 1848/1849 年革命与第一个全德议会（法兰克福国民议会）的多种结果，特别导致产生了德意志境内的不同政治"气候区"。例如，公民的共决权仍然受到限制：这一方向已经得到指明，但邦君们的革新行动却比较迟缓，而且更多是作为抵制其他要求的防御策略，而不是被视作通向新时代的道路。不管怎样，从现在开始，对于整个 19 世纪争取所有公民的政治平等权及建立民主决断的人民代表组织的行动而言，基石业已夯实。

不过，让我们首先关注德意志联盟。这是从 1806 年解体的德意志民族的神圣罗马帝国中产生的政治礼物。它是一个邦国联盟，由 41 个主权邦国（包括城市邦国）组成。它拥有特定的诉求。它在维也纳所确立的目标是：确保德意志的内外安全，保障单个德意志邦国的独立性与不可受损性（联盟条款第 2 条）。联盟条款中也出现了明显进步的建议，如建议成员邦国颁布邦国等级式宪法（第 13 条）——不过，稍后不久，这一要求便被相应解释所冲淡，即规定在原则上，邦国首脑在未来仍然掌控着整个国家权力。由此，老的正统主义理论，即邦君由于君权神授而拥有毫无约束的统治地位，被赋予了新的力量。为了完成联盟的这一复辟目标，出现了一种团结一致的目标设定，即为了达到复辟目标、远离目前流行的思

第五章　从维也纳会议到第一次世界大战爆发（1814—1914年）

潮，维也纳会议召开之前在帝国代表团主决议、领地调整和新秩序中保留邦君地位的所有邦君都得到了保障。这种保障是相互之间的，甚至还被应允投入军事援助。随后数十年表明，德意志联盟首先出于这种防御功能而维持其强大面貌。它的政治出发点并非是以形塑积极的、正面的、融入性的未来为旨趣的——这是由单个邦国来完成的；它们推行或搁置改革方案，并由此导致产生了这一时代的特征："不同时代的同时代性"。此外，直到半个世纪后问题被彻底解决（1871年帝国建立）之前，德意志的政治现代化进程还不得不额外受到国际强国局势的阻滞影响。倘若一方面在维也纳会议上，中欧格局是根据五个强国（"五头"，即俄国、英国、普鲁士、奥地利和法国）的利益，按照均势原则加以组合的，那么另一方面，梅特涅作为大会的"精神导师"，则通过建立德意志联盟，来实现奥地利在德意志内的长久霸权。梅特涅的政策建立在18世纪中叶以来两大德意志强邦之间日益形成二元制的基础之上，必将面对普鲁士的坚决抵制。这一点清楚地表现在：当人们颇有道理地把1815年后的数十年称作"梅特涅时代"时，其政治氛围却表现为普奥双方相互之间窥视，彼此之间竞争，特别是在一些中等邦国的使节迟疑性地试图在两个德意志强邦之外确立第三支力量、形成"三头政治"的努力失败之后，尤为如此。

　　对于大多数人而言——他们主要继续受到迄今为止的狭隘视野之影响，受到德意志联盟那充满臣民与农民生活方式的国家之影响——这种发生在高层政治中的冲突，只是有选择性的现实。仅有少数人建议用政治变革来应对评价和行动所受到的巨大挑战：一方站着拥有统治权的邦国贵族连同他们的上层官员，再加上那些维也纳决议所涉及的贵族们；另一方则是一批深受启蒙观念和自由观念引导的新的资产阶级[1]。他们是从等级式城市市民阶层中脱颖而出的，在其个人绩效和教育中发现了与自己相关的责任，而且业已把理性、文明和进步之信仰写在了它的旗帜上。他们中间有商人、学者、自由职业的知识分子和公职知识分子。他们利用了18世纪下半叶以来所创造的交流形式和媒介——从道德周刊杂志到爱国主义社团及阅读协会——促进了深入的精神交流，并予以自我肯定。那些至今为止时常出现停滞和"惰性"的城市，现在深受上述新资产阶级的影响，努力摆脱此前与周边环境隔绝的画面，发展成为"开放的市民城市"。这一进程的另一些标志体现在：各处城墙被推翻，城门被拆卸，城市墓地被填埋。不过，下列现象也必须得到人们的重视：例如在普鲁士，1815年左右，尽管有四分之一多的人已经生活在拥有城市法的地方，但其中大部分城镇人口都在1000人以下；正因如此，在大部分"城市"中，农业生活方式、农夫生活方式以及小资产阶级的生活方式仍然继续决定着日常生活。事实上，只有那些邦都、管理型城市、大学城和商业城市，才让上述新资产阶级凯旋前进。与此同时，在德意志的一些地区，例如在普鲁士的边区伯爵领地，存在着一种值得关注的、具有创新意识的、佃农类型的资产阶级。他们同样积极地参与讨论，希望把自由的政治关系与经济关系交融在一起——例如弗里德里希·哈尔科特[2]。

这种"受过教育的资产阶级"中的不少人——特别是年轻一

---

[1] 原文 Bürgertum，该词意义丰富，可被译作"市民阶层"，也可译作"资产阶级"，译者根据上下文做出选择。——译者注

[2] Friedrich Harkort（1793—1880年），此人被称作"鲁尔区之父"，大企业主。——译者注

第五章　从维也纳会议到第一次世界大战爆发（1814—1914 年）

代——都经历了维也纳会议所带来的转折冲击。他们对会议结果深感绝望，他们对更多自由、平等、自由的政治结构与民族统一之期待，因这次会议而落空。不过，大部分资产阶级批评者除了递交过各种要求立宪的请愿书外，鉴于复辟力量的强大，都采取了回缩立场，甚至辞职回家。但与此同时，大学生青年团体却做出了两件引人关注的大事，并由此在德意志联盟内明显加速了警察国家体制的反向发展。为了纪念 300 年前路德提出《九十五条论纲》，为了纪念 4 年前战胜拿破仑的战争，青年大学生设计举行了瓦特堡节。在这一天，人们在瓦特堡发表演说，举行了轰动一时的焚书活动——其中焚烧了一根普鲁士骑兵马鞭、一条黑森辫子和一根奥地利军官拐杖——事后还发表了《原则与决议》。在德意志联盟的代表眼中，这一切无疑有着一种高度的政治爆炸力，并将引起骚乱。16 个月后，发生了一件比这次节庆活动影响更大的事情。大学生卡尔·桑德刺杀了一位被视作反动者和俄国间谍的诗人奥古斯特·冯·科策比。这件事推动复辟政府决定采取回应措施。稍后不久，1819 年 8 月，德意志联盟各邦首相在梅特涅的推动下，跨出了一大步，即通过《卡尔斯巴德决议》。1819 年 9 月 16 日，联盟会议批准了该决议。据此，针对敌视联盟的"颠覆活动"，联盟颁布了一部大学法规、一部审判法规、一部调查法规和一部执行条例。与此同时，它也允许联盟机构有可能大规模地介入个别邦国的主权范围。由此，一段政治上的"坟墓般寂静期"拉开了帷幕，并且持续了大约 20 年左右，直至 19 世纪 30 年代初出现了中断——当时，受到法国 1830 年"七月革命"的影响，统治权力不得不在短期内做出某种妥协。

　　与继续保持停滞的政治生活相反，经济情势及其相关的社会条件则在变化之中,并在维也纳会议之后的三十年间以多种方式发展成为与之相应的"运动"。在这里,与之相关的动力与其说是新的政治理念及相互交换的立宪期待,倒不如说是显而易见的、至今为止业已被人熟知的危机——这种危机的影响范围不断扩大,让与此同时持续增长的一部分人口的生活条件不断恶化。对此,原因是多方面的:一方面,德意志市场深受廉价物品的冲击,因为在拿破仑大陆封锁政策被取消后,由机器生产的英国货品(特别是纺织品)大量涌入德意志市场;另一方面,各种不同的改革努力产生了(部分始料未及的)后果,特别是在普鲁士由施泰因和哈登贝格的改革圈所推动的改革,如施泰因竭力让"劳力与资本"运转起来,允许让下层自由选择职业、推动商业发展、自由迁徙、不受限制的婚嫁等。尤其是农业改革、工商业改革和财政改革,使得个人做好了拥有更多自主权、更多经济行动自由权的准备,并且取消了许多封建专制障碍,为国家带来更高的税收,改变了传统的等级结构(不过,即便稍后进行了干预尝试,但等级仍然几乎无法被征税),改变了工商业结构(例如取消行会),改变了农业生活秩序(特别是在庄园经济中)。"贫困"被当时人越来越感受为整个生活世界的最大威胁。为了规制和总结发生"贫困"的多样性原因,人们用以下概念来确立随后发生的三个最重要的阶段:(1)"非融入化",这意味着传统的等级式安全与秩序的丧失,而一种新的社会秩序之基础却还未形成;(2)"非均衡化",这意味着至今为止以等级方式被束缚起来的、"得以驯服的"下层百姓在数量上与其他阶层形成巨大不平衡;(3)"非道德化"或"堕落",这指向当时人的一种观察。他们发现,当流动进程启动后,此前由教会、教区、职业团体和家庭联合体所赋予和

第五章　从维也纳会议到第一次世界大战爆发（1814—1914 年）

控制的有意义的规范，即便没有被取消，但也明显在实践中被弱化了。倘若人们事先不应该失去进一步完善"进步"之机会，那么他们也会置身于上述威胁不断加强的三个阶段中，面对着大部分人贫困蔓延的危险。这意味着，新诞生的"无等级之等级"，即无产阶级，都不得不面对下列三种选择（它们也是任何时代都会出现的策略）：要么被警察权力所控制；要么通过社会改革在物质和精神上被"提升"，从而融入到资产阶级社会；要么为其力量获得有意识的权力，从而确立一个完全崭新的开端——复辟和反动，改革或革命，这就是他们的选择。

不过，最终所谓激进的解决办法，只是在极小圈子中得到过讨论。这个圈子包括：早期社会主义者；巴黎和伦敦的德意志移民所组建的外国协会成员。正是在此背景下，1847/1848 年冬天，卡尔·马克思和弗里德里希·恩格斯起草了《共产党宣言》，号召"全世界无产者"联合起来，发动革命起义。相反，在德意志联盟的各邦内，那些维护现状的复辟者在根本上坚持他们的警察国家措施，同要求推进资产阶级社会改革的代表们相互对峙——这样一种对峙，当时是通过公务员群体来做协调的。在三月革命前时代，公务员被视作介于双方阵营之间的桥梁：一方是固执的国家，另一方是受运动激励的资产阶级公共舆论。有些公务员是继续坚持绝对主义统治风格的邦君的忠诚仆人，但另一些公务员代表了"公务员自由主义"，同时又信奉更为古老的共同幸福思想。后一类人受到普鲁士改革年代的促动，并结合自由的受过教育者及有资产者的不同倡议，力图减少国家约束，由社会的独特力量来消除社会弊病，建立社会组织——特别是那些在物质提高之外，在特定领域内应该为"劳动者阶级"创造联合与参与机会的协会。尽管反动政府出台了报刊审查法规，但有关上述问题的讨论，仍然大量地出现在杂志与小册子上。最迟从19世纪30年代后半叶开始，即在所谓"科隆教会冲突"和所谓"哥廷根七君子抗议"事件的背景下出现。前一场冲突的根源是由于混合婚姻的问题，普鲁士王国与天主教会之间发生争论；后一场事件指的是哥廷根大学的七位正直教授反对其邦君中止宪法的行为。这两件事促使德意志出现了值得关注和认真对待的公共观念，而这种公共观念又进一步对政府产生了推动作用。在此期间，人们可以发现媒体数量在不断增长；由此，有关日常政治的知识有可能扩散开去，并形成一场"阅读革命"（尼佩代语）。自19世纪40年代初起，出现了一种新的自由高涨期——这是自由高涨发展的第三阶段。它不再如维也纳会议之后、1830年法国七月革命所引发的德意志一系列变化之后那样微弱——例如汉巴哈节[1]与法兰克福哨兵事件[2]。此外，1840年起在普鲁士执政的国王弗里德里希·威廉四世推行了一种颇具矛盾的政策，从而加强了力图向前推进的资产阶级改革派的力量。1844年夏，两件同时发生的事导致公共舆论十分明确地向两个正好相反的发展方向前进：一件事出现在柏林。基于10年以来的成功实验，那里举行了一场光彩夺目的关税同盟展览，其特征是在排除奥地利的情况下，在德意志按照自由原则来创建一个统一的国民经济网络。在这场展览会上，首先让人感到惊奇的是在德

---

[1] 指1832年5月27日到6月1日间在巴伐利亚的汉巴哈宫举行的纪念活动。参与者主要是统一与自由运动的支持者，他们反对德意志联盟的复辟行动。——译者注

[2] 指1833年4月3日发生的一次暴动。大约100人占领法兰克福的哨所，试图启动一场全德革命，但最后以失败告终。——译者注

第五章　从维也纳会议到第一次世界大战爆发（1814—1914 年）

意志制造的第一台火车头。其制造者博尔西希以此表明，德意志企业家可以保持同英国工业相同的发展速度。另一件事是由西里西亚纺织工人发起的。他们以自发"暴动"的方式，来反对迅速让他们变得贫困的机器，反对工厂主与出版商的铁石心肠及其玩世不恭的部分行为。这场暴动很快因军队与行政当局的迅速介入而被野蛮镇压。尽管如此，在那里出现了一些救助措施和社会倡议，其中一部分来自于抱有社会家长制观念的人，另一部分来自具有社会自由思想的人。他们都发现，刚刚发展起来的德意志工业所具有的发展机会，与曾经在宽裕条件下生活的西里西亚及德意志其他邦国（例如明登-拉文斯堡）手工业者的贫困状况之间存在着不均衡性。他们试图在事实上改变这种情况。然而很快，这些努力都被政府（特别是普鲁士）所阻止。政府主要害怕的是一种自由结社机制，因为它有可能会对国家的权威性提出挑战。甚至连那些股份公司——在 19 世纪 40 年代早期，它们联合起来资助耗费巨大的铁路项目，不可不谓值得关注的创新之举——有时也会被视作潜在的危险聚集所。最后，一些被揭露的小规模共产主义小组也为内政部提供了借口，使之介入其中，并发布禁令，禁止为工人阶级谋取福利的结社运动。现在，许多失望的、首先是对国家仍然保持忠诚之心的资产阶级们也明白，掌握大权的上层并不愿意开展必要的改革，来治疗已变得持久不稳定的整个体制，因而由此加剧了社会矛盾。从现在开始，那些总是持自由立场的、不断督促发动一场社会改革的资产阶级与公务员们开始考虑推动一场政治变革，建立一个君主立宪制。人们希望，这场改革应该创造某种政治关系，以便能够通过资产阶级领导下所有社会力量之间的相互合作，来阻止日益逼近的社会革命。在如此这般"前革命意识"诞生的背景下，进一步值得关注的是，资产阶级反对派运动开始较早地分裂为两个方向：一个是自由主义方向，他们除了要求制定宪法外，还在根本上要求推动经济改革与适度社会改革；另一个是明确的、广泛的民主主义方向，他们特别要求实现如普选权、责任内阁、司法民主化等政治目标。

尽管存在上述共识，尽管在歉收与物价上涨浪潮后出现了众多因饥饿导致的骚乱——并由此让"社会潜流"似乎已变得明晰可见，但1848年"三月革命"的爆发，依然让各邦政府和资产阶级公共舆论震惊不已。它们对这场革命毫无准备。在"三月革命"前的反对派中，许多代表完全是"违背其意愿地走向革命"（特奥道尔·席德尔［Theodor Schieder］语）。这一次，动力再次来自外部，即1848年法国的二月革命。不过，尽管，法国事件把革命带到了德意志，但德意志所发生的事情却不像1830年那样。城乡民众完全不同的动机，掀起了政治操作层面上的大风大浪，迫使政府做出让步——是的，它迫使政府在所谓"三月要求"面前投降。这些要求包括：结社自由、出版自由、全体平等的选举权、全民武装权、选举产生一个国民大会。尽管如此，最初的革命性"血色梦想"很快便消逝了，整体上的"自由陶醉"也未能保持多久。有关革命目的的冲突很快爆发：一方认为目前达到的政治目的业已足够，另一方却猛烈地追求一场社会革命。与此同时，起初已瘫痪、无法行动的传统势力再次强大起来，并为反革命运动做好了准备。一些重要团体帮助了他们，因为这些团体最初竭力推动转变，此时却开始回缩，或明显同革命保持距离。例如，农民们很快达到了他们希望的目标；对于他们而言，革命意味着结束农民改革，而不是终结流传下来的义

第五章　从维也纳会议到第一次世界大战爆发（1814—1914年）

务。许多资产阶级在1848年的城市中经历了大量骚乱和罢工，其中不少运动——如一句口号所言——都不再是为了"新闻自由"，而是为了"吃喝自由"，这一切威胁到他们的安全与秩序。尽管他们对法兰克福召开全德国民议会表示欢迎，也赞赏德意志各邦召开邦议会，但与此同时，他们也期待最大可能地快速建立一个强大国家。于是，人们追求中的那个德意志民族国家越是无望取得胜利，他们便越是对保罗教堂中的集会失去信任感。尽管如此，第一个全德议会仍然以微弱多数，在1849年3月27日通过了一部令人关注的民主宪法，此外还包括一系列此前业已起草的基本权利目录。不过，反对力量——特别是普鲁士和奥地利政府——在此期间已经强大起来，不再考虑向国民议会的决议低头。弗里德里希·威廉四世最终拒绝接受法兰克福递交给他的皇冠，由此宣告计划中的小德意志民族国家落空，并抽走了这一方案的基础。随后发生了军事干涉，自上而下的钦定宪法[1]只保障了极少的议会权利，但此时却到处取代了革命岁月中提出的那些民主方案。

正因如此，倘若我们把革命同其广泛设定的目标和最初亢奋般的期待相比，革命的确以失败告终——不仅在德意志和奥地利，其实在欧洲其他经历革命的国家，都是如此。其原因则是多方面的，不能简单地归类于简单因素——如同此前社会主义历史学家提出的解释那样。实际上，面对一大堆存在的问题，各种不同的改革运动与革命运动都没有扩散开来，而且仍然于事无补。此外，各种运动力量内部存在着矛盾张力，因此"在所有政治方向上，都有现代化的潜

---
[1] 指各邦君颁布的钦定宪法。——译者注

力、阻碍的因素与以过去为导向的目标",而这是具有决定性意义的特征(D. 朗格维舍[D. Langewiesche]语)。

从1848/1849年革命到1871年帝国建立

1850—1858年	新一轮复辟时代开始:"修订版"宪法,严格的结社令等。
1850年	11月29日:"奥尔米茨草案",德意志联盟更新。
1851年	9月1日:联盟会议在法兰克福重新开幕(普鲁士公使是奥托·冯·俾斯麦)。
1853年左右	向海外移民达到巅峰。城镇生存救济体制的开端,如"埃尔伯费尔德体制"。德意志启动早期工业化(鲁尔区的跳跃式建设)。
1858年	普鲁士开始"新时代"(由于弗里德里希·威廉四世无法处理政务,从1857年开始,威廉一世执政)。
1862年	10月8日:俾斯麦被任命为首相;普鲁士宪法斗争达到顶峰。
1863年	5月23日:在费迪南·拉萨尔的领导下,全德工人联合会(ADAV)建立。 11月13日:丹麦宪法草案加剧了石勒苏益格-荷尔斯泰因问题。

1864 年	2月1日—8月1日：德丹战争。
	8月1日：《维也纳临时和约》，普奥共管石勒苏益格-荷尔斯泰因。
1866 年	6月：普奥战争爆发。
	7月3日：普鲁士在柯尼希格拉茨战役中取得胜利。
	8月23日：《布拉格和约》，德意志联盟解体。
	9月3日：普鲁士邦议会通过"事后追认法案"，即事后批准军事行动。
1867 年	卡尔·马克思出版《资本论》第一卷。
	7月1日：北德联盟宪法公布，普鲁士在其中作为霸权国家，推行普遍的、平等的和直接的选举。
1870 年	7月19日：德法战争爆发。
	9月1日：色当胜利，拿破仑三世被俘、退位。
1871 年	1月18日：威廉一世在凡尔赛宫成为德意志皇帝。
	5月10日：《法兰克福和约》，阿尔萨斯-洛林为"帝国领地"；德意志联盟宪法颁布，宣告成立三个机构：皇帝、联邦议会和帝国国会。

革命是以不幸的方式落下帷幕的。如海因里希·海涅所评论的那样，"一场革命是一种不幸，但更大的不幸是一场发生意外的

革命"。在此之后将近一百年间,无论是反动的政治阵营,还是各式各样的意识形态,都一再把这场不幸的革命视作证据,来显示德意志资产阶级在政治上的无能、人民大众的幼稚。与此相应,对1848/1849年插曲的回忆也遭到了排挤或歪曲。尽管如此,在这里,这种"不顾一切"所开创的德意志民主传统与社会国家[1]特征之端倪,却决不能被低估。不过,从更长时期来看,在政治上,大规模的前进步伐却没有出现;即便如此,在1810/1820年的时期之后,1850年左右的岁月却拥有一种更新的阶段性特征,并在随后时期内,除了给人以某些退步的感受外——特别表现为一种新的政治反动期出现在重新稳定下来的德意志联盟各邦之中——至少也产生了许多动力,来缓慢地克服上文提到的那些"现代"挑战。在1871年帝国建立之前、德意志进入高度工业化阶段之前的20年间,出现了一段"近代史上最动荡的、也最成功的时期"(R. 吕鲁普 [R. Rürup] 语)。

推动因素和拉动因素,意味着有意识地扳往新方向以及多种多样地适应压力——许多同时代人无法从这些压力下逃离出来。两种因素彼此对峙或相互补充。总体而言,在1848年存在各种各样的、彼此矛盾的期待之后,现在,占据统治地位的是一种"现实政治",即对可操作性进行理性斟酌,把针对局势的冷静的自我观点提升为行为原则。资产阶级的现实主义时代拉开了帷幕,并对几十年间的思想、行动和生活形式产生了影响。当人们用警察国家的方式来镇压每一个更为明显的政治反对派时,德意志联盟的内部形势却由于普鲁士的联盟公使奥托·冯·俾斯麦有意识推动普奥二元制而

---

[1] 原文 Sozialstaat,该词也可被译作"福利国家"。——译者注

第五章　从维也纳会议到第一次世界大战爆发（1814—1914年）

变得继续停滞不前，并让德意志各邦政府在19世纪50年代的欧洲战争——克里米亚战争[1]与意大利战争[2]——中脱身出来，以便在经济、科学与技术中，把此前业已发展起来的未来工业社会之基础，建立在更为广阔的前沿阵线之上。倘若资产阶级——特别是那些拥有自由意识者——在政治领域中受到了打击，那么现在，进步乐观主义在经济行动领域中找到了它的重要立足点。受过教育的资产阶级在法律、医学、文化、教育、艺术和管理领域中占据着关键岗位，并对政府的专家知识需求感到满意，让服务业更有质量，且让所有艺术富有意义。它的生活风格，它的艺术般标准，它的美德品质，它的行为标准（例如看一下家庭生活），它对性别在公私领域中的角色定位，以及从根本上而言它对具有特殊角色定位及意识的特别私域的"感受"（如资产阶级的圣诞节），逐渐地成为普遍的准则——之所以会如此，则是因为它统治了整个教育和培训体制，并在内容上控制着同时产生的授予学位之机制。倘若我们不考虑拥有财产的资产阶级与受过教育的资产阶级之间存在的差异性，那么此类资产阶级同样产生了以可视方式呈现其"文化"的冲动，即建造歌剧院和戏院、博物馆、纪念碑等。这些文化机构现在不仅拥有来自统治邦君或贵族赞助者的订单，而且还越来越多地获得拥有财产的资产阶级和受过教育的资产阶级们的争取。后者让城市成为文化中心和美的舞台。1808年施泰因的《城市条例》，在19世纪30年代早期及19世纪50年代被修改为更多法令。这些法令与其他德意志邦国的类

---

[1] 1853—1856年间为争夺克里米亚而爆发的欧洲战争，奥斯曼帝国、英国、法国、撒丁王国先后向俄国宣战。——译者注

[2] 指意大利统一运动。——译者注

似条例,让城市中的那些德高望重者在邦国领域内得到了相当重要的行动空间——如建立"戏院"、具有代表性的市政厅、法院、火车站等诸如此类的建筑,特别是在繁华的大街上建造令人印象深刻的私人建筑,此外还包括把传统济贫体制合理化(其中的创新之举如19世纪50年代后出现的所谓"埃尔伯费尔德体制"[1]),把"警察体制"进一步制度化以满足维护公共秩序所需。尽管如此,自世纪中叶开始,在老的手工业城市和商业城市中,在那些拥有工业特征的城市或由工业创造的城市里,出现了社会问题与卫生问题。在日益蔓延开来的下层社区内,这些问题再也无法通过暴力手段或严格制度规范来加以克服。"城镇之父们"首先更多是在情势的逼迫之下,而非出于充满远见的规划,在越来越大的范围内推行政策——后来,这些政策都被归入城镇绩效管理与生存救济之列。除了传统使命(如"规制"、防火、济贫)外,新的使命连同新技术一起登场,或者被视作必不可少之事:早在19世纪40年代,一些城市建起了城镇煤气供应——这首先成为得以改善的照明系统之基础,随后满足了私人买主与工业企业的烧菜及取暖需求。处置污水与粪便的系统紧随而至。最后,从19世纪70年代初开始,公共饮水供应系统运作起来。同样,屠宰场和养殖场的建立、墓地的监管和道路的清洁,都越来越多地由公共机构接手。在这些本质上出于防范危险而做出的措施中,卫生保健系统扮演了重要角色,因为霍乱传染病已

---

[1] Elberfelder System,埃尔伯费尔德是今天乌普塔尔(Wuppertal)的一个组成地区,19世纪中叶时成为重要的纺织业城市。埃尔伯费尔德体制指的是一种济贫管理制度,特征有三:(1)去中心化,由区级部门管理;(2)志愿者管理;(3)促进自我救助能力的提高。19世纪推行该体制的德意志城市有明斯特、科隆、布雷斯劳等。——译者注

第五章　从维也纳会议到第一次世界大战爆发（1814—1914年）

经表明，下层社区的不洁局面将会影响到整座城市的居民。尽管如此，在19世纪的后三分之一时间里，下列想法却没有发生变化：首先，在数量上跳跃式发展的城镇官员们——从（担任荣誉性职位的）德高望重者到其离职后取而代之的专业人士——发现城市是他们的成长空间，并认为有可能在城市领导下建立城市工厂或接管私人企业，以便扩大这些企业的竞争范围，获取多余物质，并让从中产生的城镇财政成为额外收入。

尽管大多数人依然生活在农村，或生活在留有农业痕迹的小城市里——1871年，大约四分之一的德意志人生活在5000居民以上的城市中——不过，从农村流向城市的迁移浪潮从未停息过，以至于让那些城市化的人口稠密地带演变为社会生活与社会问题的核心焦点。然而，不同地方的城市精英们对此产生的具体惊讶程度、财政基础、行动准备与思考程度则是完全相异的，以至于到19世纪末，城市系统的区别，不仅源于社会经济的初始条件，而且还体现在其生存救济措施的广度与影响范围中。但是，面对"三月革命前时代"以来不断产生威胁的、从农村蔓延到城市的"社会问题"，所有解决尝试都只能在中长期实践之后才能取得成功——即便它们已经成功地把此前已经存在的、狭窄的食品供应回旋空间加以扩大，并阻止了业已显现危险性的人口爆炸趋势。这一方面取决于19世纪50年代初开始农业栽培技术与施肥技术的明显改善，并在世纪末取得首次成功，另一方面取决于1845—1858年间首次大规模外迁浪潮带来的人口数量锐减——在这段时间里，大约有150万德意志人移居海外，特别是美国。不过从长期来看，19世纪中叶后的工业突破——即所谓"起飞"（罗斯托［W. W. Rostow］语）——对贫困问题在本质上得以解决是产生影响的。尽管在数十年间，大量人涌入工业中心以及在这些中心迅速发展起来的工厂里，使得那些处于贫困状态中的农业下层成为接受剥削的产业工人，但这种发展同时也导致所谓"社会问题"逐渐尖锐化。19世纪下半叶，资产阶级社会在根本上把上述"社会问题"感受为"工人问题"，并加以讨论。

从工业发展中，人们的日常生活方式与价值序列都出现了变化，并与前工业时代的局势完全不同。这种具有决定性意义的变迁产生了至今为止仍有影响力的后果。我们只有在回顾中才能发现上述后果所产生的爆炸力。在这里，我们只能以例证方式谈到两个观点。其中之一涉及日常生活中的时间意义：由"时间就是金钱"（富兰克林［B. Franklin］语）这句谚语产生的新的"时间经济学"，导致传统的、"自然的"劳动节奏在越来越多的职业领域中失效，并让大工厂的劳动时间内在化，以配合既定时间分配中的机器节奏。持续不断的劳动、准时性、始终不变的绩效准备、自我约束和节俭，这就是"工业性"伦理。这种伦理在广泛前沿地带——并作为18世纪以来由新教教士、民族教育者与国民经济学家所宣扬的劳动道德的具体化——为儿童课程、礼拜指引、大量写给民族的令人激动的著作内容确立方向。国家开始关注到童工的弊处——童工首先是劳动教育所产生最重要影响的对象——因为它影响到男性青少年的健康、劳动力与保卫能力，因而需要用法规来加以限制。例如在普鲁士，1839年出台了德意志的第一部现代社会政策法规，即儿童保护立法。尽管如此，在学校里，除了教育下一代敬畏上帝、热爱统治家族外，深入教导他们勤奋劳动继续是教育的首要目标。由此争取的劳动纪律内在化，则是工厂顺利生产的必要前提——但这只是奖章的一个

第五章 从维也纳会议到第一次世界大战爆发（1814—1914 年）

方面；另一方面则表现在不可避免的强制性，即工人必须每日劳动时间多达 16 小时（如在纺织业中），每周劳动时间多达 85 小时，甚至 90 小时，以便保障自己的最低生存所需。对于一个家庭而言，这样的收入往往是不够的；尽管资产阶级社会改革家要求在疾病、事故与残疾发生时建立救助机构，但在当时，相应的救助机构仍然是罕见的。即便有，也完全是覆盖面不广的例外情况，而且储备紧急钱款之举也缺少财政上的腾挪空间。此外，工作场所内事故发生可能性高、明显有损健康的工作条件，以及糟糕的居住环境，都扩大了工人如前工业时代般的贫困状态。但对于不少工人而言，刚刚起步的工业仍然让他们获得了与之相应的举止、才干与上升契机，因为重工业工厂的大规模扩张使得企业结构与劳动过程有必要进行内部区隔与等级划分。正因如此，在这一时期，一方面，人们发现，工人中出现了一群工人精英；另一方面，在产业劳动与工厂所有者之间，从事技术与贸易的职员构成了一个新的中间阶层。尽管在德意志，还没有出现英国那样有关矿工正常劳动时间的法律规定；但在 19 世纪 60 年代末，人们业已开始把上文提到的对于劳动时间的广泛利用转变为深入利用。企业系统内的技术进步与变革，既源于、也有利于一些企业主日益扩大的视野——尤其在资产阶级批评家的督促下，还应考虑到正在兴起中的工人运动所提出的相应要求。"缩短每日劳动时间，在封闭的企业内，在某种程度上，有利于工人的幸福和利益。根据经验，从长期来看，工人的绩效能力并未由此减少，反而因此而提高。"——这是 1867 年明兴-格拉德巴赫的企业主为推行 12 小时工作制而表达的理由。无论如何，到第一次世界大战爆发前，工业（不含家庭作坊与农业经济）的每周劳动时间已缩减

294

到 55 小时左右。对于（在有限范围内的）工人而言，此举在某种程度上孕育产生了"休闲时间"。

第二个视角——部分与上述第一个视角紧密联系在一起——指向老年人与青年人之间的关系，而这种关系又越来越等同于新旧之间的关系。在前工业时代，老人大部分被视作流传知识的守护者与聪慧顾问。然而现在，由于老人们的才智已不再伴随许多更新、技术发明、变迁趋势与转换必然性而增长，因此失去了他们此前重要的社会功能。对于人们而言，老年人由于失去劳动力，特别是下层不可避免地将会遭遇到贫困之命运，他们被视作一种负担，一种"伤残化事故"。倘若在 1832 年汉巴哈节上，人们明确用下面一句话来强调新老交替的积极一面："青年人从成人那里接收智慧的建议，人们则愿意在青年人闪闪发光的勇气中燃起激情"——那么，在 19 世纪后半叶，"进步"与"青春"则越来越被视作并列之物。一方面，人们对青年力量推崇备至；另一方面，人们又高度赞赏青年人的适应能力与执行能力——这种想法持续不断地扩展开来，又适应了一种日益增长的"恐老症"。在这一方面，工业企业主所寻找的工人是那些能够最大程度地挖掘其劳动绩效者，而它们毫不困难地抛弃那些变虚弱的或适应能力较差的工人。寻找工作者（那些已做好准备的"工业后备军"）形成了持续不断的浪潮，以至于企业主可以不断地找到更好的工人——换言之，能力最强者，以便确保更为年轻的劳动力。对此表示不满的，不仅是那些社会主义理论家——如卡尔·马克思，他的主要著作《资本论》的第一版在 1867 年付梓出版——和工人运动，而且还包括那些资产阶级社会改革家群体与一些城市的管理者们——在这些城市里，大量人因年龄增大而被工业

第五章　从维也纳会议到第一次世界大战爆发（1814—1914 年）

企业解雇以致变穷。而当此类人的数量突然增多时，这些城市不得不面临越来越严重的贫困问题。早在 19 世纪 50 年代，社会改革家们已经开始寻找相应的解决方案：国家救助、相关者的自助、家庭生活的稳定化——因为在家庭范围内，老人们应该找到一个更为稳定的晚年——作为非此即彼的选择，或者作为相互联系在一起的选项，成为人们的争辩对象。尽管如此，只有当 19 世纪 80 年代晚期俾斯麦的社会保险立法出现后，一种（首先受到严格限制的）救助才得以出现。在早期工业社会中，除了许多大范围的"儿童病症"外，老年贫困——它不仅仅出现在下层，许多中间阶层也是如此，特别是出现在那些独身女性与寡妇那里——已经成为一种特别让人心情沉重的现象。而与此同时，"年轻状态"不仅仅被视作生物性的过程阶段，而且还被形塑为一种价值。最后，它在 20 世纪的青年人崇拜与青年人神话里找到了其夸张性的延续表现。

1848 年革命后的十年间，工人运动逐渐兴起。尽管在 19 世纪 50 年代，所有政治组织都曾试图采取深入规制的手段来镇压工人运动，但后者仍然改变了社会内在结构，让本质上的、我们今天的政治生活面临着具有决定性意义的时刻，即工人运动建立了现代意义上的政治党派，形成了经济性的利益团体，建构起在社会上行之有效的大型组织。在三月革命前时代，它是一种社会性与政治性的结社团体；随后发展为国民议会和早期议会中的党团组织；到帝国建立时，它已经成为"非组织化的志同道合者的共同体"（W. 托尔敏［W. Tormin］语），进而成为组织更严密的、拥有或多或少清晰党纲的政党——其目标是赢得政治权力和影响力，以改变社会关系。倘若人们谈论德意志政治文化，那么简言之，德意志曾出现过一种典型

285

的五党体制。这种体制的源头在三月革命前时代，到 19 世纪 60 年代才开始拥有更为清晰的轮廓。不过，在 19 世纪 50 年代末——当时普鲁士在国王更迭后进入"新时代"——德意志已停止执行政治上的镇压措施，自由力量重新被赋予更多的行动空间。从三月革命前时代和革命中的激进民主派里，1861 年出现了进步党；大部分所谓的老自由主义者从 1866/1867 年后团结在民族自由党中；与此同时，保守派组建了一个自由保守党（后来改名为"德意志保守党"）。自 19 世纪 30 年代末发生科隆教会冲突后，期间形成的政治天主教主义首先在南德打下了政党基础。不过在 1870 年，考虑到公众反对天主教会的"反动"理论之压力——就在这一年，罗马颁布了教皇"永无谬误说"——普鲁士上议院的信仰天主教的议员们决定成立中央党。直到魏玛共和国谢幕，该党尽管在组织上相对松散，但却是德国最稳定的政治力量。第五个政治"阵营"是社会主义者。1863 年，费迪南·拉萨尔成立了"全德工人协会"。1866 年，奥古斯特·倍倍尔和威廉·李卜克内西成立萨克森人民党。1869 年，萨克森人民党改组为社会民主工人党。1875 年，"全德工人协会"和"社会民主工人党"在哥达合并为德国社会主义工人党。

当时，这些政党只能在议会的狭小范围内寻找政治空间。与此相似，从 19 世纪中叶开始，德意志社会也在狭义的政治层面上组织起来。如果说，在等级社会向资产阶级的阶级社会过渡中，尽管各种协会并不专业，而且大部分只是在小范围内活动，但它们已经拥有了一种重要的桥梁功能；那么，人们期待团体利益得到更强的、公开的聚合，期待对国家经济政策和社会政策施加相应的影响力，期待把拥有相似目标的人和团体聚合起来，所有这些期待最终促成

第五章　从维也纳会议到第一次世界大战爆发（1814—1914 年）

了协会组织形态与总会组织形态得到进一步扩展。这一光谱多种多样，这里只能略举几例：从德意志历史与古代协会总联合会（1852年）到德国酿酒者联合会（1857年）、德意志国民经济大会（1858年）、采矿业利益联合会（1858年）、德意志贸易大会（1861年）、全德妇女协会（1865年），到德意志境内最早的企业主联合组织，即德意志印刷业协会（1869年）。

19 世纪 60 年代末，当大部分德意志邦国取消或明确放松结社禁令后，第一批更大规模的工会联合会出现了：1868 年，从"全德工人协会"中诞生了全德工人联合会；同年，立场接近进步党的希尔施-敦克尔工会协会成立。现在，这些协会拥有更大行动空间，不少联合会与大型组织连同它们的地方分部及地区分部，总是为越来越多的人提供介入公共生活的可能性，让他们支持有目的的利益代表机构，并有机会练习各种参与形式。

同样因为这一点，超越德意志各邦疆界的组织努力，尤其让那些自由资产阶级把狭小的政治共决可能性与德意志邦国分立制度视作任何一种进步的主要障碍。正因如此，19 世纪 50 年代末和 60 年代初，政治辩论越来越明显地围绕"民族问题"而展开——这一点不仅可上溯到 1848/1849 年建立一个德意志民族国家的失败尝试，而且还体现在完全实用主义的历史观下，即在经济、贸易和税收制度、交通规划与邮政体制、货币、度量单位等方面的统一化。早在 1850 年，普鲁士便已经冒险尝试建立一个由它领导、把奥地利排除在外的小德意志国家联盟。不过，此举以失败告终。哈布斯堡君主仍然继续扮演主导角色，继续维持德意志联盟的模式。尽管如此，普鲁士政府仍然成功地在未来把奥地利排除在德意志关税同盟之外，而只是在 1853 年与奥地利协商签订了一份贸易协议，让奥地利首先确保得到极为有利的条件。于是，有关民族问题的解决之道，变得越来越明显起来——它只能由一个德意志强邦来战胜另一个强邦而得到解决，一山再也不能容下二虎。正因如此，1859 年，普鲁士的拥护者们团结一致，集合所有小德意志解决方案，成立了民族协会；而与此相反，普鲁士的敌人们则更倾向于推动德意志联盟进行改革，并希望继续由奥地利来担任领导角色——1862 年，他们在法兰克福成立了一个改革协会。

在几年间，这种发展越来越有利于普鲁士，一种小德意志解决方案已成为不可逆转之势。当然，这种趋势源于当时一连串同时发挥作用的因素：如普鲁士在关税同盟中进一步稳固自己的地位，并由它来制定规则（1861 年，它的贸易法案很快被大多数成员邦国所接受）。再如普鲁士在外交上也取得了成功，特别是它与俄国交好；此外还首先体现在一种果断坚毅和目标明确的内政。尽管存在持续不断的反对声，但上述一切仍然以几乎毫无顾忌、同时又考虑周到和颇具弹性的方式加以推行。这一切的实践者在其 1848 年首次公开登场时，是以专制反动派、拒不妥协的君主体制维护者的身份出现的。此人就是奥托·冯·俾斯麦。1862 年 9 月，威廉一世任命他为首相，以便在其帮助下，解决议会与政府之间围绕普鲁士推行一场广泛军队改革而爆发的几乎无解的冲突。持自由立场的反对派在新时期的数年间力量增强，成为普鲁士上议院内占据统治地位的阵营。尽管他们在本质上并不反对军队的现代化与改造，但他们的忧虑是：倘若军队力量被有意识地翻倍，军人服役时间从 2 年延长到 3 年，就会在根本上制造了一种权力工具，以至于让社会受到进一

第五章　从维也纳会议到第一次世界大战爆发（1814—1914年）

步的规制，并加强专制国家的力量。正因如此，自1861年起，上议院的多数派拒绝批准国家预算案——这是根据宪法规定议会唯一有可能发挥作用的领域！不过，这位新的"冲突首相"满足了国王的期待；他不顾所有的反对意见与合乎宪法的想法，在没有议会的情况下统治，并同时利用所有机会来压制奥地利在德意志联盟中的地位。在此期间，面对他的所作所为，自由派最终分裂了。在这场普鲁士"宪法冲突"中，自由派在俾斯麦的行为方式面前无法达成统一。

　　随后，这种愈陷愈深的立场出现了根本上的裂痕。推动其发展的，是1863/1864年丹麦事件。在那里，当国王更迭后，原本与荷尔斯泰因"永久"结盟、但不属于德意志联盟的石勒苏益格公国并入丹麦的老目标，再次被新国王拾起。而此举在最大范围内的德意志公众中激起了民族意识。俾斯麦按照他的想法利用了这种局面。1864年，他把奥地利拉到普鲁士一边，让它卷入德丹战争中。在一场迅速取得胜利的战争后，奥地利得到了荷尔斯泰因的管理权，而石勒苏益格则归普鲁士管理。不过，从一开始，奥地利人就感到自己处于不如普鲁士的地位。从中产生的冲突最终导致两国在1866年夏兵戎相见。这两个在德意志对峙长达一个世纪之久的强国，最终陷入具有决定性的、而且是军事性的交手中。战争结果有利于普鲁士。普鲁士在柯尼希格拉茨战役中取得了胜利，其军队在毛奇元帅的率领下赢得了压倒性的威望，随后成立北德联盟——这是一个以美因河为界成立的普鲁士–北德帝国，上述一切都为1871年小德意志式帝国建立奠定了关键的基础。此时出现的北德联盟宪法，在略作修改之后，就成为了此后德意志帝国的宪法。俾斯麦取得了成功，

289

正如他此前所宣称的那样，按照普鲁士的想法来解决民族问题，不能通过"演讲与多数决议……而是通过铁和血"。就在战胜奥地利不久之后，俾斯麦便与议会达成了和解。他提出了事后批准军队改革的议案，而且得到了议会的追认。现在，如何评价俾斯麦的胜利及其进一步的政治观念的争论，最终让自由派分崩离析。多数人从现在开始成为民族自由党人。他们放弃了自己的反对立场，开始追随"通过统一来实现自由"的防御策略。到1878年为止，尽管俾斯麦推行非自由的权力政策，但民族自由主义者始终是俾斯麦的重要盟友，使之有可能发动一场"自上而下的革命"。与此同时，一些老保守派则批评俾斯麦接近自由主义者的做法，并同他保持了距离。相反，自由保守派则不顾一切地支持帝国首相，准备与民族自由主义者达成妥协。抵制俾斯麦"白色革命"的新反对派一方面来自一部分保守派，另一方面来自左翼自由主义者。左翼自由主义者拒绝批准事后追认法案。此外，第一批社会主义议员通过普遍的、平等的、直接的、秘密的选举权（男性独有），得以进入北德帝国议会。最后但同样重要的是政治上的天主教主义。1870年以后，这批人在中央党内联合起来，形成了一支重要的反对力量。它必须在很多战线上面对敌人：它反对俾斯麦具有国家新教主义色彩的集权体制；它反对政治自由主义；它反对社会主义者的唯物主义。在19世纪70年代初，该党在国家与教会之间的"文化斗争"中变得更为强大，且内部团结一致。

当俾斯麦成功地解决德意志内部与普鲁士内部的冲突问题——解散德意志联盟，建立一个"关税议会"，搁置宪法冲突——并与南德各邦缔结秘密协约后，便有可能让德法关系中的一场危机走向巅

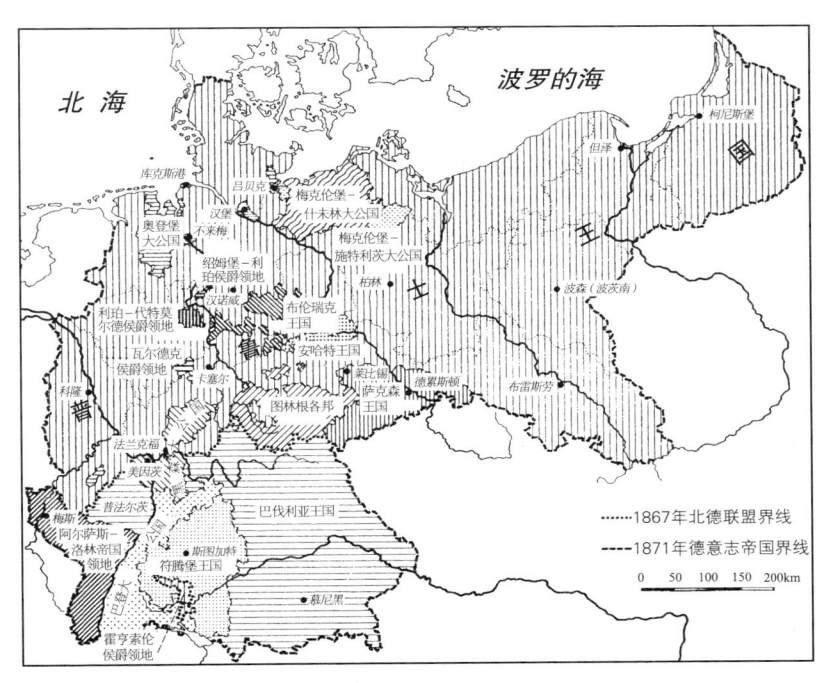

第五章 从维也纳会议到第一次世界大战爆发(1814—1914年)

图8 北德联盟与1871年的德意志帝国

峰。拿破仑三世统治下的法国带着极大疑虑观察着德意志联盟的内部变化，并把霍亨索伦家族的列奥波德王子继承西班牙王位一事视作极大威胁。俾斯麦在宣传鼓动上利用了著名的"埃姆斯电报"[1]。在这份电报中，法国提出了最后通牒式的要求——这一点表明，法国政府和俾斯麦一样，都希望发动一场战争。最终，1870年7月17日，当法国政府宣战后，这场战争拉开了帷幕。在德意志，结盟行动出现了：南德各邦站在普鲁士一方参战。在民族激情大浪的支持下，在毛奇深思熟虑和快速推进的战争领导下，德意志联军在1870年9月1日的色当战役中取得了关键性胜利，俘虏了拿破仑三世。不过，巴黎新成立的共和政府的斗争还延续了数月之久。早在1871年1月底停战之前，已经出现了一个具有重大影响的，从历史角度来看却存在问题的，但被德意志的同时代人欢呼雀跃的结果，即在1871年1月18日，在凡尔赛镜厅，德意志邦君们在巴伐利亚国王路德维希二世的带领下，向普鲁士国王威廉一世这位1848年的"霰弹王子"[2]欢呼，推举他为德意志皇帝，并高声宣布建立带着一连串期待的新的、小德意志式的帝国——然而，该帝国随后只存在了半个世纪。

现在，民族统一实现了。但其方式却完全不同于此前数十年间

---

[1] 指普法战争的直接起因。1870年7月，为阻止霍亨索伦家族的一位王子继承西班牙王位，法国大使受命在埃姆斯觐见普王威廉一世，要求后者以霍亨索伦家族的族长名义禁止该王子前往西班牙。普王答应了这一要求。随后，国王侍从把相关事宜通过电报，告知身在柏林的俾斯麦。俾斯麦则修改了几个词，将其公之于众，由此挑起了普法两国民众的怒火。——译者注

[2] 当时威廉一世还是王子，在镇压革命派中表现积极，因而受到自由派的讽刺。——译者注

第五章　从维也纳会议到第一次世界大战爆发（1814—1914年）

资产阶级自由主义者所设想的那样。这种方式是：德意志邦君们在普鲁士领导下结成了战友，并在舞台背后达成了各种各样的协议，特别是普鲁士与巴伐利亚之间的协议，使得帝国以"自上而下"的方式形成了邦君联合体。除了左翼阵营的极少数人外，欢欣鼓舞的同时代人几乎都没有发现从一开始便存在的内政脆弱性，也没有发现根深蒂固的负担，即德意志人与法兰西人所缔结的冷酷的"强制和平"——首先是支付高达50亿法郎的赔款，其次是把阿尔萨斯-洛林割让给德意志帝国作为新的"帝国领土"——从长期来看，此举必定会导致糟糕的后果。与之相反，当时占据统治地位的现象却是：大部分政治家与社会领袖们自吹自擂；威廉一世发现"上帝引导下"出现的"转折"；许多德意志人（如历史学家西贝尔）相信，在"君权神授"中，德意志民族经历了"伟大之事"。

充满激情的自由主义者期待通过建立更为自由的结构，来让专制集权国家缓慢地转变为一个民主国家体制。然而很快，这一想法被证明是幻觉。与国会的选举制不同，德意志各邦——特别是普鲁士（三级选举制）——大部分仍然保留着非民主体制。尽管帝国宪法是从北德宪法中修改而成，但普遍的、直接的、秘密的和平等的选举权（仅限于男性）只是停留在国会选举中，而且国会对政府事务几乎毫无影响力。

政府事务是由君主及其唯一信赖的帝国首相所决定的。而帝国首相同时又担任普鲁士首相。在俾斯麦时代，虚弱的帝国国会与政党，如同普鲁士占据统治地位的联邦议会那样，不得不满足于似乎生活在"首相独裁"中，至多可以寻求在立法时通过参与决定的可能性来施加政治影响力。宪法内容及其确立的符合宪法之未来，并非人们梦想中的民主选举产生的国民大会——这是1848/1849年人们徒劳无益的争取目标——而是一个由民族君主专制国家所颁布的政治路线。

为了补偿"臣民们"在政治形塑国家与社会中有效参与不足的问题,新帝国除了实现民族团结,创造一个在普鲁士领导下的联邦国家外,还赋予他们以一种自豪的自我意识,创造一个军事强大、经济技术现代化、国家富有影响力的新强国。这种"自上而下"革命的结果便是历史学家时常描写的"非同时性",即一方面是具有活力的工业社会在19世纪70年代进入高度工业化发展时期,它表现为现代性;另一方面是一种前现代的、基于专制原则的、旨在维持现状的政治统治体系。

帝国:在现代化与故步自封之间的国家和社会

1871年	4月18日:德意志(第二)帝国的宪法生效(这是一个联邦国家,柏林作为首都)。
	12月10日:"首相条款",在帝国层面上针对国家与天主教会的"文化斗争"的第一个措施(1870年,这场文化斗争爆发:第一次梵蒂冈大公会议,教皇"永无谬论",宗座权威)。
1873年	5月9日:"维也纳股市狂跌";随后德意志出现"建国年代危机",更为严重的国际性经济危机。

第五章　从维也纳会议到第一次世界大战爆发（1814—1914年）

	10月22日：德国、奥匈帝国与俄国之间缔结三皇协约（1881年、1884年和1887年更新）。
1875年	全德工人协会（ADAV，拉萨尔派）与1869年在爱森纳赫成立的社会民主主义工人党（SDAP，倍倍尔与威廉·李卜克内西领导下的社会民主工人党）在哥达合并为德国社会主义工人党（主席是倍倍尔）。
1878年	俾斯麦从自由主义阵营转向保守主义阵营。政治反犹主义开始。
	7月12日：政府有关"建立保护关税"的提案被国会接受，由此开启德国保护关税政策。
	6月13日：柏林大会召开。
	10月18日："反社会党人法"被接受（在皇帝两次遇刺后）。
1881年	11月17日："皇帝宣言"针对社会政策，准备国家社会保险立法（针对工人：1883年疾病保险；1884年事故保险；1889年老年与残疾保险）。
1884/1885年	德意志在非洲建立殖民地，开启了殖民地建设。
1887年	6月18日：德意志帝国与俄国缔结再保险协约。
1888年	3月9日：威廉一世去世，开启"三皇之年"；弗里德里希三世在99天执政后去世；随后，威廉二世继位。
1889年	5月：鲁尔区的矿工罢工（19世纪德国的最大

	规模罢工）。
	7月：第二国际在巴黎成立（要求实行8小时工作制）。
1890年	3月20日：俾斯麦去职。
	3月28日：宣布不再延长与俄国的再保险条约（随后俄法接近）。
	6月1日：工人保护法修正案与工商法庭法修正案生效；威廉二世的"新时代"之反映。
	秋天：反社会党人法不再被延长。
1891年	社会主义者重新在德国社会民主党（SPD）下团结起来，发布《爱尔福特纲领》；在随后岁月中持续性地取得选举胜利。
1900年	1月1日：民法典（BGB）生效。
1901年	"柏林候鸟协会"成立；由此开启了资产阶级青年运动，其背景是大量资产阶级期待出现生活与社会改革。
1905—1913年	协约国在一系列国际危机（摩洛哥、波斯尼亚、巴尔干）中越来越紧密团结，德国外交政策咄咄逼人。
1908年	4月19日：新的结社法（赋予妇女参加政党的组织权）。
	8月18日：女校改革；允许妇女进入大学学习。
	10月28日：《每日电讯报》事件发酵；其结果是严重削弱了皇帝的地位。

第五章　从维也纳会议到第一次世界大战爆发（1814—1914 年）

| 1911 年 | 11 月 19 日：《帝国保险条例》颁布。 |
| 1914 年 | 6 月 28 日：奥匈帝国王储弗朗茨·费迪南及其夫人在萨拉热窝遇刺，由此导致第一次世界大战爆发。 |

倘若人们想到，不仅是纳粹的第三帝国，而且是第二次世界大战之后的两个德意志国家，在长达数十年时间内，都是由这么一帮人所决定的：他们在第一次世界大战前的德意志帝国中度过了自己的青年时代，他们都深受一个人的影响——那么，人们便自然会用完全特殊的方式去拷问德意志历史的延续性问题。这一点不止反映在德意志历史中。倘若人们对战前某些局势的长期效果（即便存在着 20 世纪的所有转变）进行研究，倘若人们对东欧、东南欧最新发展的源头提出问题，那么这种延续性问题也是重要的。帝国的先天缺陷造成了长时期负担与内部撕裂格局。对此，当时代人带着部分疑问，徒劳无益地试图用某些热心肠的方法来解决问题；另一方面，他们又企图通过强国的权力政策，来压制中欧与东欧不同民族共同体的自决愿望——而此举不仅造成了 20 世纪上半叶的冲突局势，而且直到今天，还在不少层面上令人吃惊地继续发挥作用。当人们解释帝国建立以来的德意志历史时，处在核心争论焦点的问题是如何解释从帝国向纳粹主义发展的长时段路径；此外，人们时常还会争论有关一条"德意志特殊道路"的问题。据此，这种道路导致的结果是：若与其他工业国家相比，1871 年成立的德意志帝国颇为典型地、持久性地显示出其与众不同的矛盾特征。一方面，这个国家因社会经济的快速变迁而出现了社会层面上的现代性；另一方面，它

在体制内涵上却仍然是被固化的、陈旧的、独裁式的专制国家。正因如此，如同人们强调的那样，德意志帝国由于缺少（自由的）资产阶级特性，同时在国家政治变迁与社会变迁之间缺乏同步性，从而导致以咄咄逼人姿态登场的民族主义不期而至。这种民族主义作为最重要的融入元素，服务于内部已被撕裂的帝国。它高声索要"阳光下的地盘"，换言之：德意志帝国虽然以相对较晚的时间才登上世界政治舞台，但它要求被认同为世界强国。

当然，人们可以说，所有的现代工业国家或多或少都可以被视作特例。不过，毫无疑问的是，若与其他国家相比，这条通往现代的德意志道路却更多表现为专制国家特性，以及由高级国家公务员阶层所承担之发展。但是，这些统治精英们以各种方式得到了拥有财产的资产阶级之维护；与此同时，受过教育的资产阶级们还从意义赋予和解释方面对其加以支持。这些诊断已经表明：强调德意志缺少资产阶级特性的理论至少必须得到进一步的区分。尽管帝国政治领袖们的精神视野实际上是在前工业时代培育起来的，占据统治地位的是与之相适应的权力定位与运作的专制形式——这些都是正确的——但是，在社会生活的许多领域中，却出现了专制国家与大量拥有财产的资产阶级、受过教育的资产阶级之间的共生体。倘若两者之间不存在如此深入的相互交流与彼此依赖，那么帝国那些严重的内政冲突是无法长期存在而不影响国家的。同样，一方面，经济危机、快速工业化与城市化、尖锐的城乡差异、浩大的国内迁徙运动、持续走向巅峰的阶级对峙、所谓来自"帝国敌人们"的威胁，诸如此类种种导致普通公民陷入持续性不安之中；另一方面，由国家官员、改革家和改造世界者所带来的各种救赎及解决方法，又不

第五章　从维也纳会议到第一次世界大战爆发（1814—1914年）

断地呈现在这些普通公民面前，以至于内部的民族建构仍然继续前进，并最终达到至少短期内为人所接受的"1914年精神"[1]。正因如此，简直让人感到陶醉的是，民族觉醒与统一感出现了。它们超越了所有的对峙矛盾，在战争爆发时，几乎完美无缺地席卷了整个德意志民族，并让他们从一开始就支持德国的战争目标。它同样可以被用来证明，即便德意志人没有接受西方民主形式，但他们依然能够团结一致，拥有统一的国家意识，并显示民族的强大一面。一种在某些人那里存在时间很短但在另一些人心中却持久存在，而且被抬高如信仰那样并被视作神话的观念出现了，即相信德意志人在世界历史中拥有其使命；它应该在战后不顾灾难性的结局而得到重新召唤。在此背景下，有关"德意志特殊道路"的理论，在根本上被缩减为证明一种特殊的德意志使命意识——虽然帝国存在着各种内部矛盾，但这种意识依然成功地从中脱颖而出——当1918年帝国崩溃时，它并没有放弃作为其精神的意义赋予者之角色。正好相反！就这一点而言，从帝国建立到1914年的时间段充满着紧张感，存在着一条极为明显的曲线，以至于让此前"已千疮百孔的、奇特的"、临时发挥作用的帝国（G. 弗赖塔格［G. Freytag］，1871年）显得如此前后矛盾。离心力与向心力，明显对峙与融入推动——这些彼此并存，相互作用，最终让越来越多的人——无论是怀着完全乐观主义的期待之心，还是以宿命论式的顺从形式——承认，只有一场战争才有可能发挥协调作用，并最终带来一种解决之道。

---

[1] 指德国在第一次世界大战开启时的一种意识，即认为这场战争将证明德国式发展道路相对于英法式发展道路的胜利。——译者注

在最近几年，有关战争之前的发展进程，已通过一连串个案研究与大规模的整体描述，在根本上得到了分析。其中，该时段的矛盾性也表现在人们对它的历史评价出现了分歧，对于帝国的光明与黑暗之描述也是各有差异的。在这里，我们主要根据解释的视角与权重的不同，来强调两个时刻：一方面，压制性帝国政策的成功，是与资本主义对于社会的渗入联系在一起的；另一方面，从帝国建立到一战爆发前夜的大约40年时间里，资产阶级的改革愿望与适应准备贯穿始终。

值得关注的是，在内部的时段划分时，我们发现，时段部分可依据经济史导向，部分可依据政治社会史导向，但每一种导向都明显存在着偏离阶段和转折点。例如在经济发展方面，帝国的第一个阶段早在1873年便已结束；19世纪中叶左右则开启了工厂制度不可逆转地得到确立的阶段，连带着重工业的快速发展，特别是铁路建设——然而与英国不同的是，工业革命的这一领头部门却汇集为"建国年代危机"。在繁荣岁月中，德国企业家们通过有目的地模仿西欧榜样，得以摆脱他们作为"迟到者"的角色。在此之后，1873年秋天，股市暴跌，随后出现了萧条景象，连同经济波动趋势，持续影响到19世纪90年代中叶。对于一直信仰进步的当时代人而言，这一切让他们颇受打击。同样，事实上，即便自19世纪80年代以来，国民生产总值与工业生产再次恢复持续上涨的趋势，并最终伴随新工业（如化学、电力工业）的快速发展而促成"第二次工业革命"，但从此时开始，有关工业系统容易受到危机感染的意识却广为流播；特别是与此同时，农业又经历了一次萧条，其原因在于北美和俄国农产品对国际谷物市场产生了压倒性的冲击，以至于德国粮

第五章 从维也纳会议到第一次世界大战爆发（1814—1914年）

食价格下跌。在人们的意识中，上述两种危机体验相互影响，进一步得到增强，因为在数十年间，德意志帝国曾经是、也依然是融工业国与农业国为一体的国家。就这一点而言，无论是大工业以及机器产品在技术上的持续改善，还是在外国竞争压力下产生的适应成果，都让手工业、商业与农业中的许多中小企业感受为具体的生存威胁。一系列手工工场不断地失去了生存意义；另一些手工业部门则或多或少地努力从生产定位转向服务定位；与此同时，建筑行业却变得越来越重要，并得以出现一种十分繁荣的场景。或许不能说出现了手工业的全面崩溃，但部分痛苦的结构转型似乎已经出现。这种转型让大量至今为止生活受到保障的手工业家庭丧失了地位，并被迫重新转行，进而导致产生忌恨情绪、不安全感，以及寻找替罪羊的心理。特别是帝国内部快速传播的反犹主义，在此处可以找到它的主要源头。

同样在农业领域里，愤怒与猜忌也出现了。尽管在19世纪80年代农业市场出现强力反弹后，帝国农业缓慢恢复生气，但农民与其他农村居民对其受到挤压的生存状态，从现在开始却不再保持沉默，而是怨声载道。因为大农业主同样陷入困境，所以当时容克贵族与农民之间的传统对峙关系逐渐得到缓解，而农村越来越成为一种利益和谐的场所。不过，与此同时，城乡之间的裂痕则进一步加深，并导致人们后来对大城市发起了愤怒批判。1893年成立的农民同盟还把城乡裂痕作为蛊惑人心的口号。传统上对国家拥有重要影响力的大农业主，长久以来便对俾斯麦接近民族自由主义者的做法心存疑虑。现在，他们不仅由于深受国际农业危机的打击，不得不努力维持自己的地位，而且还面临着重工业以及（特别是）大银行日益增长的经济优势和政治社会影响力之威胁。在这里，在感觉层面之上，的确出现了第一产业在国民生产总值中的贡献逐渐被第二产业和第三产业所超越。不过，大地产所有者随后却有目的地与大工业家的利益协调一致，创造相互接近对话的可能性；他们建立了保护关税制度；这一点还得到了1876年建立的德国工业家中央联合会的强烈推动。通过这种协同一致的立场，与此同时也借助肩并肩地抗击所谓社会主义对国家和社会的威胁之准备，重工业家与大地产所有者临时结成同盟，组成一种"国家维护者与生产阶层卡特尔"——正如当时取名那样。俾斯麦，这位天生的帝国内政外交杂耍大师，对于上述"黑麦与钢"的接近表示欢迎，因为他看到了帝国议会中的一种局势业已成熟，即让他有可能同至今为止占据帝国议会多数席位的自由主义者分道扬镳——此前，他只是出于目的理性的缘故，与这些自由主义者保持合作关系。换言之，1873年的经济危机让经济自由主义和政治自由主义都进入了遭受公众批判的弹道里。这一点在帝国议会的选举结果中表露无遗；自由主义者不再拥有多数席位。

在这一背景下，1878年这一年，不仅是经济史上、或许也是政治史与社会史上的转折点。人们将之视作"第二次建国"之年。现在，俾斯麦与自由主义者彻底分手，并由此结束了自由时期。与此同时，通过建立有利于重工业与农业的保护关税制度，俾斯麦在自由贸易时代后，开启了一段贸易保护主义时期。为此，国家与政治性天主教势力达成和约，放弃文化斗争法规，或明显将之搁置，由此让至今为止被视作"帝国敌人"的天主教少数派在一段时间内有可能成为积极融入元素。以此，俾斯麦为其未来政策赢得了"不断

第五章　从维也纳会议到第一次世界大战爆发（1814—1914 年）

变化的多数派",使至今为止作为反对派出现的中央党,成为其潜在的联盟伙伴。不过更为重要的是,自两起暗杀皇帝事件发生后——尽管这两位杀手可能是独自行动者——俾斯麦希望把社会主义者与"社会主义野蛮思想"压制在鞘套中。他让国会通过了针对"社会民主党人威胁共同体之企图"的特别法案,即《反社会党人法》。期间,俾斯麦不仅得到了两个保守党团的支持——这两个保守党团正好在此前不久进行的新选举中实力大增——同时也得到了不少民族自由主义者的力挺,因其在此次选举中受损。倘若我们看到,这些议员们心甘情愿地支持这部非自由性质的法案,那么我们完全可以认为,这代表了一种"自由主义的破产",而且自由主义也不再有可能重新恢复元气。我们不再谈论更多细节：在随后岁月里,政治标签已被重新打乱,而俾斯麦好好利用了被极度渲染的"红色危险",进一步推动了"保守集结",且让自由主义者最终仅仅成为旁观者。不过,这些自由主义者对资本主义社会至今为止所带给他们的未来憧憬、社会图景以及国家和社会逐步向前推动自由改革的期待,仍抱乐观态度。这些憧憬、图景和期待并没有完全消失,但已受到了重大削弱。随后,他们出现了分裂,开始各种重新定位的尝试,并做好了继续与俾斯麦合作的准备,以便不要完全失去至今为止对帝国政治的影响力。例如民族自由主义者,尽管他们对《反社会党人法》提出了批评,但在 1888 年前,他们仍然支持每一次延长该法的修正案。持自由观念的资产阶级此前不愿意承认的事情,由此则变得一目了然了,即帝国是由一个显著突出的阶级社会所组成的,社会冲突不断地尖锐化,并在根本上由于国家与社会中当权者的专制形象而成为人们的抗争对象。1889 年的矿工罢工,作为 19 世纪德意志历史上的最大规模的罢工，便是上述冲突画面的典型代表。

在《反社会党人法》被废除及1890年俾斯麦离职后，这种局面、特别是保守派的"集结政策"发生了变化。但尽管出现了个别调整，并在短期内矛盾有所缓解，然而直到第一次世界大战中，整个局势并未发生根本转变。正好相反！除了自由主义者外，那些新的、心里缺少安全感的、从其世界观出发又茫然无措的资产阶级中间阶层，以及上层中的一部分人都发现，在自由主义、唯物主义和个人主义中，存在着传统道德和伦理崩溃的危险。在社会主义的"无祖国社会"之国际主义和基于个人自由的自由主义理想之间，盘踞着一种总是以咄咄逼人姿态亮相的民族主义。这种民族主义猛烈鼓吹德意志的世界意义，要求建立一个殖民帝国，推行一种扩张性的造舰政策，特别强调社会主义者与犹太人就是世界上团结一致、威力无穷之德意志特性所面对的最具威胁的障碍。19世纪70年代起，公开辱骂社会民主党人，公开且在言语上过激化的反犹主义，成为常见的社会现象。特别是保守的、受过教育的资产阶级们开始受到感染，尤其反映了对那种"腐化的、居无定所的犹太知识分子"之影响的可怕刻板印象。在随后岁月里，类似描述的词汇广为流播，把此前已经存在的启蒙式自由思想逼入墙角。一种"新右翼"拥有了影响力，并以一些口号——如对内对外巩固民族权力国家，发出更有威力的民族主义声音——很快席卷受过教育的资产阶级中的大部分成员，并首先在那些奋发向上或深感威胁的中产阶层以及高层公务员中获得不断增长的共鸣。

倘若《反社会党人法》是鞭子的话，那么19世纪80年代的国家社会保险立法则是甜面包，以此用来驯服工人阶级。由此，俾斯

第五章　从维也纳会议到第一次世界大战爆发（1814—1914 年）

麦及其顾问们将之与政府的社会义务传统联结起来，而这一点在自由主义的"守夜人国家理论"中并没有得到反映。这一点还表现在，正如威廉一世在其 1881 年 11 月 17 日的著名"皇帝宣言"中所言，帝国并未忘记自己在纠正社会损害方面的共同责任，并将颁布相应法案，来促进工人幸福。这种国家社会政策的新形式，在国外被视作重要创新之举，并得到模仿。它不仅得到了企业主圈子的支持，而且还受到一些资产阶级社会改革家的赞赏和拥护。这些社会改革家们——其中聚集在 1872 年建立的社会政策协会——都将之理解为一种国家干预手段，并认为出现了一种"社会帝制"。在国会中，保守党、中央党以及（经过一些让步后的）民族自由党支持俾斯麦，而进步党、自由意志党以及另一些社会改革家——他们更多在意社会及相关者的自我疗伤力，并把每一次国家引导之举视作束缚——则表示反对。最有理由表示反对的是社会民主党人。尽管存在《反社会党人法》，该党在国会中的席位却从 1881 年的 12 个增加到 1884 年的 24 个。在此期间，该党不再立足于费迪南·拉萨尔的传统路线，而是更多受到卡尔·马克思理论，特别是他的敌视国家之理论的激励，而且该党还继续受到《反社会党人法》各项措施的压制——最重要的拒斥理由还在于，保险立法对保险者进行了严格限制，只有极少数人（即那些城市工业的工薪工人们）才能加入强制保险，而且保险基金未能确保真正的自我管理机制。不过，随着三部保险立法的出台——1883 年的疾病保险、1884 年的事故保险、1889 年的老年与残疾保险——德国出现了朝着此后福利国家方向发展的趋势。不过，当时，这些立法还没有被视作伟大的正面创举，而是首先被解释为一种防御策略。正如俾斯麦在 1884 年公开所言："倘若社会民主党人不复存在……那么我们在社会改革领域中至今为止所做的大量进步之举，也不会存在了。"对于此后那些带着自己很多持续性发展理念的社会改革家而言，上述言论不啻为极具讽刺性的判断。

倘若我们把俾斯麦颇为成功的外交与其内政相比，便会发现，尽管这些内政还包含着一些创新元素，但还是存在大量败笔的。随着特例法案与帝国内部冲突之发展，由时代带来的重大挑战是明确区分"帝国之友"和"帝国之敌"。这一点早在文化斗争中便已得到了证实，随后在抗击社会民主党人的斗争中才被证明是一种巨大错误。在《反社会党人法》运行12年后，社会民主党成长为德国的最强政党。1890年，它获得了140万张选票，占全部选票的20%，在国会中得到了35个议席。但把工人阶级融入帝国社会的目的却未曾实现。正好相反，大部分工人阶级变得愤世嫉俗，痛恨国家，一再公开要求消除国家，即便人们还将国家更多视作救济者，或在政治上仍想发挥共决作用。

"铁血宰相"把这种负担转交给他的继承者。不仅如此，外交上的遗产也不轻松，尽管五个欧洲强国之间的力量游戏看上去还是一切正常的。在普鲁士战胜法国、并创建一个新的德意志帝国后，一方面，俾斯麦着手通过一种苛刻的和约来羞辱法国，并孤立它，使之不可能与其他强国建立一个新的合作战线，以准备军事复仇。另一方面，其他欧洲强国必须认为，德意志帝国业已"心满意足"，不再有以牺牲邻国为代价而获得领土或在海外进行扩张的野心。在19世纪70年代，在一个帝国主义诞生并在世界范围内扩张的时代，这一点是非同寻常的立场。俾斯麦后来也曾极为犹豫地做好夺取殖民地的准备（1884/1885年后），并深受德意志爱好殖民地者的不断强化的压力。不过，他仍然支持其他欧洲强国（包括法国）的殖民行动，以便引导它们的潜在攻击性，使之远离欧洲大陆。

俾斯麦的平衡政策，在1878年柏林会议上达到引人关注的巅峰。当时，他作为"真诚的掮客"，帮助结束1875—1878年的巴尔干危机，并迫使俄国领导层不得不放弃他们在1877/1878年俄土战争中获得的大部分受益（《圣斯特凡诺和约》）。为了防止俄国对此持续表示不满，不让它最终与法国人结盟，俾斯麦竭尽全力地维持德国与沙皇帝国之间的和约——1881年和1884年更新了德意志帝国、奥匈帝国与俄国之间的三皇同盟；1887年德国与俄国签订《再保险条约》。与此同时，在俾斯麦看来，哈布斯堡帝国与沙皇帝国之间的结盟关系，降低了巴尔干半岛发生尖锐矛盾的可能性；同样，把德奥两国同盟扩大到意大利，组成三国同盟（1882年），也能够降低阿尔卑斯山区域以东地带发生冲突的潜力。俾斯麦的外交政策被称为耍弄欧洲五球而不落的杂耍。不过，其成功的前提在于，在外交上不间断地提高警惕，巧妙地让强国之间保持对立状态，并有目的地在个别问题上进行妥协，部分通过秘密的附加条款在协约中予以承诺。即便当德意志帝国也开始争夺殖民地时，帝国首相仍然成功地化解了德英关系中日益增长的误解，而且同时又扩大了殖民强国法国与英国之间的不信任感。总体而言，俾斯麦时代的德意志帝国主义还没有表现得咄咄逼人，而是让德意志帝国作为居于领先的欧洲强国，相对有限地采取与之相应的外交政策。

然而，在俾斯麦离职后，所有一切都在根本上发生了变化。其继任者放弃或漠视了俾斯麦外交政策的核心原则，如继续推进德国与俄国之间的均衡战略、部分支持法国人的殖民政策、针对英国采取稳定但具弹性的立场（其中也包括回缩性的造舰政策）。相反，他让德意志帝国主义目标的粗暴宣传拥有了活动空间。以权力平衡以及中欧和平（包括殖民地）来保障的那张网络，逐渐被撕裂。

此处不再描述通往第一次世界大战的每一步细节。正是由于德国外交政策急速摇摆不定，个别行动与强硬发言让形势不断升温。尽管这一切并没有直接导致战争爆发，但它有助于创造一种权力对峙情景，并最终让大部分参与方都认为战争是不可逆转的解决途径，将之视为从一种业已进行中的、深受极度矛盾的帝国主义期待所毒化的国际局势中解放出来的举动。1890年后，当《再保险条约》不再续约时，俄国与法国之间达成了谅解；随后，当德国人显示出黩武主义时，特别是表现在它的造舰政策时，英国与法国反过来相互接近。而1882年的三国同盟却在1902年经历了第一次软化，因为当时法国和意大利在北非殖民地问题上达成了一致立场。由此，俾斯麦孜孜以求之的孤立法国之目标最终失败了——1894年法国和俄国结盟；1904年法国和英国达成"友善谅解"。1907年，英国与俄国之间达成利益平衡，最终宣告俾斯麦结盟体系的失败。与此同时，早在第一次世界大战前20年，两个最新进入世界政治的强国——美国和日本——也站在英国人一边，而不支持德国人。

在德意志帝国内，如全德协会与舰艇协会都感到德国越来越受到"包围"。它们支持进行更为响亮的自强宣传。实际上，这种感觉完全是错误判断的结果，因为这种"包围感"的主要参与者也并未拥有一种针对帝国的咄咄逼人的目标。德国的进攻只能发生在俄国人入侵巴尔干半岛及其海峡之时，因为此举将会让俄国的泛斯拉夫主义期待——特别是塞尔维亚的泛斯拉夫主义期待——遭遇奥匈帝

第五章　从维也纳会议到第一次世界大战爆发（1814—1914 年）

国的民族主义。总而言之，在威廉二世的统治下，德国自 1890 年后所开启的进程，仓促地追求世界地位，实际上已启动了 1914 年 8 月的军队集结局势。

不过，战争的爆发，并非因为它最终是不可避免的，而是因为至少以下两个前提得到了满足：一方面，具体的人必须已经站在了为战争爆发而负责的地点上；另一方面，这些人必须拥有权力以及（或者）说服力，来让民众"拿起武器"，若有可能，让民众兴奋起来。倘若我们寻找原因（而非寻找罪魁祸首），那么在德意志帝国内，1914 年年中几乎之所以已经做好了不受限制的战争准备，除了外交原因和一系列所谓社会史视角的观察原因外，特别是政治上的日常生活文化，亦即强调一般相互交往的方式方法和家庭内外的社会化。在这里，首先表现为人们对军事美德及男性战士的行为方式予以高度赞扬，并凸显它们在日常生活与威廉社会的官方价值序列中的核心意义。父权主义结构，如同它在 18 世纪末以来资产阶级家庭中的清晰角色分配与性别特征中所形成的那样，既在帝国内反映于跨阶层、跨阶级的整个私人生活的"私密领域"中，也被视作国家与社会的不可触摸的、简直在信仰上得以拔高的基础。家庭被视作国家与社会的胚胎，是"所有道德的核心组成和来源"（托马斯·尼佩代语）。在家庭里，父亲应该拥有最高权威。从人们对统治者家族的崇拜，经过不少大企业主试图如父亲般领导并统治其职工的愿景，到锡兵和木偶分别作为男女孩子广为接受的儿童玩具，从预备役军官享有令人尊敬的地位和人们对色当日及皇帝诞辰日的庆祝之举，到富有打击能力的大学生联合体之荣耀，直至在紧急状况下通过决斗来保卫男性荣誉之重要性，从公务员与公众交往时所使用的交流口吻，到学校中的授课风格，等等诸如此类，存在着各种形式与行动领域——正是在这些领域内，"臣民们"对父权主义-军事性习俗及行为方式已经习以为常。

当人们基于所谓自然给定的性别特征基础来阐述一般性教育原则时，妇女总是扮演着次要角色。1908年前，公共机构在根本上禁止女性参加政党。直到世纪之交时（普鲁士是在1908年），女性才有权进入大学学习。1919年帝国崩溃后，她们才获得选举权。尽管妇女们早在1848年便团结在各种妇女协会中，随后在19世纪60年代中叶又把这些组织重新恢复起来，如1865年的全德妇女协会，1894年成立总会德国妇女协会联盟——其会员总数到1913年约为47万——但这些努力并未改变占据统治地位的两性标准。正好相反，大部分妇女协会的纲领都聚焦于一种"母亲政策"，即部分对单方面的男性情势提出批评，但却不要求推动根本性的转型，而是竭力通过"女性-母亲般的价值理念"来完善与补充男性的文化世界（U. 弗雷维尔特［U. Frevert］语）。自19世纪80年代末开始，出现了无产阶级的妇女运动。在很长时间内，它深受奥古斯特·倍倍尔核心理论的影响。倍倍尔在其1879年首次出版的著作《妇女与社会主义》（*Die Frau und der Sozialismus*）中强调指出，只有在资本主义及其创造的剥削关系和依赖关系被彻底废除后，妇女才有可能实现彻底解放。第一次世界大战前，最重要的社会主义妇女领袖克拉拉·蔡特金在原则上赞成倍倍尔的上述观点，认同男性在阶级斗争中的优势，但她与许多男性社会民主党人的观点不同，还要求争取女性在经济领域中的独立性。她提出，女性就业是具有决定性意义的救助手段，它使女性得以从一般流行的女性形象的强大约束中解

第五章 从维也纳会议到第一次世界大战爆发(1814—1914年)

放出来。尽管如此,倘若人们考虑到帝国时期的下层年轻妇女们只能在工厂与家仆职业范围内,找到一份完全底层的、收入微薄的岗位,那么这些下层年轻妇女获得上述解放的机会是极为有限的。即便可行,她们也宁愿做一位家庭主妇,也不愿意到家庭之外寻找工作,并由此在无产阶级的氛围中对其丈夫形成了典型的依赖性。倘若她们还愿意投身于其他领域,那么如同资产阶级妇女那样,这些领域就是救济与社会救助。尽管大多数无产阶级妇女在很多方面抱有强烈意识去同资产阶级的妇女运动观念加以区隔,但她们的自我价值感仍然进一步推动了母亲特征与母亲角色的理想化。

妇女运动与工人运动以及帝国晚期的一系列其他"运动"一样,都属于或多或少自我组织起来的手段。藉此手段,尽管个人存在诸多限制,但仍然至少可以从传统的以及(或者)国家规制下的"社会化"之强迫中初步解放出来。不过,部分"解放"或者意味着特别容易受到欺骗,或者意味着面临陷入新的依赖关系之危险——这一点业已得到证明。尽管这些运动最初并没有产生直接后果,但在1890/1900年左右,它们却在许多领域和层面上被证明是产生广泛动力和精神史后果的突破现象。彻底的、现在被越来越多的人至少感受到的结构变迁,以及生活世界中每日所看到、感受到的变化,尤其是发生在大城市中的变化,等待着人们用新立场、新视角来予以观察。针对社会改革方案与生活改革实践,出现了各种理论,如民族主义理论、社会达尔文主义理论、反犹主义理论、种族主义救赎理论。受过教育的资产阶级们除了在外交上鼓吹"被包围"外,还特别对大城市与文明提出了批判,认为出现了所谓道德实质沦丧、精神与肉体"健康"衰亡的现象,并指出对于传统权威的日益漠视造成了威胁，以至于从内往外地影响到德意志民族之存在。一个伟大的民族（正如人们所称呼的那样）之所以必须对外保持作战力，遵守军事美德，其目的是为了对内让其文化目标得以不受限制地发展和运用。在时代批判家、政治家以及自称为预言家的人看来，上述观点从未如此严重地体现在后代问题中。对于大部分未来方案而言，后代扮演着一种关键功能——当出生率高企不下的年代结束，并从 1910 年左右开始出现人口回落时，这一点变得尤为鲜明。它是从传统农业生活方式向现代工业社会生活方式缓慢过渡的产物。

一场争夺青年人（特别是男性青年人）的竞赛开始了。期间，人们的辩论话题从维持青年人的作战力到"培养""新人"的必要性。"青年人"成为了一种关键概念。它不仅是社会的一种文化现象，而且其作为榜样的革新力，也象征着未来期待和进步。"成为青年人"既是被高度标榜的一种价值，而且还在政治上被拔高。那个古老的、但在 1871 年得到重生的德意志民族可以带着它"成为青年民族的愿望"——如一些思想家所暗示的那样，例如阿图尔·默勒·范登布鲁克——正好推导出它相对于周边其他民族而言的世界地位。"青年人是存在乐趣，他们有能力享受、期待与热恋，对人信任——青年人是生命，青年是色彩，是形式与光亮"。这是 1895 年创办的周刊《青年人》（*Jugend*）的口号。

1900 年左右，在柏林－施特格尼茨和汉堡，出现了一场资产阶级青年运动。它部分是上述理想化的反映，部分则是作为针对广泛存在的攻击青年人之行动的反击。尽管直接参与这场运动的人并不多，但其交往形式及其对一种理想主义青年人文化的想象，却不仅对时人的教育学（"改革教育学"）产生持续影响，而且还对当时出

第五章 从维也纳会议到第一次世界大战爆发（1814—1914年）

现的很多由教会、协会与政党负责的青年人救济组织，乃至青年工人运动产生持续影响。在精神史上，对于第一次世界大战之前及魏玛共和国期间度过其青年时代的大部分德国两代人而言，青年运动的生活形式、图景世界与表达方式都产生了不可低估的影响力。此类突破运动的巅峰出现在第一次世界大战之前。1913年10月，人们为了纪念一百年前德意志军队战胜拿破仑，举办了一次有计划的聚会，以此来同威廉德国官方举办的民族主义－雄伟周年庆典相抗衡。这场聚会并非是大都市内的大规模行军游行，而是在远离大城市的自然中。在卡塞尔附近的"高迈斯纳"[1]，"自由德意志"青年团体、年轻的改革教育家与"候鸟"运动参与者聚集在一起庆祝，立誓青年人要团结一致。他们唱着歌，跳着民族舞蹈，并以一种业已人尽皆知的"公式"保证："以内心作保，面向个体责任，保持生命的内在真诚。"

尽管如此，这些青年运动者们既未能在这场庆典中发出"承担一场陌生民族山谷之中的战争"之警告（G. 维内肯 [G. Wyneken] 语），学术志愿军联盟（Bund Akademischer Freischaren）的一份电报也未能在1914年7月底向皇帝恳请确保和平。这些青年运动者们并未如此为之。他们心甘情愿地、而且大部分充满激情地投身于战争中，如同那些年长的同伴们，甚至还包括了那些来自于社会主义工人青年运动的成员。他们都相信，祖国处于危险中；他们都期待，现在"告别危机时刻，奔向战场"，最终发现一个"兄弟连心的统一民族"——如同社会民主党国会议员路德维希·弗朗克这位工人青年联合会建立者在1914年9月所言。不久之后，他"如英雄般献身了"。

---

[1]这是一处山体。——译者注

文献指南

关于1814—1914年间状况的资料选集及全面性的档案集

1. 温弗里德·鲍姆加特（Winfried Baumgart）编辑：《帝国主义和第一次世界大战的时代（1871—1918年）》（*Das Zeitalter des Imperialismus und des Ersten Weltkrieges (1871-1918)*），2卷本，达姆斯塔特，1991年，第2版。

2. 哈特维希·布朗特（Hartwig Brandt）主编：《复辟与早期自由主义，1814—1840》（*Restauration und Frühliberalismus 1814 bis 1840*），达姆斯塔特，1979年。

3. 鲁迪格尔·冯·布鲁赫（Rüdiger vom Bruch）/布约恩·霍夫迈斯特（Björn Hofmeister）：《帝国与第一次世界大战，1871—1918年》（*Kaiserreich und Erster Weltkrieg 1871-1918*），斯图加特，2000年（资料与描写中的历史 [*Geschichte in Quellen und Darstellung*]，第8卷）。

4. 《德意志工人运动文件资料集》（*Dokumente und Materialien zur Geschichte der deutschen Arbeiterbewegung*），统一社会党中央委员会马克思主义-列宁主义研究所（Institute für Marxismus-Leninismus beim ZK der SED）主编，第1卷：1848—1914年，柏林，1967—1975年。

5. 克里斯蒂安·安格利（Christian Engeli）/沃尔夫冈·豪斯（Wolfgang Haus）编辑：《德国现代城镇规章资料集》（*Quellen zum modernen Gemeindeverfassungsrecht in Deutschland*），斯图加特等，1975年。

6. 汉斯·芬斯科（Hans Fenske）主编：《通往帝国建立之路，1850—1870年》（*Der Weg zur Reichsgründung 1850-1870*），达姆斯塔特，1977年。

7. 汉斯·芬斯科（Hans Fenske）主编：《在俾斯麦帝国，1871—1890年》（*Im Bismarckschen Reich 1871-1890*），达姆斯塔特，1978年。

8. 汉斯·芬斯科（Hans Fenske）主编：《在威廉二世统治下，1890—1918

第五章　从维也纳会议到第一次世界大战爆发（1814—1914 年）

年》(*Unter Wilhelm II. 1890-1918*)，达姆斯塔特，1982 年。

9. 汉斯·芬斯科（Hans Fenske）主编：《德国内政资料集，1890—1914 年》(*Quellen zur deutschen Innenpolitik 1890-1914*)，达姆斯塔特，1991 年。

10. 汉斯·芬斯科（Hans Fenske）主编：《三月革命前时代与革命，1840—1849 年》(*Vormärz und Revolution 1840-1849*)，达姆斯塔特，第 4 版，2002 年。

11. 沃尔夫拉姆·费舍尔（Wolfram Fischer）/ 约亨·克莱格尔（Jochen Krengel）/ 尤塔·魏陶格（Jutta Wietog）主编：《社会史工作册（1）：德意志联盟统计资料集，1815—1870 年》(*Sozialgeschichtliches Arbeitsbuch I: Materialien zur Statistik des Deutschen Bundes 1815-1870*)，慕尼黑，1982 年。

12. 洛塔尔·盖尔（Lothar Gall）/ 莱纳尔·考赫（Rainer Koch）主编：《19 世纪的欧洲自由主义：其发展文件集》(*Der europäische Liberalismus im 19. Jahrhundert. Texte zu seiner Entwicklung*)，4 卷本，美因河畔法兰克福等，1981 年。

13. 格尔德·豪霍斯特（Gerd Hohorst）/ 科卡·于尔根（Jürgen Kocka）/ 格哈德·A. 里特，（Gerhard A. Ritter）主编：《社会史工作册（2）：帝国统计资料集，1870—1914 年》(*Sozialgeschichtliches Arbeitsbuch II: Materialien zur Statistik des Kaiserreichs 1870-1914*)，慕尼黑，1979 年。

14. 威廉·H. 胡巴尔德（William H. Hubbard）：《家庭史：18 世纪末以来的德意志家庭资料集》(*Familiengeschichte. Materialien zur deutschen Familie seit dem Ende des 18. Jahrhunderts*)，慕尼黑，1983 年。

15. 恩斯特·鲁道夫·胡贝尔（Ernst Rudolf Huber）主编：《德意志宪法史档案集》(*Dokumente zur deutschen Verfassungsgeschichte*)，第 1 卷：1803—1850 年，斯图加特等，第 3 版，1978 年；第 2 卷：1851—1900 年，同上，第 3 版，1986 年；第 3 卷：1900—1918 年，同上，第 3 版，1990 年。

16. 恩斯特·鲁道夫·胡贝尔（Ernst Rudolf Huber）/ 沃尔夫冈·胡贝尔

（Wolfgang Huber）主编:《19 至 20 世纪的政府与教会：德意志国家教会法档案集：》(*Staat und Kirche im 19. und 20. Jahrhundert. Dokumente zur Geschichte des deutschen Staatskirchenrechts*)，第 1 卷：柏林，第 2 版，1990 年；第 2 卷：柏林，1976 年。

17. 卡尔·杨特克（Carl Jantke）、迪特里希·希尔格（Dietrich Hilger）主编:《无产者：德国同时代文献中对贫困与解放危机的呈现和阐释》(*Die Eigentumslosen. Der deutsche Pauperismus und die Emanzipationskrise in Darstellungen und Deutungen der zeitgenössischen Literatur*)，弗莱堡/慕尼黑，1965 年。

18. 莫妮卡·里夏茨（Monika Richarz）主编:《犹太人在德意志的生活：社会史自述》(*Jüdisches Leben in Deutschland. Selbstzeugnisse zur Sozialgeschichte*)，第 1 卷：1780—1871 年，斯图加特，1976 年；第 2 卷：德意志帝国时期，同上，1979 年。

19. 格哈德·里特（Gerhard A. Ritter）:《选举史工作手册：德意志帝国 1871—1918 年统计资料》(*Wahlgeschichtliches Arbeitsbuch: Materialien zur Statistik des Kaiserreichs 1871-1918*)，与梅瑞思·尼胡斯（Merith Niehuss）合编，慕尼黑，1980 年。

20. 格哈德·里特（Gerhard A. Ritter）/于尔根·科卡（Jürgen Kocka）:《德意志社会史：档案与概览》(*Deutsche Sozialgeschichte. Dokumente und Skizzen.*)，第 2 卷：1870—1914 年，慕尼黑，1988 年。

21. 彼得·冯·鲁登（Peter von Rüden）/库尔特·科斯齐克（Kurt Koszyk）:《1848 至 1918 年间德意志工人运动文化史档案资料集》(*Dokumente und Materialien zur Kulturgeschichete der deutschen Arbeiterbewegung, 1848 bis 1918*)，美因河畔法兰克福，1979 年。

22. 卡塔琳娜·鲁斯基（Katharina Rutschky）主编:《黑色的教育：公民教育自然史资料集》(*Schwarze Pädagogik. Quellen zur Naturgeschichte der Bürgerlichen Erziehung*)，美因河畔法兰克福等，1977 年；纽豪斯，柏

林，1997 年。

23. 恩斯特·施雷普勒（Ernst Schraepler）主编：《德国社会问题史资料集》（*Quellen zur Geschichte der sozialen Frage in Deutschland*），第 1 卷：1800—1870 年；第 2 卷：修订版，哥廷根等，1960 年。

24. 沃尔弗拉姆·西曼（Wolfram Siemann）编辑：《复辟、自由主义与民族运动（1815—1870 年）》（*Restauration, Liberalismus und nationale Bewegung [1815-1870]*），达姆施塔特，1982 年。

25. 瓦尔特·施泰茨（Walter Steitz）主编：《德意志经济社会史资料集：19 世纪至帝国成立》（*Quellen zur deutschen Wirtschafts- und Sozialgeschichte im 19. Jahrhundert bis zur Reichsgründung*），达姆施塔特，1985 年。

26. 瓦尔特·施泰茨（Walter Steitz）主编：《德意志经济社会史资料集：帝国建立至第一次世界大战》（*Quellen zur deutschen Wirtschafts- und Sozialgeschichte von der Reichsgündung bis zum Ersten Weltkrieg*），达姆施塔特，1985 年。

27. 威廉·特罗伊厄（Wilhelm Treue）/ 赫伯特·波尼克（Herbert Pönike）/ 卡尔-海因茨·马尼格尔德（Karl-Heinz Manegold）主编：《工业革命史资料集》（*Quellen zur Geschichte der industriellen Revolution*），哥廷根等，第 2 版，1979 年。

28. 沃尔夫冈·特罗伊厄（Wolfgang Treue）主编：《1861 年以来德意志政党纲领》（*Deutsche Parteiprogramme seit 1861*），哥廷根等，第 4 版，1968 年。

关于 19—20 世纪的概览性描述（以 1814—1914 年为主）

1. 瓦尔特·阿希尔斯（Walter Achilles）：《改革时代与工业化时代下的德意志农业史》（*Deutsche Agrargeschichte im Zeitalter der Reformen und der Industrialisierung*），斯图加特，1993 年。

2. 弗朗茨·保尔（Franz J. Bauer）：《"漫长的"十九世纪（1789—1917 年）》（*Das "lange" 19. Jahrhundert [1789-1917]*），斯图加特，2004 年。

3. 克里斯塔·贝尔格（Christa Berg）主编：《德意志教育史手册》（*Handbuch der deutschen Bildungsgeschichte*），第 4 卷：1870—1918 年，慕尼黑，1991 年。

4. 迪尔克·布莱西斯（Dirk Blasius）：《德国 1800—1980 年的政治犯罪史》（*Geschichte der Politischen Kriminalität in Deutschland 1800-1980*），美因河畔法兰克福，1983 年。

5. 曼弗雷德·博策哈特（Manfred Botzenhart）：《改革，复辟与循环：德意志 1789—1847 年》（*Reform, Restauration, Kreise. Deutschland 1789-1847*），美因河畔法兰克福，1985 年。

6. 鲁迪格·冯·布鲁赫（Rüdiger vom Bruch）：《"既不是共产主义也不是资本主义"：德国从三月革命前时代到阿登纳时代的市民社会变革》（*"Weder Kommunismus noch Kapitalismus", Bügerliche Sozialreform in Deutscheland vom Vormärz bis zur Ära Adenauer*），慕尼黑，1985 年。

7. 维尔纳·康策（Werner Conze）/于尔根·科卡（Jürgen Kocha）：《19 世纪受过教育的资产阶级》（*Bildungsbürgertum im 19. Jahrhundert*），第 1 卷，斯图加特，1985 年。

8. 乌特·丹尼尔（Ute Daniel）/沃尔弗拉姆·西曼（Wolfram Siemann）主编：《1789—1989 年间宣传、观念斗争、诱惑与政治意会》（*Propaganda. Meinungskampf, Verführung und politische Sinnstiftung 1789-1989*），美因河畔法兰克福，1994 年。

9. 迪特尔·道尔（Dieter Dowe）/海因茨-格哈德·豪普特（Heinz-Gerhard Haupt）/迪特尔·朗格维舍（Dieter Langewiesche）主编：《欧洲 1848 年革命与改革》（*Europa 1848. Revolution und Reform*），波恩，1998 年。

10. 约瑟夫·埃默（Josef Ehmer）：《老年社会史》（*Sozialgeschichte des Alters*），美因河畔法兰克福，1986 年。

11. 乌特·弗雷福特（Ute Frevert）：《妇女史：在资产阶级改良与新女性之间》（*Frauen-Geschichte. Zwischen bürgerlicher Verbesserung und Neuer*

第五章　从维也纳会议到第一次世界大战爆发（1814—1914 年）

Weiblichkeit ），美因河畔法兰克福，1986 年。

12. 乌特·弗雷福特（Ute Frevert）/ 海因茨-格哈德·豪普特（Heinz-Gerhard Haupt）主编：《十九世纪的人》（*Der Mensch des 19. Jahrhunderts*），美因河畔法兰克福，1999 年。

13. 洛塔尔·盖尔（Lothar Gall）：《欧洲通往现代之路：1850—1890 年》（*Europa auf dem Weg in die Moderne 1850-1890*），慕尼黑，2004 年。

14. 于尔根·罗伊勒克（Jürgen Reulecke）：《居住史》（*Geschichte des Wohnens*），第 3 卷《1800—1918 年间的市民住房》，斯图加特，1997 年。

15. 汉斯-维尔纳·哈恩（Hans-Werner Hahn）：《德意志关税同盟史》（*Geschichte des Deutschen Zollvereins*），哥廷根，1984 年。

16. 沃尔夫冈·哈特维希（Wolfgang Hardtwig）：《三月革命前时代：君主制国家与资产阶级》（*Vormärz. Der monarchistische Staat und das Bürgertum*），慕尼黑，1998 年。

17. 海因茨-格哈德·豪普特（Heinz-Gerhard Haupt）/ 杰弗里·克罗西克（Geoffrey Crossick）：《小市民：一部 19 世纪欧洲社会史》（*Die Kleinbürger. Eine europärische Sozialgeschichte des 19. Jahrhunderts*），慕尼黑，1998 年。

18. 福尔克尔·亨切尔（Volker Hentschel）：《1880—1980 年间德意志社会福利政策史》（*Geschichte der deutschen Sozialpolitik 1880 bis 1980*），美因河畔法兰克福，1983 年。

19. 海柯·霍尔斯特尔（Heiko Holster）：《转型中的德意志联邦州（1867—1933 年）》（*Der deutsche Bundesstaat im Wandel*［*1867-1933*］），柏林，2002 年。

20. 恩斯特·鲁道夫·胡贝尔（Ernst Rudolf Huber）主编：《1789 年以来的德意志宪法史》（*Deutsche Verfassungsgeschichte seit 1789*），第 1 卷，斯图加特等，第 3 版，1995 年；第 2 卷，同上，第 3 版，1988 年；第 3 卷，同上，第 3 版，1988 年；第 4 卷，同上，第 3 版，1994 年。

21. 卡尔-恩斯特·耶斯曼（Karl-Ernst Jeismann）/彼得·伦德格林（Peter Lundgreen）主编：《德意志教育史手册》（*Handbuch der deutschen Bildungsgeschichte*），第 3 卷：1800—1870 年，慕尼黑，1987 年。

22. 库尔特·杰塞里克（Kurt G. A. Jeserich）等主编：《德意志行政管理史》（*Deutsche Verwaltungsgeschichte*），第 2 卷：《从德意志教会世俗化运动到德意志邦联解散》，斯图加特，1983 年；第 3 卷：《德意志帝国至君主制结束》，同上，1984 年。

23. 迪特哈特·科尔布斯（Diethart Kerbs）/于尔根·罗伊勒克（Jürgen Reulecke）：《1880—1933 年德意志改革运动手册》（*Handbuch der deutschen Reformbewegungen 1880-1933*），伍伯塔尔，1998 年。

24. 埃德尔特劳德·科吕廷（Edeltraud Klueting）主编：《反现代主义与改革：德意志家乡运动史文献》（*Antimodernismus und Reform. Beiträge zur Geschichte der deutschen Heimatbewegung*），达姆施塔特，1991 年。

25. 莱纳·科赫（Rainer Koch）：《德意志史 1815—1848：复辟还是三月革命前时代？》（*Deutsche Geschichte 1815-1848. Restauration oder Vormärz?*），斯图加特等，1985。

26. 于尔根·科卡（Jürgen Kocka）主编：《19 世纪的工人与资产阶级：欧洲比较中的多样性》（*Arbeiter und Bürger im 19. Jahrhundert. Varianten ihres Verhältnisses im europäischen Vergleich*），慕尼黑，1986 年。

27. 于尔根·科卡（Jürgen Kocka）主编：《19 世纪的市民与市民性：十五论》（*Bürger und Bürgerlichkeit im 19. Jahrhundert. Fünfzehn Beiträge*），哥廷根，第 2 版，1995 年。

28. 于尔根·科卡（Jürgen Kocka）主编：《19 世纪的劳动关系与工人生计：阶级形成之基础》（*Arbeitsverhältnisse und Arbeiterexistenzen. Grundlagen der Klassenbildung im 19. Jahrhundert*），波恩，1990 年。

29. 莱因哈特·科泽勒克（Reinhart Koselleck）：《在改革与革命之间的普鲁士：1791—1848 年间的一般邦法、行政管理与社会运动》（*Preußen*

第五章　从维也纳会议到第一次世界大战爆发（1814—1914 年）

  zwischen Reform und Revolution. Allgemeines Landrecht, Verwaltung und soziale Bewegung von 1791-1848），斯图加特，第 3 版，1981 年。

30. 沃尔夫冈·R. 卡拉布（Wolfgang R. Krabbe）：《19 世纪与 20 世纪的德意志城市》(*Die deutsche Stadt im 19. und 20. Jahrhundert*)，哥廷根，1989 年。

31. 迪特尔·朗格维舍（Dieter Langewiesche）：《复辟与革命：1815—1849 年间的欧洲》(*Europa zwischen Restauration und Revolution 1815-1849*)，慕尼黑，第 4 版，2004 年。

32. 迪特尔·朗格维舍（Dieter Langewiesche）：《德国的自由主义》(*Liberalismus in Deutschland*)，美因河畔法兰克福，第 4 版，1995 年。

33. 德特勒夫·莱纳特（Detlef Lehnert）：《1848—1983 年间在抗议运动与上台执政之间的社会民主党》(*Sozialdemokratie zwischen Protestbewegung und Regierungspartei 1848-1983*)，美因河畔法兰克福，1983 年。

34. 弗里德里希·兰格尔（Friedrich Lenger）：《1800 年以来德意志手工业者社会史》(*Sozialgeschichte der deutschen Handwerker seit 1800*)，美因河畔法兰克福，1988 年。

35. 彼得·马沙尔克（Peter Marschalck）：《19 和 20 世纪德国人口史》(*Bevölkerungsgeschichte Deutschlands im 19. und 20. Jahrhundert*)，美因河畔法兰克福，第 2 版，1985 年。

36. 米夏埃尔·米特劳尔（Michael Mitterauer）：《青年社会史》(*Sozialgeschichte der Jugend*)，美因河畔法兰克福，第 3 版，1992 年。

37. 沃尔夫冈·J. 蒙森（Wolfgang J. Mommsen）：《专制的民族国家：德意志帝国的宪法、社会与文化》(*Der autoritäre Nationalstaat. Verfassung, Gesellschaft und Kultur im deutschen Kaiserreich*)，美因河畔法兰克福，1990 年。

38. 沃尔夫冈·J. 蒙森（Wolfgang J. Mommsen）：《1848 年：未被期待的革命——欧洲的革命运动（1830—1849 年）》(*1848 – Die ungewollte Revolution. Die revolutionären Bewegungen in Europa 1830-1849*)，美因河

畔法兰克福，1990 年。

39. 罗斯玛丽·纳韦-赫尔茨（Rosemarie Nave-Herz）:《德国妇女运动史》（*Die Geschichte der Frauenbewegung in Deutschland*），勒弗库森，第 5 版，1997 年。

40. 卢茨·尼特哈默尔（Lutz Niethammer）:《德国的市民社会：历史观察、问题与视角》（*Bürgerliche Gesellschaft in Deutschland. Historische Einblicke, Fragen, Perspektiven*），美因河畔法兰克福，1990 年。

41. 托马斯·尼佩代（Thomas Nipperdey）:《德意志史，1800—1866 年：市民世界与强大国家》（*Deutsche Geschichte 1800-1866. Bürgerwelt und starker Staat*），慕尼黑，第 5 版，1991 年。

42. 托马斯·尼佩代（Thomas Nipperdey）:《德意志史，1866—1918 年》（*Deutsche Geschichte 1866-1918*），第 1 卷《劳动世界与市民精神》（*Arbeitswelt und Bürgergeist*），慕尼黑，1994 年；第 2 卷《权力国家高于民主》（*Machtstaat vor der Demokratie*），同上，1995 年。

43. 奥古斯特·尼契克（August Nitschke）主编:《世纪之交：向现代性的突破，1880—1930 年》（*Jahrhundertwende. Der Aufbruch in die Moderne 1880-1930*），2 卷本，赖因贝克，1990 年。

44. 乌韦·普施纳（Uwe Puschner）/沃尔特·施密茨（Walter Schmitz）/尤斯图斯·H. 乌布利希（Justus H. Ulbricht）主编:《"民族运动"手册，1871—1918 年》（*Handbuch zur "völkischen Bewegung" 1871-1918*），慕尼黑，1999 年。

45. 于尔根·罗伊勒克（Jürgen Reulecke）:《德国城市化史》（*Geschichte der Urbanisierung in Deutschland*），美因河畔法兰克福，1985 年。

46. 于尔根·罗伊勒克（Jürgen Reulecke）主编:《居住史》（*Geschichte des Wohnens*），第 3 卷：1800—1918 年，斯图加特，1997 年。

47. 格哈德·里特（Gerhard A. Ritter）:《1830—1914 年间的德意志党派：立宪政体中的党派与社会》（*Die deutschen Parteien 1830-1914. Parteien*

第五章　从维也纳会议到第一次世界大战爆发（1814—1914 年）

und Gesellschaft im konstitutionellen Regierungssystem ），哥廷根，1985 年。

48. 格哈德·里特（Gerhard A. Ritter）/ 克劳斯·坦菲尔德（Klaus Tenfelde）：《德意志帝国的工人，1871—1914 年》（*Arbeiter im Deutschen Kaiserreich 1871 bis 1914*），波恩，1992 年。

49. 莱因哈德·吕鲁普（Reinhard Rürup）：《19 世纪的德国，1815—1871 年》（*Deutschland im 19. Jahrhundert 1815-1871*），哥廷根，第 2 版，1992 年。

50. 安德烈亚斯·舒尔茨（Andreas Schulz）：《19 世纪与 20 世纪资产阶级的生活世界与文化》（*Lebenswelt und Kultur des Bürgertums im 19. und 20. Jahrhundert*），慕尼黑，2005 年。

51. 哈根·舒尔策（Hagen Schulze）：《通往民族国家之路：从 18 世纪到帝国建立期间的民族运动》（*Der Weg zum Nationalstaat. Die deutsche Nationalbewegung vom 18. Jahrhundert bis zur Reichsgründung*），慕尼黑，第 5 版，1997 年。

52. 莱茵哈德·施普雷（Reinhard Spree）：《在疾病与死亡面前德社会不公：德意志帝国健康领域的社会史》（*Soziale Ungleichheit vor Krankheit und Tod. Zur Sozialgeschichte des Gesundheitsbereichs im Deutschen Kaiserreich*），哥廷根，1981 年。

53. 海因茨·施蒂比希（Heinz Stübig）：《德国的教育、军事与社会：19 世纪发展研究》（*Bildung, Militär und Gesellschaft in Deutschland: Studien zur Entwicklung im 19. Jahrhundert*），科隆等，1994 年。

54. 弗洛里安·坦恩施泰特（Florian Tennstedt）：《18 世纪至一战期间的德国社会政策社会史》（*Sozialgeschichte der Sozialpolitik in Deutschland vom 18. Jahrhundert bis zum Ersten Weltkrieg*），哥廷根，1981 年。

55. 汉斯·于尔根·陶特贝格（Hans Jürgen Teuteberg）：《德国工业共决史》（*Geschichte der industriellen Mitbestimmung in Deutschland*），图宾根，1961 年。

56. 理查德·H. 梯利（Richard H. Tilly）：《从关税同盟到工业国家：1834—

1914 年间德国的经济社会发展》(*Vom Zollverein zum Industriestaat. Die wirtschaftlich-soziale Entwicklung Deutschlands 1834-1914*),慕尼黑,1990 年。

57. 福尔克尔·乌尔里希(Volker Ullrich):《忐忑的大国,1871—1918 年》(*Die nervöse Großmacht 1871-1918*),美因河畔法兰克福,第 2 版,2002 年。

58. 汉斯-乌尔里希·韦勒(Hans-Ulrich Wehler):《德意志帝国,1871—1918 年》(*Das Deutsche Kaiserreich 1871-1918*),哥廷根,第 7 版,1994 年。

59. 汉斯-乌尔里希·韦勒(Hans-Ulrich Wehler):《德意志社会史》(*Deutsche Gesellschaftsgeschichte*),第 2 卷:从改革时代到工业与政治的"德意志二元革命",1815—1845/1849 年(*Von der Reformära bis zur industriellen und politischen "Deutschen Doppelrevolution" 1815-1845/49*),慕尼黑,第 3 版,1996 年。

60. 汉斯-乌尔里希·韦勒(Hans-Ulrich Wehler):《德意志社会史》(*Deutsche Gesellschaftsgeschichte*),第 3 卷:从"德意志二元革命"到第一次世界大战之始,1849—1914 年(*Von der "Deutschen Doppelrevolution" bis zum Beginn des Ersten Weltkrieges 1849-1914*),慕尼黑,1995 年。

61. 沃尔夫冈·察恩(Wolfgang Zorn):《德意志经济社会史手册》(*Handbuch der deutschen Wirtschafts-und Sozialgeschichte*),第 2 卷:19 世纪和 20 世纪,斯图加特,1976 年。

第六章　世界大战时代
（1914—1945 年）

于尔根·罗伊勒克

时代概览

　　许多德国人相信，这场世界大战如同一次洗浴那样，能够重启一种新的稳定。然而，仅仅数月之后，这种信仰便被证实是一种幻觉。尽管政府多番努力，试图借助现代宣传手段来稳固"城堡和平"，但是，当这场战争带来越来越多牺牲者时，当它越来越明显地等同于一场德国败局时，德国社会的内部两极化趋势只能加速发展起来。由此，伴随第一次世界大战而启动的时代被形容为"经典现代性的危机岁月"（D. 波凯尔特［D. Peukert］语）。一方面，在此期间，最终出现了政治结构的现代化——尽管它在时间上是被延后的，部分建立在帝国的基础之上。这意味着，一种"民主实验"以现代福利国家的形式拉开了帷幕。另一方面，与此同时，强大的反民主运动与反现代化运动（部分借助现代媒体手段）也获得了越来越坚实的基础。魏玛共和国的年代正好是德国历史的这么一段时期：在此期间，资产阶级文化运动与一种独立自主的工人文化经历了（最后）的巅峰期，而大城市主要成为现代大众文化的广泛前沿地带。在 20 世纪 20 年代，所有这些文化运动彼此冲击，而国家则日益努力，试图通过法律措施来控制大众文化媒介（广播、电影）。一场世界范围内爆发的经济危机以史无前例的方式席卷德国。在此背景下，许多人最终都转向那些解决整体危机的激进办法，接受了独裁方案，并以这种方式为"德国的浩劫"[1]做好准备——而后者在第二次世界大战中扩大为一场"世界的浩劫"。

不过，这样一种粗略的、从现代化理论出发的时代描述，忽略了最近日益加强讨论的解释模型。一方面，时代界限的前后时期从未得到过如此清晰的凸显，以展示该事件的长期发展趋势：特别是精神史演进与此时代前后之间形成的紧密关联表明，它与那些时常为人所低估的内部差异性——如至今为止受人欢迎的阶级特殊论或以"传统对现代"二元论为导向的结构——拥有着同等重要性，例如根据性别与代际特性加以区分。此外，一种由现代化模型所确定的政治社会史，与一种仅仅从结构史与进程史出发所进行的社会分析一样，都有其局限性。它们并不对宏观层面上的情势与进程加以抽象分层，而是重构了那些具体行动者的感受与世界观——他们饱受苦难，但又充满期待，并在其时代拥有着开放性的未来。只要看一下20世纪及其迅速相继发生的否定趋势，便会带来这种反思。当我们采取一种与之相应的"生活世界式的"理解，将之作为奖章的另一半来进行观察时，业已显露头角的全球解释不再推进，而个体、他的行动策略、他的那种"文化"及其判断真伪的想象也变得不再公正。在接下去的描述里，正如此前章节那样，上述观点将得到特别关注，以免产生几乎不可避免的后来者之傲慢，并由此阻止自以为是的历史编纂者。

---

[1] 战后历史学家迈内克（Friedrich Meinecke）出版过同名著作。——译者注

第六章 世界大战时代（1914—1945 年）

从第一次世界大战到第一个德意志共和国

1914 年	8 月 1 日：德国总动员；向俄国宣战。
	8 月 3 日：德国向法国宣战；德国入侵中立国比利时发动西线攻势（施里芬计划）。
	8 月 4 日：国会批准战争拨款，社会民主党投赞成票；英国向德国宣战。
	8 月 30 日：俄国在坦能堡败给德军。
	9 月 5—12 日：马恩河战役；德军后撤，拉锯战开始。
1915 年	5 月 23 日：意大利参战，加入协约国阵营；后来，土耳其与保加利亚则成为中欧强国的盟友。
1916 年	围绕凡尔登、香槟与索姆河的"消耗战"。
	8 月：兴登堡与鲁登道夫成为最高军事指挥部的长官。
	12 月 5 日：《为祖国志愿服务法》出台。
1916/1917 年	"芜菁之冬"，在"后方战场"不断上升的矛盾与怨愤。
1917 年	2 月 1 日：德国开启无限制潜艇战；随后，美国宣战（4 月 6 日）；柏林与鲁尔地区爆发罢工运动。
	3 月 13 日（俄历 2 月 23 日）：俄国爆发"二月

革命"。——4月16日（俄历4月3日）：列宁回国，更多流亡者在德国支持下从瑞士流亡地回到彼得堡。——从11月7日（俄历10月25日）起，布尔什维克的"十月革命"。

4月：独立社会民主党（USPD）成立；反对战争继续的斗争开启。

7月：埃茨贝格尔要求缔结理解式和平。

1918年

1月8日：美国总统威尔逊发布"十四点方针"。

3月：与俄国缔结《布列斯特-立托夫斯克和约》。

8月8日："亚眠的黑暗一天"，中欧强国崩溃的开始。

10月3日：在巴登的马克斯亲王领导下，建立议会基础上的内阁；向威尔逊提出停战请求。

10月底：修改宪法，建立君主立宪制。

11月3日：基尔爆发水兵起义；工兵代表会在越来越多的德国城市中出现。

11月8—11日：在贡比涅进行停战谈判。

11月9日：威廉二世放弃皇位；谢德曼在柏林宣布成立共和国；随后建立"人民全权代表委员会"，以此作为革命政府，领袖是弗里德里希·艾伯特。

11月11日：停战。

第六章 世界大战时代（1914—1945 年）

对于德国人而言（仅有少数例外），战争的启幕——1914 年 8 月 1 日，德国向俄国宣战；1914 年 8 月 3 日，德国向法国宣战——是从长期以来的不确定性及不令人满意的期待中解决或解脱出来的办法。即便是社会民主党人——所谓"无祖国的工人们"——也在国会投票批准了战争拨款。尽管（或者正是因为）内部的矛盾局势，德意志民族现在沉浸在伟大的命运共同体中。这种命运共同体受到外部压力，迫使启动一场防御战争。这让人们相信帝国领袖、军方高层、祖国媒体与民族发言人的口号和解释，认同有关"城堡和平"的灾难性幻想——如威廉二世所言，"我不再知道什么政党……只知道德意志兄弟"——认同公正与符合上帝旨意的十字军，认同军事优势，并最终让他们向前奔跑，很快坠入西线的战壕之中。开战罪责最终被推给德意志帝国，而它后来也接受了这一指责。这种罪责以灾难性的方式毒害了接下去的几十年时间。不过，按照今天的认识，这种指责并不公正：所有的欧洲强国都参与了战争的准备，它们即便不是特别期待战争，但也把战争视作其政策的一种策略工具。在这里，人们发现了一种自我创设的困境，以至于让任何和平之举都无实现可能，而且只要出现一点火花——如 1914 年 6 月 28 日奥匈帝国皇储弗朗茨·费迪南被塞尔维亚刺客谋杀——便会让火药桶爆炸。不过，考虑到德意志人在 8 月初便宣战，并侵略中立国比利时，德国仍然可被视作真正的侵略国。

德国攻势的战略底本是"施里芬计划"。据此，德国迅速向前推进，通过比利时与法国东北部，以弧形方式直抵巴黎（"运动战"）。然而，早在 1914 年 9 月马恩河战役后，这一战略便已僵化，运动战转变为一场拉锯战，即双方从瑞士边界直到奥斯坦德附近的英吉利海峡一线的拉锯战。直至1918年8月,这一前沿阵地应该变化不大,仍然保持原状。在数年间,此处发生过极为暴力的消耗战,双方都献出了大量牺牲者,特别是在凡尔登区域内。最终,在亚眠的"黑暗日"(1918年8月8日),协约国的坦克碾过了鲜血浸染的德国阵地,迫使战争接近尾声。中欧强国连同其土耳其盟国尽管并不愿意承认这一点,但实际上究其根本而言,它们不仅从一开始就在兵力上落后于协约国,而且还不得不在西线之外,在更多的不同战争舞台上领导数场阵地战。它们的前沿阵地从东普鲁士(在那里,俄国人由于坦能堡战役而回缩,而兴登堡神话由此产生),经过喀尔巴阡山脉、多洛米蒂山脉、巴尔干半岛,直抵达达尼尔海峡。即便在非洲殖民地,也发生了战斗。德军还进军土耳其一方的巴勒斯坦与美索不达米亚。上述情形导致的结果是,德军在最初获得胜利后,几乎在所有进攻方向上都陷入停滞状态,或者反对中欧强国的力量开始反击。只有在东线,沙皇俄国由于大败而接近崩溃边缘,以至于革命口号得到了更多民众的支持。1917年"二月革命"后,沙皇尼古拉二世退位。克伦斯基领导下的临时政府决定继续参战。对此,德国外交部决定用一列铅封火车把一批流亡瑞士的俄国革命者运回俄国,其中包括列宁、托洛茨基、斯大林、季诺维也夫等人。这些人发动了十月革命,尤其应允民众结束战争,且于1918年3月3日不得不在布列斯特-立托夫斯克与中欧强国[1]签订了一份强制性和约。尽管如此,这场东线胜利并没有减轻德国在其他战线上的压力。德国宣布进行无限制潜艇战后,美国深受刺激,并于1917年4月参

---

[1]指德国,下同。——译者注

战。正是由于美国参战,中欧强国取胜无望。随着中欧强国盟友保加利亚的崩溃,协约国在亚眠以坦克推进战线,战争的最后阶段拉开了帷幕:在最高军事指挥部(1916年起,由兴登堡和鲁登道夫负责)的督促下,鉴于德军尽管仍然固守"获取胜利和平"之梦想、实质却已精疲力竭的实际情况,德意志帝国与奥匈帝国向美国总统威尔逊提出了停战请求。而后者曾于1918年1月8日为缔结和约提出过14点基本方针。同样,土耳其也在几天后跨出了这一步。当威尔逊的不同条件得到满足后——其中包括威廉二世退位——协约国代表福煦与德国全权代表马蒂亚斯·埃茨贝格尔从1918年11月11日开始启动谈判,战事结束(在土耳其,战事早在1918年10月30日便落下帷幕)。

尽管战争以如此方式告终,而且1919年出现了一个"国际联盟",德意志帝国也由于1918年的十一月革命而为一次民主新塑形创造了条件,但正如此后岁月所显示的那样,迈向一种国际和平制度、在德意志帝国开启一种政治社会新开端的第一步却未能完成。在许多方面,战争留下的伤口很严重,旧有矛盾继续加深,新的对峙又被创造出来——所有这一切最终证明,它对历史的负面影响力远远超过创造新开端的契机。这一点既是世界性的现象,同样也表现在德国情势中。

德意志帝国情势之发展,早在战争初期便已埋下了许多战后冲突的根源:1914/1915年,德国人曾有过一段最初为战争而疯狂的经历;但在此之后,人们的头脑开始清醒起来。而与此同时,政治家们、军队领袖们及其他社会领导力量却竭尽所能地确保民众拥有"坚持到底的意愿",提高战争物质的最高生产效率,保障"后方"

的团结一致，即所谓的"城堡和平"。为此，所有层面上的民事管理机构与军事管理机构都有责任通过一个严格规制的机构、无所不包的大众纪律教育和不断呈现的战争宣传等手段，来协调军队需求、军工厂需求与食品供应需求之间的关系。此举的结果是让整个社会向半军事化转向，并为战争服务（"战时社会主义"）。它首先通过1916年12月5日的一部《为祖国志愿服务法》产生影响。尽管工会在上述局势下首次被正式认可为谈判伙伴，并对新成立的调解小组拥有影响力，但"后方"的裂痕却未能通过不断加强的专制干预而得到弥合，反而在此时被进一步加深。最迟到1916/1917年的"芜菁冬天"，许多人对专制国家解决问题的能力及其分配公正性的信任都已丧失殆尽。那些所谓参战者家庭对于全民族共同承担巨大损失的想象首先感到不满、失望，并公开提出了批评。战前时代的旧有矛盾死灰复燃，敌友形象再次鲜明。除此之外，又出现了新的矛盾：它们针对不断蔓延开来的黑市交易与暴利现象，针对大发战争财的那些人，针对城乡之间的不同供应条件，针对性别之间日益明显的差异性。工人阶层的"参战者家庭"，以及许多此前生活状况更好的资产阶级中产阶层家庭，由于其"主要养家糊口者"在战场死亡而陷入危境。大部分家庭只能通过那些囤积食品者、黑市贸易、半合法及非法的筹措方式，得以勉强确保自己的生存。由于劳动绩效压力增大，国家机构的专制形象与日常生活现实及糟糕的食品供应状况之间的裂痕明显，工人妇女与（还）未应征入伍的青少年们首当其冲地被视作随意支配的劳动潜力，发挥着关键作用——而这成为"后方"大众舆论的焦点，并最终（通过书信来往以及/或回国度假期间的相互抱怨）成为战壕内的想法。连维护"城堡和平"的工会

第六章　世界大战时代（1914—1945年）

与社会民主党多数派——要求和平的少数派在1917年4月从社会民主党中分离出来，另行成立了独立社会民主党（USPD）——也无法再纾解不断加强的"深度抱怨声"。尤其在工业城市中发生各种骚乱与自发抗议行动后，1918年初，最终出现了一场大规模兵工厂工人罢工。而这场罢工最终让民众中的大部分人都失去了坚持到底的意愿。

1917年起，政府与皇帝都以敷衍的方式，试图通过某种许诺——即答应改革普鲁士那令人憎恨的三级选举制，并在帝国建立一种议会民主体制——来阻击大众业已公然表露出来的不满情绪。然而为时已晚。最后，政府和皇帝只能通过1918年10月28日有关建立君主立宪制的条款（即所谓"十月改革"），才最终实现了上述目标。首相巴登的马克斯亲王自1918年10月3日起建立了新内阁，其中首次出现了两位社会民主党人。然而首相现在只能试图拯救他力所能及的目标：他向威尔逊发出了德国要求停战、签订和约的请求；迫使犹犹豫豫的威廉二世退位；1918年11月9日，他的最后一次执政行动是把首相职位交付给多数派社会民主党主席弗里德里希·艾伯特。

正是在这种局势下，10月底，海军指挥部为了迎合战前时代影响公众的舰艇宣传，以潜艇还未被全力投入战争中、大部分在基尔港驻留为名，试图把此前很久业已筹备好的方案付诸实施。该方案计划海军全力向英吉利海峡进攻，以便在最后一分钟改善德国地位。然而此种想法激怒了水兵，让他们发起了暴动。后者把该方案解释为"死亡之行"。尽管该方案无法付诸实践，但舰艇指挥部对暴动水兵进行严厉惩罚之举，却进一步推动事态的发展。由此，奔向席卷帝国的全面暴动的发令枪响起。在仅仅数日之内，从基尔开始出现的革命细菌在德国境内扩散，到达数座城市。尤其在慕尼黑和柏林，它演变为革命性大众运动，促成建立工兵代表会，推动大罢工的出现。11月9日中午，多数派社会民主党人菲利普·谢德曼（擅自做主）从帝国国会大厦的窗口上宣布建立"德意志共和国"；不久后，卡尔·李卜克内西作为左翼激进派斯巴达克同盟的发言人，在柏林宫前，向大众宣布建立一个"自由的社会主义共和国"。由此，在随后数月内相互斗争的两个口号，从一开始便被固定下来。

魏玛共和国：一次"民主实验"的崛起与失灵

1918年　11月16日：最高指挥部批准建立自由军团。

1919年　1月1日：德国共产党（KPD，斯巴达克同盟）成立。

1月5—12日：斯巴达克同盟在柏林起义。

1月15日：罗莎·卢森堡和卡尔·李卜克内西被杀。

1月18日：和平会议在凡尔赛宫开幕。

1月19日：选举国民大会的议员。

2月6日：立宪国民大会在魏玛开幕；弗里德里希·艾伯特当选为总统，"魏玛联盟"（社民党、中央党、民主党）组建内阁，总理是菲利普·谢德曼。

6月28日：《凡尔赛和约》签订。

8月11日：《魏玛宪法》颁布。

1920年　3月：卡普暴动。

第六章 世界大战时代（1914—1945年）

德国中部和鲁尔地区发生共产党人起义。

1922年　7月4日：德苏之间的《拉巴洛条约》得到批准。

10月28日："向罗马进军"，在墨索里尼的领导下，法西斯主义在意大利获胜。

1923年　法比联军占领鲁尔，爆发"鲁尔斗争"。

11月8/9日：希特勒在慕尼黑发动暴动，但以失败告终。

11月15日：在"迅速恶化的"通货膨胀之后，发行了地产抵押马克。

1924年　8月29日：道威斯计划作为进一步赔偿支付的基础，被国会接受。

1925年　2月28日：弗里德里希·艾伯特去世；兴登堡被选为总统。

12月1日：《洛迦诺条约》签订。

1926年　4月24日：德苏签订《友好与中立条约》。

9月8日：国联接受德国。

1927年　7月16日：建立失业保险体制。

1929年　8月21日：杨格计划被接受为德国赔付方案（1930年3月12日，国会批准）。

10月25日："黑色星期五"（纽约证交所崩溃），导致世界经济危机爆发。

1930年　3月29日：米勒（社民党）政府辞职，议会制共和国终结；布吕宁（中央党）成为总理。

9月14日：国会选举（纳粹党明显受益）。

1932 年　4 月 10 日：兴登堡再次当选总统。

　　　　　7 月 20 日：冯·巴本领导下的中央政府发动针对普鲁士的国家政变（"普鲁士打击"）。

1933 年　1 月 30 日：希特勒被兴登堡任命为总理。

1918/1919 年革命是自发运动的结果：它既不是帝国任何一个政治集团策划而来，也不存在针对威廉帝国结束后时代有关全面政府形式的一种方案。正因如此，在水兵起义后的第一周内，那些具有长期影响力的转折点都是临时出现的。由此，人们试图用"临时创造的民主"（improvisierte Demokratie）这一术语来概括整个魏玛共和国的特征。不过，支持这一标签的论点缩小了结构性问题，而只有当我们看到共和国稍后谢幕的事实，才会明白这些结构性问题实在太多了：它们最初表现在略微狭义的层面上，特别是多数派社会民主党（MSPD）领袖的角色及其在起义阶段的政策。但是，对于随后出现的 20 年德意志历史而言，其根本问题是大多数人的政策、思想、感觉及其价值观的出发点几乎只停留在战败及其令人沮丧的后果之中。若以尖锐的方式加以表达，即占据统治地位的想法是"对于和约的内在拒斥"（H. 蒙森［H. Mommsen］语）。与此同时，这种想法让人们无法以未来为指向，抓住契机，从而有可能建设一种新秩序。在这里，当我们谈到当时人的普遍"拒斥"态度时，或许是一种粗糙的评价，如同我们评价 1848 年革命中及其之后的资产阶级的行为那样。而最新的研究，特别是有关从帝国到共和国的精神延续性的历史研究，则对此提出了"苛求"的概念。德国社会快速现代化所导致的结果，尤其是帝国时期为人们所感受到的那些危机

第六章　世界大战时代（1914—1945年）

现象，在战后得以更新，而且让人们感到更为紧迫——而在一个既以失败告终、又是以充满巨大期待与解决幻觉开启的战争之时代，这些结果和危机必须被加以克服。在上述背景中，寻求解决方案之举便被缩减为对于许多社会、经济与政治关系的叩问，并最终缩减为探寻眼前困境的罪魁祸首。无论寻找罪责之举，还是不同政治及世界观阵营所鼓吹的未来目标，它们的评价标准都是从战争社会的精神基础与战争结局中进一步延伸而来的。由此所营造的氛围之所以从一开始便被毒化了，则是因为那些在宣传鼓动上既贴切又可以很好使用的表达公式可供利用。人们藉此来为德国战败的关联扩展及其原因寻找替罪羊，并对大众施加影响："背后一刀"（Dolchstoß）和"战场未败"（im Felde unbesiegt）[1]的口号便属于此类举动；同样，多多少少在1918年底被迫扮演扳道工角色的政治家们——如艾伯特与谢德曼，此外还包括埃茨贝格尔——都被视作"十一月罪人"。

　　在1918年11月的变革局势中，多数派社会民主党人努力成为最稳定的秩序因素，以便有可能作为具有决定性影响的政治力量，来克服颇具威胁的内部混乱。不过，这一点完全不是它最初所设想的目标。对于他们而言，十月改革看上去已经足够建立一个新国家了。不过，当所有德意志邦国在毫无抵抗的情况下分崩离析，当邦君们纷纷退位，当资产阶级们（鉴于俄国情势）考虑到大众运动有可能转变为血腥激进之变革的威胁而似同瘫痪时，弗里德里希·艾伯特及其同志们采取了实用主义的策略，接受了大部分已对战争深感厌倦的工人阶级的诉求。换言之，社会民主党领袖们现在努力的

---

[1]"背后一刀"或被译为"匕首刺背"。这两个神话讲的是：军队在前方并没有输给协约国，而是由于后方革命者的破坏不得不投降。这是军方高层推卸责任的表现。——译者注

目标是：在人们进入国家与社会的更为深远的改革之前，竭力阻止爆发内战，阻止出现饥饿危机，让复员进程进入正常轨道，执行停战协议，以结束战争。所有进一步的结构性决断，应该留待由民主选举产生的机构来做出。无论是（通过一个国民大会来创建）议会制共和国或代表会共和国[1]——斯巴达克同盟根据"所有权力归苏维埃"这一口号提出；1918年12月底，斯巴达克同盟转变为德国共产党（KPD）——这种极具争议性的、非此即彼的辩论话题，还是社会改革或社会主义化这样的论辩话题，多数派社会民主党人都倾向于前一选择。1919年1月中旬，柏林爆发了暴动及斯巴达克人起义，其目的就是为了阻止上述发展。但格勒纳将军领导下的军队，以维护稳定和秩序为名，镇压了这些起义。尽管如此，这些高级军官团支持的对象是拥有决定权的革命性全权代表机构——它是"人民全权代表委员会"的6人代表机构；该机构最初是由多数派社会民主党与独立社会民主党的对等代表组成的，但从1918年12月底开始，则全部由多数派社会民主党人组成。不仅如此，帝国时期的其他领导集团，特别是资产阶级与经济领域中的领导者，也支持人民全权代表委员会的决定。同样，工会也支持人民全权代表委员会的策略。1918年11月中，工会已同企业主联合会达成了一份协议。[2]在该协议里，企业主为了阻击工会的社会化诉求——鉴于当时的局势——显示出进一步做出妥协的意愿。

---

[1] 原文 Räterepublik，旧译"苏维埃共和国"，理解有误；此处根据德国学者的辨析，仍然将之翻译为"代表会共和国"。——译者注

[2] 指《斯廷内斯-列金协议》。斯廷内斯是当时的大企业主，代表资方；列金是自由工会主席，代表劳方。——译者注

事实上，在此政策的基础上，人们成功地阻止在德国出现令人感到恐惧的、全面性的混乱，并通过1919年1月19日的国民大会选举，为一个议会制共和国奠定了基础，从整体上阻止了国家的分崩离析。不过，在1919/1920年，共和国部分地区（柏林、萨克森、图林根、鲁尔区等）发生了类似内战的冲突；1920年3月13日，在东普鲁士总督卡普和"自由军团之父"吕特维茨将军的领导下，右翼极端主义者发起了一次暴动夺权行动。上述所有这一切为共和国留下了长期发挥影响力的怨恨之情，并在工人阶级内让温和多数派与左翼激进团体之间的对立固化。特别是多数派社会民主党领导层为了确保国内和平，不顾一切地打出了资产阶级精英与传统专制国家精英的牌——即便他们并非对共和国充满怨恨而疏离它，也至少对它充满疑虑——这种事实证明，多数派社会民主党领导层的举动是灾难性的：这不仅是因为在随后岁月里，许多人明确感受到的是，社会现实远远落后于共和国的最初期待与宪法承诺；年轻的共和国长时期地备受折磨，而且还首先在于下列事实，即该社会的杰出部分，政治和经济上拥有权力者，在是否支持共和国的问题上持保留态度，并最终总是公开反对它。

最初拥有决定性影响力的社会民主党人本来几乎得到了全面重塑德意志社会的机会。然而立宪国民大会选举却显示出其政治基础的局限性：它并未获得期待中的绝对多数，而仅仅获得了大约40%的选票，而且在此后国会选举中（到1933年为止，整体而言），其大部分时间都未曾获得超过20%的选票。于是，在国民大会中，多数派社会民主党不得不去同其他党派结盟。这意味着它必须尝试向两个资产阶级党派——中央党与德意志民主党——进行妥协。其结果是，联盟政府大部分遵循更大范围的目标，而社会民主党人的目标则显然部分与该目标并不重合。正因如此，1919 年 7 月 31 日通过的《魏玛宪法》并非是一件社会民主党人的铸造品，也未曾遵循自成一体的社会政治方案。如胡戈·普罗伊斯与弗里德里希·瑙曼这样的资产阶级左翼自由主义者——而非社会民主党人——才是具有决定性意义的法案起草者。他们、所有右翼资产阶级分子以及很多社会民主党人最终并不认为议会应该拥有完全主权，而是通过特别加强总统权限的方式——首先是第 48 条：处理紧急状态——以及引入全民投票和全民公决的方式，来创建一种妥协模式。而这种符合宪法的二元体制后来则产生了尤为重要的结果。许多宪法条款仅仅包含一些意向，却未指出具体执行细节，以至于未来出现了大量争议点，尤其是对宪法条款如何具体付诸实践的问题。

尽管存在着有关魏玛宪法个别条款的争议，但回头来看，该宪法仍然是一部伟大创举，拥有着创新性、以未来为指向的特征。这首先体现为它把国家的任务描述为一个福利国家的使命，并把福利国家原则安置在其公民的基本权利之中。除了人民全权代表委员会最初发布的首批引人关注的法令（如建立 8 小时工作制）外，国民大会也从福利国家原则出发，通过了所谓埃茨贝格尔的财政改革。1920 年的《企业代表会法》、通过 1927 年失业者保险法来补充国家社会保险体制，以及在住房救济、青年人保护、社会教育、社会卫生等领域内推行的一连串法规措施，不仅扩大了国家的社会功能，而且还扩大了其公民对公共社会福利的合法诉求，同时又无须顾忌传统济贫体制下的消极性缺陷。不过，与此同时，如同硬币拥有两面那样，此举的负面结果是，它总是以各种方式推动进一步法制化

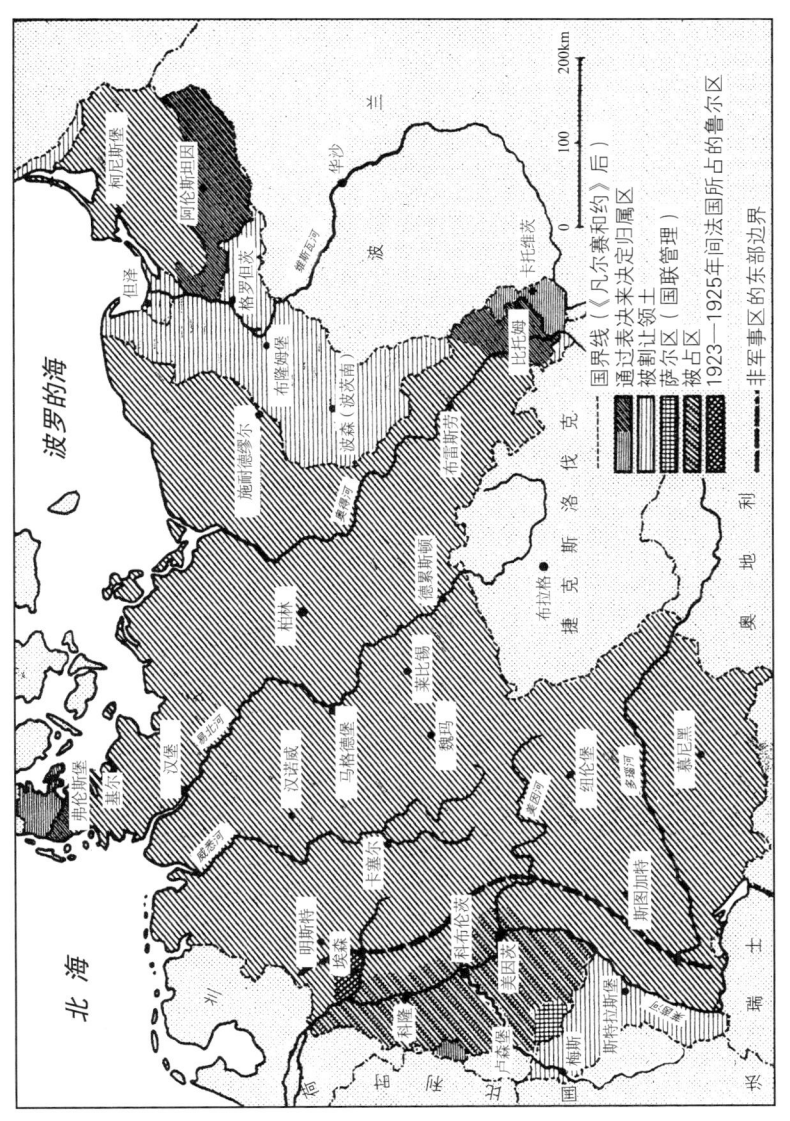

第六章 世界大战时代（1914—1945年）

图9 《凡尔赛和约》后的德国

和官僚化，强化社会控制，增强国家对社会关系的规制力，并促进一种"现代社会工程"的职业阶层出现，而他们"根据社会技术意义中的有用性与可行性"来界定福利领域（D. 波凯尔特语）。

尽管如此，此类福利国家创新之举并未产生期待之中的显性结果，即在德国创造一种稳定的社会和谐。从一开始起，魏玛共和国不仅在政治上，尤其在经济上便是一个极端脆弱的构成体。政治危机与经济危机接踵而至，或彼此重叠，阻止福利国家之网的稳固化。此外，来自战胜国的外在压力——自1919年6月《凡尔赛和约》签订以来，战胜国在许多方面都施加压力，尤其是有关赔款问题和战争罪责理论相关的冲突——总是不断地增强。

《凡尔赛和约》的确可被视为年轻共和国的最具悲剧性的负担之一。这不仅是因为其个别条款——尽管它们足够严厉，而且并不如人们所期待那样，遵从威尔逊的十四点方针——而且还主要因为它在道德层面上把德意志人判决为所谓"战争罪魁祸首"（第231条）。倘若不存在这种战争罪责理论，倘若战胜国不以强硬方式来执行和约，回头来看，一种"机智的、小心谨慎的、有耐心的德意志政策"（G. 里特［G. Ritter］语）或许还能成为德国逐渐返回到欧洲强国圈中、并建立一种长期和平保障机制的基础。恰恰与此相反，针对这种"独裁式和平"的广为流播之仇恨，却增加了负责执政的德意志政治家的负担，使之不得不从现实出发，以极端方式来稳固民主，长期确保民主体制之安全。从根本上而言，他们处于防御状态。社会问题与经济问题越尖锐，那些持容忍态度者便变得越绝望。人们首先把矛头对准了"持履约态度的政治家们"。倾向于把共和国整体

第六章 世界大战时代（1914—1945年）

视作政治恐怖的自由军团崛起，不少人也聚集在如"康祖尔团体"[1]一类的右翼激进性秘密同盟中。政治暗杀时常发生：在1919年1月罗莎·卢森堡和卡尔·李卜克内西被杀后，又出现了许多"政治谋杀"，特别是1921年部长埃茨贝格尔被杀，1922年拉特瑙被杀——每一次暗杀都是恐怖行动，最大程度地让共和派感到震惊。尽管魏玛政府随后颁布了保卫共和国的法令，但仍然未能让共和之名得到更多尊重。巴伐利亚以及普鲁士的一些省份在联邦议会中对该法令投了反对票，而且大量德国法官在随后岁月里也以半心半意的方式对待这部法令：当极左翼犯人被处以最高刑罚时，极右翼犯人却明显不用那么担忧。阿道夫·希特勒在慕尼黑暴动——1923年11月9日向统帅礼堂进军——失败后，于1924年2月在慕尼黑人民法庭被控谋逆罪时，也受益于这种完全明显的实践倾向。他把这次审讯变成了宣扬其理念的舞台，而且最终被判处法定最低刑罚，即5年监禁。随后，在莱希河畔的兰茨贝格的监狱里，他利用数月时间，在极为有利的监禁环境中，在其助手鲁道夫·赫斯的帮助下，以口述方式完成了《我的奋斗》的第一卷。1924年12月，他因良好表现而被释放，并得以在1925年2月——再次在慕尼黑的国民啤酒厂酒窖餐厅——重新建起民族社会主义德意志工人党（NSDAP）。不过，最初，在魏玛的政党光谱里，这个极右翼政党、（在最初合法性阶段）从一开始以暴动为目标的政党，只是一个边缘党派。正因如此，人们对其日益增长的内部团结性与咄咄逼人之姿态视而不

---

[1] Organisation Consul，这是一个宣扬民族主义和反犹主义的恐怖团体，目的是推翻魏玛政府。——译者注

343

见。尽管如此，1928年5月，该党在国会选举中不过获得了2.6%的选票。

这不过是众多灾难性因素之一。另一个因素此前受人忽略，后来却被证明极具灾难性，应该为人所关注。这就是：1923年11月15日通货膨胀结束、稳定货币得到重新确立两件事为社会整体稳定奠定基础的假设，只是一种幻想而已。从今天的观点来看，在1924—1929年间，年轻共和国的经济复兴与相对稳定是一种"表面繁荣"。对于许多当时代人而言，这五年之所以主要是诱人的，则是因为他们发现，到处可见现代大众文化的突破性发展，而且在匮乏年代后再次获得了某种外在繁荣。在有关赔款问题首度得到明确规范（1924年道威斯计划[1]）后，外国资本在相当广的范围内流入国内。这些资本不仅以较强方式刺激了经济领域和公共部门的投资行为，而且还首先导致现代生产技术（关键词：合理化[Rationalisierung]）和企业领导准则被引入工商业中。新的大众媒体（特别是电影与广播）、一种由所有形式的大众消费物品所决定的休闲文化、城市中的大型百货商店作为现代"消费殿堂"散布开来、特别在大城市中产阶层里出现了通常被视作"美国主义"的自由生活方式等——所有这一切被许多人理解为一种长时期被延误而现在被迅速弥补的现代化之表达。但这并非是所有同时代人的想法。一方面，对于众多人而言，这种现代"成就"并没有用处；因通货膨胀受损严重者、此前受到保障的资产阶级、尽管经济繁荣但仍然存

---

[1] 指1924年8月达成的一份有关德国赔偿的方案。道威斯是美国金融专家。该方案标志着一战后初期法方主导德国赔偿问题解决的时期落下帷幕，美国介入其中，暂时稳定了德国及欧洲政局。但该方案并没有最终解决赔款问题。——译者注

在的大量失业者（约 10%），都把所谓"黄金"二十年代感受为充满危机与社会沦落的岁月。不过，另一方面，大众文化因素与生活方式的转型，同样在那些物质上得到保障的阶层内唤起了厌恶和强烈不安的情绪，让他们对文明提出了批判，并对立足于传统、深受侮辱的德意志民族之未来抱有悲观主义的想法。与此相关的控诉主要指向传统德意志价值在民族内部的沦丧，而极少指向共和国的外交局势。在国际背景中，德意志人在其外交部长古斯塔夫·施特雷泽曼（德意志人民党［DVP］）的领导下，再次站稳脚跟：德国以缓解为目的，与苏联和协约国签订了一系列协议（拉巴洛，1922 年；洛迦诺，1925 年；柏林，1926 年）；1926 年，尽管存在着日益增多的批评声，特别是来自右翼的批评声，但德国仍被国际联盟接纳，为外在和平环境的逐渐好转奠定了基础——例如，1925 年，法国对莱茵兰的占领行动结束了。尽管在这些年内，德国的外交政策最终并未清晰回答下列问题：它是否终将放弃修改《凡尔赛和约》的目标？或者它仍将继续公开保留一些修改选项，如修改东部边界？——但魏玛共和国在相对较短时间内，尤其在经济领域，再次被纳入到国际关系的网络之中。

然而在国内，外在繁荣的表层之下，也积累着灾难性的炸药，即年轻的民主体制无法在民众中赢得广泛的支持者。与之相反，新国家越来越（如人们夸张所言）被证明是一个"没有共和主义者的共和国"。政府更迭频繁（自 1923 年起的十年间，共出现了 11 届内阁）、支持共和国的议会制力量持续衰减、对于共和国路线的政治角逐（在媒体上，它时常被描写为令人鄙夷的党派争执），以及一些以宣传鼓动为目的的、被高度渲染的丑闻，特别让大部分年轻一代对民主国家持日行渐远的立场。在这里，存在着一种精神史性质的关键问题。1922年的《帝国青年福利法》特别把青年强调宣布为民族希望的承载者，其身体健康、精神健康与道德健康是德意志未来的重要保障。但是，当负责国家事务的力量与机构部分矛盾性地、部分又半心半意地努力推动青年"社会化"时，具有宣传性的有关青年诉求的第二种方向提出了挑战。后一种诉求首先产生于中间一代人的民族性—民族主义阵营中，继续以特别方式推进战前时代的青年神话，泾渭分明地反对魏玛"体制"。这种极具诱惑力的观念光谱颇为广泛：如爱德华·斯普朗格这样的温和人士，早在1924年便鉴于精神危机的情况，谈到了一位"青年独裁者"的登场。此人"在旧世界最终陷入僵局时，立足于青年之巅，开创了新世界"。从大约1927年起，当激进民族主义团体与军事协会重新强大起来时，上述一类论调深受欢迎。在"让出位置吧，你们这些老年人！"（格雷戈尔·施特拉瑟［Gregor Strasser］语）的口号下，魏玛共和国被污蔑为"白发人的统治"，并被指责怯懦卑鄙、丧权辱国、毫无能力、虚弱不堪。在这种论辩链条上，最后一个环节是有关"青年一代之使命"的观点。它认为，被剥夺继承权的一代人有权发动一场"青年革命"。

从此时开始，政治激进化的显要部分被投诸青年一代身上。当世界经济危机爆发时，这种观点突然加深了经济对立与社会对立。就在危机爆发前不久，1927年7月，共和国建立了失业保险体制。这是工会的古老目标。但它未能减轻大规模失业所造成的灾难性后果，尤其是没有减轻青年失业者的痛苦。在1932年底，大约出现了600万失业者，占就业者总数的四分之一。1930年3月，有关

第六章 世界大战时代（1914—1945 年）

修改这种保险体制的争执结束了大联盟政府，事实上也结束了议会制。1925 年起作为弗里德里希·艾伯特继承者的兴登堡总统任命布吕宁为总理。布吕宁内阁不再得到国会多数派的支持。布吕宁如同其 1932 年的两位后继者冯·巴本与冯·施莱歇尔那样，只能借助依据宪法第 48 条而颁布的紧急令。由此，短暂而极具灾难性的"总统内阁"时代与议会被剥夺权力的时代拉开了帷幕。

　　谢幕首先从 1930 年国会新选举开始。倘若此前不久，纳粹党人在 1929 年秋和 1930 年初的州议会选举中已明显获得了更多支持，那么现在，它在国会选举中从 2.6%（1928 年）跃升到 18.2%（相当于 640 万选民）；到 1932 年 7 月底的另一场选举时，其选民人数几乎翻了一番（1370 万，相当于 37.3% 选票，由此纳粹党成为最强大的国会党团）。反对布吕宁紧缩政策的趋向、对其目标的不信任感、在所谓哈尔茨堡战线中"民族反对派"的团结一致、极端阵营在街头的血腥火拼、工人运动内日趋严重的两极化风向，所有一切让共和国的合法性迅速丧失，并让大部分老一代精英转而寻求与阿道夫·希特勒结盟——他们的算计是，只是把希特勒作为"吹鼓手"来利用，与此同时削弱其力量。1932 年 4 月，接近 85 岁的兴登堡为了阻击希特勒，再次被选为总统，开启第二个七年任期。在迈向元首国家的道路上，兴登堡扮演了一个特别不幸的角色，因为他一方面被理解为宪法守护者，另一方面却为专制倾向的右翼转向负责。当冯·巴本向兴登堡施加相应影响，并做好准备（如 1933 年 1 月 4 日巴本同希特勒在科隆见面）后，兴登堡于 1933 年 1 月 30 日任命希特勒为新总理。在希特勒的内阁里，除了希特勒外，仅有一位纳粹分子担任部长职位，即弗里克被任命为内政部长。此外，戈林得到了一个不管部部长的席位；他还被任命为普鲁士内政特派员。1932 年 7 月 20 日，冯·巴本发起了一场"国家政变"，颠覆了作为社会民主党最后堡垒的普鲁士州政府。现在，戈林得到了动用普鲁士警察的权力。此外，幕后操纵者相信，这个"民族集结政府"只是"雇佣了"希特勒（冯·巴本就是如此认为的），并将让纳粹分子"中立化"，也就是"驯服"他们。

"夺权"与纳粹政权的建设：1933—1939 年

1933 年	2 月 27/28 日：国会大厦纵火案，《保卫民族与国家令》取消魏玛宪法的基本权利。
	3 月 21 日："波茨坦日"。
	3 月 24 日：《授权法》（尽管社会民主党投反对票，但仍然得以通过）。
	4 月 7 日：《重新确立职业公务员法》。
	7 月 20 日：与梵蒂冈签订协议。
	10 月 14 日：德国退出国际联盟。
1934 年	1 月 26 日：德波互不侵犯条约。
	6 月 30 日："罗姆暴动"（冲锋队领袖与反对派被杀）。
	8 月 2 日：兴登堡去世；希特勒成为德国最高领袖（"元首与总理"）。
1935 年	1 月 13 日：在萨尔地区进行全民公决（91% 支持回归德国）。

3月16日：建立普遍义务兵役制。

4月11—14日：斯特莱莎会议（英国、法国、意大利）；抗议德国重新武装。

6月18日：德英海军协定。

9月15日：《纽伦堡法》。

1936年　3月7日：德国军队进军莱茵非军事区。

8月：柏林举办奥运会。

9月9日：戈林领导下展开新的四年计划。

11月1日：墨索里尼谈到"柏林－罗马轴心"。

11月25日：德国与日本签订《反共产国际协定》（1937年意大利加入；1939年西班牙加入）。

12月1日：希特勒青年团变为国家青年团。

1937年　11月5日：秘密的"霍斯巴赫备忘录"（希特勒的战争准备方案）。

1938年　2月4日：在布隆贝格－弗里奇危机后，希特勒成为整个国防军的最高指挥官（建立国防军最高指挥部）。

3月13日："兼并"奥地利（4月由全民公决所批准）。

9月29日：德国、英国、法国和意大利签订《慕尼黑协定》（苏台德地区归并到德国）。

11月9日：对犹太人施加集体迫害（"碎玻璃之夜"）。

1939年　3月15/16日：德国军队进军捷克斯洛伐克。

3月16日：建立"波希米亚与摩拉维亚保护国"。

3月31日：英法颁布保护波兰的宣言。

4月13日：英法颁布保护罗马尼亚和希腊的宣言。

5月22日：《钢铁协定》（德意军事同盟）。

8月23日：德苏互不侵犯协定。

9月1日：德国在未宣战的情况下，入侵波兰。

民族保守派以灾难性的方式提出了"驯服"方案，但其结果表明，就在"夺权"之后不久，事态发展呈现出所谓"褐色革命"的场景（D. 舍恩鲍姆［D. Schoenbaum］语）。这意味着一种双重突破：一方面，它从极端返祖式的、以向后发展为导向的战略出发，设想了一种彻底的社会重构，在意识形态方面把"血与土壤""东部的生存空间""雅利安优等种族"的统治诉求作为出发点；另一方面，在一系列领域中大力推进向前发展的现代化，从技术和大众媒体，经过经济，直至各种社会政策行动领域。就革命概念而言，这种有意识地把矛盾结合在一起加以诠释的方式，已经体现在"第三帝国"的初期岁月之中。当时，可能还没有出现政权的统一突进行动，以至于历史学家们才在最近几年努力把纳粹主义时代"历史化"——这意味着，将纳粹主义时代置于19世纪以来的德意志历史的整体进程中加以观察。此举能够显现部分最具冲突性的影响元素实际上是各式各样的，但它们都以各自特殊方式，有助于纳粹独裁在十余年时间内以产生灾难性后果为代价进行运转。不过，根据马丁·布罗萨特的理论，我们能够清楚地区分以下两种现象：一方面，希特勒与许多高层纳粹精英们越来越沉湎于一种"世界观上以自我为中心、咄咄逼人式的、扩张性的行动主义"，其结果是他们以狂妄、简直病态的方式错误认识了该政权的"内外承载力"；另一方面，在上述这种"顶层思维"之下，也

第六章　世界大战时代（1914—1945 年）

存在着许多发挥作用的、部分明显受到错误引导的其他行为动机、更改策略与改革方案，而且它们也通常拥有着一段较长的前史。正因如此，"元首"与其他许多纳粹行动者们的犯罪能力及其藐视人类的举止，不过是硬币的一面而已——在这一方面，我们无需赘言第三帝国的上述观点是不道德的，人们对此也毫无异议（K. 希尔德布兰德 [K. Hildebrand] 语）。然而硬币的另一方面是一大堆由社会变迁所引发的措施与冲动的混乱集合，它们的根源有时可回溯到纳粹主义出现之前，必须得到完全差异化的评判。在这一点上，有关纳粹主义在其摧毁性潜力之外（自愿或不自愿地）拥有向前推进的"现代化动力"之争论业已拉开帷幕。在战后时代，上述"现代化动力"通过战争结果、占领政策、疏散、流亡、驱逐等，仍然获得了重要的额外动力。当然，我们也必须避免在这种背景下，用值得向往的目标、得到积极评价的内容或现代化目标，来对现代化概念加以价值评判。与此相反，在这里，我们特别强调指出"进步"与"现代"中存在的矛盾性。而把纳粹主义加以"历史化"的每一次尝试，都极为清晰地揭露了"进步"与"现代"中所存在的破坏力。

基于上述考虑，尽管纳粹独裁政权存在着内部冲突，但除了勇敢个体、实践化的天主教徒与部分产业工人外，它在更长时间内、更广阔的民众中拥有着极高声望、并得到了广泛接受，而其政权内部的异质性元素也都合为一体："让事物组合起来的方式，是让意识形态与社会动力在卡里斯玛与暴政的基础上加以联合"（D. 舍恩鲍姆语）。进一步而言，存在着四个关键要素始终彼此结合，并最终主导了社会活力，特别是暴政，直至它们被外来力量所摧毁。

对于纳粹分子中的领导阶层而言，1933 年 1 月 30 日的"夺权"

并不被理解为传统政府更迭意义上的纯粹政治行动，而是启动整个政治体制彻底转型、消除所有政治反对派与不受欢迎者、深度招揽那些可被争取的中间选民的措施之肇端。在最后一点上，1933年3月5日某种程度的"自由"选举表明，到当时为止，新政权仍然未能获得绝大多数民众的支持（43.9%支持纳粹党）。暴政措施通常拥有着报复此前对手的特点。猛烈开动的宣传机器首先致力于把希特勒量身定做为卡里斯玛型元首之形象，并在成功突破后，举行一些对民众产生巨大影响和极具象征意义的大型集会——尤其表现在"波茨坦日"[1]。此外，纳粹政权还毫无节制地利用宪法和监管条例所提供的可能性，在实施纳粹目的时，以一种准合法的方式来清除潜在障碍。在"夺权"之后数月内，上述举动形成了一种无法解开的乱麻，同时又制造了一种既在整体上让人不知所措、又让人们拥有突破亢奋感的氛围。1933年2月1日，国会被解散。根据宪法第48条颁布的紧急令和新法规削减了新闻自由权，"净化了"公务员机构，使之可以"雅利安化"——特别是《重新确立职业公务员法》。接下来，在2月底的国会纵火案后，纳粹政权通过了《保卫人民与国家令》。3月选举后，除了如《奸诈法》[2]的一些法规外，纳粹政权最终于3月23日在国会通过了《授权法》。在国会中，除了德国社

---

[1] 指1933年3月21日在波茨坦卫戍部队教堂举行的一次集会，总统兴登堡和总理希特勒参加。此前不久举行的国会选举，让纳粹党占据主导权。这次集会的目的是希望展现一种普鲁士-德意志历史的延续性，让希特勒成为接续弗里德里希大王、俾斯麦和兴登堡的伟人。——译者注

[2] 1934年12月20日颁布的一部法令，对于那些滥用纳粹党标志和制服者、自由意见表达者进行惩罚。——译者注

第六章 世界大战时代（1914—1945 年）

会民主党外，该法获得了其他所有政党议员的赞同。该法成为一种"永久性紧急状况"之基础（K. 希尔德布兰德语）。尽管对于一些人而言，该法意味着很快恢复了正常状态；但那种"永久性紧急状况"的感觉却在随后岁月间变得清晰起来。在上述一系列从法律角度来巩固独裁的做法中，也存在着以最清晰方式拥有意识形态背景的法典，即 1935 年的《纽伦堡法》。该法以其"别样热情的元素"，首先蔑视犹太公民，从而为一种全面种族政策奠定基础。该法如同上文提到的重新组建公务员组织的法令一样，时常使用"清洗"这一口号。而"清洗"在党内消除所谓对手的行动（即"罗姆暴动"）中也扮演着核心角色。恩斯特·罗姆领导下的冲锋队被视作党内领导层中的反对派。希特勒借助公开屠杀的方式，不仅解决了罗姆，而且还消灭了其他一些人，如希特勒的前任冯·施莱歇尔将军和一些保守阵营中的批评者。这种公然违法行为取得了成功，同时还没有遭到从国防军到教会的公开抗议。如卡尔·施密特这样的著名国家法学者甚至为这种专横行为进行了支持性的辩护。

除了通过 1933 年夏涉及所有党派的法规来排除异己外，"夺权"的第二种形式还与"一体化"和"确立领袖原则"的概念有关。这意味着现存机构、组织与协会的独立性由于巨大压力、或由于自愿迎合而被废除，其内部结构在纳粹意义上得以转型。现在，民主的游戏规则不复存在了；取而代之的是受到规制，隶属于全党敬重的"元首"，并被归整到纳粹组织中。不过，天主教会由于 1933 年 7 月 20 日德国与梵蒂冈之间签订的协议，仍然保住了一定程度上的自由空间。外部的整齐划一，也带来了内部的类似变化："一体化"的覆盖面从工会到德国各州，从城镇管理部门到工商业行会，从司法、行政、媒体到许多职业组织、高校与文化机构，直至青年人组织；现在，整个德国社会被笼罩在一张差别化的纳粹主义组织之网中——所有这一切都伴随着一种强大的民族共同体宣传，其口号是"一个民族、一个帝国、一个元首"，并首先向青年一代听众许下富有诱惑力的诺言——创造"新人"。

伴随组织创新而来的行动新领域，不仅为所有人提供了良好的上升渠道——新的掌权者或在深思熟虑后，或出于机会主义的考虑，或仅仅为了吸引这些人，因为后者为了避免生存和地位受到威胁而无从选择——也为许多青年人提供了机会，来克服至今为止深受环境与社会出身所限的视野。同样由于上述原因，年轻女子们得以利用纳粹政权所提供的可能性，能够突破其传统生活领域的困境。现在，在公共生活的许多地方，传统精英们与那些社会地位崛起者（特别是从中下阶层内崛起的人）混杂在一起。特别值得强调的是，在20世纪30年代的进程里，此前长时期被延误的社会转型得到弥补，并在很多方面混淆了传统的"上下"之分，以至于人们可以谈到——即便保留各种各样的限制条件——"第三帝国的一种无阶级现状"（D. 舍恩鲍姆语）出现了萌芽。

此外，各种各样的其他发展与成果，可以被视作希特勒德国的引人关注之成就及其国际地位提高之表现。在世界经济危机达到巅峰后，德国开始出现一次经济复苏。不过，大多数同时代人并不清楚的是，这次经济复苏很大程度上源于军事工业的突飞猛进。在外交上，纳粹分子也引人关注：除了宗教协定与延长1926年德苏协定外，它还签订了德波互不侵犯协定，最终还签订了德英海军协定。希特勒突破《凡尔赛和约》重要条款的行动（如重新建立义务

第六章 世界大战时代(1914—1945年)

兵役制),并没有得到此前战胜国的直接干预。后者只是提出了一些口头抗议("斯特莱莎阵线"[1])。1935年1月,当萨尔通过全民公决的方式,赞成回归德国时,希特勒获得了特别轰动的胜利。紧接着,1936年柏林奥运会至少把纳粹德国向外展现为一个热爱和平的现代国家形象。其专制领导与一党制结构被民众无条件地接受了。

在此期间,对内加以监督的体制持续性地得到完善,"民族同志们"的日常诉求也总是得到进一步改善。纳粹政权的工具很丰富,从冲锋队、党卫队和盖世太保,到一种暗探体制,直至用集中营来公开威胁所有的批评者、敌人与发牢骚者。以下行动前后相继、不断更新、经常反复出现:集会、浮夸式游行、在国家庆典日激发大众情绪的展演、如"德意志问候"这样的日常仪式、在约瑟夫·戈培尔核心领导的宣传下集中全力地使用现代媒体(如广播和电影)、规训所有艺术等,创造了几乎无所不在的强制手段,通过管理来阻止干扰,以确保个体所特有的"作为追随者的忠诚之心"。只有少数同时代人才能"袖手旁观,确保安全"(P. 布吕克纳 [P. Brückner] 语);因诱惑或被迫而成为同谋者的情况,在更大范围内占据主流。

1936年起,希特勒得以在此基础上,使其在《我的奋斗》中早已确定的,并在1933年后的秘密谈话中多次强调过的内容,加以系统化,即把战争之准备、在东部"占领新的生存空间"、建立一个"大日耳曼帝国"确立为目标。国防军与工业都被统合在"四年计划"中,而后者的领导权交由赫尔曼·戈林负责。其任务是在四年

---

[1] 指的是1935年4月英、法、意三国在意大利的斯特莱莎组建的统一战线,其目的是防止纳粹德国崛起。但会议结束后不久,英德签订海军协定,该阵线不了了之。——译者注

内让德国"具备战争能力"。由于实现该方案,需获得国防军高层与经济领袖们的支持,因此在这里,除了施加通常可见的强大压力外,还需要一种调解政策。国防军信任希特勒,保证他拥有可观的行动空间;不过,在1934年兴登堡去世、希特勒获得总统职位后,士兵们才向此人宣誓效忠。只有当戈林与希姆莱根本上策划了向国防军指挥官——国防部长冯·布隆贝格和军队参谋长冯·弗里奇——发动进攻后,希特勒才有可能在1938年初亲自成为国防军总司令,并让整个军队越来越受到纳粹领导层的掌控,其中希特勒尤为赢得了青年军官的支持。

同样,在很长时期内,大工业尽管偶尔也受到威胁,但在整体上仍然免受进一步干预或强制措施之干扰。德意志劳动阵线(DAF)并没有触及企业主的"企业主人之观点"。这种观点反而部分通过"企业追随者阶层"对"企业领袖"的效忠义务而得到加强。首先对于军备生产颇为重要的经济部门而言,私人经济之基础仍然继续存在;企业主的联合方式尽管做出了一些调整,但仍然得到了进一步肯定。甚至连1936年创建的四年计划总委员会及其规划部门,也反映了领袖国家、官僚体制与私人经济等因素之间的混杂统一之特点,以至于个别企业主圈子和工业自治机构有时也有可能施加显著影响力——这种情况越多,军工产品便越强烈地体现出最高效能。

尽管国防军与大工业拥有相对特殊的地位和活动空间,但在这里,它们如同其他此前许多独立部门一样,所有参与者(除了极少数例外),无论它们是否属于纳粹党的支持者,都被要求满足该政权的需求及其在各自行动领域中的目标。在这一方面,进一步的明确例证是司法机构与卫生部门。在这些部门里,人道原则越来越微弱,

第六章 世界大战时代（1914—1945 年）

而专横措施与种族主义干预则越来越多地决定了行动本身。

在 1936 年到战争开始的三年间，纳粹政权的内外政策之发展显示出一种迅速旋转的陀螺特征，带着更为明确的目标。倘若我们回顾主要的解释问题，除了关注希特勒的角色和参与份额外，还应重视上文业已提到的第三帝国的内部冲突性，即表现为一种相互竞争性的部门结构，在纳粹统治日常生活中演化为"州长们"与干部们之间形成各种敌对、竞争混战与地位斗争，并导致出现即兴发挥的行动、相互竞争的行动，并且从内部摧毁被仔细划分为多种部门的行政机构。

在外交上，纳粹政权获得了成功，因为英国对德国追求不予理会。自 1936 年秋起，"柏林－罗马－东京轴心"得以巩固（"反共产国际协定"）；自 1939 年 3 月起，该轴心扩展到西班牙。在此之前，1936 年 3 月初，希特勒已经通过突然进军莱茵非军事区而让世界大吃一惊。有关生存空间的宣传和反布尔什维主义的宣传，同时为未来的扩张政策做好了准备。纳粹政权的第一站是 1938 年 3 月 12 日 "合并" 奥地利；一年后，它进军捷克斯洛伐克。在两个事件之间，主要存在着英国首相张伯伦的努力，即 1938 年 9 月（《慕尼黑协定》），借助一种"绥靖政策"来让充满战争阴影的局势缓和下来，其中包括接受希特勒的一些要求，特别是把苏台德地区割让给德意志帝国。然而，正如希特勒随后入侵布拉格的行动准确无误所显示的那样，他并不打算遵守《慕尼黑协定》。于是现在，英国转变了立场，对下一个受到德意志帝国威胁的邻国波兰发布了保障宣言。与其说此举是英国人做好战争准备的明确宣言，倒不如说是对希特勒诉求的最后警告。尽管如此，纳粹主义的征服方案并未发生偏离，因为希特勒在斯大林那里找到了瓜分波兰的第二个抱有兴趣者。随后，1939年8月23日，斯大林与希特勒让世界舆论大吃一惊。他们签订了互不侵犯协议，同时还达成了秘密补充议定书，确定了两国在波兰和波罗的海国家的势力范围。

倘若在通往第二次世界大战前夜局势的道路上，上述协议构成了外交领域中的主要特征，那么与此同时，德意志帝国在内政上除了狭义上的扩军备战行动外，还让民众一致性地赞成迫在眉睫的战争——即便人们并未公开承认这一点。"斗争"已经成为纳粹主义意识形态与宣传鼓动的一个核心概念；现在，它得到了具体的筹备。举例而言，德意志劳动阵线（DAF）发展成为一种核心工具，被纳粹政权用来大范围内推行"生产战役"，并且对劳工阶层施加相应的绩效压力。1936年12月1日，希特勒青年团宣布改组为国家青年团。它确立的首要目标是让男性青年经过教育，成为狂热而积极的、无条件忠诚的政权工具。确凿无疑地坚持种族主义思想的未来精英们，应该在"骑士堡""阿道夫-希特勒中学""民族政策教育机构"以及纳粹组织（特别是党卫队）的培训营中成长起来。

平民发现国家把大量发展重点置于军工业上。实际上，他们越来越感受到供应不足的问题。现在，"管制"成为了核心概念。它首先涉及劳动力短缺与原材料的生产及运用问题，随后很快延伸到更多生活领域，从住房供给到食品供应，直至1939年8月27日所有消费品都"被管制"，即按定量分配。与此同时，（纳粹政权）号召勤俭节约、收集物质（如骨头、铁器），发起重新利用宣传战，推动掩蔽所建设，开展武器管制、灯火管制与防空设施管理——此外，（纳粹政权）又配合进行连续不断的和平保证，在电影、戏院、流行歌曲与许多"欢乐产生力量"组织（Kraft durch Freude，KdF）所描

第六章　世界大战时代（1914—1945年）

绘的"美好画面"中展现世界的完全乐观主义和轻松消遣的一面。这些方法让一般民众把恐惧感、对于转型的期待感与做好准备的感觉进一步地混杂在一起，沉湎于激情、盛会和童话般许诺之中。不过，到20世纪30年代末，纳粹政权在民众中的接受度开始缓慢下降。无动于衷，各种悲观主义，首次表现出不愿意被人干扰的态度等，特别是青年人越来越流露出拒斥的立场。尽管风险极大，但越来越多的青年人尝试逃避纳粹政权的训练与强制手段。最终，到战争结束阶段，这种光谱已经从无精打采地随大流、与此同时在狭小空间内保障个体的私人生活，延伸到政治性的反对行动。早在1936/1937年起，一部分青年人（如"自由青年同盟的反叛运动"）便已经采取了一些明显的抵抗措施。而这些措施激怒了希特勒青年团领袖、党卫队和盖世太保，因为它们对整个纳粹主义的教育要求提出了质疑。对于这些现象，纳粹政权的回应是迫害与血腥镇压。尽管如此，在战时岁月，这些反抗举动反而更为增加。

在这里，纳粹主义除了此前早已熟知的政治敌人与世界观敌人外，又在本国青年人那里发现了一个意想不到的新敌人。人们用通常被证明适用的方法，去恐吓和镇压他们，在他们那里制造恐怖（直至建立一个独特的青年人集中营）。不仅如此，纳粹政权还在宣传上不断鼓吹发动一场种族意识形态基础上的斗争，来对付所谓的"犹太世界阴谋"，反对犹太种族以及其他"陌生种族因素"所制造的、对于雅利安特性的威胁。他们指出了另一条路，即从侮辱到排挤，经过关注和整个剥夺权利之举，直至完全"灭绝"——后者意味着以工厂模式加以组织运行的种族屠杀。自此之后，在传统上颇为流行的、唯心主义诗人与思想家们感到自豪的文化民族以及20世纪的德意志人，便成为当代史中最受人关注的问题之一——对此，人们或许再也无法找到接近于答案的回应。

通往直至肉体消灭犹太人的道路是分阶段性的。最初阶段是传统的反犹主义，它并非仅仅出现在德国。随后阶段超越了反犹主义，开始表现为针对移民到德意志帝国（特别是柏林）的东部犹太人，并鼓动德意志人进行仇恨。这一步骤首先是由尤利乌斯·施特赖歇尔主编的周刊《冲锋者》（*Der Stürmer*）所确立的。在《授权法》颁布后，戈培尔、施特赖歇尔与冲锋队要求在经济上抵制犹太贸易。1933 年 4 月 7 日有关"重新确立职业公务员"的法令提供了把犹太公务员排除在国家机构之外的全面可能性。1935 年底，出现了启动第二阶段的动力，即在社会层面上排挤犹太人。这就是《纽伦堡法》。在随后岁月里，《纽伦堡法》提供了一种让人们对"谁是犹太人"的问题进行血统分类和行政界定的基础。在此之后，一连串法令强迫犹太公民放弃至今为止的职业，禁止他们进入一些职业领域，并让纳粹分子们有可能对犹太贸易和工厂进行深入"雅利安化"。不过，在 1938 年 11 月中旬之前，上述所有措施彼此并不协调一致。直到一位犹太青年人在巴黎刺杀德国使馆秘书恩斯特·冯·拉特后，戈培尔抓住这个外来契机，开启系统性、明确化排挤犹太人的行动。1938 年 11 月 9/10 日，在他控制下，出现了一场大规模洗劫事件，发生了不少凶杀案，一些犹太人被蛮横逮捕，大部分犹太会堂遭到摧毁，犹太商店被洗劫一空。这一事件被纳粹政权轻描淡写地称为"水晶之夜"[1]。它是一种日益使用暴力来推进的犹太政策之序幕。随

---

[1]原文 Reichskristallnacht，实际上是"碎玻璃之夜"。——译者注

第六章　世界大战时代（1914—1945 年）

后，纳粹政权确立了毫无保留地在经济上掠夺犹太人的方针，并最终几乎完全限制尚未出国之犹太人的行动自由权（犹太禁令）。对此，公共舆论几乎毫无抗议，尽管反犹主义并非在民众中广为传播。再者，所有努力也面向如下目标，即在领土"完全解决犹太问题"的意义上把犹太人赶出中欧。这一点曾经是纳粹政权的方案核心，而且直到 1941 年底，该想法——以及把整个犹太人赶到马达加斯加或西伯利亚的想法——都得到过认真讨论，甚至希特勒也曾参与其中。尽管如此，自战争开启后，该问题在实践中的发展却出现了另一种方向：首先从波希米亚、摩拉维亚和奥地利，随后从"旧帝国"中，大量犹太人被运往被占领的波兰，他们被关入狭窄的犹太隔都和集中营里；从这里开始，人们讨论的方案从一种"远距离领土解决"转变到"肉体上最终解决"，即意味着灭绝德国和所有被占区上的犹太人。由此，一方面，长达数百年的德-犹历史被中断了，而这段历史本来表现出特有的、稳定的、而且最终颇为成功的犹太人被同化和解放的历史。另一方面，纳粹主义者通过运送犹太人方式，推行了德意志民族的精神自我阉割法，其结果是：知识分子从纳粹政权成立第一年开始便如"出埃及记"那样大量出逃，并在灭绝种族行动开始后最终实现出逃——而这些出逃的犹太知识分子代表着"现代性"特别范围内的受过教育的资产阶级阵营，他们本来是"德意志社会的新世俗化自我理解"的支持者（D. 布莱修斯［D. Blasius］/ D. 迪纳［D. Diner］语）。

第二次世界大战：20 世纪的时代终结抑或插曲？

1939 年　9 月 3 日：英法两国向德国宣战。

9 月 27 日：帝国安全部成立，作为纳粹镇压机构的中央领导组织。

10 月 6 日：结束对波兰的掠夺。

10 月 /12 月：第一次把犹太人运往波兰。

1940 年　2 月 11 日：德苏经济协议。

4 月 9 日：开始占领丹麦、入侵挪威（挪威于 6 月 9 日投降）。

5 月 10 日：开始进攻西方，入侵荷兰，进入比利时、卢森堡和法国。

6 月 22 日：与法国停战（6 月 25 日生效）。

7 月 2/10 日：在贝当领导下成立维希政府。

9 月 27 日：德国、意大利和日本签订三强协议。

秋天：在波兰建立犹太隔都。

1941 年　4 月 6 日：进攻南斯拉夫和希腊。

6 月 22 日：不宣而战，进攻苏联。

7 月 12 日：苏联和英国缔结针对德国的同盟。

12 月 7/8 日：日本偷袭珍珠港，美国向日本宣战。

10—12 月：莫斯科战役；希特勒闪电战略失败。

12 月 11 日：德国和意大利向美国宣战。

第六章 世界大战时代（1914—1945 年）

1942 年　盟军加大空袭。

　　　　1 月 20 日：万湖会议，计划"最终解决犹太问题"（有计划灭绝犹太人的开端）。

　　　　8 月：摧毁抵抗团体"红色乐队"。

　　　　9 月 24 日：斯大林格勒战役开始。

　　　　10 月 5 日：希特勒下令把所有犹太人运往奥斯维辛。

　　　　11 月 7/8 日：盟军在北非登陆。

　　　　11 月 11 日：德军进入法国至今为止尚未被占领的地区。

1943 年　1 月 14—24 日：罗斯福和丘吉尔在卡萨布兰卡会晤。

　　　　1 月 31 日/2 月 2 日：第六军团在斯大林格勒投降。

　　　　2 月 18 日：戈培尔宣布"整体战"。

　　　　2 月/3 月：慕尼黑的抵抗团体"白玫瑰"被摧毁。

　　　　7 月 9/10 日：盟军在西西里岛登陆。

　　　　9 月 3 日：盟军与意大利停战。

　　　　11 月 28 日—12 月 1 日：德黑兰会议（丘吉尔、罗斯福、斯大林），筹划在德国的占领区。

1944 年　1 月/2 月：摧毁"克莱骚集团"。

　　　　6 月 6 日：盟军在诺曼底登陆，入侵开始。

　　　　7 月 20 日：施陶芬贝格伯爵刺杀希特勒，军事抵抗派被摧毁。

　　　　9 月 25 日：招募"人民冲锋队"。

　　　　10 月 21 日：美国占领亚琛，这是第一座被占领的德国城市。

	秋天：德国人开始被盟军从东部驱逐。
	12月16日：阿登攻势开始。
1945年	1月12日：苏联在东线上展开大攻势。
	2月4—11：雅尔塔会议（丘吉尔、罗斯福、斯大林）。
	4月25日：美军和苏军在易北河上的托尔高会师。
	4月30日：希特勒自杀；邓尼茨海军元帅成为新国家元首。
	5月7/9日：德国在莱姆斯和柏林-卡尔斯霍斯特签署投降协议。
	5月23日：邓尼茨政府在弗伦斯堡宣布辞职。

直到1989/1990年德国重新统一和20世纪90年代初东欧发生的一系列事件后，有关第二次世界大战结束是20世纪彻底终结的评价，在多种层面上遭到了质疑。在长时期内，这种感受曾经是每一种当代编年史的流行基础。特别是在联邦共和国中，它已经成为其历史自我理解的根基。例如理查德·洛文塔尔在1974年所言，通过希特勒独裁之崩溃，德意志土壤上首次出现了"一种本质意义上的资产阶级生活方式，同时进一步远离了威廉时代的等级式臣民精神及魏玛时代的不定性骚乱"。不过，倘若我们观察一下第二次世界大战的战后岁月，我们会发现，如同第一次世界大战那样，二战后也存在着以未来为导向的、在狭义意义上的国家解决方案和国际解决方案。更准确点说，从今天的视角来看，这种解决方案更多掩盖及排挤了20世纪初的根本性历史问题——如民族国家问题、民族性问

题、一个"第三世界"的诞生——并且让潜在对立的局势发展成为世界政治中具有威胁性的两极格局（特别是东西对峙，并进行军备竞赛）。对于同时代人及相关社会而言，尽管第二次世界大战造成了灾难性的后果，但它的一种"历史化"有可能在中间层面上接受相对化的评估，亦即这样一个渴望权力、蔑视人性的政权是在特定历史条件下，在中欧的工业国家群内建立起来的；它的彻底崩溃在世界范围内产生了长时期的、两极化的后果。从一开始，该政权便提出同西方影响下的自由主义-资本主义和苏联代表的马列主义-共产主义作斗争，并借助战争和镇压的手段，希望在未来确立一条独特的种族主义-法西斯主义以及"纳粹主义"的道路。而其终极目标便是一个大日耳曼世界帝国。

事实上，在第二次世界大战的进程里，该种族主义世界观元素在德国方面扮演着一个核心角色，特别是在整个东部攻势中。在军事战略需求与意识形态教条式目标之间，经常发生冲突。而且战争持续得越长，后一种目标便表现得越明确。这种感觉一直发展成为偏执性的坚持立场，直到崩溃已经变得不可避免之时。从长时段来看，并非只有希特勒及其信任者才推动这种两极化的目标设定。大多数军事指挥官与经济专业人士们同样支持许多狂妄的战争目标。即便当纳粹主义宣传鼓动试图让德国民众把战争理解为命中注定、不可避免之事，理解为世界历史上重要的防御举措——其敌人是西部所谓犹太人推动的自由主义，以及1941年中期开始"犹太化的"东部布尔什维主义——但从一开始起，德国人是以毫无限制的征服战来备战的，并最终将之付诸实践。在西部和斯堪的纳维亚半岛，德国占领政策旨在剥削经济原料。相反，在东部，这场战争则致力于完全地、特别是在肉体上全部消灭"陌生种族"之敌人，掠夺或整个奴役被征服民族，获取新的"生存空间"——所有这一切是未来"大日耳曼帝国"的基础。在将近六年时间内，这场战争的外貌经过了不同的发展阶段。它从德波战争演变为欧洲战争，最后演变为世界范围内的战争。它从闪击战演变为"消耗战"和"损耗战"。它从单一战线的战争转向多战线战争。它从一场西部的准战争或"标准"战争转变为东部的彻底灭绝战。最迟从斯大林格勒战役开始，德国军队自己也越来越多地遭到消灭，而盟军对德国城镇的轰炸也让德国平民遭到大范围屠杀。

1914年战争拉开帷幕时，狂喜氛围无处不在。与此相反，1939年9月，当德军突袭波兰，英法两国向德国宣战后，德国民众首先出现了"惊慌，以及对显然无法改变之命运所流露出来的听天由命感"（A. 希尔格鲁贝［A. Hillgrunber］语）。尽管如此，当两场针对波兰（1939年9月/10月）和法国（1940年5月/6月）的"闪电战"仅仅在数周内获得胜利，当德军在1940年4月迅速占领丹麦和挪威，这种思潮很明显发生了转变。原本在军队和老精英中抱有怀疑态度的团体，现在则做好承认希特勒独裁及其统治的准备。在外交上，上述一系列胜利导致的结果是：至今为止持保留态度的盟国意大利和日本激起了贪欲，做好了参战准备。它们开始积极地介入并扩大战争。例如从1940年6月10日（意大利向法国和英国宣战）开始，墨索里尼在法国战役的末期试图为自己获得权益；与此同时，日本封锁了滇缅公路，并于1940年9月占领印度支那的一部分地区，并最终于1941年12月7日空袭珍珠港内的美国军舰，从而引发美国和英国的宣战。如此一来，大战最终在太平洋爆发。希特勒在1940/1941年站在了其

第六章　世界大战时代（1914—1945 年）

权力和胜利的巅峰，并在不承担协约责任的情况下——在一定程度上可被视作以攻为守、摆脱困境之举——向美国宣战。

不过，对于希特勒与德国人而言，这一时刻也拉开了转变的大幕。尽管希特勒与斯大林签订了条约，但针对苏联的第三场闪电战早已从 1940 年 12 月起做好了准备，并于 1941 年 6 月 22 日以突袭的方式启动。这场闪电战最初大获成功，到 11 月已兵临列宁格勒城下——更为重要的是，已兵临莫斯科城下。尽管如此，德军却未对俄罗斯的冬季做好准备。此外，德军还完全低估了苏联的防御力。此外，由戈林宣布启动的德国空袭英国之战也无功而返。1940 年 5 月 10 日，温斯顿·丘吉尔组建了英国联合内阁。该内阁从未考虑过响应希特勒的号召，单独去签订一份和约，并开启一场针对苏联的联合行动。相反，英国还从美国那里获得了颇为可观的支持力度，而后者在 1941 年底前至少在形式上还保持着中立地位。人们或许会尖锐地指出：尽管德国第六集团军在 1943 年初的斯大林格勒战败一事通常被视作最重要的战争转折事件，但从根本上而言，德国早已在 1941 年底输掉了这场战争——即便在这一时刻，德军仍然在大西洋保持着影响力，而且已经兵临莫斯科城下，占据北角，出现在北非和克里特岛，并在 1942 年中还能够拥有更多收获，例如在北非，在高加索战线上。事实上，自 1941/1942 年的冬天起，连希特勒自己也公开在回顾下列荒唐方案时承认败局，即在美国拥有战争能力之前，首先迅速摧毁苏联，同时迫使英国签订一份特殊和约，以便与日本人肩并肩地引导一场针对美国的"世界闪击战"。从此时开始，在这种方案里，占据统治地位的思想完全是一种病态的、残酷的考量，归属于"孤注一掷"的思考方式。在最高军事指挥部

367

内，有关有效撤退的可行性战略之思考，遭到了希特勒的强令禁止。1941 年 12 月 19 日，希特勒干脆自己担任了军队最高指挥官。尽管德军在 1942 年夏取得了一些胜利，但在秋天的阿拉曼和冬天的斯大林格勒战役中都遭到了盟军的猛烈回击。于是，要求坚持到底的口号、"胜利还是崩溃"的词汇与恐惧功效出现了："应该确立人们对极权主义意识形态胜利之狂热信念，因为这正是力量与潜能中所缺失的东西"（H.-A. 雅克布森［H.-A. Jacobsen］语）。与此同时，灭绝政策扩大了。它针对所有"陌生种族"，特别是犹太人（1942 年 12 月，首次在切尔姆诺集中营使用毒气室）；针对所谓的"对族民有害者"，例如通过安乐死方案加以解决；针对苏联战俘等。它用最残酷的方式，通过工厂化的谋杀手段，用独特的灭绝营，在"现代"技术的帮助下，杀害了大量人。只要我们看一下这种系统化谋杀民族之方式，特别是希姆莱的党卫队在战争最后三年内所推行的屠杀行动——起点是 1942 年 1 月 20 日海德里希领导下的万湖会议——我们或许会由此得出这样的印象，如克劳斯·希尔德布兰德所言，"当国防军在军事上失利时，希特勒却获得了种族上的'胜利'"。

1943 年 2 月 18 日，戈培尔在其体育宫演讲中，曾宣布这场"整体战"已转向"最后胜利"。但很快，这种说法便被视作灾难中不断加速旋转的旋涡。这种说法显然试图公然把那些对其种族意识形态与宣传采取盲从态度的纳粹分子及更多人吸引过来，使之愿意尽可能地延长、并同时欢迎这场（完全毫无意义的）战争。其方法包括："爬梳"企业，找到能够战斗者；招募成立人民冲锋队；发动一场"狼人"运动；要求更年轻的青少年参加义务兵役，抵抗敌人（例如在预备役炮兵营中）；此外还把最后一支男性预备营投入战斗。这些荒唐想法的终端是自我毁灭的呼吁，并最终由那些纳粹领导者——首先是希特勒和戈培尔一家——通过自杀来实现了。当时，苏联军队即将攻陷柏林——这是美军士兵与红军士兵在易北河的托尔高会师（1945年4月25日）五天后发生的。德国国防军随后两次投降，一是在5月7日的莱姆斯，一是在5月9日的柏林。这表明，在长达12年统治后，千年帝国走向终点。当然，事实是，在弗伦斯堡，一个被希特勒所任命的后续政府，在邓尼茨元帅的领导下，还存在了三周之久。1945年6月5日，4个盟军最高军事指挥官正式接管了德国的整体政权。而到1945年9月初，德国盟友日本才投降。在此前一个月，第一批两颗原子弹完全摧毁了广岛和长崎两座城市。

人们从未怀疑过纳粹主义者应该对这场战争及其后果承担全部责任，他们也首先对于无比巨大的灾难承担全部罪责，其政权、由该政权引起的危害以及战后混乱都对世界范围内数不胜数的民众产生了影响。尽管如此，有关德意志民众的共同罪责问题，也一再成为人们关注的对象：纳粹党究竟如何成功地让德意志人唯唯诺诺，应其所需，供其所需，在几乎六年的战争时期内，绝大多数人跟随希特勒，直至德国崩溃，而且在大多数情况下，幸存者很少把战争结束视作"解放"，而是将之感受为一种精神上的灾难？

魅力统治与恐怖已被视作纳粹主义统治的重要基础。闪击战的胜利首先加强了魅力因素，而这一点又获得了与之相应的宣传作为支撑。此外，战争开端同样为该政权提供了更能得到深入利用的机会，使之通过许多额外措施来延伸它对"民族共同体"的控制；最后，恐怖举措也成为维护内部稳定的主要手段，特别是在1942/1943年情绪状态发生变化之后。1939年9月27日，海德里希通过整合

[384] 各种警察部门与党卫队机构，建立了帝国安全部门。随后，该部门在党卫队手中发展成为监视与恐吓民众的核心控制机构；党卫队情报处（SD）和秘密国家警察（盖世太保）为此目的，建起了拥有更多分支机构的监视系统，收集有关整体情绪状态的"帝国报道"："对族民有害者""异己分子""失败论者"、以"危害军队力量方式"发表言论者、违反《奸诈法》者、收听外国电台者等，都在间谍与告密者的帮助下现形，并被移交给在意识形态上唯命是从的、法律上专断独裁的私法机构——自1942年年中起，该机构的领导者、人民法院的院长是由臭名昭著的罗兰德·弗赖斯勒担任的。仅仅这一名法官便做出过5000起死刑判决，并如其他法官那样，在战争期间判处了数量急剧上升的人前往集中营（KZ，纳粹机构官方缩小为"KL"），其中不少人由于集中营内随处可见的可怕条件而丧生。尽管如此，在集中营内，并非都是那些由纳粹法官的法律判决而入狱的人。许多人在毫无法律缘由的情况下，只是作为党卫队和盖世太保用日常恐怖手段来应对不受欢迎者的结果，而被送往上述集中营——如纳粹所言，"处于安全原因、教育原因或预防原因"。除了罪犯外，其他囚徒是在种族与世界观上遭到歧视者、占领区的俘虏与战俘。自波兰战役后，以"党卫队劳动营"命名的集中营在战争期间的数量持续上升：1939年前早已成立的集中营有6个，其中时间最早的集中营在达豪，它从1933年3月22日连续不断地存在至1945年4月28日；1941年底，数量增加到13个；到1944/1945年，数量超过20个。此外，还存在着接近1000个的集中营外部营[385]地、各种"特殊营"（如一个青年人集中营）。1941年12月，出现了特殊的灭绝营，大约300多万人在其中被杀。

第六章 世界大战时代（1914—1945年）

纳粹政权使用集中营来进行监视、恐吓和威胁。党卫队、党卫队情报处和盖世太保试图以此来掌控"民族共同体"。戈培尔的宣传或者长期提供胜利预言、坚持到底的口号（通过报纸、广播和周刊等），或者出于消遣、放松与逃避的想法而进行文化生产（如流行歌曲、电影、前线戏剧）。不仅如此，与此同时，它还根据口号"尽可能地维持正常性，必要时尽可能地发动战争"（L. 赫尔布斯特［L. Herbst］语），来制定战略。换言之，倘若人们希望从第一次世界大战中学到教训，那么就必须承认，应该在创造食品、取暖物质等方面，尽可能地在德意志民众中阻止出现严重的供应问题，以免它如1917/1918年那样，演变为饥饿暴动和其他起义。尽管纳粹政权在占领区毫不顾及当地人的需求，毫无节制地掠夺当地物质，但上述策略仍未取得成功。不仅源于意识形态，也正是因为这一目标，纳粹党人、许多军官与民政官员在当地被视作占领者和"统治者"；他们既没有试图成为"解放者"——本来在乌克兰的例子中，他们可以如此——也从未认真努力地赢得当地平民的支持，即便到战争结束期，党卫队还能获得5万"日耳曼自愿者"来成立武装党卫队（例如"法兰西志愿军团"）。反之，他们使用了所有的暴力镇压与剥削手段，以便扩散害怕与恐惧心理，例如野蛮地摧毁利迪策、奥拉杜、卡拉夫里塔等村庄。此外，他们还为了向德国民众提供食品，尽力压榨当地。

在这一背景下，更为黑暗的篇章是德国人对所谓"外国劳工"的处理。由于军事生产与食品生产中的男性劳工大量前往前线，德国劳动力数量锐减。为此，纳粹政权除了动用集中营囚犯与战俘外，还以粗犷方式投入外国劳工。截至1944年底，在大约750万外国劳工中，大部分人是被强制运到帝国内部的。在战争的第二阶段，首先在阿尔贝特·施佩尔——1942年2月起，在托特死后，施佩尔成为军需部部长——所启动的大规模动员方案框架内，这些外国劳工才得以成功进入帝国生产领域。尽管这些外国劳工的确导致军需产品生产数量的明显增加，但施佩尔却未能成功地满足持续上升的战争需求。随后，在帝国内部和占领区，纳粹政权发起了另一些运动，以便确立"整体战争状态"，如让那些对战争不重要的企业和机构停产、"疏通行动"、建立"英雄推广委员会"等。不仅如此，从现在开始，此前受到阻止的妇女应该承担服役使命。然而，大部分仓促下令执行的措施都以失败告终。除了"纳粹主义管理混乱"持续产生影响、"领袖国家崩溃"持续不断（D. 勒贝蒂希[D. Rebentisch]语）外，首要原因在于：在此期间，所有战线都出现了回缩态势——在东部，回缩出现在斯大林格勒；在南部，1943年7月盟军占领西西里岛后，德军出现回缩；在西部，1944年6月6日盟军登陆诺曼底后德军开始回缩。由此，原材料生产受到极大抑制。而在盟军方面，现在则开始启动一场整体战：特别针对德国城市、交通枢纽与军工厂的轰炸当量，从1941年的3万吨增加到1943年的12万吨，1944年达到65万吨。随后，自1944年初起，当苏军进攻切断了来自罗马尼亚的石油供应，盟军进攻严重损害德国的燃料生产时，德国战斗能力的终结已指日可待：这座"欧洲堡垒"已经被攻陷。

战争的整体化，不仅在前线与那些被轰炸的城市里造成了大量牺牲者，而且还最终从1943/1944年起，让平民生活日益遭到大规模干涉，其生存压力增大，不得不面临着巨大损失、物质匮乏与各种灾难。不过，即便如此，大部分德国人对希特勒的支持力度并没有明显减弱。一方面，整体战产生了影响，推动此前提到的德国社会的均等化趋势，其程度前所未有：由于城市被摧毁后的疏散与移居之举，由于把母亲连同孩子、青少年从被威胁的区域内预防性地迁往农村之举，由于征召带来的居住点更换之举，由于战争结束前人们从东部流亡及被驱逐之举，在至今为止从未有过的范围内，所有阶层之人都同其出身及生活氛围割裂，而且通常还伴随着同其家族告别。对于战争结局的不确定感与日俱增，由空袭带来的恐惧感持久存在，连同人们对溃败军人命运之担忧，造成了强烈的精神负担。不过，这种精神负担显然创造了让人们更多抱怨与痛恨敌人的氛围，而非让他们告别纳粹统治。许多人甚至到战争结束时，还期待着依靠"神奇武器"的帮助，来获得最后胜利。此外，要求德国人坚持到底的宣传仍在不断刺激着人们的神经，因为这些宣传为人们勾勒出德国失败时红军战士有可能做出的那些暴行。

尽管如此，在私人领域内，我们仍然可以发现一种"自救可能"的立场。在商品紧缺与货币崩溃后，出现了黑市。不少人在朋友圈与家庭圈中思考，一旦敌军占领，他们该如何调整立场。实际上，就感觉历程而言，从 1943/1944 年起，许多人是分三阶段逐渐过渡到被占领时期的：（1）"个体从业已被摧毁的公共关系中退出，回到他们与家庭的联系中，假如这种联系仍然是完好无损的话"；（2）"从外部疏离纳粹政权"；（3）斟酌如下问题，"究竟是个体自杀或集体自杀，抑或是在敌人控制中活下来"（P. 许滕贝格尔［P. Hüttenberger］语）。

直至第三帝国的崩溃阶段，针对该政权的积极抵抗行动仍然是罕见的。由于行之有效的恐怖体制，每一次明显的暴动都是毫无意义的，而且必将以失败告终。对于这一点，反对该政权的那些深思熟虑者也心知肚明。尽管如此，我们今天仍然知道，在有目的的暴动方案制定层面上，存在着各种各样的、日常生活可见的抵制行动光谱。这些行动从个人抽身而去（"不顾不管"）到小范围内持抵制立场与不随大流，再到进行匿名反抗、破坏与有目的的政治密谋，直至如所谓"雪绒花海盗"[1]的青年"派"。不过，精确的个案研究表明，对于该政权的部分拒斥立场与部分接受立场通常是同时出现的，以至于一些行动尽管充满着理想主义，但从一开始便是自杀性的，因为不少人直到很长时间后才做好了成为积极抵抗者的准备。而当他们开始成为抵抗纳粹主义者时，灾难已是一目了然。尽管如此，当他们走向终结时，仍然显示出巨大勇气，表现出他们在面对恐怖主义威胁时，仍然决定冲破普遍存在的、占据统治地位的宿命论之勇气。我们可以用差异化的眼光来观察这一切。一方面，出现过一些引起轰动的行动，如慕尼黑的学生团体"白玫瑰"、克莱骚集团（即围绕在施陶芬贝格伯爵周边的人，并且施行了1944年7月20日刺杀希特勒事件）、"红色乐队"以及其他共产主义地下组织。另一方面，存在着一些知名度不高的个人抵抗行动，其中包括小型青年团体、基督徒团体、社会主义者团体和类似团体。不过，在很长时间内，为了推动身份认同建构，联邦德国强调凸显的英雄神话首先是"白玫瑰"和刺杀希特勒事件；而在民主德国，则是在让人理解

---

[1] 原文Edelweißpiraten，指非正式的青年不配合团体，它们偶尔也会出现一些抵抗举动。"雪绒花"来自1936年被禁止活动的青年人团体"联盟青年"（Bündischer Jugend）；"海盗"来自1933年前存在的极右翼团体"基特尔巴赫海盗"（Kittelbachpiraten）。——译者注

第六章　世界大战时代（1914—1945年）

的范畴内，把共产主义抵抗战士们的英雄行动置于核心地位。不过，这些为抵抗纳粹恐怖体制而发起的行动，即便只有为数不多的人参与其中，也未曾失去它们的重要历史意义。它们是德国人反抗非人道行为的勇敢举动。它们证明，每一次有关"这些"德意志人的整体评价，都未能体现第三帝国混乱而矛盾的日常生活现实，以及当时代人的感受。尽管有关"民族共同体"的魔咒不断鼓噪着，尽管存在着各种努力，如纳粹政权的压迫举动，又如大小纳粹分子嘴里不断吐出那些鼓噪之词，但许多随大流者的"等级序列"已不再那么"坚定巩固"，有时充其量表现出"不过尔尔"的样子，直至他们陷入大规模精神混乱与灾难性的一无所有之中。

在崩溃后，许多德意志人可能会说（或力图相信），许多事情并非是他们有意为之的。然而，但凡真诚思考这些问题者，当他现在认识到那些日益清晰化的整个事实时，都会在这种简直不可理喻的"平庸之恶"[1]面前感到震惊。他现在发现了这种"平庸之恶"所能影响到的完整范围，而他自己却曾部分地、通常未曾反思性地生活于其间，并以任何一种方式多少参与其中。由此，他在某种程度上面对着一种使命的个人部分，即把纳粹主义及其创建的恐怖政权之十二年功能"历史化"——这是本质上重要的、全面的、却充满苦味的使命。其目的不是让所有一切相对化，甚或集中于自身，让德意志人似乎作为一个被犯罪团体引导而压迫之民族，减轻自身的罪责。相反，其目的是去理解这种极权独裁政权、其违反人性的傲慢态度及其必然结果何以出现的可能性。在战后岁月里，只有为数不

---

[1]原文Banalität des Bösen，这是来自政治哲学家汉娜·阿伦特的著名概念。——译者注

多的人积极地以这种方式来处理"褐色过去",大多数人则宁愿排遣与遗忘它。在接下去的时间里,易北河以东和以西产生的两个德国社会都实现了内部稳定,并对第三帝国形成了极为片面的、刻板的历史画面。毫无疑问,上述情况正是精神层面上的"遗留问题"。而在 1989/1990 年重新统一后,这些问题在许多层面上依然留待人们去克服。

文献指南

关于 1914—1945 年间状况的史料汇编

1. 维尔纳·阿贝尔斯豪瑟尔(Werner Abelshauser)/安瑟姆·福斯特(Anselm Faust)/迪特玛·佩茨纳(Dietmar Petzina)主编:《德意志社会史,1914—1945 年:历史读本》(*Deutsche Sozialgeschichte 1914-1945. Ein historisches Lesebuch*),慕尼黑,1985 年。

2. 《内阁档案集:魏玛共和国》(*Akten der Reichskanzlei. Weimarer Republik*),博帕德,1968 年及随后数年。

3. 《德国外交档案集,1918—1945 年》(*Akten zur Auswärtigen Politik [ADAP]. 1918-1945*),哥廷根等。系列 A:1918—1925 年,1982 年以后;系列 B:1925—1933 年,1966 年以后;系列 C:1933—1937 年,1977 年以后;系列 D:1937—1941 年,1950 年以后;系列 E:1941—1945 年,1969 年及随后数年。

4. 沃尔夫迪特尔·比尔(Wolfdieter Bihl)主编:《有关第一次世界大战史的德国资料集》(*Deutsche Quellen zur Geschichte des Ersten Weltkrieges*),达姆斯塔特,1991 年。

5. 海因茨·波布拉赫(Heinz Boberach)主编:《帝国报道:党卫队安全情报处秘密情况报告选集,1939—1944 年》(*Meldungen aus dem Reich.*

第六章　世界大战时代（1914—1945 年）

Auswahl aus den geheimen Lageberichten des Sicherheitsdienstes der SS 1939 bis 1944），慕尼黑，1968 年。

6. 《德国社会民主党德国报道（索帕德）》（*Deutschland-Berichte der Sozialdemokratischen Partei Deutschlands (Sopade)*），7 卷本（1934—1940 年），美因河畔法兰克福，1980 年。

7. 《德国工人运动文件与资料集》（*Dokumente und Materialien zur Geschichte der deutschen Arbeiterbewegung*），统一社会党中央委员会（ZK der SED）的马克思主义-列宁主义研究所（Institut für Marxismus-Leninismus）主编，卷 2：1914—1945 年，柏林，1957 年及随后数年。

8. 耶斯·弗莱明（Jens Flemming）等主编：《魏玛共和国》（*Die Republik von Weimar*），2 卷本，柯尼斯坦因，1984 年第 2 版。

9. 马蒂亚斯·冯·黑尔菲尔德（Matthias von Hellfeld）/阿尔诺·克勒内（Arno Klönne）：《被欺骗的一代：在法西斯主义统治下的德国青年人，史料与文件集》（*Die betrogene Generation. Jugend in Deutschland unter dem Faschismus. Quellen und Dokumente*），科隆，1985 年。

10. 恩斯特·鲁道夫·胡贝尔（Ernst Rudolf Huber）主编：《德意志宪法史文件集》（*Dokumente zur deutschen Verfassungsgeschichte*），卷 4：1919—1933 年，斯图加特，1991 年第 3 版。

11. 卡尔-海因茨·扬克（Karl-Heinz Jahnke）/米夏埃尔·布德鲁斯（Michael Buddrus）：《德意志青年人，1933—1945 年：文件集》（*Deutsche Jugend 1933-1945. Eine Dokumentation*），汉堡，1989 年。

12. 维尔纳·金特（Werner Kindt）主编：《青年运动档案集》（*Dokumentation der Jugendbewegung*），卷 1：《基础著作》（*Grundschriften*），杜塞尔多夫/科隆，1963 年；卷 2：《候鸟运动时代》（*Die Wandervogelzeit*），杜塞尔多夫/科隆，1968 年；卷 3：《自由青年同盟时代》（*Die bündische Zeit*），杜塞尔多夫/科隆，1974 年。

13. 沃尔夫冈·米夏尔卡（Wolfgang Michalka）/戈特弗里德·尼德哈特

（Gottfried Niedhart）：《不被喜爱的共和国：魏玛内政外交文件集，1918—1933年》(*Die ungeliebte Republik. Dokumentation zur Innen- und Außenpolitik Weimars 1918-1933*)，慕尼黑，1980年。

14. 迪特玛尔·佩茨纳（Dietmar Petznia）/维尔纳·阿贝尔斯豪瑟尔（Werner Abelshauser）/安瑟姆·福斯特（Anselm Faust）主编：《社会史工作手册（3）：德国统计数据资料集，1914—1945年》(*Sozialgeschichtliches Arbeitsbuch III: Materialien zur Statistik des Deutschen Reiches 1914-1945*)，慕尼黑，1978年。

15. 哈里·普洛斯（Harry Pross）主编：《德国政治被破坏：文件集，1871—1933年》(*Die Zerstörung der deutschen Politik. Dokumente 1871-1933*)，美因河畔法兰克福，1959年。

16. 《20世纪德国工会运动历史档案集》(*Quellen zur Geschichte der deutschen Gewerkschaftsbewegung im 20. Jahrhundert*)，科隆，1985年以后。

17. 《议会制与政党历史档案集》(*Quellen zur Geschichte des Parlamentarismus und der politischen Parteien*)，卷1：《从君主立宪制到议会制共和国》(*Von der konstitutionellen Monarchie zur parlamentarischen Republik*)；卷2：《军事与政治》(*Militär und Politik*)；卷3：《魏玛共和国》(*Die Weimarer Republik*)，杜塞尔多夫，1959年及随后数年。

18. 莫尼卡·里夏茨（Monika Richarz）主编：《犹太人在德国的生活：1918—1945年社会史自述》(*Jüdishes Leben in Deutschland. Selbstzeugnisse zur Sozialgeschichte 1918-1945*)，斯图加特，1976年。

19. 格哈德·A. 里特（Gerhard A. Ritter）/苏珊·米勒（Susanne Miller）主编：《德国革命，1918—1919年，档案集》(*Die deutsche Revolutiong 1918-1919. Dokumente*)，档案集2，汉堡，1975年。

20. 珀西·恩斯特·莎尔曼（Percy Ernst Scharmm）主编：《国防军指挥部的战争日记，1940—1945年》(*Kriegstagebuch des Oberkommandos der Wehrmacht 1940-1945*)，4卷本，美因河畔法兰克福，1961—1965年。

21. 奥托-恩斯特·舒德考普夫（Otto-Ernst Schüddekopf）:《军队与共和国：1918—1933年间国防军领导层政治资料集》(*Das Heer und die Republik. Quellen zur Politik der Reichswehrführrung 1918-1933*)，美因河畔法兰克福，1955年。

22. 贝恩哈德·斯塔西斯基（Bernhard Stasiewski）主编:《德意志主教论教会情况档案集，1933—1945年》(*Akten deutscher Bischöfe über die Lage der Kirche 1933-1945*)，美因茨，1968年。

23. 瓦尔特·施泰茨（Walter Steitz）主编:《第一次世界大战至魏玛共和国灭亡时期德国经济社会史资料集》(*Quellen zur deutschen Wirtschafts- und Sozialgeschichte vom Ersten Weltkrieg bis zum Ende der Weiamer Republik*)，达姆施塔特，1993年。

关于1914—1945年间的概览性描述

1. 维尔纳·阿贝尔斯豪瑟尔（Werner Abelshauser）主编:《作为福利国家的魏玛共和国》(*Die Weimarer Republik als Wohlfahrsstaat*)，斯图加特，1987年。

2. 杰罗尔德·安布罗西斯（Gerold Ambrosius）:《20世纪的国家与经济》(*Staat und Wirtschaft im 20. Jahrhundert*)，慕尼黑，1990年。

3. 乌尔苏拉·A. J. 贝歇尔（Ursaula A. J. Becher）:《现代生活方式的历史：饮食-居住-休闲-旅游》(*Geschichte des modernen Lebensstils. Essen-Wohnen-Freizeit-Reisen*)，慕尼黑，1990年。

4. 迪尔克·布莱修斯（Dirk Blasius）/达恩·迪纳（Dan Diner）:《被撕裂的历史：犹太人在德国的生活与自我认知》(*Zerbrochene Geschichte. Leben und Selbstverständnis der Juden in Deutschland*)，美因河畔法兰克福，1991年。

5. 斯特凡·布罗伊尔（Stefan Breuer）:《保守主义革命解剖》(*Anatomie der Konserativen Revolution*)，达姆施塔特，1993年。

6. 马丁·布罗萨特（Martin Broszat）：《希特勒国家：内在组成的基础与发展》(*Der Staat Hitlers. Grundlegung und Entwicklung der inneren Verfassung*)，慕尼黑，1995 年第 15 版。

7. 马丁·布罗萨特（Martin Broszat）/克劳斯-迪特玛尔·亨克（Klaus-Dietmar Henke）/汉斯·沃勒尔（Hans Woller）：《从斯大林格勒到货币改革：德国变革社会史》(*Von Stalingrad zur Währungsreform. Zur Sozialgeschichte des Umbruchs in Deutschland*)，慕尼黑，1990 年第 3 版。

8. 乌特·丹尼尔（Ute Daniel）：《战争社会的女工：在一战中的工作、家庭与政治》(*Arbeiterfrauen in der Kriegsgesellschaft. Beruf, Familie und Politik im Ersten Weltkrieg*)，哥廷根，1989 年。

9. 威廉·戴斯特（Wilhelm Deist）等编辑：《第二次世界大战的原因与前提》(*Ursachen und Voraussetzungen des Zweiten Weltkrieges*)，美因河畔法兰克福，1995 年第 3 版。

10. 约斯特·迪尔费尔（Jost Dülffer）：《德意志史，1933—1945 年》(*Deutsche Geschichte 1933-1945*)，斯图加特等，1992 年。

11. 杰拉尔德·D.费尔德曼（Gerald D. Feldman）：《德国 1924—1933 年间通货膨胀之余波》(*Die Nachwirkungen der Inflation auf die deutsche Geschichte 1924-1933*)，慕尼黑，1985 年。

12. 杰拉尔德·D.费尔德曼（Gerald D. Feldman）/卡尔-路德维希·霍尔特弗莱里希（Carl-Ludwig Holtfrerich）等编辑：《德国通货膨胀对照表》(*Die deutsche Inflation. Eine Zwischenbilanz*)，柏林/纽约，1982 年。

13. 弗里茨·费舍尔（Fritz Fischer）：《争夺世界霸权：德意志帝国的战争目标，1914—1918 年》(*Griff nach der Weltmacht. Die Kriegszielpolitik des kaiserlichen Deutschland 1914/18*)，杜塞尔多夫，1982 年。

14. 于尔根·福斯特（Jürgen Förster）编辑：《斯大林格勒：事件、影响、标志》(*Stalingrad. Ereignis, Wirkung, Symbol*)，慕尼黑/苏黎世，1993 年第 2 版。

第六章 世界大战时代（1914—1945年）

15. 《居住史》（*Geschichte des Wohnens*），第 4 卷：1918—1935 年：改革、复兴与灭亡，格尔特·凯勒（Gert Kähler）主编，斯图加特，1996 年。

16. 洛塔尔·格鲁赫曼（Lothar Gruchmann）：《第二次世界大战：战争手段与政治》（*Der Zweite Weltkrieg. Kriegsführung und Politik*），慕尼黑，2005 年第 11 版。

17. 乌尔里希·海涅曼（Ulrich Heinemann）：《压倒性失败：魏玛共和国的政治舆论与战争罪责问题》（*Die verdrängte Niederlage. Politische Öffenttlichkeit und Kriegsschuldfrage in der Weimarer Republik*），哥廷根，1983 年。

18. 卢道夫·赫布斯特（Ludolf Herbst）：《纳粹德国，1933—1945 年》（*Das nationalsozialistische Deutschland 1933-1945*），美因河畔法兰克福，1996 年。

19. 乔斯特·赫曼德（Jost Hermand）/弗兰克·特罗姆勒尔（Frank Trommler）：《魏玛共和国的文化》（*Die Kultur der Weimarer Republik*），慕尼黑，1989 年第 2 版。

20. 乌尔里希·赫尔曼（Ulrich Herrmann）主编：《"形塑民族同志"：第三帝国的"教育国家"》（*»Die Formung des Volksgenossen.« Der »Erziehungsstaat« des Dritten Reiches.*），韦因海姆/巴塞尔，1985 年。

21. 乌尔里希·赫尔曼（Ulrich Herrmann）/于尔根·奥尔克斯（Jürgen Oelkers）主编：《纳粹主义教育学》（*Pädagogik und Nationalsozialismus*），韦因海姆/巴塞尔，1989 年。

22. 克劳斯·希尔德布兰德（Klaus Hildebrand）：《德国的外交政策，1933—1945 年：谋划还是教条？》（*Deutsche Außenpolitik 1933-1945. Kalkül oder Dogma?*），斯图加特等，1971 年。

23. 克劳斯·希尔德布兰德（Klaus Hildebrand）：《第三帝国》（*Das Dritte Reich*），慕尼黑/维也纳，2003 年第 6 版。

24. 安德烈亚斯·希尔格鲁贝（Andreas Hillgruber）：《德国在两次世界大战前史中的角色》（*Deutschlands Rolle in der Vorgeschichte der beiden*

Weltkriege),哥廷根,1986 年第 3 版。

25. 安德烈亚斯·希尔格鲁贝(Andreas Hillgruber):《第二次世界大战:战争目的与大国战略》(*Der Zweite Weltkrieg. Kriegsziele und Strategie der großen Mächte*),斯图加特,1996 年。

26. 恩斯特·鲁道夫·胡贝尔(Ernst Rudolf Huber):《1789 年以来的德意志宪法史》(*Deutsche Verfassungsgeschichte seit 1789*),5 卷本,斯图加特等,1978 年;第 6 卷,1981 年;第 7 卷,1984 年。

27. 库尔特·G. A. 杰塞里克(Kurt G. A. Jeserich)等主编:《德意志行政管理史》(*Deutsche Verwaltungsgeschichte*),第 4 卷:魏玛共和国与纳粹德国时期(*Das Reich als Republik und in der Zeit des National-sozialismus*),斯图加特,1985 年。

28. 格尔特·凯勒(Gert Kähler)主编:《居住史》(*Geschichte des Wohnens*),第 3 卷:1918—1945 年,斯图加特,1996 年。

29. 伊恩·克肖(Ian Kershaw):《希特勒神话:第三帝国的公众舆论与宣传》(*Der Hitler-Mythos. Volksmeinung und Propaganda im Dritten Reich*),慕尼黑,2002 年。

30. 伊恩·克肖(Ian Kershaw):《希特勒,1889—1936 年》(*Hitler 1889-1936*),斯图加特,1998 年。

31. 伊恩·克肖(Ian Kershaw):《希特勒,1936—1945 年》(*Hitler 1936-1945*),斯图加特,2001 年。

32. 阿尔诺·克罗内(Arno Klönne):《第三帝国的青年:希特勒青年团》(*Jugend im Dritten Reich. Die Hitler-Jugend und ihre Gegner*),杜塞尔多夫/科隆,2003 年。

33. 于尔根·科卡(Jürgen Kocka):《战争期间的阶级社会:德国社会史1914—1918 年》(*Klassengesellschaft im Krieg. Deutsche Sozialge-schichte 1914-1918*),第 2 卷,扩充版,哥廷根,1978 年。

34. 埃伯哈德·科尔布(Eberhard Kolb):《魏玛共和国》(*Die Weimarer*

Republik），慕尼黑，2002 年。

35. 彼得·克鲁格（Peter Krüger）：《魏玛共和国的外交政策》（*Die Außenpolitik der Republik von Weimar*），达姆施塔特，1993 年第 3 版。

36. 于尔根·库琴斯基（Jürgen Kuczynski）：《德国人民的日常生活史》（*Geschichte des Alltags des deutschen Volkes*），第 5 卷：1918—1945 年，特版，威斯巴登，1997 年。

37. 迪特尔·朗格维舍（Dieter Langewiesche）/海因茨-艾玛·特瑙斯（Heinz-Elmar Tenorth）主编：《德国教育史手册》（*Handbuch der deutschen Bildungsgeschichte*），第 5 版：1918—1945 年，慕尼黑，1989 年。

38. 沃尔特·Z. 拉克尔（Walter Z. Laqueur）：《德意志青年运动：一次历史研究》（*Die deutsche Jugendbewegung. Eine historische Studie*），科隆，1978 年第 2 版。

39. 彼得·隆格林（Peter Lundgreen）主编：《第三帝国的科学》（*Wissenschaft im Dritten Reich*）美因河畔法兰克福，1985 年。

40. 蒂莫西·W. 马松（Timothy W. Mason）：《第三帝国的社会政策：工人阶级与民族共同体》（*Sozialpolitik im Dritten Reich. Arbeiterklasse und Volksgemeinschaft*），奥普拉登，1978 年第 2 版。

41. 沃尔夫冈·米察尔卡（Wolfgang Michalka）主编：《第一次世界大战：影响，进程与分析》（*Der Erste Weltkrieg. Wirkung, Wahrnehmung, Analyse*），慕尼黑/苏黎世，1994 年。

42. 阿尔明·莫勒尔（Armin Mohler）：《德国 1918—1932 年保守革命手册》（*Die Konservative Revolution in Deutschland 1918-1932. Ein Handbuch*），增订版，达姆施塔特，2005 年第 6 版。

43. 霍斯特·默勒尔（Horst Möller）：《魏玛共和国：尚未完成的民主》（*Die Weimarer Republik. Eine unvollendete Demokratie*），慕尼黑，2004 年。

44. 汉斯·蒙森（Hans Mommsen）：《赌输的自由：魏玛共和国的灭亡之路 1918—1933 年》（*Die verspielte Freiheit. Der Weg von Weimar in den*

Untergang 1918 bis 1933），柏林，1990 年。

45. 约瑟夫·穆瑟尔（Josef Mooser）：《1900—1970 年间德国工人的生活：阶级状况，文化与政治》（*Arbeiterleben in Deutschland 1900-1970. Klassenlage, Kultur und Politik*），美因河畔法兰克福，1984 年。

46. 乔治·L. 莫斯（George L. Mosse）：《男人形象：现代男性形象的构建》（*Das Bild des Mannes. Zur Konstruktion der modernen Männlichkeit*），美因河畔法兰克福，1997 年。

47. 迪特玛尔·佩茨纳（Dietmar Petzina）：《两次世界大战之间的德国经济》（*Die deutsche Wirtschaft in der Zwischenkriegs-zeit*），威斯巴登，1977 年。

48. 德特勒夫·J. K. 波凯尔特（Detlev J. K. Peukert）：《魏玛共和国：古典现代性的危机岁月》（*Die Weimarer Republik. Krisenjahre der Klassischen Moderne*），美因河畔法兰克福，1987 年。

49. 德特勒夫·J. K. 波凯尔特（Detlev Peukert）/于尔根·罗伊勒克（Jürgen Reulecke）主编：《几乎封闭的秩序：纳粹统治下的日常生活史论文集》（*Die Reihen fast geschlossen. Beiträge zur Geschichte des Alltags unterm National- Sozialismus*），沃普塔尔，1981 年。

50. 路德维希·普雷勒尔（Ludwig Preller）：《魏玛共和国的社会政策》（*Sozialpolitik in der Weimarer Republik*），陶努斯山区克龙贝格等，1978 年。

51. 哈里·普洛斯（Harry Pross）：《青年、爱神、政治：德国青年联合会史》（*Jugend, Eros, Politik. Die Geschichte der deutschen Jugendverbände*），伯尔尼等，1964 年。

52. 约阿希姆·拉德考（Joachim Radkau）：《焦躁年代：帝国建立与纳粹主义之间的德国》（*Das Zeitalter der Nervosität. Deutschland zwischen Reichsgründung und Nationalismus*），慕尼黑，2002 年。

53. 迪特尔·勒贝蒂希（Dieter Rebentisch）：《二战中的元首国家与管理：1939—1945 年间的组织发展与行政政策》（*Führerstaat und Verwaltung*

第六章 世界大战时代（1914—1945 年）

im Zweiten Weltkrieg. Verfassungsentwicklung und Verwaltungspolitik 1939 bis 1945），斯图加特，1989 年。

54. 彼得·赖歇尔（Peter Reichel）:《第三帝国的光鲜假象：法西斯主义的暴力与魔力》（Der schöne Schein des Dritten Reiches. Faszination und Gewalt des Faschismus），慕尼黑/维也纳，1991 年。

55. 于尔根·罗伊勒克（Jürgen Reulecke）主编:《20 世纪的代际性与生活史》（Generationalität und Lebensgeschichte im 20. Jahrhundert），慕尼黑，2003 年。

56. 阿克塞尔·希尔特（Axel Schildt）:《20 世纪德国历史辞典》（Deutsche Geschichte im 20. Jahrhundert. Ein Lexikon），慕尼黑，2005 年。

57. 达维德·舍恩鲍姆（David Schoenbaum）:《褐色革命：第三帝国社会史》（Die braune Revolution. Eine Sozialgeschichte des Dritten Reiches），慕尼黑，1980 年第 2 版。

58. 克劳斯·舍恩霍文（Klaus Schönhoven）:《改革主义与激进主义：魏玛福利国家中的分裂的工人运动》（Reformismus und Radikalismus. Gespaltene Arbeiterbewegung im Weimarer Sozialstaat），慕尼黑，1989 年。

59. 哈根·舒尔策（Hagen Schulze）:《魏玛：德国 1917—1933 年》（Weimar. Deutschland 1917-1933），慕尼黑，2004 年。

60. 汉斯-乌尔里希·塔默尔（Hans-Ulrich Thamer）:《诱惑与暴力：德国 1933—1945 年》（Verführung und Gewalt. Deutschland 1933- 1945），慕尼黑，2004 年。

61. 汉斯-乌尔里希·韦勒（Hans-Ulrich Wehler）:《德意志社会史》（Deutsche Gesellschaftsgeschichte），第 4 卷：从一战爆发到两德建立，1914—1919 年（Vom Beginn des Ersten Weltkrieges bis zur Gründung der beiden deutschen Staaten 1914-1949），慕尼黑，2003 年。

62. 海因里希·奥古斯特·温克勒（Heinrich August Winkler）:《漫长的向西之路》（Der lange Weg nach Westen），第 1 卷：旧王朝覆灭至魏玛共和

国灭亡的德国史（*Deutsche Geschichte vom Ende des Alten Reiches bis zum Untergang der Weimarer Republik*）；第2卷：从第三帝国至两德统一的德国史（*Deutsche Geschichte vom Dritten Reich bis zur Wiedervereinigung*），慕尼黑，2000年。

第七章　分裂与民族统一的恢复
（1945—1990 年）

克里斯托弗·克勒斯曼

时代概览

　　1945 年 5 月 8 日的军事投降，不仅标志着成立于 1870—1871 年间的德意志帝国的灭亡，也标志着大德意志国的覆灭。后者是由希特勒在民族主义的盲目驱使下，以种族生物学为依据而去建立并扩张的。1945 年更是欧洲历史与世界历史的关键年份。旧欧洲再也恢复不了自己早先的模样。美国和苏联这两大新兴的超级大国，规划了未来欧洲的政治道路。"世界的分裂"首先是欧洲以及德国的分裂。这是被称为"冷战"的东西方对抗的结果，并几乎对所有欧洲国家的内部发展影响深远。

　　但"东西方冲突"并不是在 1945 年才出现的，而是要更早些。它源于 1917 年的布尔什维克革命。在沙皇倒台后，共产主义苏俄在意识形态和政治上向所有的"资产阶级"-资本主义国家宣战。对此的回应是，它不被承认并且遭到了各种形式的武装干涉与孤立。此种制度性冲突到 1941 年希特勒进攻苏联时似乎被遮蔽了，暂时性地被判无效。希特勒的对手们联合成立一个反对纳粹德国的大联盟，全然不顾这场直到 1945 年才落幕之战争的巨大负担。它们本应在战后延续成员们的意志，并为未来的和平秩序制定基本框架。当"三巨头"——丘吉尔、罗斯福、斯大林在 1945 年 2 月结束雅尔塔会议（克里米亚）之际，在德国战败并且对日战争进入最后阶段，又很快于旧金山为成立联合国确立基础之后，他们以为一个新的、和平的世界秩序之基石业已被奠定。

在德国战败的短短几年之后，许多原因使得全球和平的幻景变成了世界范围内激烈的集团对抗性"冷战"。这绝不是一方或者另一方有目的之政策的后果。

"冷战"产生于二战的结束阶段，源于新兴世界大国的利益冲突，并在战后的头一年就逐渐变得清晰可见了。而"冷战"何时结束，则众说纷纭。不过，无论如何，"冷战"的结束早于东西方对抗的结束：超级大国在 20 世纪 60 年代达成了核协议，或者最晚到 20 世纪 70 年代初，联邦德国与民主德国用"东方条约"和"基础条约"来适应国际缓和的政策，雅尔塔的领土规定在政治上得到了承认；同时，1975 年，在赫尔辛基举行的欧洲安全与合作会议（KSZE）就国家间合作的新形式达成了一致。而直到 1989—1990 年间，戈尔巴乔夫的一系列改革政策才导致东欧共产主义国家体制的崩溃以及苏联在 1991 年的解体。1955 年成立的华沙条约集团也就此瓦解，当柏林墙被拆除，民主德国与联邦德国实现统一时，东西方对抗的终结才变得明显起来。

1945 年后的德国历史被裹挟在一种双重的冲突局面中。一方面是在"冷战"中激烈的制度冲突，另一方面则是这一冲突逐步被消

> 6月30日：萨克森就关于"剥夺战犯和纳粹积极分子的财产"举行公投。
> 美占区举行地方制宪会议选举。
> 9月：苏、英、法占区举行基层选举。

比那些以非常规方式决定了"千年帝国"的"伟大政治"而言，日常生活其实更加重要，也让德国民众感到心急火燎。赤裸裸的贫困决定了生活，千百万人必须面对如何获得食物以及寻找栖身之所的问题。这种普遍的不安全感以及基本上对未来的幻灭感，对德国人在重建问题上的心态和行为有着难以估量的影响。

当1945年5月最终停火，总体战以全面战败和无条件投降告以结束时，表面上，德国和德国人不再成为影响欧洲政治的要素。四大国占领了德国，接管了行政权，并在波茨坦把德意志帝国（以1937年的边界作为正式范围）划分成了四个占领区。事实上，它们把帝国的东部领土（东普鲁士、波莫瑞、西里西亚）划给了波兰，把东普鲁士的北部划给了苏联，使得萨尔地区的归属未定，并且基本上恢复了奥地利东南部和捷克斯洛伐克的过去边界。

1948年参加科隆狂欢节的人们唱着"我们是三占区的原住民"。这种把德国民众当作某个殖民地原住民的类比，反映了四个占领区内所有人的感受和政治意识。

占领国说了算。德国的政治组织要么被解散，要么在严密的监控下才被允许逐步地恢复活动。"非纳粹化"作为受到广泛关注的政治清洗运动，似乎威胁到了千百万人。许多城市遭到损毁，公路已被破坏，由疏散、逃难、背井离乡、流亡所造成的大量人口迁移在

第七章　分裂与民族统一的恢复（1945—1990年）

解并最终突然终结。若要理解战后的德国历史，就必须始终注意到这些必要的前提，因为德国处在两个世界性制度的交界处，某种程度上特别依赖于此，其内外发展都受此影响。

德国在1945年的覆灭是一个需要回答两遍的问题：一方面，欧洲中部的政治真空被填满，欧洲被重新安排；对此，欧洲人民的利益关切在于，抵御一个德意志强国的重新崛起与抵御苏联的威胁并没有什么不同；另一方面，德国人必须尝试安排自己的生活，并解决由战争、战败和衰败留给他们在社会经济上的巨大困难。

生存战略——四国占领区内的衰败社会

1945年　2月3—11日：雅尔塔会议（克里米亚）。

5月8日：德国无条件投降。

6月5日：占领军宣布接管国家机器。

7月1日：美、英军队撤出萨克森、图林根以及梅克伦堡。美、英、法军队占领柏林西占区。

7月17日—8月2日：波茨坦会议。

8月/9月：苏占区开始土地改革。

西占区允许政党及工会活动。

1946年　1月20/27日：美占区举行基层选举。

3月5日：美占区颁布关于清除纳粹主义与军国主义的法令。

4月21—22日：德国统一社会党成立大会。

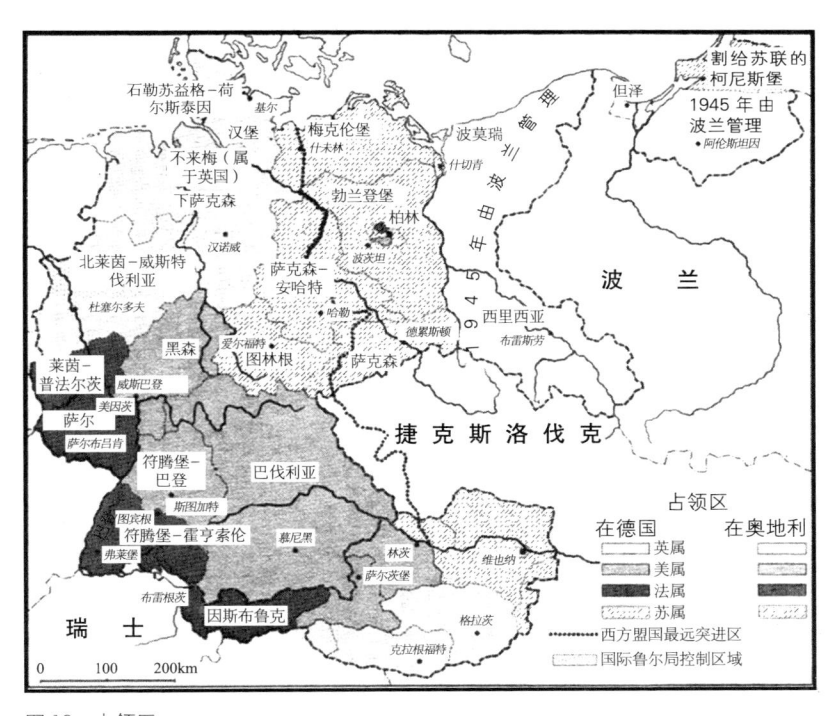

第七章 分裂与民族统一的恢复(1945—1990年)

图10 占领区

战争结束前就已经开始了。对工业生产和赔偿的约束——特别是在苏占区（SBZ）——使得经济重建在可预见的时间内显得毫无希望。疲软货币导致黑市繁荣，并使德国回到了一个物物交换的社会。

在战争的结束阶段，这个"衰败社会"的许多要素已在表面上显露出来。直接面对战争及其后果的人们，他们的命运和个人经历常常都基本相似。因此，在不同层面上，都有着显而易见的连续性，贯穿从帝国到联邦德国这一时期。而1945年作为"零时"的这种常见说法则受到了质疑。这几年并未出现完全的断裂。确切地说，从日常生活的视角出发，废墟时代的最初几年，只不过是以更加激烈的形式，继续着那从战争年代便已开始的岁月。

远在1945年波茨坦会议划定新的政治边界之前，德国领土就已开始缩水，由此还伴随着强制性的人口迁徙。从概念上来看，撤离、疏散被认为是这一大规模人口流动的一个环节。为了保护城市居民免受日益密集的空袭，从1943年开始，大批的妇女、儿童和老人从帝国的西部和中部地区撤离至农村区域，首先是东部地区。将学童遣散下乡运动亦属于此。根据官方的统计数据，1944年末，在整个"大德意志帝国"内，有890万所谓的"搬家者"。大城市的居民人数以这种方式戏剧般地下降，小城市和农村的人口则迅速上升。汉堡由于空袭和撤离失去了62万居民。维尔茨堡的居民人数几乎减少一半。而与此同时，在松特霍芬的农村地区，居民数增加为过去的四倍。

就在战争结束前后，纳粹战时经济的强制劳动力（1944年有710万人）混入了"人员疏散"的潮流之中。现在，他们作为背井离乡的人，试图排除万难，回归家园。但他们组成的小队在街头无所

第七章　分裂与民族统一的恢复（1945—1990 年）

适从，此外还时常为以前所遭受到的压迫和屈辱进行报复。到 1946 年底，仍有约 50 万背井离乡者逗留在西占区。许多人由于政治原因不能或不想回去，作为"无家可归的外国人"流亡或逗留在联邦德国内。而在苏占区和民主德国，关于这些人的命运至今无从知晓。

1944 年至 1945 年之交的冬天，大批德意志人在红军到来之前向西逃亡。他们有来自德国东部地区的流亡者，也有来自东欧和东南欧国家的被迫迁徙者。即便根据《波茨坦宣言》，德意志民众的迁徙应当"以有序和人道的方式"进行，但那些国家的德意志少数族群还是遭到了暴力驱逐。自 1946 年起，这一强制外迁的进程才进入有序正轨。到 1947 年，已经有约 100 万德国人和海外德意志人以此种方式进入四大占领区。苏占区和美占区（主要是在梅克伦堡-前波莫瑞和巴伐利亚的农村地区）接收了其中的最大部分。其次是英占区（特别是在下萨克森和石勒苏益格-荷尔斯泰因）。而法国政府从 1948 年起就开始拒绝在其占领区内接纳难民了。

从以上这些一般情况和数据中，我们可以观察到德国的进一步发展形势，以及盟国和德国政府当局在社会、经济和政治问题上面临着怎样的困难。除了要直接提供食品与住房外，它们还必须解决战争在社会政治方面所造成的负担，必须试图在仍有些家当的人和身无长物的人之间进行一定的调解，必须重新整顿经济并使其再次走上轨道。

有多少住房在 1945 年完全或部分地遭到毁坏，我们只能作粗略统计。许多大城市失去了其一半的住房（在柏林），抑或更多（在科隆、多特蒙德、卡塞尔）。根据命令，被炸得一无所有的人们与难民，被安置在尚未损毁的住所内，或者搬入迅速用木料搭建起来的紧急临时简易房内。在一份 1950 年联邦德国的住房统计中，一些干巴巴的专门术语反映了战争结束后五年里的住房供应状况。在联邦地区，约 1460 万户家庭处于"正常居住"状态——其中包括了 13.62 万间 30 平米以上的简易房，以及濒临坍塌楼房内的 2.34 万间住房——有 62.88 万户家庭处于临时居住状态（不足 30 平米的简易房、棚屋、尼森式活动房[1]、掩体、茅舍、铁皮棚、木板屋、拖车房、地下室），有 76.2 万户家庭处于寄居状态（营地、宿舍、客栈等等）。

为了要在明显缩小的领土内养活人数显著增加的民众（1939 年：5980 万人；1946 年：6590 万人），德国必须解决农业生产以及分配中的巨大问题。"第三帝国"的"生产战役"对农业的剥削、东部领土被割让、农业机械和化肥的短缺、交通线的毁坏使进口的食品无法迅速分配，这些情况都导致战后出现了持续恶化的食物供应状况。那时，卡路里的一般标准量，只是根据令人绝望的试验而提出的一个不确定的设想，即还可以保证肉体的存活。1945 年 7 月的官方数据在各占领区与各地被不同程度地加以润色，在 1150 到 1450 卡路里之间，而实际上往往更低。到了冬天，这一状况呈现出某种程度的戏剧性。在 1946—1947 年以及 1947—1948 年的冬春之际，发生了饥民抗议与罢工，尤其是在莱茵-鲁尔地区，还有在南德，成百上千的人们走上街头，希望让人们注意到他们的贫

---

[1] 尼森式活动房（Nissenhütte）是由加拿大工程师彼得·诺曼·尼森（Peter Norman Nissen）于 1916 年推出的半圆形屋顶的铁皮房，占地约 40 多平方米。一战时期它作为最廉价、最易于搭建的移动住房服务于军队。搭建一座尼森式活动房需要依靠 4 到 6 名士兵花费 4 小时左右的时间。——译者注

第七章 分裂与民族统一的恢复（1945—1990年）

困处境。

但情况也不是完全糟糕透顶的。"黑市"、腐化堕落以及经济保护人都属于"衰败社会"的表现。众所周知，人们通过非法交易可以很快地再次小富起来。若企业通过商品交换来照顾其职工的需求，那么它们也经常换得什么都不剩。虽然黑市交易被盟军严令禁止，但用土豆和动物油可以很容易地换到煤和机器。企业代表会作为已经发生了根本性变革的企业职工的代表机构，在这一方面特别积极。但它因其更深远的政治抱负而遭到占领军的活动禁令。工业生产虽然通过这种方式再次在有限范围内运行起来，然而如此一种影子经济是由地方部门和地方利益的偶然性所决定的，而要实现国民经济的系统性重建，以及合乎规范的产品分配，仍然存在极大困难。币制改革造就了魔幻般的日子，人们物物交换的经济就此结束，被囤积起来的商品立即就出现在市场上。

但是，经济和社会的困境仍旧产生其他困难，这对于德国的政治发展有着长期意义。一方面，被迫进行"囤积"的感受，造成民众的不满与争执；另一方面，贫困不仅使人去教堂祷告，而且也促进人们从政治和公共领域回归到"小团体"——家庭、教区与邻里关系，因为这些地方最容易解决问题。

来自东部的难民被视为不受欢迎的入侵者。固然，拥有城市生活习惯的撤离者对于农村居民来说，常常是陌生或危险的，但有时也是具有吸引力的。农村的环境就以这样的方式发生了改变。宗教上封闭的地区突然直接面对着"不同信仰者"。在竞选活动方面，这一被动的社会混居状态就为联邦德国相较于魏玛共和国的政治变革创造了一个重要的前提。相较于过去德国的那些以世界观为导向的政党所存在的明显局限性，全民党的成功在此是有其根源的。

"衰败社会"的困境为男人、女人与儿童之间的角色分工带来了短暂而显著的变化。家庭经常遭受难以承受的负担，进行文化批评的观察员们把德意志民族的内部混乱和道德堕落都描绘了出来。青年人必须通过"组织"来互相帮助，而这与犯罪之间的界线常常是模糊的。妇女们担负起每天生存斗争的主要工作。她们的丈夫即便能从战争中存活下来，大多数人也还在充当战俘。许多当时的亲历者都强调了妇女们精疲力竭的情况。家庭内部的负担沉重，其中一个标志就是离婚量在战争结束后陡然上升：回到家乡的丈夫们常常不再熟悉已发生改变的家庭环境。他们通常所习惯的户主角色遭到了社会环境的质疑，许多妇女已被迫承担起男性的角色，而且孩子也已初步具备了成年人的行为能力，无法指望这些父亲对此能够立即习以为常地加以接受。

但战后发生在这些家庭中被迫的角色转换和离婚倾向只是一个方面。另一方面则是团结的共同体以及向私人领域的回归。从共同克服贫困局面的行动中，产生出来的是内部凝聚力的加深，最终使得传统的资产阶级家庭理念在20世纪50年代获得进一步重建。这一理想主义和田园牧歌般的特征在家庭政策当中，特别是在拍摄全家福照片的广告中，尤为突出。这一点与战后初期的特殊经验构成了鲜明对比。而这些不合时宜的理想、过分冗长的规范，仍然得到坚持。但这一切在20世纪60年代导致了许多问题的发生。

此外，复辟的趋势与新的导向还表现在德国的宗教生活上。1945年，教会在本质上是唯一完好无损的大型组织。它们可以向背井离乡者提供社会支持，并且还能作为支柱，服务于精神贫乏的

第七章　分裂与民族统一的恢复（1945—1990年）

人们。

在战后最初的十年中，天主教会与新教教会扮演了一种社会角色。这与它们的实际力量并不相符，而且它们也隐瞒了自身一百年来就已开始的加速去宗教仪式化的进程——纳粹分子继续强化了这一进程。战败后伴随继续开始的社会重建运动，去教会化的进程得以放缓。然而，与纳粹主义联系在一起的经验，让新教教会内的重要少数派推动了社会和政治义务的新形式之发展。教会与社会走得更近了。因此，国家新教教义以及政治天主教教义的旧传统都发生了本质性的改变。

在西占区政治活动禁令开始被解除后，政党和传统的利益集团重新出现。但这些政党的体制与魏玛时期相比，出现了根本性的变化。政党同特定社会阶级和阶层的纽带以及与教派的纽带都被瓦解了，逐渐形成了一种全民党的体制。虽然它们各自代表了最重要的意识形态流派，但不再同特定的社会阶层保持紧密联系。即便所有政党仍旧承载着它们极为明显的作为世界观导向以及阶级政党的本源特征，然而其成员和选民基础却已明显超出了这一层面。此处只以两个最大的政党为例。作为全新的各教派之间的联合运动，联盟党[1]在中产阶级和中间阶层中夯实了它们的基础，不过由于它们富有成效的社会政策，它们也能得到很大一部分工人阶层的支持。另一方面，社会民主党作为党员人数最多的政党，在工人阶层中有其稳固的基础，也能在中间阶层（尤其是新教的中层）中不断赢得更多的支持者。自由民主党作为联邦德国历史秤盘上的指针，扮演了

---

[1]指基民盟／基社盟。——译者注

一个非常重要的角色；而共产党则在1949年第一届联邦议会中仅仅得到微弱的支持。除此之外，存在着一批以地方为重点的其他政党。尽管如此，政治的总体发展趋势特征则是向个别大型的全民党集中。

同样在苏占区，1945年首先重新形成的是经过改造的四个政党（共产党、社会民主党、联盟党和自由民主党）的传统谱系。这一政党体制事实上变成了由德国统一社会党领导、其"同盟者"以及政治上完全不独立的政党集团所参与的一种一党专政的体制。这一改变从纳粹独裁被终结的几年之后便已拉开帷幕。如此迅速重建一个在意识形态上完全不同的一党专制，其中最重要的原因之一就是"冷战"。

在西部，战后最初几年的改造与特殊时期结束于1948年6月18/21日的"币制改革"；几天后，东部也紧随其后。西部的币制改革远远不只是货币改革。在进一步取消了统制经济和价格管制的情况下，币制改革导致了宽松的货物供应，也导致了价格迅速上升，促进了经济的快速恢复的进程。当储户或实物占有者几乎不再由于货币的贬值而一无所有时，民众首先拥有了一种感觉，即情况重新好起来了。然而币制改革一下子就加深了德国的分裂迹象：现在开始，德国出现了两种货币，并且苏联以西方币制改革为借口对柏林进行了封锁，使得"冷战"达到了它的第一个高峰。

"冷战"、德国的分裂与融入两大集团

1947年　1月1日：双占区协定实施。

　　　　3月10日—4月24日：莫斯科外长会议。

3月12日:"杜鲁门主义"出台。

6月25日:双占区经济委员会在法兰克福组建。

9月20—24日:德国统一社会党二大。

9月30日:共产党情报局成立。

11月25日—12月15日:伦敦外长会议。

1948年 2月26日:苏占区结束非纳粹化。

6月18/21日:西占区币制改革。

6月23日:苏占区币制改革。柏林封锁开始。

9月1日:议会委员会在波恩组建。

1949年 1月25—28日:德国统一社会党第一届代表会议。

1月25日:经互会成立。

5月8日:议会委员会通过《基本法》。

5月23日:公布《基本法》。

8月14日:第一届德意志联邦议会选举。

9月15日:阿登纳当选联邦总理。

10月7日:民主德国成立;德意志人民委员会改为临时人民议会;颁布宪法。

1950年 8月17日:民主德国政府通过第一个五年计划。

9月29日:民主德国加入经互会。

1951年 1月30日:民主德国政府声明、人民议会向联邦议会呼吁"德国人一起协商"。

4月18日:《煤钢联营条约》签订。

5月21日:《关于煤钢工业内对等共决的法规》。

10月8日:民主德国取消定量配给(肉、油、糖除外）。

1952年　5月26/27日：《德国条约》、《欧洲防卫共同体条约》签订。

5月27日：民主德国沿边界设立禁区。

7月9—12日：德国统一社会党第二届代表会议：决定"有计划地建设社会主义基础"。

1953年　6月9日：德国统一社会党政治局颁布"新方针"。

6月17日：在东柏林和民主德国发生起义，遭苏联军队镇压。

1954年　8月30日：法国国民议会拒绝通过《欧洲防卫共同体条约》。

1955年　2月27日：联邦议会通过《巴黎和约》。

7月26日：苏共领导人赫鲁晓夫在东柏林第一次提及两个德意志国家。

9月9—13日：联邦总理阿登纳访问莫斯科，建立外交关系，德国被扣战俘获释。

1956年　2月14—25日：苏共二十大。

10月25日、11月4日：匈牙利革命；遭苏联军队镇压。

1958年　7月10—16日：德国统一社会党五大。

11月10日：赫鲁晓夫宣布"柏林最后通牒"。

1959年　5月11日—6月20日：日内瓦四国外长会议，联邦德国和民主德国派遣观察员代表团出席。

12月2日：民主德国推行十年义务教育制。

第七章　分裂与民族统一的恢复（1945—1990 年）

1960 年　2 月 10 日：民主德国国务委员会与国家防务委员会成立。

6 月 30 日：赫伯特·魏纳在联邦议会作关于德国社会民主党的对外政策立场的讲话。

在两个德意志国家成立之前，东、西占区的发展就已分道扬镳。因"冷战"而实行的币制改革不仅是战后初期最为重要的经济转折，同样也是政治上的重大转折。"冷战"的概念是由美国记者沃尔特·李普曼于 1947 年提出的。作为东西激烈的对抗形式以及"世界的分裂"，"冷战"最迟是伴随 1947 年的"杜鲁门主义""马歇尔计划"的宣布以及共产党情报局的成立而爆发的。在最初阶段，盟国之间在波兰以及 1946 年英、美占区计划合并为双占区的问题上就已发生了冲突。在苏联看来，这些举动都违反了《波茨坦协定》。

1947 年 3 月，美国总统杜鲁门宣称，存在着两种生活方式：一种建立在自由之上，另一种建立在少数人压迫与恐吓之上。美国的政策必须支持自由人民反对外来压迫。这份宣言可被理解为美国对苏联的严厉警告。1947 年夏，美国国务卿马歇尔宣布了一个计划，准备向那些遭受战争严重破坏的欧洲国家提供建设贷款，但要求各国应相互配合。苏联对此进行了严厉批判。出于政治和经济的原因，苏联只想获得双边的贷款及贸易协定。马歇尔计划被苏联描述为美国凭借经济手段对欧洲进行政治征服的大花招，于是它禁止东欧国家参与该计划。

成立共产党情报局，是苏联对 1943 年被解散的共产国际（KI）的粗糙模仿。它在 1947 年 9 月的成立，是对马歇尔计划的回应，并且确保东欧国家根据苏联的意愿行事。

"冷战"公开爆发了一次后，就迅速加剧，进而成为继续加深德国分裂的最重要的政治因子。

虽然四大占领区的政治结构从一开始就显示出明显的差别，但差不多从 1947 年开始，东、西占区之间的分裂趋势变得更为显著，而且从长期来看也无法逆转。四大战胜国的波茨坦会议决定实施非纳粹化和改造计划。与此相一致的是，许多深刻变化在 1945—1946 年间的苏占区表现为德国东部地区苏维埃化的最初阶段。在这里，我们首先提及以下三项措施：从 1945 年 9 月开始的土改，所有 100 公顷以上的大地产被无偿剥夺；在"把战争和纳粹罪犯的工厂变成全民所有"的口号下不断地对大工业实行国有化；1946 年 4 月，在一场大张旗鼓的宣传运动后，凭借着各式各样的强制措施和恐吓手段，德国共产党和德国社会民主党合并为德国统一社会党（SED）。

苏占区通过对政治和社会经济结构的改造，确保了苏联占领军以及作为其忠实执行者的德国统一社会党能够几年内推行苏维埃化。于是，民主德国可以根据东欧各国的人民民主模式进行改造，并得以加入东方阵营。

在通向整齐划一的苏维埃集团的道路上，重要的第一步是 1947 年苏联禁止其势力范围内的所有国家参加马歇尔计划。1947 年 1 月，苏联操纵选举，从而强行确保了共产党在波兰的权力。1948 年 2 月在布拉格的颠覆活动则是第二步。西占区的币制改革给苏联提供了一个借口，它随即惊人地发起封锁柏林行动，"冷战"在德国达到了第一个高峰。对于交通道路实行封锁的政治目的，虽说在表面上是阻止一个亲西方的国家（即联邦德国）的成立，但其结果却完全走

第七章 分裂与民族统一的恢复（1945—1990年）

图11 两个德意志国家

向了反面：德国西部向西方国家靠拢，并且加快了颁布《基本法》的准备工作。1949 年 5 月 8 日，议会委员会通过了《基本法》。9 月 15 日，依据联邦议会 8 月份的选举结果，以康拉德·阿登纳为总理的第一届联邦政府正式成立。短短几周后，民主德国作为第二个德意志国家正式成立。

这两个国家的成立首先无疑是"冷战"加剧的结果，因为东西方对抗的战线正从德国中间穿过。就这一点而言，该结果确实有其必然性。1945 年，阿登纳基于他对世界形势的判断，便已认为欧洲以及德国的分裂不可避免。总而言之，在他眼中，德国只能坚定地融入西方，并且克服来自苏联的长期压力。

这一构想存在替代方案吗？在被占领的条件下，德国政治家的活动空间是十分狭小的。从当时存在的大量想法来看，基本上只有一种替代方案还有些政治影响，即雅各布·凯泽构想过一个作为"东西方桥梁"的不结盟的德国。

凯泽是位于柏林的东部基民盟主席以及阿登纳的反对者。这位早先的中央党政治家与阿登纳不同，其观念完全受另外一种政治框架和政治传统的影响。基督教工会运动出身以及 1944 年 7 月 20 日抵抗运动的经历，使他不仅在社会观念上，而且在德国政治理念上，都与阿登纳反普鲁士、反中央集权的资产阶级的基本态度严重冲突。当阿登纳尖锐地说，他想要"德国和欧洲的政治以科隆大教堂为中心"（H. P. 施瓦茨［H. P. Schwarz］语）时，对于凯泽而言，柏林作为德国的首都以及盟军管制委员会的驻地，则无疑应该是德国政治活动的舞台。基督教社会主义、民族统一、集中的国家建设、拒斥西方集团、强化与所有占领国的联络并积极与马克思主义交换意见，

第七章 分裂与民族统一的恢复（1945—1990 年）

这些想法描绘出其构想的最重要之元素。在他看来，一项以基督教社会主义为基础的进攻性的全德政策是唯一的机会，它能使德国分裂的各个部分在盟国占领下重新联合起来。

在德国，对于阿登纳外交选择的讨论，自联邦德国成立后以及在迈出经济和军事上融合的第一步后，就没有停止过。但在社会民主党 1959 年的《哥德斯堡纲领》以及赫伯特·魏纳 1960 年在联邦议会上的历史性讲话中，反对派最终还是接受了融入西方以及重新武装这些主张。这些为后来 1969 年开始的勃兰特-谢尔政府的"新东方政策"奠定了基础。

1948 年发生了让大多数西德民众选择西方的关键事件——币制改革。货币改革不只是一项财政行为，它触及了德国国家统一的神经。但它首先取消统制经济之举，则是一桩深刻影响社会心态的事件。就这一点而言，币制改革成就了联邦德国成立的神话。它率先传递出的信号是对安全和社会繁荣的希望，尽管"小老百姓"会感到它导致了社会的极端不公平。从这一主观的视角出发，联邦德国的真正历史开启于 1948 年。尽管在 1948 年的秋天，针对币制改革的后果（特别是物价上升和失业），人们举行了大规模的抗议，但生气勃勃的经济复苏奇迹也就此拉开大幕。

国内政策也最终促成了对外政策的取向。怎样的政治局面与哪一个政治势力能够最容易地保证战后德国的安全？这必须取决于民众的最终政治选择。融入西方的政策看似从两个方面提供了这样的安全保障：它为对抗来自东方的共产主义威胁提供外交保护，同时防止社会的进一步下滑，并保障个人再度获得上升的空间。社会市场经济一开始并没有完全激发热情，但它象征着经济与社会的进步，至少如它所显现的那样，德国与西方形成紧密合作。

这一社会进步的前途与融入西方的结合，伴随着根深蒂固的、由各种各样经验所确定的反共意识形态，共同做出了支持西方的政治选择，因此它直接使德国的分裂在20世纪50年代变得不可避免。对于重新武装的强烈反对，源自于部分人把早先一种混乱的、作为信仰的"无我立场"视作一种真实的选择可能。而恰恰这样的一种混乱局面让阿登纳敢于目标坚定地、前后一贯地再次延续1945年已经基本拟定好的外交路线。从这种目标的坚定性中，我们可以看出阿登纳的真正历史功绩。基本方向自联邦德国成立后就已经被事先确定，只不过政治上、经济上以及军事上融入西方的细节还未敲定。

这项政策的核心环节是把重新统一的诉求仪式化。自1947年开始，阿登纳和舒马赫提出了所谓的"磁铁理论"，即一个经济繁荣的西德将会像一块磁铁一样吸引东部地区。这是一种政治论争的修辞，以此来抵消选择西方的后果。而到20世纪50年代，"磁铁理论"被"实力政策"这一座右铭所取代。这两种表达都具有说服力，如今看来，它们后来都得到了辩护。人们应当先保护自己，这样的观念很容易被用来当作理由。阿登纳也描绘了更多有关德国政治的幻想，在当时的公共舆论内很有名气。他讨论过许多计划，甚至都快要接近承认民主德国的地步。但最为棘手的是：重新统一与全面融入西方，在当时的外交条件下，是无法相容的。

民主德国的民众没有自由选择的机会。不具备民主合法性的东德国家被强加到了他们头上。它在政治与经济组织的所有领域内，同东欧的"人民民主"国家一样有着相同特征。它是苏联模式的变种。从1949年开始，它就加快了向斯大林模式转型的步伐——肆无

第七章　分裂与民族统一的恢复（1945—1990年）

忌惮地打击每一个反对派，用官僚机构控制整个国家的机器，通过"党的领导"掌控社会组织，并且根据苏联"老大哥"的指令干预文化生活。但还有一点需有所保留，即这些措施对于民主德国的政治影响力，我们至今无法做出最终评估。

在1952年3月和4月，斯大林在给西方的照会中提出了自由选举以及恢复德国统一的想法，其前提是联邦德国放弃加入已经计划好的欧洲防卫共同体（EVG），并承诺维持中立。紧接着，在1955年联邦德国成为北约成员国之前，苏联再次以更微弱的姿态提出了这一建议。根据如今一些已知的史料，这被认为是苏联的一种宣传行径。出于外交与内政的理由，这两次提议都不存在实现的可能性。西方各国、联邦德国政府以及大多数西德民众都不准备冒着难以预计的风险而同意中立，尤其是苏联在之后岁月中对东欧和德国肆无忌惮地扮演着超级大国的角色。于是，两大集团的形成以及德国分裂的程度继续加深。

1952年"欧洲煤钢共同体"（煤钢联营）的生效是联邦德国与西欧国家（法国、比荷卢三国、意大利）更紧密联合的关键一步。它是之后建立欧洲经济共同体的核心。

1953年3月，斯大林去世，新局面再次出现。斯大林的继任者认为必须要转变政治与经济的路线。德国统一社会党领导层首先被要求采取另一种政策，并且在"新方针"的口号下向各阶层的民众妥协，减缓与教会的斗争。但与此相矛盾的是，提高工作定额10%的计划仍得到坚持执行。这就是6月17日发生起义的外部诱因。

第一批进行示威游行的是斯大林大街的建筑工人。6月16日，他们来到政府办公大楼前，要求同政府谈判。虽然提高定额的政策被撤销，但柏林发生示威游行的消息很快得到扩散，遍及整个民主德国。随后几天内，在大约 700 处地方发生了工人抗议、示威游行、罢工以及暴动。6 月 17 日中午，苏联坦克进驻，宣布紧急状态，公开的抵抗运动就此结束，但骚动和冲突仍在持续。起义者们的诉求并不一致。不过，除了社会政策和经济上的目标以外，自由选举、政府下台、德国统一则是普遍的政治诉求。

德国统一社会党指责这场率先由工人们发动的、令其震惊的起义是一次"法西斯政变"，以此来转移人们对其政策失败的注意力。随后，它更加小心地去贯彻自己的政治和经济目标。但起义被暴力镇压一事，对于民众和领导层而言，都是一次深刻的经验教训。直至民主德国终结，对于此类事件再次复发的担忧从未消退。

1955 年，联邦德国加入"西欧联盟"（WEU），参与共同防卫与西欧的融合。同时它也是北约的成员国。因此，当共同防卫的欧洲方案在法国国民议会那里遭到挫败后，大西洋的替代方案实现了联邦德国的军事融入。

1957 年，"欧洲经济共同体"（EWG）的成立是使欧洲经济更加紧密联合的第二步。随后，这个起初仅仅由 6 个国家组建的团体，到 1973 年吸收了英国、丹麦和爱尔兰，扩大成为"欧洲共同体"（EG）。应当说，这是一项非常富有成效的计划，也是西欧融合的真正动力所在，但这一融合进程也总是断断续续的，受到了民族保守派与特殊诉求的限制。如何通过欧洲议会在布鲁塞尔确立一个理性的欧洲农业市场秩序，确立超越国家意志的民主合法性，这些都是至今仍未解决的问题，它们伴随着欧洲共同体的历史。

当共产主义制度在欧洲崩溃后，欧洲联合的进程获得了新的动

第七章 分裂与民族统一的恢复（1945—1990 年）

力。一方面，各个东欧国家开始努力让自己成为欧共体的成员；另一方面，欧共体成员国的政府首脑们于 1991 年 12 月 11 日签订了《马斯特里赫特条约》，促成了欧洲的政治联盟。在这条道路上，最重要的一些步骤都应该由西欧联盟去完成：(直至 1999 年才出现的) 欧洲货币的统一，外交、安全与防卫政策的统一，难民政策和移民政策的统一，为斯特拉斯堡的欧洲议会求得了更大的职权范围。

民主德国需要在政治经济上融入东方集团，而同时斯大林能够凭借暴政来执行每一个决定。在这个多国联盟内，几乎没有正式的安全保障。为了对抗马歇尔计划，1949 年成立了"经济互助委员会"（RGW）。作为经济合作的工具，它从来没有被正确运作过，因为它很大程度上依附于苏联的霸权专制。对于东欧国家与民主德国而言，军事领域内随着 1955 年"华沙条约集团"的成立，至少出现了一个正式的多国联盟体系。它应当是一个针对北约的军事政治联盟，并且是规训集团内部的重要工具。在危机局面下，它始终不断地进行军事干涉（1968 年在布拉格）和军事威胁（1981 年在波兰）。直到戈尔巴乔夫改革，苏联才放弃了它对于东欧各国的霸权要求，东欧人可以自行决定他们的政治秩序。因此，1991 年华约的解体几乎是一个必然的结局。由于缺乏民主合法性，民主德国的存在及其内部稳定性仰仗于华约集团的支持。这一点在 1961 年民主德国彻底将自己与西方隔绝之时表现得尤为明显。

在 1961 年德国统一社会党领导层在华约集团的允许之下，强力阻止前往联邦德国的难民潮之前，他们也试图建设民主德国，再次为民众选择社会主义而努力。他们所设立的目标到 1952 年（德国统

409

一社会党第二届代表会议[1]）达到了斯大林主义的顶峰：建设社会主义。1956年苏共二十大之后，民主德国并没有出现有效的"非斯大林化"。乌布利希成功挫败了他的政治对手和（特别是知识分子）反对派的萌芽，加强了其个人的权力地位（担任1960年设立的国务委员会以及国防委员会主席）。

得到改善的经济形势促使德国统一社会党在1958年的五大上提高了经济和社会目标，梦想"赶上并超越"联邦德国，发动一场鼓动工人成为积极分子的"文化革命"。1952年开始的针对私人农业的集体化到1960年初加速完成，教育则按照苏联样板进行改造。民主德国加速内部改造的举动，迫使数十万人移民联邦德国。在"保卫国家边界"之后，制度的现代化才成为可能，起初显得有些成效。20世纪60年代，乌布利希的政治路线是经济改革（计划和领导的新经济体制，NÖSPL）和巨大的教育投资，但同时还要对批判性的知识分子严加管束（1965年12月的德国统一社会党中央十一中全会），并要求阵营内的意识形态纪律（参与武力终结1968年"布拉格之春"的行动）。

不同于民主德国宣传中的消极预测，联邦德国在20世纪50年代迅速地实现了繁荣。高经济增长率使联邦政府可以为其社会政策埋单。这能够相对迅速地解决战争所遗留下来的巨大问题。社会住房建设（1950—1955年：180万套住房）解决了最大规模的住房短缺困境。1952年的负担平衡法规定了有产者的财产税，对于难民和

---

[1] 德国统一社会党的代表会议（Parteikonferenz）有别于党的代表大会（Parteitag），代表会议一般在两次代表大会之间举行，历史上德国统一社会党共举行过三次代表会议，时间分别为1949年1月25—28日、1952年7月9—12日、1956年3月30日—4月6日。——译者注

第七章　分裂与民族统一的恢复（1945—1990年）

背井离乡者的融入有着巨大的贡献。1957年，引入养老金之举，最终极大改善了退休人员的社会境遇。

"经济奇迹"与成效卓著的社会政策对此做出了重大贡献，1957年，阿登纳领导的政府在联邦议会选举中获得绝对多数。经济与社会上的成就使20世纪50年代上半叶激烈反对重新武装以及1958年反对联邦军核武化的运动变得无足轻重。

阿登纳的外交政策以及他的经济部长路德维希·艾哈德的经济政策是成果丰硕的。然而，另一方面，在重新统一问题上所取得的进步，却是微不足道的。到阿登纳执政后期，国内的政治氛围感觉愈发沉闷和保守。到了20世纪60年代，改革的呼声不断增长。在经过艾哈德政府（1963—1966年）的过渡后，1966年12月组成由库特·格奥尔格·基辛格（基民盟）任总理，维利·勃兰特（社民党）任副总理兼外交部长的大联合政府（直至1969年）。接踵而至的就是对改革的渴望并开始实施大量的改革计划（包括一部能更好地调控经济的稳定法，以及就业促进法、刑法改革和具有激烈争议的紧急状态法）。在对待东德和德国政策方面，大联合政府同样走出了一条新路。这是1961年柏林墙出现后政治形势的必然要求。

1961年建墙：战后德国历史的重大转折

1961年8月12日至13日的那个晚上，人民警察与工人民兵队在东柏林沿着整个城市内的边界线列队行进，用铁丝网把边界阻断。很快，铁丝网被墙和混凝土构件所替代。之后同整个德国内部边界一样，这里完善了界石、警犬设施以及自动射击设备。随着柏林墙的建立，一条从波罗的海到捷克斯洛伐克的边界被关闭了，最后的漏洞被堵上了。

起初还只是用铁丝网做栅栏，8月13日过后就开始建墙关闭边界。这一事实让人们意识到，这是在发动一场危机。我们无法准确预估西方对于自己在柏林的地位所受之侵犯会作何反应，但结果却是令人惊讶的克制态度。这样的情形持续了两天，直至收到西柏林市市长勃兰特和联邦政府的严重抗议后，西方的城市指挥官宣布同意做一次措辞适度的抗议。为了平息民众的愤怒，以及至少表现出准备防卫的象征性姿态，克莱将军这位1948年空中桥梁[1]的传奇之父，于8月17日与美国副总统约翰逊一道访问了柏林，做出了美国支持西柏林人的保证。应该说，美军柏林卫戍部队微不足道地获得加强一事，不过表现出了一种道德上的姿态而已。

这道墙完善了德国的内部边界，最终德国以这样的方式被野蛮地分裂开来。美国的适度反应，美国政府在柏林性命攸关的外交利益并未被触及，这些都可以从之前的危机外交的先例中看得出来。在紧张的反反复复的四国外交谈判过程中，1958年赫鲁晓夫发出了最后通牒，要求西柏林变成一个"非军事化的自由市"，并给刚刚上台的美国总统肯尼迪一个明确的时间表。肯尼迪在1961年7月25日的讲话中提出了三个必要条件，如果这三个条件受到触犯，则将引发美国在柏林采取军事行动。它们分别是：确保进入柏林的入口；城市的生存能力；允许西方军队驻扎柏林。虽然没有作明确的表述，

---

[1] 指第一次柏林危机期间，克莱动用飞机，保障西柏林民众的食品供应。——译者注

第七章 分裂与民族统一的恢复（1945—1990年）

这里的柏林实际上应该被理解为西柏林。由此，大国之间的利益与势力范围会得到尊重。美国国会外交委员会主席、参议员富布莱特在 1961 年 7 月 30 日的一次电视采访中，毫不掩饰地声明了这一点："我不理解，为什么民主德国当局不去关闭他们的边界，因为我认为，他们完全有权利去关闭它。"

鉴于可能发生战争的危险，东方有很好的理由来打赌西方会保持克制。乌布利希用建墙来紧急刹车，阻止因人员出逃而引发民主德国的经济失血，并最终能够在德意志的土地上继续推行并完成他的社会主义实验。因此用 D. 斯塔里茨的话来说，8 月 13 日实际上是民主德国的"秘密生日"。

对于德国而言，这一天所具有的历史性意义，直到柏林墙倒下后的今天也难以完全磨灭。人们能够勉强接受柏林墙，并且当时为此所做的越少，在之后几十年中，西德民众就要为此所做的就越多。两个国家基础之上的"正常化"，在原则上，成了一个合法的政治选项。它是建立在东西方关系长期本质性改善之上的。但在这一方案中，柏林与柏林墙是真正的弱点。这个怪物永远无法真正地与所形成的正常化观念相适应。但人们找不到一个明显可以实施的解决方案，因为当时还没有人能想象到柏林墙会在可预见的未来倒下。里夏德·冯·魏茨泽克在 1985 年说：只要德国问题解决不了，勃兰登堡门就会一直关着。这句话说到了点上。但是如何采取和平的方式来实现开放？持怀疑态度的人认为：只要不消除建墙的根源，柏林墙就会存在，否则民主德国的存在就会成问题。

这个根源首先是极大的贫富差距，其次是民主德国政权缺乏民主政治的合法性。20 世纪 80 年代的贫富差距（不同于 20 世纪 60 年代）变得跟民主德国领导层的所有预测完全相反。德国统一社会党无所作为，只是获得了一些赢得民主合法性的苗头。就这一点而言，民主德国的存在是同柏林墙联系在一起的。这一联系可能只是出于苏联和华约对于这一政治局面的认可。一旦突然失去外交上的支持，柏林墙就会倒下。

通过对柏林墙的反思，我们可以清楚地认识到它的长期影响，但是如果人们没有陷入决定论思维的话，那么这种影响也不是单一性的。因为一方面建墙无疑开启了民主德国的稳定局面以及相对而言的内部改革进程，现代化是20世纪60年代的主题。从外部观察民主德国，也同样如此。西方对于民主德国的研究解释，在20世纪60年代末发生了变化：民主德国是德意志工业社会的一个变种，虽然有着根本区别，但原则上情形相似。这一看法的改变在政治上就表现为抛弃"实力政策"，尝试"以接近求改变"。

另一方面，今天人们不禁形成这样的一种印象，即建墙意味着民主德国终结的开始。这样的隔离为一项实验创造了条件。长期来看，没有深刻的改革和结构性的改变，这种实验是不会具有生命力的。只有在柏林墙的保卫下，一种凭借半推半就的改革并且损害经济实体的政治才能继续得以推行。这一点导致从20世纪70年代开始忽视并压制了危机的征兆，最终到1989年，由一群不断增加的忽视现实的老人们所推行的政治统治寿终正寝了。因此，这一事件是矛盾的。逃亡的道路被阻断了，但它相对较快地实现了经济和社会的稳定，高素质的劳动力必须留下。它为社会进步提供了机会，加强了民众对这一体制的忠诚，并且由此巩固了体制自身。它首先在绝望的（字面意义上的）基础上为政权与民众之间的关系做了全新而又

第七章　分裂与民族统一的恢复（1945—1990 年）

丰富的安排，还对高层政治的压迫以及社会福利（特权和社会保障）做了安排，并且给了民众更大的空间。

但也由于柏林墙的存在，在民主德国的最后岁月中，人们对于必然发生的事情变得习以为常。他们不断地退回到个人领域中。党一直试图通过全新的运动攻势与之斗争，但毫无成效。这种倒退造成了一种理所当然的、但影响恶劣的政治冷漠感，它是一种公众主动性和社会创造性的丧失。对于相关人士而言，这一经验首先是令人沮丧的，但同时它也有令人宽慰的一面。正是由此产生了大量有关统一的问题。当下的结果需要历史的解释。从社会政策到经济企业，"警察国家"（罗尔夫·海因里希［Rolf Heinrich］语）的影响无处不在。它向公民们指明了"正确的道路"，如果有人想要偏离社会主义道德之路，它会提出警告或诉诸暴力，但同时它关照着公民们从摇篮到坟墓的一生。

对于两个国家来说，建墙在外交上都是深刻的重大事件，对于冷战史而言也同样如此。乍看上去，这显得如此自相矛盾：联系到一年后古巴导弹危机的和平解决，建墙这件事是新德国政策的开端，也是冷战的结束。欧洲与德国的分裂在政治上被西方所接受，十年之后随着《东方条约》和《基础条约》的签订又得到了法理上的承认。就这一点而言，建墙既是"冷战"的顶峰，也是其结束的开始，当然它不是东西方冲突的顶峰。虽然当时德国统一社会党宣称，它代表了更好、更进步的德国，但每个人都能看到，它逐渐以一种荒诞的方式宣告失败。不过，西方的"实力政策"以及顽固地不承认并孤立民主德国的政策也同样失败了。基民盟／基社盟的联邦议会党团主席海因里希·克罗内在其 1961 年末的日记里写下了所有的辛酸："德国已经分裂了。还会是长时间的分裂。西方对德国的分裂很满意。我们必须阻止在与它们已经签订的条约中出现别的内容，它们并没有抛弃这些条约。但是，重新统一、自决权这些字眼已变得无足轻重。人们是在现实的基础上寻求和平共处。"

"以接近求改变"和以区别求稳定：东、西德的德国政策

1962 年　8 月 17、18 日：彼得·费希特尔被枪杀后，西柏林爆发示威游行。

1963 年　10 月 15 日：联邦总理阿登纳下台。

12 月 17 日：第一个西柏林人前往东柏林的通行协议签订。

1964 年　9 月 24 日：维利·斯多夫就任部长会议主席。

1965 年　2 月 25 日：民主德国颁布《统一社会主义教育制度法》。

1966 年　12 月 1 日：库特·格奥尔格·基辛格当选大联合政府总理。

1967 年　4 月 19 日：康拉德·阿登纳去世。

5 月 10 日：联邦议会通过稳定法案。

1968 年　4 月 11—17 日：在鲁迪·杜奇克遭遇行刺后爆发群众游行示威与激烈争辩。

8 月 21 日：华沙条约集团部队入侵捷克斯洛伐克。

第七章 分裂与民族统一的恢复（1945—1990年）

1969年	10月21日：维利·勃兰特当选联邦总理。
1970年	3月19日、5月21日：部长会议主席斯多夫与联邦总理勃兰特在爱尔福特会面。
	8月21日：联邦德国与苏联签订莫斯科条约。
	12月7日：联邦德国与波兰签订华沙条约。
1971年	5月3日：瓦尔特·乌布利希不再担任德国统一社会党中央委员会第一书记；埃里希·昂纳克成为其继任者。
	6月15—19日：德国统一社会党八大，勃列日涅夫出席。
	8月23日：（四国协定），9月3日签订。
1972年	4月27日：德国统一社会党中央、自由德意志工会联盟主席团与民主德国部长会议关于社会政策措施做出共同决议，于7月1日和9月1日实行。
	5月17日：联邦议会批准通过东方条约（《莫斯科条约》与《华沙条约》）。
	5月26日：联邦德国与民主德国间的交通条约将于10月17日签订并执行。
	6月15日：在东柏林就两德基础条约举行第一次磋商。
	12月21日：国务秘书埃贡·巴尔与米夏埃尔·科尔签署两德基础条约。
1973年	1月5—22日：民主德国相继与13个国家建立外交关系。

8月1日：国务委员会主席乌布利希去世；10月3日人民议会选举斯多夫为新一任国务委员会主席，选举辛德曼为部长会议主席。

9月18日：民主德国和联邦德国成为联合国第133、134号成员国。

1974年　3月14日：签订关于建立"常设代表处"议定书（5月2日起实施；在波恩和东柏林的常设代表处开始工作）。

5月6日：由于牵扯纪尧姆间谍案，联邦总理维利·勃兰特下台。

5月16日：赫尔穆特·施密特成为新一任联邦总理（社会自由联盟继续执政）。

9月27日：人民议会通过《1974年10月7日起民主德国宪法补充修正法案》；"德意志民族"概念被分割。

1975年　6月30日—8月1日：欧洲安全与合作会议最终文件在赫尔辛基签订；联邦总理施密特与昂纳克会面。

10月7日：昂纳克与勃列日涅夫签署民主德国与苏联友好合作互助条约。

在长达两年的时间里，柏林完全是一座分裂的城市，民众之间除了最必要的技术交流之外没有交往和探访的可能性。电话线在建墙之后也被切断了。"冷战"由此在柏林展现出其颇具问题的一面。从联邦德国前往西柏林的公路，原则上虽然是开放的，但实际上处

第七章　分裂与民族统一的恢复（1945—1990 年）

于民主德国边界管制机构的随意控制之下。

在"反法西斯卫墙"（德国统一社会党对柏林墙的正式宣传名称）建立之后，"以接近求改变"的实现必然变得难以预料。应当如何接近一个会关押自己的居民并阻止他们离开的国家呢？埃贡·巴尔于 1963 年担任西柏林市市长维利·勃兰特的顾问。面对建墙的挑战，他以长远的眼光和全新的措辞给出了可能正确的答案。通过持续的孤立和压迫无法动摇一个体制，何况在其背后是政治和军事强国苏联。出于这些考虑，改变只能从内部发生。只有在既定的形势下，以这种方式为民众们谋得实际的缓和。虽然东西方冲突无法通过接近来解决，这是因为它植根于两种社会制度的对立性之中，但也许可以消除"冷战"的锋芒。德国政策必须适应缓和的趋势，这是由两个超级大国从 20 世纪 60 年代开始所确立下来的（禁止核试验协定、核不扩散条约）。因此"以接近求改变"从套话变成了核心的政策，由此，20 世纪 60 年代末的东方政策开启了新方向。1972 年联邦德国与民主德国签订了《基础条约》，直到 1975 年欧洲安全与合作会议在赫尔辛基开幕，两国关系达到了顶峰。

西德在柏林开始采取的第一个步骤就是要进行接触的尝试。即便无法消除柏林墙，至少也要对它进行渗透。对于柏林的民众来说，经过旷日持久的谈判后，1963 年的圣诞节第一次有了一部有关探望的条例。西柏林市政府与民主德国政府之间达成了三个通行证协定，有效期至 1966 年。这些在波恩引起了争议，因为它在原则上坚持不承认民主德国，并且试图限制技术交流。相反，民主德国的谈判代表则想利用每一次交流机会，来获得联邦德国对民主德国的政治承认。因此，关于柏林通行证条例的复杂谈判，变成了双方的重要政治活动。最终通过所谓的"救世主条款",双方达成了妥协,允许西柏林人在圣诞节、复活节以及圣灵降临节访问柏林市的东部。条款突出强调并确定了各不相同的政治与法律上的立场,"地方、管理机构以及政府的名称仍然无法实现统一"。1966年,民主德国不再承认该条例,而是谋求在"正常国家关系"基础上的协定,于是条例无法得到延续。除了一个处理紧急情况的部门外,东西柏林长期以来的交流再一次被切断了。东、西柏林人只能在布拉格、黑海或者莱比锡博览会上见面。对于柏林以外的民主德国居民而言,从1964年开始,政府至少允许退休人员"前往非社会主义国家探亲"。

相对于20世纪50年代而言,两个国家之间的分裂明显变得更加尖锐。在这种情况下可想而知,波恩感受到了压力,需要改变一直以来的路线政策。若它在政治上承认民主德国,可以预料,双方的长期关系将获改善。只有这样,才有可能完全维护作为内在交流纽带的民族。这正是1969年后社会自由联盟所执行的全新的东方政策和德国政策方案。基辛格任总理的大联合政府已经朝这个方向迈出了第一步。当联邦总理基辛格与部长会议主席斯多夫就有关未来两德关系进行通信时,波恩与东柏林之间首次真正实现了官方的政治交往。在此之前,民主德国政府给波恩的官方信函始终都未获答复。

新东方政策的目标是达成一系列条约,其中每一个条约都建立在紧密的政治联系之中,并在全球范围内适应东西方缓和的利益关切。苏联于1968年武装干涉捷克斯洛伐克并破坏"布拉格之春",它在东欧的前沿阵地在实力政治和意识形态上都获得了保障。在此之后,它对于在现实边界基础上实现正常化之举便有着利益关切。

第七章 分裂与民族统一的恢复（1945—1990年）

特别是中苏边界冲突促进了这一意愿的发展。

维利·勃兰特领导下的联邦政府准备同苏联和波兰缔结互不侵犯条约和边界条约，承认战后的边界。缔结一系列东方条约的核心目标在于改善柏林条例，并同民主德国进行协商，通过政治上承认民主德国，以达成实际可接受的缓和。与德苏交往、德波交往同时进行的是四大国的柏林会谈，这之间有着内在的政治关联。因为对于双方来说，这一系列条约只要未获全部通过，那么必然就全部落空。只有当卓有有效的、对西德有利的柏林条例达成时，莫斯科和华沙的条约才有可能在联邦议会上获得通过。另一方面，苏联在柏林的妥协只是为了条约能获得通过。这些政治上的一揽子建议——当然它们并不被允许正式以这样的方式显现出来——在联邦德国围绕东方政策戏剧性地引发了有关国内政策的争论。

联邦议会和公共舆论发生了激烈的辩论，这表明，要摆脱过去的幻想是多么困难，而要确定新的政治方向则有多么艰辛。由于党团更迭，社会自由联盟的国会基础遭到削弱，使得政府不再占据多数，最后总理遭到建设性不信任案而被迫下台。在突然搁浅后，联邦议会被解散。新一轮选举使社会自由联盟成为明显多数派，同时通过公投，新的外交政策也被接受了。

在与民主德国签订基础条约的问题上，不同立场之间也发生过激烈碰撞。条约于1972年签订。一年之后，在基民盟/基社盟反对派的全力阻扰下，它仍然获得了通过。在该条约中，民主德国获得了国家法的承认，但没有获得国际法的承认。以此为基础，大量的后续条约和协定为德国的东西部之间的新关系奠定了基石。其目标是继续坚持能够和平地实现民族的重新统一。联邦政府在一封致民主德国政府的信中，提出把这一目标作为条约的补充条款。

这两个国家在"合规并存"基础上的接近，应当可以遏制并反转民族统一被瓦解的进程。如此一来，人们就不用再盯着过去不放了，他们在一个规定范围内获得了成功。虽然多数西德民众以及大部分民主德国公民都已经对统一不再抱有奢望，然而"一个民族两个国家"的形态将会长期存在。因此，这可以被很好地用来论证这样一个论点，即新东方政策和基础条约是两德关系缓和的条件，并且为东欧和民主德国的反对派运动创造条件，进而为民主德国的最终崩溃和重新统一奠定基础。

作为东方政策的整体性原则，"以接近求改变"在1975年赫尔辛基的欧洲安全与合作会议上首次结出了硕果。在东欧以及苏联发生革命之前，缓和达到了顶峰。所有欧洲国家（阿尔巴尼亚除外）和北美国家的代表齐聚一堂，通过了一份文件，"这在战后历史上是史无前例的"（P. 本德尔 [P. Bender] 语）。民主国家与共产党国家相互之间就基本原则、界限设定、实际合作、情报交换和人权方面达成了谅解。然而，许多美梦还远远无法实现，尽管许多人希望看到这样一份最终文件能够迅速带来深刻的变化，即便东方国家已经做出了让步。对于统治者而言，这意味着危险，不过这一路线基本上是正确的。但当西德完全关注于同党和国家的领导进行交往，并不再支持反对派运动时，它的民主德国和东欧政策遭到了批评。

民主德国成立伊始，它就把自己确定为联邦德国的对立面，这是民主德国的生存原则。但区别政策的形式和强度在40年的民主德国历史中也存在着显著变化。其正式的合法性来自人们对于德国内部相互碰撞的各种社会制度的斥责。宣传的套话掩盖了民主德国缺

第七章 分裂与民族统一的恢复（1945—1990 年）

乏民主合法性的事实。从 20 世纪 50 年代起，民主德国的经济发展状况一直明显落后于联邦德国，虽然全力奋斗也无法赶上，其合法性缺失由此被激化。于是，政治上的不自由与低劣的生活水平，共同成为建墙之前大批民主德国民众逃亡的原因。对此，东德的党和政府一直试图严加管束。

区别政策当中至关重要的第一步是 1952 年的边界建设。边境地区的民众被迫迁出沿边界五公里之内的禁区，沿边界十米处设立控制线，五百米处设防。边境东西两边邻村之间的交通也必须如此。倘若发放两德间通行证，则必须加以严格限制。当时这一"边界保障"与联邦政府签署德国条约以及欧共体条约正好同时发生，这显示出国内外政策之间的密切联系。联邦德国融入西方的政策使民主德国确定了自己加强区别政策的合法性。1953 年 6 月 17 日工人起义后，德国统一社会党在"新方针"的指导下，再次放缓了自己的政策。由此，德国内部的旅行情况再次得到改善。20 世纪 50 年代末，在短期内实现农业集体化以及赫鲁晓夫提出最后通牒的压力下，逃亡潮再度急剧爆发，德国统一社会党意识到只有建墙才能在逃亡运动造成毁灭性后果之前挽救政权。

最终，这样一种严厉的区别方式为民主德国的内部稳定奠定了基础。事实上，在仍然无法保证民众对国家的忠诚的情况下，德国统一社会党的国家在 20 世纪 60 年代凭借着自身经济上的增长变得出奇的稳定，获得国际承认也指日可待。为了实现这一目标，政治领导们继续发挥他们的外交能量。于是，与联邦德国划清界限、加深分裂等举动成为接近实现这一目标的工具。

20 世纪 60 年代中期以前，德国统一社会党在表面上仍然维护德国的重新统一。在1955年两国加入各自的军事集团后,它提出了邦联计划。表面上,其目的是实现两个国家的接近,但实际上,它试图实现联邦德国对民主德国国家地位的承认。对此,联邦德国拒不接受。与此相反,波恩试图在国际形势缓和的趋势下,通过加强与东欧国家的联系,来孤立民主德国。它不仅要在西方孤立它,而且还要在苏东集团内部孤立它(双重钳制理论)。为了阻止这一危险的发生,乌布利希转而尝试采取一种全新的、具有攻击性的政治战略。他针对西德的"哈尔斯坦主义"——即在与波恩建立外交关系后,如果承认民主德国,波恩将与其断交——提出了自己的主义("乌布利希主义")。在华约集团国家共同体内部,只要民主德国未获承认,就不允许东欧国家与联邦德国建立外交关系。

当乌布利希的计策毫无效果,且双方都做出让步时,20世纪60年代东、西德关系之间令人痛苦的瞎折腾才能告以结束。这一情况在1969年出现了。

新东方政策让德国统一社会党领导层面临这样一种情况,即它的德国政策直至民主德国崩溃时都显得进退失据。西德的外交倡议部分满足了乌布利希的要求,但同时以一种明确的方式,威胁着实用的区别政策与孤立政策。因为"以接近求改变"威胁并暗中破坏了德国统一社会党源于区隔的统治权。对于民主德国在国家法而非国际法上的承认,并没有满足乌布利希许愿单上最重要的一个愿望。民主德国的公民身份不被波恩接受。新的四国条例以及作为被承认为国家的回报所进行的"人道主义改善",这些都让柏林的形势得到缓和。对德国统一社会党而言,这一事件威胁到国内政治。因此,乌布利希将西德的缓和政策看作是"出其不意的侵略",也是有道

第七章　分裂与民族统一的恢复（1945—1990年）

理的。

不同于长期以来的猜测，乌布利希原则上并不是相互谅解政策的反对者，因为这项政策仍然保证了联邦德国对民主德国的承认，并让东德保持国内稳定。他想要与西方交流，但新的档案也反映出他过于独断，没有与政治局和苏联完全协调一致。他在政治局内不断的独断专行，自然导致埃里希·昂纳克在领导集团内部发起密谋。在苏联党领袖勃列日涅夫的背后支持下，他最终成功让乌布利希下台。

发展"正常的睦邻关系"是作为总体目标写在《基础条约》第一条内的。对于德国统一社会党所有与之相反的宣传而言，这一点造成了极具现实意义的问题。这一政策在表面上取得了无可争辩的成果。民主德国获得了国际承认，并且作为第二个德意志国家以及欧洲的稳定要素而获得接受。以往宣传中的那些刺耳声调，如今也变得更轻更少了。一个顾虑其刚刚所赢得的国际声誉的国家必然会如此行动。它不再会一直给自己制造麻烦。"赫尔辛基最终文件"的签订就是在这一背景下的重要表现。

外交上的"开放"也影响了内政，这本来应被新形式的区别政策所抵消。"进攻性的缓和"（P. 本德尔语）作为社会自由联盟的德国政策的基本思想，使得东柏林政权几乎什么也做不了，因为这是在拿自己国内的政治基础来冒险。昂纳克时代便受到了这样一种困境的影响，政权由此最终毁灭。

这一困境以三种方式给德国统一社会党带来了政治上的后果。通过签署基础条约中已计划好的一系列条约和协定，来实现正常化，为双边关系创建一个紧密网络，并以这种方式给人们带来切实的缓和局面。此外，昂纳克试图利用他在 1971 年八大上的宣传口号"经济政策与社会政策的统一"，以及放松对文化生活的管制，来获得大部分民众的忠心，并实现国内的持续稳定。最终为实现这一目标，他把民主德国与联邦德国的区隔，转移到了意识形态的层面上。"和平共处"并不触及意识形态。在德国统一社会党看来，鉴于同联邦德国不断增强的关系，建成一个"发达的社会主义社会"首先需要在一切领域，尤其是教育领域内，牢固树立社会主义的立场。但鉴于不断恶化的世界经济形势，德国统一社会党难以解决这一问题，无法进行富有成效的改革，需要巨大耗费的社会政策项目难以获得成功。到了 20 世纪 70 年代，它已显然无路可走了。

两个德国的社会发展道路

当 1949 年两个德国成立时，双方都认为这是权宜之计。大家都宣布自己是"新德国"并质疑对方的合法性。两国一直相互独立发展，虽然它们都把民族统一说成是第一位的政治目标。但是如何看待这两个社会？一个分裂的民族在不同的政治形态中如何生存？社会结构发生了怎样的改变？阶级、阶层和群体的构成比例发生了怎样的变化？虽然经过战争，旧传统发生了深刻的改变，但它对于新国家的诉求继续保持着何种程度的影响？在两个国家中，存在着怎样的文化发展上的可能性与特色？双方高层政治对于民族统一的展望和幻想在多大程度上决定了日常生活？

第七章　分裂与民族统一的恢复（1945—1990 年）

社会结构的变迁

根据官方的自我认识，民主德国是德意志土地上的第一个"工农国家"。根据马列主义的意识形态，在建设社会主义社会中，工人应该同农民和知识分子联合成为"领导阶级"。德国统一社会党的领导人从始至终坚持这一要求，虽然实际的社会发展如同所有进步的工业社会一样，朝着另外一个方向前进。当我们观察 20 世纪的长期发展趋势时，会发现从事第一产业（农林业）的人数迅速减少，第二产业（工业和手工业）的人数开始仍在增加，但之后却逐渐减少，而第三产业（服务业）的人数持续增长。1945 年后，全球的发展趋势特别清楚地反映了这一点，虽然它在两个德国都出现了延缓迹象。

1950 年以来联邦德国与民主德国三大产业人数占总从业人数比（%）

年份	1950 西德	1950 东德	1960 西德	1960 东德	1970 西德	1970 东德	1980 西德	1980 东德
第一产业 农业、林业、畜牧业、渔业	25	28	14	17	9	13	6	11
第二产业 制造业、手工业	43	45	48	45	49	49	45	48
第三产业 贸易和交通、服务业	33	28	39	36	43	38	49	41

来源：R. 里特莱夫斯基、M. 奥普·德·希普特（R. Rytlewski / M. Opp de Hipt）：《联邦德国和民主德国的统计数据（1945/1949—1980 年）》(*Die Bundesrepublik Deutschland in Zahlen 1945/49-1980; Die DDR in Zahlen 1945/49-1980*)，慕尼黑，1987 年。

在联邦德国依赖工资的群体中，职员和公务员的数量相对于工人稳步上升。民主德国在这一方面也有着相同发展。然而，工人阶级作为"领导阶级"的身份仍然得到保留，但这只是靠着统计学的把戏来得到维持而已：从 1963 年起，工人和职员在统计上不再被分开，而且被总括为一个群体；对公务员的类似统计自 1945 年就开始了。这一数字逐步上升，到了 20 世纪 80 年代达到约 89%，虽然工人相对于职员的人数在减少。但在民主德国的官方统计中，关于工人阶级和知识分子的计算并没有得到明确规定，因此，社会结构的数据只能提供一个粗略的证明。

在马克思那里，"无产阶级专政"是作为通向共产主义社会的过渡阶段。这一观念在列宁那里变成了一党专政，党发挥着工人阶级的先锋模范作用。德国统一社会党作为列宁主义的干部党，由此被视作一个严格的、中央集权式的、等级制的组织，它控制着社会的各个方面，也让工人阶级不再拥有独立的代表权。因此，实际上进行统治的是党，而不是阶级。

农民从 20 世纪 50 年代开始就变得小心翼翼。1959—1960 年间，他们连续不断地承受着巨大压力。他们的私人农业资产被转变为合作组织的形式（农业生产合作社，LPGs）。这虽然使得更加合理有效的经济形式成为可能，并且无疑有着许多社会政策上的好处，比如规定好的工作时间、假期以及养老保险。但这种强迫农民加入合作社的方式，却导致了逃亡活动的增加，并引发了供应上的巨大困难。于是，所谓的"农村的春天"（集体化的宣传口号）成为了建墙的主要原因。不过，在此之前，农业活动的数据就已经长期持续性地下

第七章　分裂与民族统一的恢复（1945—1990 年）

滑，而且如果与联邦德国相比较的话，民主德国的农业人口却一直相对较多。

　　根据马列主义的意识形态，中等阶层（小业主、手工业者、小商贩）应该逐渐解体。针对自由职业者的政治攻击，困扰着中等阶层的生活（高税率、国家对于小企业的干涉）。这些仍然存活的小企业最终从 20 世纪 70 年代起完全被纳入国家管理。与此相反，手工业仍有很大部分属于私人（1981 年为 59%），因为党害怕在充满危机的服务业领域内把一切都严格占领的话，将继续导致短缺情况变得更加严重。

　　作为"中间阶层"的"知识分子"包括这样一些人：他们主要从事脑力工作，而且一般都接受过高等教育。因此，他们不仅从事经济领域的工作，也在教育和文化领域担任相应的职务（科学家、医生、技术员、工程师、教师、艺术家、作家）。但是，这个划分标准非常不精确，于是层级明显摇摆不定。虽然根据官方的解释，知识分子是工人阶级的紧密联盟，但实际上他们表现出特有的利益诉求，尤其是在国家建设年代中拥有巨大特权。民主德国技术知识分子的生活水平始终要高于平均水平。

　　当战争与战后时期以暴力方式带来了根本性变化后，联邦德国的社会变迁是缓慢且逐步进行的。但从结果来看，或许它比民主德国以革命方式所导致的结果更为深刻。社会学家、历史学家和公众舆论对这些变化的解释及其概念性的把握，也同样出现了周期性的变化。20 世纪 50 年代社会学家赫尔穆特·舍尔斯基创造了"平均化的中层社会"的概念。这个概念是在对德国家庭变化的经验研究中（1953 年）得出的，并随后由作者进行了修正。与其说该标签反映的是社会现实，不如说反映的是政治上的期盼和可能性。现实社会在收入和生活机会方面一如既往地存在着巨大差别。另一方面，此概念出现时，导致了一个向着这一方面发展的可能性趋势，因为工人阶级经历了一次共同繁荣。同时，去阶级化的资产阶级难以指望能够轻易地重塑自己在社会上的领导地位。

学生运动复兴了马克思主义思想以及激进的社会批判，但在1945年或1948年后首先与此相对的言论，则是强调"资本主义阶级社会的复辟"，并且很少对于集中掌握大量财富的趋势加以指责。民主的先决条件，比如自由和平等，存在着很多问题。在联邦德国的社会里，不仅离社会平均化的趋势仍然很远，而且阶级分层之间的分割线清晰可见。财产与收入的分配不可能一次性就随着发展趋势而变得均衡，但作为20世纪50年代开始的"经济奇迹"的结果，不断增长的社会财富缓和了社会紧张度。于是，一个建立在和谐之上的社会形象，比起阶级斗争的纲领，更加符合底层民众的生活感受。但这一点绝不像有些观察者认为的那样，能够让人从行为方式以及改善了的社会状况中，看出工人阶级的"资产阶级化"。那些在魏玛共和国时代作为德国共产党和社会民主党后备力量的旧无产阶级，已经不复存在。但工人们一如既往地在体力劳动、教育程度、工作风险和收入方面同职员和公务员们存在着明显差别。

不过许多问题也被延宕了。自20世纪60年代起，由于大量征募来自国外的"外籍工人"，又由于20世纪70/80年代技术的快速革新，联邦德国产生了新的社会分界线。流行语"三分之二社会"使人们注意到现代化的牺牲品以及巨大的麻烦。从1975—1976年期间经济严重衰退开始，牢固的统治基础被持续失业及其所导致的物质与精神

第七章　分裂与民族统一的恢复（1945—1990年）

上的恶果所破坏。

民主德国应当是一个"工农国家"，这不只是意识形态的标签，而是对教育事业产生了直接影响。在"打破资产阶级教育垄断"的口号下，德国统一社会党尖锐地表达了想要积极通过歧视来强迫实现机会平等的愿望。在中等和高等教育制度方面，它坚决资助工人与农民的孩子；与此相反，有产者和知识分子的孩子则常常吃亏。而继续进入中学或高校学习的依据很少是成绩，而是更多地看社会出身以及对社会主义社会制度的（常常只是形式上的）责任心。除此之外，民主德国提出了一套分门别类的继续教育制度以及继续培训的措施，使人们获得社会及职业上升的机会。其中最为重要的环节是这些培训和上升的机会被大规模地用来促进民主德国的团结一致性，并促使人们忠诚于这个总体上并不受爱戴的国家。因此，从1946年教育改革（实行八年一贯制）开始，直到民主德国终结，各种学校和高校改革始终结合不同程度的意识形态的灌输。用教育部长玛戈·昂纳克（1963年起）的话来说，1960年在技术学校贯彻十年制普通教育的目的，是培养"出众熟练的专业工人以及机智的、拥有革命斗争品质的社会主义者"。然而这种结合并不成功。

20世纪50年代，联邦德国的教育事业首先呈现为同民主德国的全面竞争。三大分支、严格的社会淘汰、教育体系内不同分支之间的极低渗透性，这些问题在围绕着"德国教育的灾难"（G. 皮希特［G. Picht］1964年语）所引发的激烈社会讨论过程中得以改变，而到20世纪60、70年代，由于进行了深刻改革，情况完全发生了变化。在此期间，中、小学生和大学生数量的急剧扩大，最终导致联邦德国适龄大学生的比例比民主德国大得多，而后者的升学通道则是受到严格控制的。改革后，对于底层子女的传统歧视在联邦德国并未完全消失；但社会的分界线变得更具渗透性。

在社会主义社会，妇女和家庭形象的变化也属于非自然的社会变迁。就马克思主义而言，妇女的解放始终是社会问题的一个"副产品"。马克思、罗莎·卢森堡以及列宁都同样认为，随着阶级社会被克服，妇女的平权就会实现。德国统一社会党也是以这条意识形态的传统路线为其出发点的，并首先把妇女能够从事职业工作视为社会解放的最为重要的起点。于是，从 20 世纪 50 年代起，不断增长的劳动力需求，导致政府竭尽全力地通过广告和专门的促进计划，让妇女参与工业生产和管理工作。到 20 世纪 60、70 年代，这首先是以加强托儿所和幼儿园建设为重要前提的。此外，从 1972 年起，妇女在第二个孩子出生后有机会得到一年的假期，而不会失去她的工作岗位。这种带薪产假之后被延长到 26 个月。

民主德国基本上是出于经济原因而推行支持妇女的政策。与联邦德国相比，其结果是职业女性的占比非常高。整体上差不多 800 万企业职工（1977 年，不包括学徒工）中有一半是妇女，达到工作年龄的妇女就业率从 1964 年的 66.5% 上升到 1976 年的 82.6%。但是，两性之间的平权并没有因此而得到解决。家庭内的分工、职业地位以及妇女在政治和社会组织（从群众组织、地方议会直到德国统一社会党政治局）内的代表权问题，过去的偏见和一整套陈词滥调仍未很快得到克服。尽管民主德国在整体上无疑已经做出了多方位的改变，比起联邦德国来也是另一番景象，但是像马列主义"经典作家"们所相信的那样，伴随着所有制与生产关系的革命性变化而来的"妇女问题"还是没有得到完全解决。

第七章 分裂与民族统一的恢复（1945—1990年）

在联邦德国，妇女的社会平权很久以后才完全成为公开讨论的政治话题。在20世纪60年代学生运动的社会解放观念中，妇女扮演着相对边缘的角色。直到出现妇女运动之后，它才受到关注。这一话题作为民主社会的核心问题，被提上了政治议事日程，并从此产生了越来越多的人事政策上的后果。

在联邦德国，职业女性的占比同样持续走高。1988年，全部2970万职工中，有1180万妇女（占39.7%）。达到工作年龄妇女的就职比率从1950年的44.4%上升到1980年的52.9%。这与20世纪50年代正式的家庭形象正好完全相反。当时，不计其数的有关礼仪举止的书籍很好地反映出人们对于社会传统习俗的渴求。但是，由于经济上的原因，这些规定再也无法为人们所遵守。那时，妇女的归属是家庭和灶台，抚养孩子并照料工作的丈夫。学生运动吹响了对传统资产阶级小家庭的总攻号角，创立了共同生活的新模式，比如居家集体以及"无证婚姻"从此广泛传播开来。

尽管两个德国有着不同的政治经济条件，但角色分工不平等的家庭定位仍然都占据着优势地位。在民主德国，国家改善了针对妇女的社会援助和保障。不过，统一后，从根本上而言，女性比男性承受了更加严重的民主德国经济崩溃之恶果。1986年，对于旧联邦德国而言，出现了一个矛盾的局面，即在政治上，有关性别平等的话题增加了；而在劳动市场上，性别歧视却变得更严重了（U. 弗雷福特［U. Frevert］语）。因此，对于统一后的德国而言，这是一个崭新而颇具戏剧性的重大问题。

社团、教会以及社会运动

在民主德国,除了教会外,不存在自发的社团。所有的"群众组织"都同样作为"联合的党派",接受德国统一社会党的指导。后者正是以这样非常直接的方式,对整个社会实施政治管控。

相反,在联邦德国,社团成为政治体制的组成部分。社会的利益团体自行组织,并且试图对政策决定施加影响。而"社团统治"(Th. 埃申堡 [Th. Eschenburg] 语)这一实际情况也受到公众舆论的反复批判。但另一方面,人们没有认识到的是,只要保证社团的影响不是肆无忌惮的不受控制,只要它没有妨碍议会民主合法决策的实施能力,那么社团就是多元民主体制的合法组成部分。至于如何解决社团的管控问题,在原则上是否存在解决的可能性问题,这些成为政治和公共生活决策过程中的永久课题。

围绕着劳资协定的自主权,如同在《基本法》中所规定的那样,企业主和工人互相成立了特别重要的协会。它们关于工资标准的政策决定,相较于其他利益团体而言,在整体的经济和社会层面上有着更加深远的影响。但也存在着狭义上的利益团体,如农会、被驱逐者同盟或者德国汽车俱乐部(联邦德国会员最多的社团),它们各自在实现自己的特殊诉求时,可能也会对全民造成深刻影响。从时间的纵截面来看,我们可以发现,这十多年来,社团的地位和行动方式发生了明显变化。

西德的工会带着一个全面的资本主义社会民主化的计划,踏上了新国家的舞台。共决制不仅指向工人在企业领域内参与人事决

第七章　分裂与民族统一的恢复（1945—1990年）

定，而是要加入整个经济秩序的建设。这个民主社会主义的目标在战后最早得到提出，但逐渐受到自身稳定的社会市场经济的约束。起初，企业主强烈反对，因为这让他们想到了魏玛时代的"经济民主"计划。在民主德国，伪社会主义经济秩序的实现，为所有形式的社会主义或普通的经济试验提供了合适的政治弹药。尽管批判社会的观察家们在20世纪60年代断言，与联邦德国受人喜爱的"平均化的中层社会"特点相反，阶级斗争永无止境（R. 霍赫胡特［R. Hochhuth］语）。除了结构性的权力分配获得了实质性更迭外，资本与劳动之间的关系、企业主与工会之间的关系变得具体化了。

人数相等的共决制，这一影响深远的形式产生于1951年煤钢工业的协调中。但它也存在着例外情况。在1972年的《企业组织法》以及1976年《共决法》中，资方总是保持着起决定性作用的地位。当然不可否认，工会在国家独立的工资政策方面以及企业劳动关系方面，有着显著的影响力。在各种不同的利益局面之间，实现差不多令人满意的平衡，这样的谈判是一个充满冲突和困难的过程。但与魏玛共和国不同，这一进程需要缔约双方取得原则上的一致。作为"反对力量"，工会重视社会的均势。这一点使它成为资本主义组织经济中可被接受的社会"秩序要素"。

在民主德国，从来就没有自发组成的工会。1945年成立的自由德意志工会联盟（FDGB）作为党的最大的群众组织和传送带，并没有独立的利益诉求。虽然其功能在这40年间也发生了改变。起初，它是执行经济计划的政治宣传工具；之后，自由德意志工会联盟发展成为一个拥有640万成员（1964年）的强大组织，为数以千计的工人创造晋升的机会以及额外的活动空间：在企业中、在机关中、在社会保险方面、在议会里、在休假地点的介绍方面、在俱乐部内等等。但是，这些都要求工会放弃政治上的独立自主性，向体制献出自己的一片忠心。

其他的群众组织——比如自由德意志青年（FDJ）、德国民主妇女联盟（DFD）、体育技术协会（GST）、文化同盟等——以及从属德国统一社会党的联盟党派——基民盟、自由民主党、农民党、民族民主党等都以相类似的方式发挥着作用。

只有教会是直接处在国家控制之外的团体。因此，对于民主德国的社会发展而言，教会具有特别重要的意义。在民主德国历史的所有阶段，教会扮演着远远超过教会职能之外的重要角色。正因如此，它们始终与国家处于十分棘手和紧张的关系中。

在 20 世纪 50 年代的斯大林化阶段，政府引入了成年仪式，使之成为坚信礼的"竞争对手"。由于"青年教区"是独立的教会青年组织，因此自我认知为无神论的国家首先是在教育问题上与教会发生冲突。加之联邦德国的新教地方教会与"德国新教会"（EKD）的联合会有着紧密联系，这成为一个迫切而具有现实意义的政治问题。

建墙之后，整体德国教会的内部联系难以维持。1969 年，民主德国的地方教会联合起来成立了一个独立的"民主德国新教会联盟"（BEK），并且宣布与德国新教会存在组织关联。在确保教会对社会主义国家政治忠诚的基础上，双方全面改善了相互之间的关系。"社会主义中的教会"这句套话确定了 20 世纪 70、80 年代的方向。这是在经过德国统一社会党总书记、民主德国国务委员会主席埃里希·昂纳克与（以阿尔布雷希特·舍恩赫尔主教领导的）地方教会和教会联盟代表们进行纲领性会谈后所确定下来的。

第七章　分裂与民族统一的恢复（1945—1990年）

新教教会以这样的方式被迫身处艰难险境。它一方面成为国家所认可的稳定因素，为统治者不具合法性的统治谋得了一些民主承认；另一方面，它一直不断地与无视基本人权、对外宣传保障和平、对内却实行压制的政权发生冲突。到了20世纪80年代，这些情况首先导致新教教会变成了许多弱小的、持不同政见者的组织依靠和庇护所，而且教会代表在革命后为征募新一批政治精英方面发挥了突出作用。

在联邦德国，教会的社会政治地位变得更加重要，但同时也变得更微弱。机构上的优势为天主教会和新教教会取得了巨大的政治影响力，这在讨论《基本法》和地方法律时已经十分明显了。它们在教育政策方面也同样具有影响。另一方面，从20世纪60年代开始，社会迅速的世俗化，教会对于政治家和政治党派的直接影响力减弱了。当宗教大会遵循主教选举推荐制度时，最终引发了不快。

教会领导人在纯粹政治问题上的投票，要少于他们在政治意义重大的伦理道德问题上的投票，比如围绕第218条[1]所引发的激烈争论。教会领导人的投票表决行动有着举足轻重的影响。此外，教会的社会作用也非常重要。它帮助战争时期与战后的牺牲者、经济奇迹的弃儿、不受富裕社会眷顾之人，同情外来民众和第三世界局势。没有这些教会机构以及教会志愿者的社会服务，那么对于家庭、儿童以及青年的救济，对病人和残疾人、特别是对于联邦德国持续不断增加的老年人的照顾，就会变得更糟，与外籍工人和难民打交道会变得更加困难。

---

[1]此处"第218条"是指德意志联邦共和国刑法典第218条有关中止妊娠的条款。——译者注

虽然由于宗派以及替代性崇拜的问题，教徒数量不断缩水，宗教上的竞争不断增强，但两大教会还是以非常不同的方式，在政治和社会层面上，对这两个国家有着重要影响。如今统一后的社会和精神问题成为教会参与社会的一个重要领域。

除了传统的政党和社团组织以外，20世纪70年代兴起了"议会外的反对派"以及学生运动。这些新的社会运动显著改变了联邦德国的国内政治舞台，并且将其塑造得更加多姿多彩。20世纪70年代末，民主德国也有一些不成熟的萌芽，人们已经可以观察到一些由热心公民们所发起的个别松散组织。它们属于民主德国持不同政见者的前身以及革命的前奏。"新社会运动"可以被理解为是对政治制度缺陷的回答，是对新社会问题的一种预警制度。随着苏联在东欧和民主德国部署SS-20导弹以及北约1979年的双重决议，新一轮持续不断的军备竞赛出现了。这导致产生一场广泛的、非常不同的和平运动。它通过采取惊人的行动，来引发关注。在核条约的时代，人们无法再用传统对抗方式获得和平保证了。

反对核电站扩建的运动，显然对于核能民用造成了难以估计的威胁，并且追求能源利用的可替代方式的做法也遭到了抵制。在20世纪60年代的学生运动中，关于环境危害以及对于技术进步的矛盾心理都还不算主流意识。从20世纪70年代起，遍地开花的环保团体唤醒了这一意识。在他们中间，出现了作为政党的绿党。它从1979年起就进入了大多数的州议会，并且到1983年进入联邦议会。此外，公民的自发组织（1972—1973年大约有3000到4000个，共6万到12万名积极分子）在地方上或各自区域内公开讨论环保问题、空间和交通规划问题、民众社会供给问题、青少年的教育和业余活动安排问题、外籍工人的融入问题等等。

有些运动想要在很短时间内改变联邦德国的政治图景。政治和行政管理机构必须同这些形式的社会参与和抗议进行辩论。在此情况下，至少民主化的潜能暂时获得了发展的动力。克里斯蒂安·格拉夫·克罗科在回顾"本世纪的德意志人"时，如此写道："如果'民主价值'对自身进行评估，即人们强硬地介入政治机构，并且对当权者不再报有任何敬畏之心，那么随着之前的青年运动的发生，随着民主主义者实际持续不断的增长，联邦德国的德意志人正变得越来越果断。"

文化

在德国战后历史的所有时期，鉴于自身的分裂状态，作为文化民族的德意志常常是一个被讨论的话题。当分裂且相互斗争的两个国家之间的交流变得越来越困难时，它们的共同历史和文化能否为民族内部的团结以及共同体意识的维护，去建立一个有承载能力的基础？还是像作为反例的奥地利所表现的那样，文化单单作为符号而并不够用？这里，我们应当从两方面来讨论这一复杂话题：民主德国作家和艺术家的特殊作用以及西德作家对德国分裂问题的处理。

在战争刚结束后的几年里，当苏占区内的文化生活仍然拥有很大程度的自由且没有政治束缚时，对于"人文遗产"或者"资产阶级遗产"的追求，属于文化导向方面的重要组成部分。但是，一旦德国统一社会党在斯大林化的过程中把"社会主义的现实主义"变成了义务性的纲领后（1951年3月中央委员会通过决议"为反对文学艺术中的形式主义，支持进步的德国文学而斗争"），上述这些人文遗产对于作家、剧院和学校而言，便成为负担。通常情况下，虽然美学上变质了的社会主义的现实主义作品得到大肆宣传，但它们从来没有踏对过步子，并且还坚持一些难堪的规定动作。同时，与西方的隔绝，导致人们出于意识形态的理由而拒绝接受现代艺术和文学。因此，民主德国的文化生活始终坚持非批判性的社会主义英雄崇拜这一浓厚传统。比如1959年"苦难矿区之路"这样的意识形态宣传（以"矿工们拿起笔来，社会主义的德意志民族文学需要你！"为口号），其目标就是建立一种工人写作的新社会主义文化，但结果却失败了。

建墙后并且在昂纳克时代初期，文化生活的一切都暂时变得相对自由，作家和艺术家们扮演了更加重要的社会角色。由于媒体受到党的全面管制，文艺成为一种替代性的公共舆论。民主德国社会中现实的、未获解决的社会问题，以及个人与国家之间的冲突，常常最早是通过作家来得到隐晦表达的。如散文作家克丽斯塔·沃尔夫（《对克丽斯塔·T. 的反思》[*Nachdenken über Christa T.*]）、诗人福尔克尔·布劳恩都以主体性为主题，以一种针对党的挑衅形式来强调自我的独立自主性，反对集体主义。20世纪60年代中期，批判社会性质的电影揭示了民主德国社会虚假和谐之下的真实社会与政治冲突。作家和艺术家们在一定程度上的政治作用一直不断地引发周期性的争论，1965年的十一中全会上，德国统一社会党领导层采取措施，反对沃尔夫·比尔曼、斯特凡·海姆以及其他许多人，指责他们的"怀疑主义和虚无主义"，并且禁止出版他们的作品，禁止他们出席活动。

1971年乌布利希下台后，文化政策暂时得到了放宽。比如1972

年乌尔里希·普伦茨多夫的《青年 W 的新忧患》(*Die neuen Leiden des jungen W.*)出版,这是一部嘲讽社会主义社会陈词滥调的作品。1973 年,同样在脱离社会环境下创作出来的电影《保罗与保拉的传奇》(*Die Legende von Paul und Paula*)受到公众的好评。然而实际上社会主义的宽容度是有限的。倔强的歌曲作者沃尔夫·比尔曼于 1976 年被剥夺国籍,这应该被视为对当时所有敢于冒险者的一个警告。但对于民主德国的内部局势而言,这一灾难性的错误做法却带来了影响深远的后果。

不过,在民主德国,这么多持不同政见的艺术家和知识分子从来没有结成一条广泛的阵线。尽管如此,党与作家群体之间的裂痕,从比尔曼被剥夺国籍以及大量作家和艺术家团结起来之后,却再也没有获得过正确的修复。紧接着就是党的会议、出版禁令、各种开除命令。让人不舒服的持不同政见者们会被强制或用长期签证的方式送往联邦德国。"因此奥得河与易北河之间的文化风光变得更加贫乏,但绝不平静"(M. 耶格 [M. Jäger] 语)。许多留在民主德国的人小心翼翼地选择主题,关心能够引发社会共鸣以及批判意识的现实问题,比如克里斯托弗·海因、克丽斯塔·沃尔夫、京特·德·布勒因等人。因此,对于民主德国的作家们而言,他们的特点就是对于自身处境有着一种矛盾心境:他们的行为前后不一,他们享受着大量特权,作品被大量出版,拥有很好的社会保障;另一方面,政治局势一直不断受到批判性问题和争论的挑衅,因为他们是纯粹的政治官僚主义束缚体制的反对者。

在联邦德国,写作和艺术活动完全是另一番景象。没有人会受到审查方面的严重阻碍,但低风险且激烈的竞争使社会对于批判性文学缺少强烈共鸣。除了政治上的束缚外，对于战后初期的二流文学和新闻学还存在着美学上的约束。20世纪50年代一方面开始向"纯艺术"的美学回归，另一方面开放了的联邦德国受到西方的影响。在纳粹时期，各类现代的艺术风格受到限制和孤立，之后才被接受。戈特弗里德·贝恩的抒情诗晋升为20世纪50年代所有知识分子们的信条。西欧和美国作家的大量散文作品得到译介，在"千年帝国"中被划为堕落作品的现代艺术再次成功进入德国。

比如纳粹战争和德国分裂这类政治主题开始受到文学的极大关注（海因里希·伯尔、君特·格拉斯、乌韦·约翰逊）。对于政治以及党派政治问题的责任心，在学生运动的年代成为风气。而到20世纪70年代，随着这种对于起义的兴奋情绪的减弱，此类风气再度明显消退。德国的分裂早先只是西德文学家们顺便关心的主题。在两德作家会议和论坛上，人们试图讨论这一禁忌话题，为受到压迫的民主德国艺术家们发声，并且一直以某种形式研究两个德国内的政治问题。在复兴的过程中，关于民族身份和重新统一的公开讨论，到20世纪80年代末再次被作家们（特别是马丁·瓦尔泽）提及。

对于联邦德国的文化具有全面意义的重大事件，是20世纪60年代下半期的学生运动。它在设定许多激进的目标方面失败了，其重要性至今都颇具争议。从生活感受和生活风格的意义上看，学生运动对于文化的改变还是起到了巨大作用。政治文化作为对于政治的主观态度和价值判断，也因此获得了深刻改变。

民主德国不存在可以与之相比较的现象——在联邦德国，这些现象对政治意识的发展产生过重大影响。在专制制度的条件下，极权国家的传统未被削弱且长期有效。当年轻一代已经显得越来越少地参与"实际存在的社会主义"的工作,东欧的外交局势逐步变化的时候,一个"公民社会"的萌芽就会在个人勇敢地投身于小团体的情况下逐渐产生。

实际存在的社会主义的内部崩溃与民主德国的革命

1976年　5月18—22日:德国统一社会党九大;昂纳克自此成为党中央总书记。

8月18日:根据反恐法案严禁在联邦德国"建立恐怖主义组织"。

10月29日:人民议会选举昂纳克担任国家委员会主席;斯多夫(再次)担任部长会议主席;辛德曼担任人民议会议长。

11月16日:民主德国拒绝作曲家沃尔夫·比尔曼再度入境。

11月26日:罗伯特·哈弗曼遭到软禁(1978年8月23日变得更严厉,1979年5月9日解除)。

12月15日:联邦议会再次选举赫尔穆特·施密特担任社会自由执政联盟的总理。

1977年　2月17日:昂纳克批准约1万名民主德国公民提出的出境申请。

8月23日:鲁道夫·巴罗由于在联邦德国出版批判东

德政权的《选择》一书被逮捕（1978 年被判处 8 年徒刑；1979 年被取消国籍，前往联邦德国）。

1978 年　3 月 6 日：昂纳克与阿尔布雷希特·舍恩赫尔主教领导下的民主德国新教教会领导层举行会谈。

1979 年　3 月 17/18 日："绿党"在美因河畔的法兰克福成立政治组织。

6 月 28 日：人民议会通过第三次刑法修正案（政治方面的刑法条款明显变严）。

12 月 12 日：北约通过双重决议在联邦德国部署携带核弹头的中程弹道导弹。

1980 年　1 月 13 日："绿党"成立联邦政党。

10 月 13 日：昂纳克在格腊对党的干部发表（针对联邦德国的）"区别"讲话。

1981 年　4 月 11—16 日：德国统一社会党十大。

10 月 10 日：3 万人在波恩参加"和平运动"群众示威游行，反对北约的双重决议。

12 月 11—13 日：联邦总理施密特与民主德国国务委员会主席昂纳克举行会谈（在此期间，波兰宣布实施战争法规）。

1982 年　2 月 14 日：和平论坛的 5000 名支持者在德累斯顿的十字教堂独立举行和平运动。

9 月 17 日：4 名自由民主党部长退出联邦总理施密特的内阁，组建了一个社会民主党的少数派政府。

10 月 1 日：在基民盟/基社盟与自由民主党的赞成下

第七章 分裂与民族统一的恢复（1945—1990年）

通过建设性不信任案投票，联邦总理赫尔穆特·施密特（社会民主党）下台，并选举赫尔穆特·科尔（基民盟）为其继任者。

11月10日：勃列日涅夫去世。

1983年 3月6日：根据联邦议会先前的投票，确定了基民盟/基社盟－自由民主党的执政联盟；绿党首次进入联邦议会。

6月29日：西德答应向民主德国提供10亿西德马克贷款。

7月24日：巴伐利亚州州长施特劳斯（基社盟）开始对民主德国进行为期数日的访问并与昂纳克会面。

1984年 2月13日：昂纳克与科尔在莫斯科举行会谈（在参加安德罗波夫葬礼之际）。

7月25日：联邦德国向民主德国贷款9.5亿西德马克。

9月4日：昂纳克取消已经计划好的对联邦德国的国事访问。

1985年 3月10/12日：契尔年科去世；米哈伊尔·戈尔巴乔夫成为苏共新一任总书记；昂纳克和科尔在莫斯科参加葬礼之际举行了会谈。

5月4日：昂纳克拜访戈尔巴乔夫。

5月8日：联邦总统冯·魏茨泽克在德国投降40周年之际发表重要纪念讲话。

1986年 2月19日：人民议会议长霍斯特·辛德曼作为迄今为

止职务最高的民主德国领导人访问波恩。

5月6日：两个德国在经过12年的谈判后签订了文化协定。

1987年　9月7—11日：埃里希·昂纳克作为民主德国党和国家最高领导人正式访问联邦德国。

12月8-10日：米哈伊尔·戈尔巴乔夫和罗纳德·里根在华盛顿签署销毁中程弹道导弹条约。

1988年　1月17日：在东柏林举行纪念卢森堡-李卜克内西遇害游行之际，民主德国国家安全部逮捕了约120人，他们想要在"自由永远是异见的自由"的标语下加入游行队伍。

5月29日：昂纳克在一次与海因茨·加林斯基（德国犹太人中央委员会主席）的会谈中，首次表示民主德国准备为德国人对犹太人民所犯下的罪行支付赔偿。

6月25日：欧洲共同体代表与经济互助委员会就双方建立正式关系发表共同声明。

8月15日：民主德国与欧共体建立外交关系。

11月9/10日：联邦总理府部长朔伊布勒在东柏林与昂纳克进行会谈。

1989年　5月7日：民主德国地方选举之后（98.85%支持民族阵线的统一候选人名单），公民权维护者和教会代表表示选举作假。

9月10/11日：匈牙利同意所有民主德国的难民出境前往西方；数千民主德国公民抵达巴伐利亚。"新论坛"在东柏林成立，其获得正式批准的申请在9月21日遭民主德国内政部拒绝。

10月2日：在民主德国发生迄今为止最大规模的要求民主的游行示威（约2万人参加），被莱比锡警察暴力驱散。

10月7日：米哈伊尔·戈尔巴乔夫访问。"民主德国社会民主党"（SDP）成立。

10月16日：莱比锡12万人游行要求民主和改革。

10月18/24日：埃贡·克伦茨取代埃里希·昂纳克成为党和国家领袖。

11月4日：东柏林50万人游行要求民主改革。

11月9日：民主德国领导层宣布开放对联邦德国和西柏林的边界。

11月13日：汉斯·莫德罗新任民主德国总理。

12月1日：民主德国人民议会在宪法中删除了德国统一社会党的领导权。

1990年　1月15日：莱比锡15万人游行要求重新统一；部长会议主席莫德罗建议圆桌会议参与政府工作；从2月5日起反对派代表参加政府。

2月10日：戈尔巴乔夫在莫斯科向联邦总理科尔承诺，苏联不会阻挠德国的统一。

3月18日：在民主德国人民议会首次自由选举中保守派"德国联盟"得票率为48.15%，社会民主党得票率为21.84%。

4月12日：洛塔尔·德·梅齐埃（基民盟）成为新一任民主德国总理和大联合的领导人。

5月18日：两德间《关于货币、经济和社会团体的国家条约》签订，7月1日生效。

8月22/23日：人民议会决定民主德国依据《基本法》第23条加入联邦德国。

10月3日：民主德国加入联邦德国。

民主德国在昂纳克时代的最后阶段被两个困难局面所影响。对于德国统一社会党而言，它无法找到更多的解决办法。首先是由透支以及财政无力支持社会政策的计划而引发的内政困境。其次是外部的改革压力，自戈尔巴乔夫上台以及波兰和匈牙利发生改革运动后，民主德国的正统社会主义就被瓦解了。

1963年开始的计划和领导的新经济体制改革，使企业相对于中央计划有了更多活动空间并且关注效益，1971年的八大宣布这场改革实验就此结束。上层对于经济过程的直接规划再次变得更加严厉，大企业根据生产的重点合并为巨大联合企业，作为社会主义康采恩。刚开始，新的起步显得富有成效，这一雄心勃勃的计划能够提供财政上的支持，坚定地瞄准进一步社会政策目标的实现（"经济政策与社会政策的统一"）。但西方1973—1974年以及1978—1979年间的石油危机给社会主义国家带来了深远影响，而这也持续动摇了民主德国的经济基础，因为领导层决定通过津贴方式来承担业已出现的消费压力。他们必须让生活水平保持稳定。向西方贷款，但限制从西方进口，其目的是为了减少债务，同时继续推行大规模的住房计

第七章 分裂与民族统一的恢复（1945—1990 年）

划，继续对食品进行补助性投资（如 1976 年投入约 70 亿马克），用于公共交通上的租金，建设成本高昂的计算机工业，这些都对经济资源有着苛刻的要求。实质上，这就是依靠借债来生活，依靠消费来维持经济。结果在工业设备、建筑和交通路线方面导致了何种程度的崩溃？并且造成了何种程度的环境污染？这些问题要等到革命之后，当经济数据和环境数据不再造假，不再被当成国家机密得到保护时，才能变得清晰起来。

这样的经济社会制度是否还存在改革的可能性，是值得怀疑的。在 20 世纪 80 年代的政治环境下，民主德国其实已经走到了崩溃的边缘，只是靠着西德的贷款援助才得以苟延残喘。但是秋季革命迅速给了民主德国致命一击。革命起源于 1989 年夏天逃亡运动的压力以及人们要求进行政治"交替"的游行示威。

戈尔巴乔夫的改革方案，伴随着"新思维""改革""公开性"这样的关键词，从 1986 年起赢得了世界范围内的欢迎，从而抛弃了"勃列日涅夫主义"（中东欧国家在苏联势力范围内的有限主权）。没有了干涉和威胁，波兰和匈牙利的改革运动就只要同其国内的反对者——共产党政府进行谈判。对于民主德国来说，这没有引起内部的反应。在党和国家的领袖埃里希·昂纳克长期领导下，政治体制独断专行并且老龄化，对此进行改革的呼声不再被压制。虽然国家安全警察斯塔西试图通过扩建自己的机构（1989 年有 9.1 万名正式成员，17.42 万非正式成员），并且完全从一开始就以一种荒诞的规模，不断增加监听和镇压每一个政治反对派和持不同政见者，来扼杀或控制他们。但其成果却一直收效甚微：尽管有监听和管控，但"个人组织中的敌对消极团体"（斯塔西的行话）还是持续稳步增加。

德国统一社会党的高层也不想改变方针。于是就出现了戈尔巴乔夫在庆祝民主德国成立40周年之际，对其进行国事访问时，用他的已经变得非常著名的话所作的预言："谁迟到，生活就会惩罚他！"

若要对民主德国终结做出合理分析，我们必须注意到其长期结构性的赤字使得崩溃变得不可避免的现实。但由此，我们并不能解释转变发生的时间点及其形式，因此还必须关注和平革命本身，是它导致了德国统一社会党统治被迅速颠覆。

1989年秋天的国内局势受到两方面因素的影响。互有关联的示威口号"我们想要出去"和"我们哪儿也不去"简洁形象地说明了这两种因素。匈牙利与奥地利边界的铁丝网在1989年5月被拆除，最终9月10日奥匈边界开放。同样，大批民主德国公民逃亡至西德驻布拉格和华沙的大使馆。这些都引发了一场混乱的、政治上几乎无法控制的局面。要遏制这一情况，就只能严厉禁止决心出逃的民主德国公民前往匈牙利和捷克斯洛伐克旅行，但政府又不敢采取这些措施。

颇具戏剧性的是，持续增长的逃亡运动在"我们哪儿也不去"和"我们就是人民"的口号下获得了充实。在莱比锡周一游行上，人们提出了民主改革的要求。人们不顾警察和工人民兵队的特别禁令，10月9日，莱比锡和平地进行了一场声势浩大的群众示威游行，而且当令人担心的射击命令并未下达时，大坝被冲垮了。在之后的几周内，民主德国的许多城市发生了示威游行，参与者持续增加。在短短几天内，看似稳固的德国统一社会党政权就崩溃了，昂纳克退出政治局，短期内由埃贡·克伦茨代替他。到了12月，克伦茨又被作为改革家的德国统一社会党德累斯顿区领导汉斯·莫德罗所替

第七章　分裂与民族统一的恢复（1945—1990 年）

代。在形势还不是十分明朗的情况下，1989 年 11 月 9 日柏林墙的开放，唤起了民族热情。在很短时间内，人们获得了一种独特动力。所有对民主德国进行根本改革的要求都被"我们是一个民族"以及"德国，统一的祖国"的呼声所盖过。而当所有的东、西德人首先提出以邦联作为过渡阶段的长期统一方案时，一个独立的民主德国的终结就如此呈现了出来。政治革命突变为一场民族革命。

要解释这一突变，并且说明 1990 年上半年的统一进程节奏为何变得越来越快，是不容易的。在不受节制地向联邦德国移民浪潮的压力之下，加快的移民节奏从表面上看是决定性的因素。柏林墙的开放必然导致之前受到限制的民主德国公民大量前往联邦德国，但与此相比更加重要的因素，应该是人们对于德国统一社会党政权的愤怒和厌恶，对民主德国被意外揭露出来的经济和生态状况的灰心。这些极为明显的困境必然给人造成这样一种印象，即只能赶快依靠西部的援助。因此，对民族统一的要求，为未来社会提供了一种独特的现实主义憧憬。

无疑作为一个民族在政治上被迫分裂的"德国问题"，在民主德国存在了 40 年。相较于联邦德国，对于民主德国的民众来说，这一点始终有着一种更加不同的重要意义。尽管确实不可否认，在德国的两个部分中，大多数人长期以来在原则上对于两个国家的现实是满意的。民主德国公民的不满主要针对的是越来越大而不是越来越小的贫富差距，针对的是执着于技术改革而无力进行政治改革的政权。令人感到绝望的是，在东欧激进改革的进程中，那些统治者仍然固守传统的立场。

旧联邦德国与新联邦德国

当1949年联邦德国作为权宜之计而被建立起来后,虽然建国前它的国内外发展本质上就已经明确选择了西方,但与此同时,德国的分裂以及波恩共和国与民主德国的直接对抗再一次为议会民主制得以接受做出了贡献。

联邦德国的社会最终在自己的那一部分内勤俭持家,在民主德国发生1989年秋季革命后,由于东德大部分民众持有民族统一的愿望,联邦德国社会面对着一个自己还未有所准备的挑战。然而鉴于这一历史性事件具有突出的重大意义,统一进程正以令人窒息的速度全力推进。过分的民族主义热情没有产生影响,除了真心的愉悦和解脱外,冷静,更多的是怀疑以及无动于衷的态度,影响了统一的进程。

对于重新统一的进程无需多言。但其中最重要的两个因素值得一提:

1. 战时的同盟国和占领国在"2+4谈判"中允许德国统一,这为德国的统一确定了国际性的框架条件。除此以外,联邦议会和人民议会在1990年6月21日的共同声明最终接受了沿奥得河-尼斯河的德波边界。

2. 联邦德国和民主德国的货币联盟于1990年7月1日成立。因此一个统一的货币区出现了。随后,统一很快就延伸到政治领域。随着民主德国在1990年10月3日根据联邦德国《基本法》第23条

第七章　分裂与民族统一的恢复（1945—1990 年）

加入后，正式圆满实现了一个国家的重新统一。

但是，还有一些特别的问题无法得到解决。首先，与那些对重新统一满怀热情的大多数人所预想的不同，人们在此后岁月中愈发明显地发现，经过了 40 年的分裂，如何使一个民族的两部分融为一体，已经成了一个十分棘手的问题。

在 1989 年前，几乎没有人想要把德国的分裂当作一个严肃问题来对待。分裂突如其来地结束了，从旧联邦德国的那一部分内发展出作为民族国家的新联邦德国。但是，我们不应该就此以这样的方式，来改写 1945 年后的德国史。我们必须让它符合《基本法》的序言中通向重新统一的内容。更加可以确定的是，我们未来对于德国战后历史的描绘，将再度以两个局部国家的相互扭结为导向。一部失败的极权社会主义的历史与一部全面成功的民主实验的历史，这两者将会被理解为是面对魏玛共和国和民族社会主义失败的两种不同答案。

文献指南

1. 彼得·本德尔（Peter Bender）:《新东方政策：从建墙到统一》（*Neue Ostpolitik. Vom Mauerbau bis zur Vereinigung*），第 3 次增订版，慕尼黑，1995 年。

2. 彼得·本德尔（Peter Bender）:《插曲还是纪元？德国分裂的历史》（*Episode oder Epoche? Zur Geschichte des geteilten Deutschland.*）慕尼黑，1996 年。

3. 沃尔夫冈·本茨（Wolfgang Benz）:《1945 年以来的德国：联邦德国和民主德国的发展；编年－文献－图片》（*Deutschland seit 1945. Entwicklungen*

in der Bundesrepublik und in der DDR. Chronik – Dokumente – Bilder），慕尼黑，1990 年。

4. 马丁·布罗萨特（Martin Broszat）、赫尔曼·韦伯（Hermann Weber）编：《苏占区手册：苏联对德占领区内的国家机构、政党、社会组织及其领导人员，1945—1949 年》(SBZ-Handbuch. Staatliche Verwaltungen, Parteien, gesellschaftliche Organisationen und ihre Führungskräfte in der sowjetischen Besatzungszone Deutschlands 1945-1949），慕尼黑，1990 年。

5. 亚历山大·菲舍尔（Alexander Fischer）编：《突然：德意志民主共和国；数据–事实–分析》(Ploetz. Die Deutsche Demokratische Republik. Daten – Fakten – Analysen），布莱斯高地区弗赖堡、维尔茨堡，1988 年。

6. 格特–约阿希姆·格莱斯纳（Gert-Joachim Glaeßner）编：《昂纳克时代的民主德国：政治–文化–社会》(Die DDR in der Ära Honecker. Politik – Kultur – Gesellschaft），奥普拉登，1988 年。

7. 曼弗雷德·格特马克（Manfred Görtemaker）：《德意志联邦共和国的历史：从成立到现在》(Geschichte der Bundesrepublik Deutschland. Von der Gründung bis zur Gegenwart），慕尼黑，1999 年。

8. 汉斯–赫尔曼·赫特尔（Hans-Herman Hertle）、康拉德·H. 雅奥施（Konrad H. Jarausch）、克里斯托弗·克勒斯曼（Christoph Kleßmann）编：《建墙与拆墙：原因–经过–影响》(Mauerbau und Mauerfall. Ursachen – Verlauf – Auswirkungen），柏林，2002 年。

9. 汉斯–赫尔曼·赫特尔（Hans-Herman Hertle）、斯特凡·沃勒（Stefan Wolle）：《当年在民主德国：工农国家的日常生活》(Damals in der DDR. Alltag im Arbeiter- und Bauernstaat），慕尼黑，2004 年。

10. 迪尔克·霍夫曼（Dierk Hoffmann）、卡尔–海因茨·施密特（Karl-Heinz Schmidt）、彼得·斯库巴（Peter Skyba）编：《建墙之前的民主德国：另一个德意志国家的历史文献，1949—1961 年》(Die DDR vor dem Mauerbau. Dokumente zur Geschichte des anderen deutschen Staates, 1949-

第七章 分裂与民族统一的恢复（1945—1990 年）

1961），慕尼黑，1993 年。

11. 康拉德·H. 雅奥施（Konrad H. Jarausch）:《悔改：德意志的转变，1945—1995》（*Die Umkehr. Deutsche Wandlungen 1945 bis 1995*），慕尼黑，2004 年。

12. 马蒂亚斯·尤特（Matthias Judt）编:《文献中的民主德国史：决议、报告、内部材料和日常证据》（*DDR-Geschichte in Dokumenten. Beschlüsse, Berichte, interne Materialien und Alltagszeugnisse*），柏林，1997 年。

13. 哈特穆特·克尔布勒（Hartmut Kaelble）、于尔根·科卡（Jürgen Kocka）、哈特穆特·茨瓦尔（Hartmut Zwahr）编:《民主德国社会史》（*Sozialgeschichte der DDR*），斯图加特，1994 年。

14. 彼得·格拉夫·基尔曼斯埃格（Peter Graf Kielmansegg）:《灾难之后：一部分裂的德国史》（*Nach der Katastrophe. Eine Geschichte des geteilten Deutschland*），柏林，2000 年。

15. 克里斯托弗·克勒斯曼（Christoph Kleßmann）:《两个国家、一个民族：德意志史，1955—1970》（*Zwei Staaten, eine Nation. Deutsche Geschichte 1955-1970*），第 2 次增订版，波恩，1997 年。

16. 克里斯托弗·克勒斯曼（Christoph Kleßmann）:《两个国家的建立：德意志史，1945—1955 年》（*Die doppelte Staatsgründung. Deutsche Geschichte 1945-1955.*），第 5 次增订版，波恩，1991 年。

17. 克里斯托弗·克勒斯曼（Christoph Kleßmann）、格奥尔格·瓦格纳（Georg Wagner）编:《被分裂的土地：德国的生活，1945—1990 年，文章与文件》（*Das gespaltene Land. Leben in Deutschland 1945-1990. Texte und Dokumente*），慕尼黑，1993 年。

18. 卡尔-鲁道夫·科尔特（Karl-Rudolf Korte）:《赫尔穆特·科尔总理时期的德国政策：执政风格与决策，1982—1989》（*Deutschlandpolitik in Helmut Kohls Kanzlerschaft. Regierungsstil und Entscheidungen 1982-1989*），斯图加特，1998 年。

19. 伊尔科-萨沙·科瓦尔奇克（Ilko-Sascha Kowalczuk）：《1953 年 6 月 17 日——民主德国的人民起义：原因-过程-结果》（*17. 6. 1953 – Volksaufstand in der DDR. Ursachen – Abläufe – Folgen*），不来梅，2003 年。

20. 乌尔里希·梅勒特（Ulrich Mählert）：《民主德国简史》（*Kleine Geschichte der DDR*），第 4 次增订版，慕尼黑，2004 年。

21. 阿明·米特（Armin Mitter）、斯特凡·沃勒（Stefan Wolle）：《毁于苏维埃：民主德国历史中不为人知的篇章》（*Untergang auf Raten. Unbekannte Kapitel aus der DDR-Geschichte*），居特斯洛，1993 年。

22. 格雷戈尔·舍尔根（Gregor Schöllgen）：《世界政策史：从希特勒到戈尔巴乔夫，1941—1991 年》（*Geschichte der Weltpolitik von Hitler bis Gorbatschow 1941-1991*），慕尼黑，1996 年。

23. 汉斯-彼得·施瓦茨（Hans-Peter Schwarz）：《阿登纳评注》（*Anmerkungen zu Adenauer*），斯图加特，2004 年。

24. 库特·松特海默尔（Kurt Sontheimer）：《阿登纳时代：联邦德国的成立》（*Die Adenauer-Ära. Gründung der Bundesrepublik.*），慕尼黑，1991 年。

25. 库特·松特海默尔（Kurt Sontheimer）、威廉·布勒克（Wilhelm Bleek）：《德意志联邦共和国政治制度的基本特征》（*Grundzüge des politischen Systems der Bundesrepublik Deutschlands*），新版，慕尼黑，1998 年。

26. 迪特里希·斯塔里茨（Dietrich Staritz）：《民主德国史，1945—1985 年》（*Geschichte der DDR 1945-1985*），美因河畔的法兰克福，1987 年。

27. 安德烈·施泰纳（André Steiner）：《从计划到计划：民主德国经济史》（*Von Plan zu Plan. Eine Wirtschaftsgeschichte der DDR*），斯图加特，2004 年。

28. 罗尔夫·施泰宁格（Rolf Steininger）：《德意志史，1945—1961 年：描述与文献（两卷本）》（*Deutsche Geschichte 1945-1961. Darstellung und Dokumentation in zwei Bänden*），美因河畔的法兰克福，1983 年。

29. H. 蒂默曼（H. Timmermann）编：《第二次世界大战后的德国：发

第七章 分裂与民族统一的恢复（1945—1990年）

展、交织、冲突》（*Deutschland nach dem 2. Weltkrieg. Entwicklungen, Verflechtungen, Konflikte*），萨尔布吕肯，1991年。

30. 赫尔曼·韦伯（Hermann Weber）编:《民主德国：德意志民主共和国的历史文献，1945—1985年》（*DDR. Dokumente zur Geschichte der Deutschen Demokratischen Republik 1945-1985*），慕尼黑，1986年，1987年。
31. 赫尔曼·韦伯（Hermann Weber）:《民主德国历史概览，1945—1990年》（*DDR. Grundriß der Geschichte 1945-1990*），完整增订新版，汉诺威，1991年。
32. 维尔纳·魏登费尔德（Werner Weidenfeld）、哈特穆特·齐默尔曼（Hartmut Zimmermann）:《德国手册：双重回顾，1949—1989年》（*Deutschland-Handbuch. eine doppelte Bilanz 1949-1989*），波恩，1989年。
33. 斯特凡·沃勒（Stefan Wolle）:《专制的幸福世界：民主德国的日常与统治，1971—1989年》（*Die heile Welt der Diktatur. Alltag und Herrschaft in der DDR 1971-1989*），柏林，1998年。

第八章　柏林共和国的开端
（1990—2012年）

康拉德·H. 雅奥施

时代概览

在欧洲，共产主义的崩溃从根本上改变了21世纪德国发展的框架条件。冷战的落幕结束了超级大国的军备竞赛，并消除了人们对核武大战威胁的恐惧之心。同时，俄帝国的崩塌为中东欧的臣属国家带来了独立发展的可能性，并使它们更容易地回归欧洲。苏联的崩溃导致了单极世界的形成，这就是唯一保留下来的霸权势力——美利坚合众国。不过，这种变化也使得新的问题出现了：因为在全世界范围内，原教旨主义的穆斯林反对西化的怨恨激发一种恐怖主义。与此同时，随着关贸总协定进程框架下自由贸易的扩张，全球范围内的经济竞争出现了激化。这种竞争也对发达工业国家形成的社会体系产生了威胁。历史并未终结——它只是达到了另一种未曾预料的状态。

一方面，这种新形势为德国政治提供了巨大机遇，使之超越第二次世界大战自我问责之论争。由此，在1994年红军撤出后，已经统一的联邦共和国重新获得了它对于自己国土区域的军事主权。与此同时，在克服了长时间的分裂后，一个缩小的民族国家得以恢复，而且这一次其疆界得到了各方面的认可。尽管东部德意志人在合并统一时出现过很多困难,但他们最终借此得到了极大机遇,可以共享其西德"亲戚"的富饶物产与政治自由。如同中东欧的反政府人士所期望的那样,德国的统一也清除了这些国家重新纳入欧洲发展的障碍。德国逃出了自己的艰难的受限状态,也开始重新渴望它在欧洲的中心地位,当然与此同时,也要提升由此带来的责任。

另一方面,由于这种突破,新的问题也出现了,而这些问题正好是当时联邦德国所进行抗争的对象。因为分裂的伤口远比预想的深痛,对此伤痛进行治愈所需要的资源也比预想的要多。鉴于出现了这种意料之外的统一,那些在后民族范畴内进行思考的西德知识分子,提出一种重建民族国家的诉求,但他们并未为此做好准备。权力基础的强化,加深了国内外对德国拥有欧洲领导地位的渴求,并引发了一场激烈的辩论。这场辩论是有关在国际政治中如何重新定位德国行为的问题。南斯拉夫整体国家的崩溃以及伊斯兰恐怖主义的蔓延,唤醒了一种国际愿望,即希望德国对共同军事行动做出贡献。这也打破了传统上联邦共和国所受到的军事桎梏。全球化的竞争压力最终将极富使命感的"德国模式"本身可否幸存这一问题,重新提了出来。

同上述变化相联系的期待和恐惧,强化了一种"柏林共和国"的标签。它被作为新开端的简称。这个由记者约翰内斯·格罗斯提出的概念,使它同省城波恩相关联的旧联邦共和国清楚地区别开来,并标记出一种更都市化的、更向世界开放的政治风格。1991年6月,联邦议会多数议员都要求将联邦政府迁回过去的首都。该决议导致人们产生了不同联想:一方面,人们可以把柏林批判为普鲁士的军国主义、威廉式傲慢以及纳粹种族灭绝的象征;另一方面,也可以把柏林视作捍卫魏玛民主、文化创新以及抵制共产主义的自由意愿之所。在这些辩论中，极少内容涉及准确的历史思考，更多是有关统一国家未来构思的选择问题。

在"和平革命"的25年之后，要对这个"最近当代史"（汉斯-彼得·施瓦茨［Hans-Peter Schwarz］语）的时代加以清晰评价，依然非常困难。因为尚且缺少时间上的距离，不能够把短期结果同长期后果区别开来。同时，史料来源也受到限制，因为按照"30年惯例"，我们还无法看到有关西德与统一德国的相关档案。不过在媒体社会，几乎不会存在秘密；那些引领性的媒体机构至少可以勾勒出宏大发展的大致轮廓。同样，社会科学的分析会对我们用来进行诠释的最初立足点产生提示。统一20周年纪念的那些大量庆典活动，最终为我们提供了一种有关突破的共同记忆之新开端。以这种暂时性的信息为基础，我们把1990年至2012年的时间段设置了以下3项主导性问题：在意料之外实现统一之后，这个扩大的联邦共和国是如何完成这种联合的？从发生变化的可能性与要求中，产生了哪些新的自我理解？以及德国将如何通过社会市场经济手段，来尝试应对全球化竞争？

从波恩到柏林

1990　10月3日：德意志民主共和国加入联邦共和国。

12月2日：议会选举，基民盟-自由民主党（CDU-FDP）联盟取得显著胜利，获得662席中的397席，赫尔穆特·科尔继续担任联邦总理。

1991　1月17日：第一次伊拉克战争，德国没有直接参加军事活动。

3月8日：告别"东部建设"项目。

12月21日：苏联解体，建立"独联体"国家（GUS）。

1992　2月7日：签订《马斯特里赫特协议》。

6月30日：决定建立"护理保险体制"。

1993　3月13日：协商创建经济一体化的团结协议。

5月26日：对有关庇护权限制的一项法案进行妥协。

5月29日：位于索林根的一座土耳其民宅遭到纵火。

1994　7月12日：联邦立法院批准外资投入。

6月17日：有关德国统一社会党独裁政权调查委员会出具最终报告。

10月16日：议会选举，基民盟-自由民主党（CDU-FDP）联盟勉强取得胜利，获得672席中的341席，赫尔穆特·科尔继续担任联邦总理。

1995　1月1日：奥地利、瑞典和芬兰加入欧盟。

3月26日：申根协议生效，允许自由边界往来。

8月30日：联邦军队入驻波斯尼亚-黑塞哥维那地区。

1996　1月1日：联邦邮政私有化。

1997　4月26日：联邦总统罗曼·赫尔佐克呼吁进行改革——"加速演说"[1]。

1998　1月1日：位于法兰克福的欧洲中央银行开始工作。

3月26日：联邦议会赞同"北约"（NATO）东扩。

9月27日：议会选举，社民党-绿党联盟取得胜利，获得669席中的345席，格哈德·施罗德获任联邦总理，

---

[1] 又称"柏林演讲"，当时赫尔佐克在柏林演讲中提到"必须通过德国来加速"。此后，历任总统都针对重要议题发表类似演讲。——译者注

第八章 柏林共和国的开端（1990—2012年）

约施卡·菲舍尔担任外长。

1999　3月24日：联邦军队参与北约针对塞尔维亚的战争，旨在为科索沃带来和平。

4月19日：国会开幕，政府搬迁至柏林。

2000　1月18日：赫尔穆特·科尔辞去基民盟名誉主席一职，原因是党派捐赠纠纷。

7月6日：纳粹强制劳工获赔100亿欧元。

12月13日：争议性选举让乔治·布什成为美国总统。

2001　9月11日：基地组织发动攻击，撞击美国纽约的世贸中心塔楼。

11月16日：联邦议会通过决议，允许联邦军队进驻阿富汗地区。

12月4日：德国中学生在国际学生评估项目比赛中获得惊人的结果。

2002　1月1日：把欧元确立为12国的新欧洲货币。

8月5日：联邦总理施罗德否决参加美国针对伊拉克的军事行动。

9月22日：联邦议会选举，红绿联盟取得惊人胜利，获得603席中的306席，格哈德·施罗德连任联邦总理。

2003　3月14日：在联邦议会上提出《2010年议程》。

3月20日：第二次伊拉克战争开始。

12月14日：调解委员会对"哈尔茨第四法案"[1]建议达

---

[1]指彼得·哈尔茨领导下的劳动市场现代服务业委员会提出的第四个法案。

成妥协，该建议针对的是就业市场及税收改革。

2004　4月26日：宣布达成有关移民政策的折衷方案。

2月6日：格哈德·施罗德辞去社民党主席一职。

5月1日：10个新成员加入欧盟，其中大多为东欧国家。

2005　2月2日：失业率创新纪录，达522万。

5月30日：基民盟在北莱茵-威斯特伐伦的州议会选举中大获全胜。

9月18日：首轮联邦议会选举中，基民盟以微弱性优势获得胜利（226席），但出于阵营间僵局的因素，与社民党（222席）组建了一个大联盟，由安格拉·默克尔担任总理。

2006　6月9日至7月9日：在德国举办世界杯足球赛。

2007　6月29日：通过《反歧视法》。

9月1日：联邦制度改革。

2008　1月1日：增值税提高3%。

1月1日：建立"父母基金"。

6月6日：在海利根达姆举办"八国集团首脑会议"（G8峰会）。

3月9日：决定67岁为退休年龄。

12月13日：签署《里斯本协议》。

2009　国际金融危机激化。

9月末：德国许珀不动产银行破产。

10月17日：金融市场稳定法案。

	12月9日：立法院对上下班乘车者总数进行评估。
2010	2月13日：经济形势一揽子方案（二）。
	4月3日：对经营较差的银行推行暂时性的国有化管理。
	9月27日：联邦议会选举中，基民盟/基社盟（239席）与自民党（93席）联盟获胜，社民党大败，左派党和绿党势力增强，由此组建一个黑黄联盟，由安格拉·默克尔担任总理、韦斯特韦勒任外长。
	12月1日：《里斯本协议》生效。
	2月3日：欧盟控制希腊国家财政预算。
	5月9日：建立欧洲金融稳定基金。
	6月30日：选举克里斯蒂安·伍尔夫为联邦总统。
	7月24日："爱的大游行"引起的恐慌导致21人不幸遇难。
	9月30日：在斯图加特，在针对修建一座新火车总站的抗议时，警方清空"宫殿花园"。
2011	3月27日：在巴登-符腾堡州进行州议会选举，成立"红绿政府"。
	6月1日：联邦议会决定立刻停止核电运用。
	7月1日：终止义务兵役制度。
	9月18日：在柏林的州议会选举中，"海盗党"[1]获胜。
	10月20日：利比亚独裁者卡扎菲去世。
2012	3月18日：选举约阿希姆·高克为联邦总统。

---

[1]海盗党是有一群年轻人组成的小党，主要政治诉求是网络自由、抵制版权保护。——译者注

5月13日：北莱茵-威斯特伐伦州议会选举，红绿联盟获胜。

6月12日：提出一项有关教育基金的法律草案。

统一带来的矛盾后果

自20世纪90年代起的15年内，德国东部的外部形象变化已经说明，统一进程存在着空间上不平衡的影响力。在西部联邦州，外表至少变化不大——最多是一些交通通道重新开放，以及那些正好位于国家中间地带的隔离区出现变化。相反，东部的改造是极大的：破败房屋墙面上的多彩颜色显示出改造的信号；商店展示着吸引人的陈列品，表现出业已得到改善的购买欲；满大街跑的小车展示出人们已经获得的流动性。不过，与此同时，由苏联红军或者东德国家人民军（NVA）腾出的兵营日益荒芜，过去的斯塔西项目也衰败了，大量的文化宫或托儿所被关闭。大量停产的工业设施与少量新建工厂大楼形成了鲜明对比，于是，绝大多数的购物中心成了一些家庭手工业产品的销售市场。尽管东部的基础建设甚至比西德还要现代化，但许多观象依然与科尔总理许诺的"繁荣景象"相距甚远。

在政治领域，统一的影响在参与机会上显得更为积极一些，尽管某些愿景依然让人感到失望。把西德业已受到保障的《基本法》迁移到新联邦州之举，保障了那些曾在1989年秋参与许多抗议活动的人。当然，如此一来，1990年初曾拥有创新性的圆桌宪法草案便被忽略了，而且在统一后再也没有推动进一步变化的可能性，因为

第八章　柏林共和国的开端（1990—2012年）

保守的法学家们对宪法目标和参与形式的每次扩展都予以阻击。将西部的司法管理部门转移至东部，以及对斯塔西部门加以司法审查的行动，毫无疑问改善了法律的可靠性；但是，司法程序迫使人们需要了解新规则的相关知识以及拥有足够的经费。正因如此，贝贝尔·伯勒有些讽刺地如此表述：公民运动本来希望获得公平，但得到的却是法治国家。

议会民主制的重生和德国东部各州的重建，尽管加快了国家统一，但并非所有愿望都是依据更大程度的自决权来推行的。对于西部代议制民主的接受，确定了一种业已得到考验的制度结构以供支配；不过，在民主突破中，东部几乎没有留下空间，以带来公民直接参与的经验。同样，一直持续到1952年的州结构重组，虽然在统一德国中给不知所措的民众提供了一个地域上的"家乡"；但是，这种统一体却证明太小了，不足以让它在竞争性的联邦主义中获得一种足够的影响力。稍后，人们试图组建更大的州，如合并柏林和勃兰登堡之举，却因地区公民的不信任感而失败了。同时，对斯塔西进行的人员司法审查行动，让诸如德·梅齐埃那样的东德领导人丧失名誉，以至于除了同样颇有争议的曼弗雷德·施托尔佩[1]之外，如库尔特·比登科普夫[2]或者伯恩哈德·福格尔[3]那样成功的地方领袖也从西部来到东部。

在新联邦州出现的市民社会里，整个德国组织体系接受东德成员所产生的效果，可被一分为二：一方面，民族党派的扩大使民众

---

[1] 1990—2002年间担任勃兰登堡州州长。——译者注
[2] 1990—2002年间担任萨克森州州长。——译者注
[3] 1992—2003年间担任图林根州州长。——译者注

有可能对执政的政治团体进行意见表达；另一方面，东部德国人在结构上处于少数派，这使他们很难让自己的意见得到充分聆听。正因如此，后共产主义的"民主社会主义党"（PDS）也受到了德国东部选民的热烈欢迎，因为它是唯一代表德国东部利益的党派。这一点如同位于巴伐利亚州的基社盟（CSU）选民谈论他们的区域性认同感那样。尽管东部德国人很希望被工会与其他联盟协会视作其中的成员，但出自这些区域的领导力量却很难产生全国影响力。奇迹没有出现。在德国东部，政党扎根不深，而市民社会的参与度仍然低于预期水平。

与此相反，在经济领域，统一造成的后果颇为负面，因为人们对德意志民主共和国（DDR）的局势做出了错误估算，以至于未能优先考虑把计划经济转变为市场经济的结构性调整，其结果是犯下了致命性的错误。1990 年 7 月，经济联盟、货币联盟和社会联盟的大规模行动，原本应该阻止东部德国人向西部的大规模移民运动，以便在东部确立具有购买力的德国马克之地位。但出于选举的考虑，赫尔穆特·科尔许诺进行货币兑换（即工资偿付按照 1:1、储蓄存款按照 1:2），而这种兑换率太高了，因为德国东部国民经济的实际生产力只有西部的三分之一。同时，工会对于同薪同酬的要求也带来了毁灭性的影响，由此提高了东部劳动密集型产品的成本。最后，它对西德产品造成的清晰后果，还体现在东部许多工厂因其产品无法售出而倒闭这一事实上。当西部开始体验一种统一带来的繁荣时，东部国民经济的广大组成部分却在分崩离析中。

尽管国有资产的私有化进程是毫无选择的结果，但托管局的仓促实施更容易加大各类困难。由法学家协商达成的损失偿付原则，被证实是一种城市内巨大的投资阻碍,因为冗长的法律争议阻碍了地产被重新利用。同样,德国西部的农业协会曾呼吁重整由单个家庭耕种的农庄,但此举成效甚微,因为更大面积的农业生产合作社(LPG)效率更高。最突出的问题在于,托管局把联合企业拆成单个公司,迅速将之出售给德国西部以及国外投资者。此举特别受到短期利润观点的主导,并把东德买家排斥在外。如果找不到有兴趣的买家,就连"潘泰康"[1]那样值得炫耀的厂家也要关闭——倘若它们能够获得长期借贷保障,并且得到更好的管理指导,本该重新变得具有竞争力的。其结果是,除少数例外,东部出现了一种持续性的去工业化现象。

毫不奇怪的是,这样一种旨在迅速转型的政策造成了日益加重的社会问题,而这些问题又加重了德国东部居民适应西部体制的困难。毋庸置疑的是,教育资质被认同,并被纳入社会保险体制,是一些积极的步骤,体现了西部对东部民众终生成就的尊重。不过,明显在统一后获利的人员群体,诸如退休人员、小公司业主、公务员或者政客等,并不比那些失去权益者的群体大。后者是一些失去权力的制度代表,如此前的德国统一社会党(SED)的干部、斯塔西工作人员和东德国家人民军的职业军人。在飞速增长的失业率中,大多数人首先得不到保障,因为在仅仅数年间,德国东部就失去了250万个工作岗位,这相当于此前德意志民主共和国工作岗位数量的三分之一。被解雇者首先是妇女和年长者,因为改行就业学习的措施和工作岗位创造措施(ABM)只能缓解打击的力度,却不能创造任何新岗位。

---

[1] Pentacon,位于德累斯顿的光学与精密机械制造企业,著名的相机生产厂商。——译者注

基民盟-自民党（CDU-FDP）联合组成的联邦政府，基于它们的新自由主义倾向，对德国东部的统一危机反应迟缓。总理并不十分理解经济，于是对有关"意大利南部地区"，即在东部出现一个持久性的经济洼地的警告置若罔闻；相反，他仍然期待出现一种市场经济爆发增长的场景。正因如此，1991年3月被批准推行的"东部建设"计划连同一种"德国统一基金"，很快就被证明是完全不充分的。由于德国东部经济的东部市场也被中断，新联邦州获得的税收收入依然停留在较低水平，不足以承担基础设施结构改建的需求，也无法满足日益增长的社会开支。由于《基本法》要求"在联邦各区域内生活条件统一"，政府于1993年3月13日设置了一项"团结税"，亦即用收入税的7.5%来用于统一花费。这项庞大的每年划拨款项总额年平均达到了1500亿欧元，其中一半为净值，这几乎耗费了整个德国国民生产总值的4%左右。

尽管人们做出了这些共同努力，但结果依然让人失望，因为只是出现了几个区域性增长核心，而非大面积地蔓延至东部整片地区。由于存在大量的建设项目，东部的国民生产总值增长速度在1996年之前都要快于西部，但随后就出现了经济停滞现象，官方统计的失业者约占有就业意愿者总数的五分之一。只有在一些具有目标性工业政策支持的区域，像化工三角地[1]、莱比锡与德累斯顿周边、耶拿与环柏林地带，通过像汽车制造企业或者芯片厂那样的西部公司的进驻，形成了新的工业核心区域。然而，无论如何，这些新灯塔只需要过去劳动力的一小部分，并且只是较少地从中心地带扩展至城

---

[1]一般指哈勒-梅尔斯堡-比特费尔德的工业聚集区。——译者注

第八章 柏林共和国的开端（1990—2012 年）

1991—2003 年东西部划拨款项

种类	欧元（10亿计）
基础建设支出（街道、铁轨、河道、房屋建设与城市建设）	160
经济促进拨款支出（地方性支出、农业、投资补助金）	90
社会政策支出（退休人员、劳动市场、儿童基金、联邦教育促进法）	630
尚需合并的配置金（德国统一基金、销售税份额、各州经济补偿金、联邦补充配置金）	295
其他支出（人员和防务基金）	105
划拨款总额	1280
德国东部所应纳税额（税收与社会福利费）	300
划拨款净额	980

数据来源：总体经济发展评价鉴定委员会《2004—2005 年鉴》，表 100。柏林自由大学的最新估算：净拨款值为 1.6 万亿欧元。详见《法兰克福汇报》，2009 年 8 月 21 日。

郊地区。2004 年 6 月，一个由克劳斯·冯·多纳尼领导的联邦政府委员会对此提出警告。它认为，大部分划拨款项流向了公共预算和社会支出，而非真正的未来投资。尽管德国东部的生产率与收入都获得了成倍增长，但地区间萧条与繁荣之反差却也由此加深。

由于统一进程中的困难，德国人一开始对于自我解放的亢奋之情，也慢慢转变为一种集体性的失望感。在这种失望中，人们发现，问题看上去比统一所达到的进步来得更大、更多。事实上，人们本不该对此感到惊讶，因为从柏林墙的倒塌起，东西部差异性才变得清晰起来，而这些差异性在十年间渗透到彼此生活之中。为此，援助个人的机构与私人协会试图成为打破"兄弟姐妹"隔阂的桥梁。知识分子们对这种几乎带有强制兴趣的"内部统一"状况做出了如下评述：西部德国人指责东部德国人不知感恩，而东部德国人又觉得自己被西部德国人征服了。民意调查员测算出的那种"德德式心理状态"下的基本观点充满着矛盾：一方面，在 2005 年夏天，84%的受访者毫无保留地赞成两德统一；另一方面，巨大分歧继续存在，如对于个人自由价值的评价、对于集体团结性的强调、对于美国的态度或者对于民主的信任度。

由于民主社会主义党做出的变化和宣传所促成的苛求意识，德国东部以讽刺性的方式形成了一种特有的乡愁怀旧情结、一种事后附加式的民主德国身份。这种情感让前共产主义者和反政府主义者联系在一起。究其原因，一方面是东部人失去了已经习惯的物质世界、曾经受到信任的体制性秩序，以及无所不包的德国统一社会党专制政权——而该政权曾经让个体在毫无保障的情况下卷入到西部要求的冲击之中。在这一情绪中，许多德国东部人都忘记了真实社会主义的令人厌恶的家长制作风和贫穷现实，而是在回顾中把民主德国解释为一种拥有集体性家庭温暖和工作岗位更能获得保障的体制。由此还产生了某种程度的自豪感。它让东部人不因西部冲击而有可能贬低自身生活经历，对于他们而言，在错误的体制中，上述生活经历的正确性是其自我价值感获取的必要前提。最后，东部人还要求借助一种有意识的商业化趋势，复活如小红帽香槟酒那样的德国东部市场，最好情况甚至可以在诸如电影《再见列宁》(*Good Bye Lenin*) 之中找到某种程度上的自我讽喻。

直到此时，人们才能慢慢意识到，旧联邦州公民其实和新联邦州公民是一样的，而统一是一个兼具政治性、经济性以及精神性的进程，这几乎要耗费几十年时间，如同过去分裂时那样。特别是，当双方使用不同的刻板化表达，如用"悲惨东德人"和"优越西德人"来强调差异，表达有关东部抱怨、西部管束的失望之情。为此，每次评价都在根本上依赖于如何衡量内在统一性的标准：倘若该标准为人们是否从根本上接受议会体制和经济秩序，那么统一已经实现；倘若人们以精神感受或知识视野来加以衡量，那么德国或许还需要花费很长时间才能完成统一。因此，情况或许是这样的：直到1990年后诞生的一代人，才会把统一视作合乎自然之事，并愿意毫无保留地与之交往。尽管某些判断夸大其词，把统一"看作洪水猛兽"，但如同南北差异那样，区域性的东西差距，依然是长期存在的。

寻找"正常化"的认同

始料未及的民族国家重建提出了下列一些问题：德国人现在如何看待自己？它要遵循何种内部政策？以及它在世界上应该扮演何种角色？在这场辩论中，核心话题是记忆文化。因为在那里，针对纳粹罪行，存在着彼此相互冲突的不同动力，一方面旨在减轻罪责感，另一方面则是承认罪责。如博托·施特劳斯一类的新保守主义知识分子对自我意识被打破的现状极端不满，鼓吹一种果断的再民族化理论，期待让人们恢复对自身民族的自豪感，对于内部团结一致的自豪感，向外表现出坚定不移的立场。相反，如于尔根·哈贝马斯这样的左翼批评家们则发出警告，认为德国存在着向后倒退到一种极端民族主义的、极具威胁性的混乱，且出现了一种陈旧意识形态复活的危险。像理查德·施罗德这样的温和评论家最终提出一种可能存在的妥协方案,强调有必要创造一种"民主式爱国主义",以此为这个"艰难祖国"提供精神黏合剂。

同样,有关民主德国遗产的争论也十分激烈。德国第二个独裁体制的牺牲者们当然坚持对共产主义罪行进行司法审判。同样,许多政治家也有兴趣借助联邦议会有关民主德国专制历史研究调查委员会的听证程序,来公然剥夺德国统一社会党政权的合法性。最后,不少记者也发现,他们的使命在于让那些东部杰出德意志人与斯塔西部门的合作之举成为一桩桩丑闻。在上述这些激烈争辩中,存在着三种形成鲜明对比的观点:(1)反共产主义的反对派们咒骂民主德国是只能借助压迫东德民众来进行控制的"非法国家";(2)相反,后共产主义的早先代表则捍卫该政权,认为它是一种被错误推行的、但在原则上却颇为高尚的实验;(3)一种差异化的观点只能缓慢获得倾听者,它强调民主德国的镇压特性,但同样指出其公民有可能拥有一种半正常的生活——正是这种相对性的日常生活情形,让德国统一社会党的专制政权得以稳固下来。

不过,国外存在的担忧是:倘若德国人研究共产主义弊端,那么他们有可能会遮蔽纳粹罪行——其实,仔细琢磨来看,这种担忧是毫无理由的。尽管如获得德国书业和平奖的马丁·瓦尔泽那样,曾在其发言中试图清除德国的过去[1],但它在公共舆论中却不可能被广泛接受。在相对化努力的对立面,存在着许多负面性的周年庆祝日,如"碎玻璃之夜"[2]纪念日、第二次世界大战爆发纪念日、

---

[1] 1998年11月11日,他在演讲中提到"奥斯维辛屠杀被工具化了",以致引发争论和抗议。——译者注

[2] 即"水晶之夜"。——译者注

奥斯维辛集中营解放纪念日等。这些纪念日总是要求人们对纳粹主题一再进行新的研究。同样，在既老又新的首都柏林中心建立一个集中性的欧洲犹太大屠杀纪念碑之举，表明这段恶的过去不会悄无声息。有关武装部队展览的争议是由右翼政治家煽动起来的，但它却导致了完全相反的结果，因为这场争论让人们首次正确得知军队所共同犯下的罪责。因此，社会学家贝恩哈德·吉森可以谈论一种几乎已经稳定下来的、知识分子的"犹太大屠杀认同"，而不会遭到很多反对声。

统一后，有关正常化的重新定位之争，第二个战场是内政。在这一方面，东部德国的最后一任总理洛塔尔·德·梅齐埃的预言得到了证实。他说，这个国家会超出人们的预想，变得更为东方化、更为基督新教化、更为社会主义化，因为旧联邦共和国的合作模式仍将出人意料地保持稳定。1990年12月，赫尔穆特·科尔通过掩藏预想花费，利用统一获得的红利，与外长汉斯-迪特里希·根舍结盟，为黑红联盟赢得了大选。一年前还颇受欢迎的公民运动，由于一部分融入西部政党中，其余人员组建"联盟90"，因而变得四分五裂。"联盟90"若独立运行，远未它与绿党的合作来得好。事实上，它把东部德国人的利益代表让给了后共产主义的民主社会主义党。基民盟/自民党联盟将其明确的选举胜利评价为西方机制应该向东部转移的确证，并由此错失了启动一种共同新开端的奇迹（参见联邦议会选举表）。

该决定让其接下来的政策拥有了一种复辟特色，因为这些政策更多关注老模式的永恒性，而不是去寻找新的解决方案。联邦总理科尔首先借助一种依赖个人的体制，来强化自己的权力，毫不留情

联邦议会选举表（1990—2009 年）

选举日期	1990年12月2日	1994年10月16日	1998年9月27日	2002年9月22日	2005年9月18日	2009年9月27日
选举参与率（%）	77.8	79.0	82.2	79.1	77.7	70.78
总席位数	662	672	669	603	614	622
基民盟/基社盟（%）	43.8	41.5	35.1	38.5	35.2	33.8
席位数	319	294	245	248	226	239
社会民主党（%）	33.5	36.4	40.9	38.5	34.2	23.0
席位数	239	252	298	251	222	146
自由民主党（%）	11.0	6.9	6.2	7.4	9.8	14.6
席位数	79	49	43	37	61	93
绿党（%）	3.8	7.3	6.7	8.6	8.1	10.7
席位数	—	49	47	55	51	68
民主社会主义党/左翼党（%）	2.4	4.4	5.1	4.0	8.7	11.9
席位数	17	30	36	2	54	76

数据来源："知识入门"（2005 年 10 月 15 日）与维基百科（2009 年 11 月 4 日）。

地让潜在的对手——诸如自民党秘书长海纳·盖斯勒那样的人靠边站。反对党社会民主党作为统一反对者的形象，在奥斯卡·拉方丹辞职后实力受损，无法威胁这种具有阿登纳式烙印的总理民主体制。在经济中，科尔一方面向新自由主义的时代精神致敬，推行一种温和的税收改革，把德意志邮政这样的企业私有化。另一方面，他向诺贝特·布吕姆这样的社会政策学家所施加之压力让步，建立一种护理保险体制——此举再次加重了社会预算的负担。由于经济发展趋势出现轻度恢复的迹象，1994年，科尔能够再次以微弱优势捍卫自己的权力地位。

不过，四年后，选举投票强制性地要求政府换届。最终，一个再生的反对党终结了科尔长达十六年之久的总理生涯。在最后的执政岁月里，这位创纪录的总理由于对现实失去某种程度上的关注度，因而他的僵化程度再次变得严重起来。他的乐观主义演讲既无法掩饰东部建设方案趋于停滞的现实，又无法回避日益上升的失业者人数，或经济繁荣状态中止之现状。光彩夺目的、按照美国模式组织起来的"社民党选战中心"的选战行动，成功吸引了大量"新中间派"选民——这些人希望政府更迭，以推动本国发生更强有力的现代化。同样，格哈德·施罗德与约施卡·菲舍尔极具活力的一唱一和，体现了一种更有趣的、更城市化的政治风格——这与科尔所拥有的那种小资产阶级特性形成了明显区别。正因如此，1998年选战的结果是红绿联盟获得了酣畅淋漓的胜利。在20世纪80年代预备役炮兵与步兵一代人[1]进行长期统治后，这场选战终于终结了他们的

---

[1] 指科尔那样在20世纪30年代出生的政治家。他们在1945年纳粹失败前大都没有走上战场，只是作为炮兵与步兵的预备役军人。——译者注

权力（参见联邦议会选举表）。

496　　人们对社民党和绿党统治下的德意志社会实现一种迟到的自由化，曾抱有很高期待。然而，这种期待几乎变成了失望。两党在经历了长期充当反对派角色后，对执政一事还缺少准备，以至于出现了内行错误，给人留下了混乱不堪的印象。在经济政策上，红绿内阁重新回到了科尔在福利制度中轻易停止的地方——这一点很快被证明是一次重大错误决策。特别是由绿党所鼓吹的许多改革方案，甚至让那些最近刚获得的政治中间派支持者感到恐惧，即通过生态税来逐步提高汽油价格的做法，激怒了许多驾车者；由于政府有可能放弃使用核能，从而让穷人们对能源支出上涨心存忧虑；减轻同性恋伙伴关系确立的难度，无法稳定基督徒和工人们。报应首先表现在两党在一些州议会选举中丢失了选票，而这让它们在联邦参议院中失去了多数议席。同样，尽管"媒体总理"魅力无穷，外交部长广受欢迎，但他们却无法掩盖其政策的跳跃性特点。

　　不过，公民权利与移民协定的改革表明，一个红绿联盟政府有能力确定一些重要革新措施。在这些问题上，日益扩散的担忧在于两点：一是德国过多受到外来影响；二是人们有可能强烈希望一种多元文化式的开放政策。社民党的内政部长席利遵循一种严格界限，但绿党却主张改变。由于基民盟的罗兰德·科赫在黑森州选战中发起民粹主义式的签名运动，双重公民权准入改革失败了。正因如此，执政党在与反对党进行长期会谈后，达成了一种妥协，提出了具有
497　　时间限制的选择模式，即简化入籍成为公民的程序，出生在国内的外国人到23岁时，有可能被接纳为德国公民。类似困境还体现在新移民法的拟定过程中。该法本该控制外国人的迁入，并简化他们的

第八章 柏林共和国的开端(1990—2012年)

文化适应程序。尽管上述两个法案的施行范围有限,但它们都是现代化的必要步骤。

在正常化辩论中,另一个重要领域是德国外交政策在重新获得完全主权后的定位。一方面,民族批评家们对"遗忘权力之举"提出谴责,并且要求从"现实"角度来维护本国利益;另一方面,国际主义者则捍卫一种"文明力量"的习俗,要求程序上的多边主义。首先在欧洲政策领域中,很明显,德国持续性地支持进一步融入的努力仍然占据统治地位。这一点尤其反映在1993年《马斯特里赫特协定》的签订中。它具有决定性意义地推动了政治和经济上的融入进程。它规定,欧洲应该完成经济联盟与货币联盟,建立一个欧盟公民身份,在外交与安全政策中扩大能力,让决策民主化。德国的欧洲政策造成的另一个后果是一种欧洲统一货币的形成。为此,德国马克作为经济奇迹的象征,不得不做出牺牲。作为补偿,欧洲中央银行迁往法兰克福。不过,2005年初,有关立宪项目的暂时性失败,也让人们感到失望,因为他们本来期待,重新获得的民族国家能够快速崛起为一个欧洲超级国家。

尽管欧盟保留了多边主义合作形式,但外国对德国获得某种程度上的地区统治大国地位,并非毫无担忧。这些担忧部分体现在德国经济上,因为它不断提升对东部邻国的投资,而其财政投入已经明显超越其他西方国家;另一部分担忧则是北约东扩的结果,因为它把安全界限移向波兰的东部边界,再次确立了德国在欧洲的传统中间位置。同样,由联邦共和国所推动的、欧盟向东南欧邻国开放的趋势,也加强了上述结果。当然,开放趋势为那些人工成本较高的企业造成了短时间内的困难,但从长期来看,此举为德国开辟了一个广阔的后方腹地。在此前苏联帝国空间内，西方结构的延伸，要求人们通过加强与俄罗斯的关系，来保障上述发展。即便相关国家总是让负面的战争记忆兴盛起来，但是这种双重进程仍然令人惊讶地在毫无冲突的情况下得以推进。

在国内，更具有争议性的话题是：作为国际期待的结果，联邦军被派往国外执行任务。之所以该话题充满争议，则是因为此举意味着德国改变了过去的克制态度。《基本法》已确立了强大的反战倾向，后又通过越战中的限制性解释而得到强化。它设立了一种高门槛。直到1994年7月，联邦宪法法院才借助一项基本法决议跨越了这一门槛，让军队走向海外一事处于议会控制之下。因此，1995年秋，科尔政府首次获得联合国授权，派遣德国军队前往波斯尼亚-黑塞哥维那，参加维和行动。1999年初，红绿联盟政府在克服了内部顾虑所造成的困难后，派遣部队参与科索沃战争，并在那里阻止了一场种族灭绝行动。2001年9月11日后，柏林甚至派遣了特种部队参与针对阿富汗塔利班的战役。不过，德国的这些海外派军行动，完全不同于那些军事强国采取的政策。它首先是为了推行一种积极的维和政策，其目标是人道主义援助和危机预防。

然而，自身利益表达的诉求是最具有争议的，因为它首先把自己与美国的长期关系置于天平的一端。华盛顿已经对德国拒绝参与第一次伊拉克战争的决定感到失望，即便波恩试图通过财政援助的方式来弥补过失。施罗德拒绝参加第二次伊拉克战争的决定，让美国总统乔治·W. 布什的态度变得更为强硬。而这一点不仅在德国选战期间引起了反美情绪，而且明显让其论证"自愿者同盟"发起的预防性战争之论调显得脆弱不堪。这一无条件的美国盟友，通过它与法国、俄罗斯、甚至中国的合作，避免出现了被孤立的危险。尽管如此，这种首度在柏林决定德意志生存利益的严肃尝试，却在华盛顿的新保守主义战争分子那里留下了不满与愤恨。后者公然反对德国在联合国获得非常任理事国的席位。同样，在外交上，对于正常化的诉求，也证明是困难的，因为德国每一次追求形式或实质上的自主性时，都会面临其他国家的极大保留态度。

在全球化的陷阱中

统一后，占据统治地位的最新发展路径是对全球化提出的挑战加以经济和社会方面的应对。颇具讽刺意味的是，"德国模式"取得的相对巨大成功，反而带来了如下问题，即"莱茵资本主义"让必要改革延期，并让这一问题在长达二十年的时间内驻足不前。1973年，石油价格骤然上升，国际货币体系轰然崩溃——此事业已向人们提出了震耳欲聋的警告，让人们明白，今后不再有可能自动实现经济增长。尽管联邦总理赫尔穆特·施密特成功地借助一种混合方式（即把厉行节约、目的明确的增长刺激与汇率限制联系在一起），克服了第一次危机。但是，由于1979年第二次出现石油封锁，造成了基本失业者人数超过200万。唯有赫尔穆特·科尔在20世纪80年代通过他的新自由主义转向，才又一次激发经济发展好转。最终，两德统一连同它带来的新压力，把德国经济的内在结构缺陷都暴露无遗。

由于人们不断处理全球化带来的部分后果，以至于增强了人们在政治上对下列现象加以理解的难度：世界范围内，商品交易、交流与金融转移支付的快速增加，不过是全球化整体进程的一个组成部分而已。通过高科技的突飞猛进发展，特别是在微电子方面，一些创新型工业领域应运而生。它们再通过对于生产进程的更好控制，又对其他部门产生了影响。新技术性设备的发展，如电视、电脑和手机，进一步打开了交流视野，以至于在流行文化中，这个世界看上去已经变成了一个"地球村"。清除关税壁垒的行动首先出现在欧洲，然后是跨大西洋区域，最后扩展到整个世界。与此同时，最近十年，由于借助集装箱货轮来运送大众货品，运输费用下降，致使商品交易量以出乎意料的方式快速增长，从而克服了过去商品交易行为的地域依赖性。最后，金融浪潮的国内外管制被不断解除，从而有可能出现对于投资决策和盈利转移的全球规划。由于上述网络化发展，经济总体状况业已出现了根本性变化。

对于这些发展，业已扩大的联邦共和国只是部分做好了准备。数量相当可观的专利表明，本土工程师仍然继续富有创造力——但是，在已经固化的工业结构中，向新生产的转型，却颇为困难。因为在计算机技术行业的新领导性工艺里，它们只扮演了一种次要角色，以至于在汽车行业与"媒体高科技"的层面上，德国人的活动受限。由于用英语进行交流的模式得到强化，所以德国企业只能在严肃转型后，才有可能在国际上幸存下来。尽管德国商人作为成功的出口商，受益于开放的国际市场，但他们只能依靠设计或质量上的突破，才能出售大部分昂贵商品。交通价格的降低，一开始有助于维持本土地域性优势，但从长期来看，德国人必须向外扩展生产基地。最后，紧盯工业的银行业被证明过于保守，以至于无法在世界范围内的投机活动中获利。

竞争压力的激增，不仅让那些安于现状的企业获得了新契机，同时也导致许多稳定的公司陷入破产境地。一些成功的大型康采恩基于它们在欧盟内的霸权地位，已经成长为本领域内的全球领导者。如西门子或者戴姆勒-克莱斯勒的大型康采恩在国外雇用许多雇员，它们的大部分盈利也来自德国之外。与此相反，一些完全不同的行业，如休闲电子设备或者相机制造等，都步了纺织业与采矿冶金业的后尘，几乎完全从德国消失，因为这些产品在新工业化国家里的生产成本更低，而且从长期来看，其质量未必糟糕。与此同时，新型的"股东价值"管理目标的设定，导致了一种通过合理化来使短期利润最大化的现象，而此举总是以牺牲劳动力为代价。当本土公司能够在工资价格更低的国家中收益，国内工作岗位必定会被削减。毫无疑问，相关工人便把全球化视作一种危险。

有关上述变化的公开讨论，围绕的是德国"失去竞争力"之原因展开的。一些因素首先使经济有可能取得成功，如劳资之间的紧密合作关系，但从现在开始，这种关系却被证明是一种障碍。同样，经费不足、面临困境的教育体系，几乎无法保障创新动力。劳动时间逐渐被缩短到每周35小时、休假时间较长以及拥有许多节假日的情况，让德国工人在本质上不如其竞争对象。此外，劳动收入由于增加了额外工资，而让企业背上了沉重负担，以至于德国福利国家的扩展效率不高。其原因在于，尽管福利国家一方面提高了生产效率，但另一方面却缩短了劳动时间，这使得基于工资开销的商品在根本上被抬高了价格。最后，在传统劳动道德受到侵蚀后，生产率与质量上的优势，完全不能依靠价值转换来得到维持。在许多领域内，德国本土看上去已不再具有竞争力。

这种竞争加剧、生产向国外转移的结果，就是一种持续向前推进的去工业化，即不仅让工业部门停产，而且还让整个行业停止发展。在过去的"丝绸之都"克雷费尔德，由于纺织业的破产，不再存在任何依然在本地生产丝绸的公司。在鲁尔区，它是欧洲过去的工业心脏，如今却出现了大部分矿山提升井架停止运转、在夜晚天空再也看不到钢炉喷射火花的场景。在德国中部的化工三角地，数公里长的管线都生锈了，而生产车间则长出了杂草。尽管这些工业的停产减少了环境污染的压力，但工作岗位的损失却造成了一种恶性循环，并进而让整个地区荒废：由于购买力下降，商店关闭；由于税收收入下降，公共建设受到损坏；由于缺少工作岗位，人们不得不背井离乡，于是数百间房屋空置。

工作岗位损失所造成的结果是基础失业率提升。这种基础失业率是在经济形势轻微改观后成为长期现象的。在西部，统一后十年的失业率增加到9%；在东部，几乎有五分之一的就业者找不到工作（参见失业比例表格）！在这种结构变迁出现的同时，传统的福利国家模式又失去功效，因为它支持在有限时间内进行有限解雇，并让失业者通过国家介绍机构而转到新的工作岗位上。口碑不错的改行就业学习和创造临时性工作岗位方案，能够让一些个体获得新的开始，但无法实现集体就业的目标，因为企业主只需把企业转移到国外，或通过合理化来进行改造企业，便可以进一步缩减工作岗位上的绝对就业人数。此外，德国通过解职保护令与社会福利税，阻止出现低薪行业，限制有劳动意愿者打黑工，企业出于持久压力的恐惧感，又不愿意雇用新雇员。工会要求提高工资，企业却希望开支下降——两者导致越来越多的人被排除在劳动市场之外。

1991—2011年的失业比例

年份	旧联邦州	新联邦州	整个德国
1991	6.3	10.3	7.3
1992	6.6	14.8	8.5
1993	8.2	15.8	9.8
1994	9.2	16.0	10.6
1995	9.3	14.9	10.4
1996	10.1	16.7	11.5
1997	11.0	19.5	12.7
1998	10.5	19.0	12.3
1999	9.9	19.5	11.7
2000	8.7	18.8	10.7
2001	8.3	18.9	10.3
2002	8.7	19.5	10.8
2003	9.3	20.1	11.6
2004	9.4	20.1	11.7
2005	11.0	20.6	13.0
2006	10.2	19.2	12.0
2007	8.3	16.7	10.1
2008	7.2	14.6	8.7
2009	7.7	14.5	9.1
2010	7.4	13.4	8.6
2011	6.7	12.6	7.9

失业比例与个人申请相关。数据来源网站：Sozialpolitik-aktuell.de。

毫无疑问，全球化后果所导致的代价最终超出了社会福利国家的承受能力。统一条件下的内转支付增长，对由全球化引发的失业者予以资助，这些举动使原本小心翼翼的福利基金出现赤字，不得不由国家财政进行贴补。但是，自20世纪90年代的前三分之一阶段开始，德国便出现了持续性的经济增长缺陷，而税收收入提升速度慢于必要的社会支出增长速度——这些情况迫使信贷金额不断增长。为了稳固财政，政府曾尝试削减某些开支，但在大多数情况下，该举动都会导致利益相关者的愤怒抗议。因此，所有党派都缺乏勇气，无法采取有力措施，来推行这些解决方案。而不断增加的利息压力，再次压缩了公共部门手中的投入比例，阻碍了人们用经济调节方案来加以应对控制的活动空间。与此同时，德国由于没有遵守稳定性准则，招致布鲁塞尔方面对其上升的新负债加以警告和催促。

在政治层面上，对于上述日益增长的问题压力，德国是通过一种独特的停滞方式来加以回应的，因为它虽然已经认识到改革的必要性，但却不愿意让选民感到恐惧。早在1982年，来自社会民主党的财政部长曼弗雷德·兰施泰因便认识到："试图让富裕水平与福利国家需求脱离于经济成功而存在的努力，必然是一种错误之举。"同样，自民党政治家奥托·兰布斯多夫伯爵当时要求采取有力措施，来克服"经济缺陷，并与失业战斗"，即便这种经济缺陷或失业情况仅仅是一些征兆而已。其实，人们并不缺少经济形式上的警示之语，如必须削减业已泛滥成灾的社会福利国家性能，为那些无穷无尽的官僚主义条款所捆绑的庞然大物也应该被松绑，以便更好立足于国际竞争之中。由此，在公共舆论里，形成了如下观念，即认为有必要推行一场彻底的新自由主义改革，以便重新让德国经济拥有竞争力。

伴随政治转型而来的，是长达二十年的糟糕局面。早在统一前，科尔政府便已首次尝试削减社会开支，稳定财政，去除某些竞争障碍。但是，当经济增长重新出现后，科尔政府又再次取消了这些措施。10年后，黑黄联盟政府通过联邦企业（如电信和邮政）的私有化，再次启动了进一步改革。然而，任何一种试图削减福利开支、减少税收优惠或降低官僚控制力的举动，都遭到了社民党与工会的大规模抵制，因为它们希望捍卫其成员的特权。于是，有关放松商店打烊时间的讨论长期没有定论，且演变为一个国际上哭笑不得的例证，因为倘若只是个别行业逐渐确立该原则，这种制度是不可能有生命力的。尽管民众抽象性地思考过令人痛苦的削减行动之必要性，但他们在自身领域内仍然持续性地进行自我保护。

直到施罗德的"2010年议程"出现。它尝试把竞争与团结联系在一起。2003年，一份全面改革的方案才真正落实到政治议程上。在一系列的较小措施停止后，联邦总理由于对经济繁荣情势感到失望，最终决定采取行动，因为他在就职上任时，曾许诺要将失业数字减半。一方面，他的努力集中在激活劳动部门的那些官僚机关上。其方法是通过结构调整，使之成为具有效率的职业介绍机构。另一方面，他接受了大众公司人事部主席彼得·哈尔茨领导的委员会所提出的建议，以刺激就业。其方法是，从时间上限制相对较高的失业金，将之降低到福利救助金水平。不过，从短期来看，这一番努力的结果是令人失望的。失业者总数超过了520万，因为领取福利救济金者现在登记为失业者。大众抗议"哈尔茨第四法案"的行动，左翼社民党人也因此分裂。

这场失败的代价就是红绿联盟在一系列州议会选举中败北，并且在 2005 年 9 月输掉了联邦议会选举。在将近一年的选战中，只有自民党完全承认经济变化产生了负面影响，但它由此保障了它作为"高回报政党"的名声。安格拉·默克尔领导的基民盟同样要求勇敢地进一步推动改革。不过由于她宣布提高一种增值税，并邀请一位统一税的辩护者——基希霍夫教授参与选举，而在策略上犯错，而且还由于党内代表雇员之力量的诉求而出现立场回缩。社民党和绿党否定了它们自己的改革尝试，并就一个未来的黑黄联盟政权可能产生的社会冷漠局面进行了抨击。获利最大者是 2005 年成立的令民众厌恶的新左翼政党，因为这个由民主社会主义党与失望的西德左派合并生成的党派，获得了成功，晋升成为第三大党派。这种阵营间选举结果的僵局表明，人们一方面认识到改革的必要性，另一方面却没有付诸实施的决心。两者之间存在着矛盾。

这场联邦议会选举造成了胜负难料的结果。经过艰难谈判后，基民盟／基社盟与社民党组建了大联合政府。这一局面出现的原因是：假如绿党拒绝接受"牙买加"联合政府形式[1]（可占选票 35.2%），自由民主党又拒绝接受"信号灯"联合政府形式[2]（可占选票 34.2%），此外左翼党由于其民粹主义领袖拉方丹的缘故又不可能参与组阁；

---

[1]指的是基民盟／基社盟（黑色）与绿党（绿色）及自由民主党（黄色）结盟组阁。"黑绿黄"恰好是牙买加国旗颜色组合。——译者注

[2]指的是社民党（红色）与绿党（绿色）及自由民主党（黄色）结盟组阁。"红黄绿"恰好是交通灯颜色组合。——译者注

正因如此，两个大党只有彼此联合的唯一道路，以便在议会构成稳定多数。不过，格哈德·施罗德则必须为其选举败局付出代价：他丢掉了总理席位。于是，安格拉·默克尔成为首位联邦德国女总理，并作为第一位德国东部人进入总理府。社民党主席弗朗茨·明特费林成为具有决定权的协商伙伴[1]，弗兰克·瓦尔特·施泰因迈尔还获得了外交部长的职位，佩尔·施坦因布吕克担任了财政部长——这些都是重要职位。与此相反，在基民盟方面，只有内政部长沃尔夫冈·朔伊布勒才进入重要内阁成员行列。鉴于社民党内阁出现了令人失望的裂痕，默克尔总理决定抛弃它的新自由主义方案，小心翼翼地推行一项小步子前进政策。实际上，该政策延续了社民党的议程方针。

大联盟政府的首要任务是响应由布鲁塞尔提出的重组联邦财政、激发经济增长的要求。政府通过把增值税提高 3% 的方式，让每年债务增加额度从 400 亿欧元降低到 140 亿欧元。其中，它缩减了像通勤税、私宅补贴与储蓄降税之类的经济补贴。由此，它把每年贷款吸纳比重成功控制在 3% 的水平线下，并向着一种均衡财政的方向前进。与此同时，由于扩大低收入职业的范围，失业者比重从 4.5% 回落到 3.5%，就业者总数超过 4000 万。如此一来，政府解决了一个核心的社会问题。与此同时，通过广泛的降低工薪、重组企业，德国经济的竞争力得到提升，以至于它借助与此相关的世界经济形势好转的势头，在出口领域开始重新恢复每年超过 2.5% 的增长率。于是，从此时开始，"哈尔茨第四法案"再次被启动，经济形势也变得明朗起来。

---

[1] 指副总理的职位。——译者注

不过,在其他政治领域中,大联盟政府却由于遭遇更大困难而乏善可陈,因此改革都以失败告终。由于生育率出现赤字,政府不得不把退休年龄提高到 67 岁——不过,此举事实上只是把问题推延到遥远的未来而已。同样,迟到的联邦制度改革旨在重新规制联邦与各州之间的权限,以便通过缩小联邦参议院内赞成性条款[1]的适用范围,来加快立法程序。然而,这种改革在实践中却收效甚微,因为重新分配财政的方案被推后了。与此类似,在健康基金方面,国家预防方案与私人预防方案之间产生了分歧,最终只能导致产生一份保守的妥协方案。批评家指责这份方案造成了一种新官僚体制,而且无法降低开支。在家庭政策方面,大联盟政府的成员们达成统一立场,决定建立父母基金[2]。这笔基金也可以由父亲来承担。不过,这项政策收效甚微。在安全政策方面,只有监听措施得到了适当强化,而联邦军依然无法被用于国内事务。

在外交上,联邦政府推进了和平的多边事务传统,不过略微靠近美国,更多与俄罗斯保持距离。施罗德偶尔会表现出大男子主义式的炫耀风格。与此不同,默克尔总理保持了一种低调作风。外交部长施泰因迈尔同样宁愿寻找一种实事求是的问题解决方案。当然,在媒体眼中,上述风格常常被视作领导能力偏弱的表现。当制宪公投在法国与爱尔兰相继失败后,联邦政府通过《里斯本条约》,来挽救欧盟改革。尽管联邦宪法法院对该条约提出了一些疑虑,但该条约最终获得了批准。同样,在有关减少全球温室气体排放的协商

---

[1] 指的是联邦参议院的决议需要获得多数赞成,一般为 35 票。——译者注
[2] 指的是国家为了保障儿童的基本生活条件,强制性地把父母的一部分收入转移到国家账户。——译者注

第八章 柏林共和国的开端（1990—2012年）

中，柏林扮演了领导角色。柏林还积极推动了新能源的开放，如太阳能技术。由于安格拉·默克尔拥有在德国东部成长的经历，所以她对乔治·布什在伊拉克推动的积极的民主政策表示理解；与此同时，弗兰克·瓦尔特·施泰因迈尔则更倾向于同莫斯科的弗拉基米尔·普京进行对话。2006年，德国成功举办了世界杯足球赛，凸显了它作为一个友好的、向世界开放的中等强国之形象。

但是，对于2008年国际金融危机，联邦政府完全没有做好准备，以至于它花费了很长时间，才明确了行动方向。默克尔总理不得不放弃她曾在竞选时所主张的自由主义信条，因为此时出现了一些不可控的抵押投机活动，而这些活动又因为美国房地产市场的垮台造成德国银行业的巨大亏损。社民党鉴于即将到来的大选，要求国家实行干预政策，救助德国经济。直到2009年1月底，默克尔总理才做好准备，提出了一份500亿欧元的经济复兴方案、1000亿欧元的担保、4800亿欧元银行救助金——由此，德国将承担起史无前例的巨额债务。与此同时，政府出面挽救了一些如欧宝汽车那样遭受经济危机重创的公司，也允许如阿坎多集团的分割重组和客万乐邮购公司的破产。此外，一些社会政策措施，如短期工补贴，使德国的劳动市场状况要优于同时期美国的情况。

正因如此，2009年的联邦选战有着一种独特的、虚幻的特征。许多基民盟党员无法忍受默克尔的社会民主党倾向的政策，但又找不到可以替代总理的人选。基多·韦斯特韦勒领导下的自由民主党却从中获利，因为它现在被视作资产阶级改革党派。与此相反，社民党却由于执政责任担当问题而影响力遭到削弱，因为它推行的那些不受欢迎的决策——如哈尔茨第四法案、67岁退休方案等——都受到了工人们的指责。这一点反过来又成为左翼党的机会。在德国西部，左翼党在拉方丹的领导下，吸引了一部分激进的反对势力；在东部，左翼党作为地区性执政党，能够从中受益。这场不平衡的比赛最终造成的结果是：基民盟的得票率略微减少，为33.8%；自由民主党的选票大量增加，为14.6%；社民党跌至历史性谷底，为23.0%；左翼党则上升到11.9%；绿党上升到10.7%。这次投票稳定了五党体制。不过，由于基民盟/基社盟的直接议员比例高，一个稳定的黑-黄联盟政府形成。在耽搁四年后，一个资产阶级政府终于凭借选民对其经济能力的信任感，获得了权力。但是，从根本而言，这届政府面临着比此前更为糟糕的财政基础。

常态化的挑战

在大联盟政府的统治下，业已扩大的联邦政府几乎在不知不觉中已经形成了一种新常态。在这种新常态里，大部分公民都可以生活得很舒适。一方面，两德统一时的那段激动人心的进程，有关未来身份认同的争辩，克服全球化的战略探寻等，都逐渐消逝了。另一方面，德意志人发现自己身处一种稳定的民主机制中。这种民主国家拥有着具有竞争力的出口经济，它还是一个出色的福利国家，能够让大多数人过上较高水平的生活。尽管也存在着一些抱怨声，但它拥有一个称职的管理体制和值得信赖的司法系统，因而让人们拥有一种安全感。这种安全感又由于德国同欧盟、北约和联合国的多边事务联系而得以增强。毫不意外的是，与一些邻国表现出来的

第八章　柏林共和国的开端（1990—2012年）

危机现象不同，"德国模式"在国际上仍然拥有着较高声誉。不过，它同样是一个老龄化的社会，伴随成就而来的是人们对潜在失败的担忧。这一切让德国政治处于一种本能的防御姿态，而对未来缺乏积极规划。这个国家该如何应对21世纪业已开启的第二个十年的挑战呢？

尽管安格拉·默克尔已经证实她将推行一种小心谨慎的政策，但黑－黄联盟政府的执政实践仍然表明，它遭遇到前所未料的困难。倘若没有社民党的阻碍，资产阶级内阁本该更为轻松地确立它的新自由主义方案；但是，自由民主党由于获得的选票明显增加而表现亢奋以至于导致产生了大量矛盾，因为结盟政党中的小伙伴们希望降低税收，而财政部长沃尔夫冈·朔伊布勒却不愿为此负责。如降低酒店住宿费增值税、外交部长基多·韦斯特韦勒的强硬表现等事件，却给人留下了该内阁不可信任的印象。基社盟主席霍斯特·泽霍费尔强烈煽动起黑－黄联盟政府的内部冲突，从而让这届内阁开启了一个颇为失败的开端，而其元气则需要漫长的时间才能恢复。很快，自由民主党在一系列州议会选举中遭到惩罚。它无法再进入议会，而此事又引发了一场领导层危机。最终，菲利普·罗斯勒当选为该党的新主席。于是现在，新选举上台的政府最终可以推行一种明确的保守主义政策，以降低损失。

当2010年信用评级公司下调美国国家借贷等级后，欧洲债务危机令人惊讶地爆发出来。这场危机是首当其冲的一次打击。众所周知，希腊为了从欧盟转让支付交易中获利而提供了错误的经济数据，以致让国家面临破产之虞。虽然该国经济体量只占欧洲经济的一小部分，但其政府决定贷款800亿欧元来应急，以防共同货币解体。

其他国家如爱尔兰、葡萄牙、西班牙、甚至意大利不断增高的负债额度，使局势更加严峻起来，因为这些国家不能通过欧元贬值来提高国民经济的竞争力。作为欧盟最大的会费分摊者，德国应如何应对上述问题？对此，公众存在着较大分歧：一方面，纳税人不希望为那些经济管理混乱的国家作担保，另一方面，工业界则坚持通过援助来保证它们的出口市场之安全。安格拉·默克尔通过采取促进经济增长和稳定发展的举措达成一份妥协方案，即一方面提供必要援助，另一方面要求负债国严格执行紧缩政策，并推行彻底的结构改造。然而，人们目前仍不清楚的是，临时性的救助计划（欧洲金融监管体系［ESFS］和欧洲金融稳定机制［ESFM］）及计划中的欧洲稳定机制（ESM）是否有足够能力，来把作为欧盟核心要素的欧元持久稳定地保持下去。

德国拒绝通过军事手段，参与对利比亚战争的人道主义干涉行动，是另一种失败。当"阿拉伯之春"的民主火花在2011年2月蔓延到利比亚的首都的黎波里时，独裁者穆阿迈尔·卡扎菲试图用大规模暴力手段来镇压这场武装起义。平民用"保护义务"的名义，来对抗自己政府的暴力镇压。与此同时，美国、英国和法国则推行海上封锁政策，并扩大禁飞区，以此来缩减反叛者与政府军之间的军事差距。当联邦共和国的这些盟友快速做出决定时，它却在联合国决议投票中弃权。这种拒斥态度在国内受到了民众的广泛认可，因为大多数人早已拒绝派兵进入阿富汗。但是，对外而言，德国政府却由此塑造了一种糟糕的国家形象，因为它背弃了北约盟友，并让那些阿拉伯阵营中的温和力量感到失望。这条狭隘的和平主义路线并不有助于提高德国在联合国安理会中获得稳定议席的

第八章 柏林共和国的开端（1990—2012年）

几率。

2011年初夏，德国突然决定弃用核能的政策，也招致国内外褒贬不一的争论。黑－黄联盟政府是否已经决定不再把核能使用年限延长到12年，并就此宣布废除超越党派的那份协议？起决定作用的，不仅仅是由海啸引起的福岛核泄漏灾难事件，还有德国媒体对此进行的大肆渲染；与瑞士的平静反应相对比，这里简直充斥着世界末日式的论调。由此，公共舆论出现了急剧转变。随后，内阁以令人惊讶的速度做出了决定，尽管总理作为自然科学家，其本人对核能持有开明态度。政府立即关闭了所有的老反应堆。然后，它成立了一个"伦理委员会"，而非科学专家委员会，其任务是拟定建议。2011年6月，联邦国会通过了一份新的弃核法，将核反应堆的最后使用时限定在2022年。这种目标转向，虽然其本身可以让人理解，但行动颇为仓促，而且忽略了大量后续问题，如替代能源的成本问题，又如改造电网的必要性问题。

在解决其他长期结构性问题方面，如提高生育率，默克尔－韦斯特韦勒政府也未曾塑造一个好的政府形象。多年以来，早已众所周知的是，倘若每位适龄妇女平均只生育1.39个孩子，那么这种低生育率是无法保持人口动态平衡的。法国或斯堪的纳维亚国家推行的家庭政策支持方案，减轻了妇女生育的压力。尽管退休金和劳动力的供应依赖于人口再生产，但基民盟却出于意识形态争议的缘故，找不到任何有效方式，来消除上述弊端。如天主教会或基社盟这样的保守力量，提倡业已过时的家庭模式，即"男主外、女主内"。但是，这种模式早已与社会现状脱节。它们还要求男性支付一笔教育资金——被人们批判为"家庭酬金"——以便让女性从工作岗位中脱身而出。与此相反，基民盟和基社盟中的自由翼，更勿论社民党和绿党，他们呼吁改造儿童活动场所和全日制学校。除了财政上的花费问题外，由于双方在谈判中都心不在焉，因而直到今天，两种方案之间的妥协努力都没有取得任何成功。

与此类似，处理穆斯林移民及其融入仍然是一个久拖未决的问题，这是因为在社会中继续存在着针对外国人的排外情绪。尽管在8200万德国人中，大约1500万人拥有移民背景，但大多数人总是相信，德国不是一个移民国家。正因如此，对于外国人的厌恶之情、广泛流播的社会嫉妒心理、种族主义的残余想法，一方面受到一些叫卖小贩（如蒂洛·萨拉青[1]）的煽动，另一方面又让资产阶级政党（如基社盟）代表利用排外口号等手段，来拉选票。此外，这些情绪也带来了共同生活中存在的现实问题，如青少年犯罪、针对女性的暴力行为、荣誉谋杀[2]，以及并行存在的各种法律构想。试图在伊斯兰教会议上进行对话的努力，试图设立穆斯林宗教课程的努力，很遗憾都由于内政部长汉斯-彼得·弗里德里希的反对而作罢。内政部长强调指出，伊斯兰教不属于德国。更有影响力的行动是那些实践性的融入援助项目，如语言课程。它们为移民们提供了更好参与社会的机会。不过，在地方上，围绕清真寺的争论则表明，这个国家距离一个真正对移民保持开放心态的国家还存在很长距离。

"怒民"疏远议会决策机制，则是最近出现的发展，同样让黑-

---

[1] Thilo Sarrazin，此人是社会民主党的经济学家，曾担任过德国铁路（DB）的高层与德国联邦银行董事会成员。——译者注

[2] 指为维护家族荣誉而进行的杀戮行为。——译者注

黄联盟政府感到惊讶。巴登-符腾堡州州长斯特凡·马普斯从未想到，大型项目"斯图加特21"——旨在用地下通道式火车站来代替古老的终端式火车站——居然会引发如此大规模的抗议。示威者试图阻止政府砍伐宫中花园的老树。当州长下令用高压水枪对付示威者时，该行动造成了部分人受伤，以至于让这个建设项目引发更大的且被激化的抗议行动。在2011年3月的州议会选举中，基民盟失去了它长达45年的统治地位，绿党与社民党组建了联合州政府，温弗里德·克雷切曼担任州长。当联邦政府希望保障网上生产商的权利时，它以类似方式低估了青少年电脑狂热者的愤怒力量，因为后者希望免费下载音乐。一群活跃分子在"海盗党"的象征旗帜下聚集起来，希望通过"流动反馈"来实践一种草根民主的新方式。尽管海盗党的方案完全不成熟，但此举却让它已被选入4个州议会。早已成立的其他政党发现，它们没有任何办法去阻止公民更多参与的此类愿望。

尽管黑-黄联盟政府面临上述这些问题，但选民们仍然对它持肯定态度，因为德国从2008年金融危机中恢复过来的速度快于邻国，而且即便处于欧元危机中，德国经济仍然保持增长状态。虽然哈尔茨第四法案由于遭到大规模抗议而不得不进行一些修改，但长远来看，这种刺激失业者重新就业的方案仍然取得了显著成果，其中包括失业者人数下降到300万人以下。与此同时，大公司与部分中型企业提高了它们的竞争力，其方法是通过限制工资增幅来降低生产成本，通过从数量生产转向质量生产来提高产品价格，通过把生产场地扩大到海外市场来获取更高利润率。现在，尽管联邦共和国的出口规模已被中国超越，但它因拥有高质量的工业产品而继续保持世界第二位出口经济体的地位,其出口目标不仅在欧洲邻国,而且还出现在亚洲和拉丁美洲的新型增长市场。由此,联邦共和国才有可能实现更高工资结算率,从而反过来刺激国内需求。调查显示,黑-黄联合政府明显从这种积极的经济发展局势中受益。

联合政府之所以保持稳定的另一个原因是"默克尔体制"。该术语表明,默克尔体制是稳定性的保障,因为不存在任何个人或内容上的可替代者。与其前任不同的是,默克尔总理并不拥有魅力个性,而是一位小心谨慎的、仔细斟酌的、有谋略的执政者,极少采取咄咄逼人的姿态。当她排挤党内对手时,如罗兰德·科赫、京特·奥廷格、克里斯蒂安·乌尔夫或诺贝特·勒特根时,她的权力策略格外成功,因为这些对手只要表现出威胁性,就会被抛弃,或者名誉扫地。同时,安格拉·默克尔对占据政治中心一事,拥有着卓越的洞察力。即便她在党内会成为牺牲者,但社民党的"三驾马车",即西格马尔·加布里尔、佩尔·施坦因布吕克和瓦尔特·施泰因迈尔,却很少有机会批评她。当她在有关约阿希姆·高克的总统候选人提名等类似问题上与公共意见产生不一致时,她也会选择妥协。不过,当她感到被否决的国债一体化提案在欧洲能够获得足够支持时,她也会坚持自己的立场,即便她受到许多国际批评。当然,从长期来看,这些过于策略化的措施可能是无效的,并使之在北威州的大选中遭遇败局——这场失败是否影响2013年的联邦议会的选举,则还有待观察。

第八章 柏林共和国的开端（1990—2012年）

一个柏林共和国的展望

自从欧洲共产主义崩溃以来，这二十五年时间所拥有的矛盾特征表明：一方面，这段时间是一段过渡期，老问题继续存在；另一方面，它又预示产生了新局势。例如，这个国家从分裂走向统一的迅速转变，既产生了解放的影响，也让人感到了不确定性，因为它既让统一社会党的独裁政权消逝，也埋葬了老的联邦共和国。中央政府从莱茵大学城波恩迁往旧普鲁士-德意志都市柏林之举，象征着温和式的地方主义终结；由此，德国结束分裂格局的结果，也象征着德国在欧洲与世界上的责任得以提高。若以当政时间来计算，当赫尔穆特·科尔这位创纪录的总理下台时，被延误的代际更迭终于出现了。与此同时，红-绿两党的意识形态也面临着如何现实主义地应对政府职责的挑战。把西德马克扩展到新联邦州的过程，仅仅引发了短暂的统一经济发展热潮，因为全球化竞争让该地区经济暴露出增长劣势，而其恢复则十分缓慢。

正因如此，若我们暂时回顾统一后差不多一代人的时间，期间的成功与失败以一种独特方式混杂在一起，而它的最终评价则将取决于未来发展。一方面，即便在前民主德国并入之后，西德的文明成果仍然拥有着令人震惊的稳定性。例如，德国统一社会党"民主集中制"的负面体验，已经证实了德国西部议会民主制的优越性。同样，在国家扩大之后，"克制文化"继续被确定为外交方针。与此类似，社会市场经济体制下的丰富多彩的消费品供应情况，也让人们忘记共产主义"救济独裁"体制中虚假的家庭温暖。国外的忧虑是：西德知识分子对犹太大屠杀的深刻反省，会不会因他们对共产主义镇压举措的研究而被遮蔽？尽管那些在东德完成社会化的政治家已被提升到领导层，如安格拉·默克尔与约阿希姆·高克，但至今为止，这个业已扩大的联邦共和国的自我理解，却被证明存在着惊人的稳定性。

另一方面，2008年的经济危机与欧元危机增加了平衡政策的难度，即在保障物质生活水平的同时，是否需要投资推进必要的改革。金融危机与货币危机让"蝗虫-资本主义"臭名昭著，而拯救银行与负债国家之举大幅度限制了用于变革的财政资源。与此同时，那些长期问题却仍未得到解决。例如，由于低生育率，德国人口的平均年龄越来越大，因而财政上越来越难满足退休金的支出需求。即使如今德国有近10%的移民人口，但滞后的思想转变却阻碍了德国进一步发展成为一个移民国家，也给德意志人与来自其他文化圈的人（如有穆斯林背景的少数裔族）融洽相处带来问题。与此同时，"怒民"与"海盗党"继续远离议会民主制的决策进程，因为他们没有发现公民参与的其他新形式。正因如此，黑-黄联合政府面临的巨大挑战是：突破上述形形色色的障碍，使一个富裕国家拥有面向未来的能力。

统一初期的柏林共和国在不断解决问题时逐渐有了雏形，在此过程中也逐渐获得了更强大的自我意识。这一点在政府区代表性的建筑中得以体现。然而自我克制的政策不能换取长期的国际友好关系，因此在国际舞台上有一个能更加明确维护自身利益的代表至关重要。它首先位于布鲁塞尔，同时也应该在华盛顿等各处出现。与

Langenbacher）主编：《从波恩到柏林共和国：统一二十周年纪念日时的德国》(*From the Bonn to the Berlin Republic: Germany at the Twentieth Anniversary of Unification*），纽约，2010年。

2. 埃卡特·康策（Eckart Conze）：《寻求安全：1945年以来的一段联邦德国历史》(*Die Suche nach Sicherheit. Eine Geschichte der Bundesrepublik Deutschland von 1945 bis in die Gegenwart*），慕尼黑，2009年。

3. 迪特尔·德特克（Dieter Dettke）：《柏林共和国的精神》(*The Spirit of the Berlin Republic*），纽约，2003年。

4. 《德国政策文献·德国统一：联邦总理府1989/1990年卷宗的特定版》(*Dokumente zur Deutschlandpolitik. Deutsche Einheit. Sonderedition aus den Akten des Bundeskanzleramtes 1989/90*），慕尼黑，1998年及随后数年。

5. 约施卡·菲舍尔（Joschka Fischer）：《红绿年代：德国的外交政策》(*Die rot-grünen Jahre. Deutsche Außenpolitik*），科隆，2007年。

6. 马蒂亚斯·盖尔（Matthias Geyer）、迪尔克·库尔布魏特（Dirk Kurbjuweit）、考尔特·施尼本（Cordt Schnibben）：《红绿行动：一段政治冒险的历史》(*Operation Rot-Grün. Geschichte ernes politischen Abenteuers*），慕尼黑，2005年。

7. 曼弗雷德·戈特马克（Manfred Gortemaker）：《柏林共和国：重新统一和新定位》(*Die Berliner Republik. Wiedervereinigung and Neuorientierung*），柏林，2009年。

8. 约翰内斯·格罗斯（Johannes Gross）：《柏林共和国的建立：20世纪末的德国》(*Begründung der Berliner Republik. Deutschland am Ende des 20. Jahrhunderts*），斯图加特，1995年。

9. 康拉德·H. 雅奥施（Konrad H. Jarausch）：《意料之外的统一，1989—1990年》(*Die unverhoffte Einheit 1989-1990*），美因河畔法兰克福，1995年；《翻转：德国的变迁，1945—1995年》(*Die Umkehr. Deutsche*

此同时，德国继续在军事上参与多国维和行动，也是必要的，以便在危机区域内，用武器来确保人权，即便如出兵阿富汗等这些行动总是让人回想起传统战争。尽管许多竞争对手嫉妒不已，但德国公司在出口贸易中的成功完全合理，因为它们至少既确保了国内的一部分劳动岗位，又在国外创造了新的就业机会。最后，语言和文化的某种魅力回归，也必须得到赞赏。德国的对外文化政策并未有意美化本国形象，而是传递了一种拥有所有明暗画面的真实图景。

当德国克服分裂结果后，其未来发展取决于：这样一个重新存在的德意志民族国家，是否能够在逐渐一体化的欧洲与全球化的世界里，扮演一种建构性的角色？对内，推行一系列改革，其中包括平等、移民融入、教育现代化。对外，这场欧元危机通过指向德国经济实力，反而提高了柏林在发展一种欧洲共同经济政策中的责任——就目前而言，这种欧洲共同经济政策的成功与否，还是未知数。当然，在塑造欧洲的进程中，究竟是强化现存民族国家之间的合作，还是向前发展成为超级国家，这种关涉根本的选择性问题，仍然未有定论。尽管全世界都对社会市场经济模式的成功秘诀颇有兴趣，但德国人却在讨论自己的全球使命，特别是有关改善出口条件的使命才刚刚开始。由于德国拥有独裁历史，那么对于其他国家内的人权维护问题而言，这样一个欧洲中心强国究竟承担着怎样的责任？未来会告诉我们，这个统一的国家对这些问题给出了何种答案。

文献指南

1. 杰弗里·J. 安德森（Jeffrey J. Anderson）、埃瑞克·朗根巴赫（Eric

第八章 柏林共和国的开端（1990—2012 年）

Wandlungen 1945-1995)，慕尼黑，2004 年。

10. 于尔根·科卡（Jürgen Kocka）：《统一危机：论当代历史》(*Die Vereinigungskrise. Zur Geschichte der Gegenwart*)，哥廷根，1995 年。

11. 赫尔穆特·科尔（Helmut Kohl）：《回忆录》(*Erinnerungen*)，慕尼黑，2004 年。

12. 格尔德·兰谷特（Gerd Langguth）：《安格拉·默克尔：掌权之路》(*Angela Merkel. Aufstieg zur Macht*)，传记第 2 版，慕尼黑，2007 年。

13. 英戈·冯·明希（Ingo von Münch）主编：《有关德国统一的协定》(*Die Vertrage zur Einheit Deutschlands*)，原文出版和导论，慕尼黑，1990 年。

14. 维尔纳·聚斯（Werner Süß）：《20 世纪 90 年代的德国：重新统一与全球化期间的政治和社会》(*Deutschland in den neunziger Jahren. Politik and Gesellschaft zwischen Wiedervereinigung and Globalisierung*)，奥普拉登，2002 年。

15. 维尔纳·魏登费尔德（Werner Weidenfeld）、卡尔-鲁道夫·科尔特（Karl-Rudolf Korte）主编：《德国统一手册：1949—1989—1999》(*Handbuch zur deutschen Einheit: 1949-1989-1999*)，美因河畔法兰克福，1999 年。

16. 安德烈亚斯·维尔盛（Andreas Wirsching）：《自由的奖赏：我们时代的欧洲历史》(*Der Preis der Freiheit. Geschichte Europas in unserer Zeit*)，慕尼黑，2012 年。

地图一览表

第 32 页 《公元 843 年分割帝国的〈凡尔登条约〉》，来源：《时间与人》（*Zeiten und Menschen*），第 2 卷，"公元 800 年到 1776 年的政治、社会、经济"（*Politik, Gesellschaft, Wirtschaft von 800 bis 1776*），由乌尔苏拉·齐姆斯（Ursula Siems）和库尔特·克鲁克森（Kurt Kluxen）编辑，帕德鲍恩：熊宁/施罗德尔出版社，1979 年，第 15 页——获得出版社授权。

第 33 页 《公元 880 年分割帝国的〈里伯蒙条约〉》，来源：同上，第 15 页——获得出版社授权。

第 133 页 《查理五世的帝国》，来源：同上，第 171 页——获得出版社授权。

第 173 页 《1648 年〈威斯特伐利亚和约〉》，来源：同上，第 241 页——获得出版社授权。

第 185 页 《1795 年前的奥地利与普鲁士》，来源：《德意志史：从开端到重新统一》（*Deutsche Geschichte. Von den Anfängen bis zur Wiedervereinigung*），米夏埃尔·贝能（MIchael Behnen）等撰写，马丁·弗格特（Martin Vogt）主编，斯图加特：麦茨勒出版社，第 3 版，1994 年，第 268 页——获得出版社授权。

第 248 页 《1810 年拿破仑统治下的欧洲，1812 年出征俄国》——出版社档案。

第 264 页 《1815 年维也纳会议所确立的欧洲新秩序》——出版社档案（绘图：特奥道尔·施瓦茨［Theodor Schwarz］，乌尔巴赫［Urbach］）。

第 291 页 《北德联盟与 1871 年的德意志帝国》，来源：《时间与人》（*Zeiten und*

Menschen），第 3 卷，"公元 1776 年到 1918 年的政治、社会、经济"（*Politik, Gesellschaft, Wirtschaft von 1776bis 1918*），由库尔特·克鲁克森（Kurt Kluxen）、罗伯特－赫尔曼·坦布罗克（Robert-Hermann Tenbrock）、埃里希·格尔利茨（Erich Goerlitz）编辑，帕德鲍恩：熊宁/施罗德尔出版社，1980 年，第 205 页——获得出版社授权。

第 341 页 《〈凡尔赛和约〉后的德国》，来源：《时间与人》（*Zeiten und Menschen*），第 4 卷，"20 世纪的政治、社会、经济"（*Politik, Gesellschaft, Wirtschaft im 20. Jahrhundert*），第一部分"从 1919 年到 1945 年"（*Tl.1: Von 1919 bis 1945*），由埃里希·格尔利茨（Erich Goerlitz）、埃里希·迈尔（Erich Meier）、赫尔穆特·梅切尔（Helmut Mejcher）、凯林·什维林伯爵（Kerrin Gräfin Schwerin）编辑，帕德鲍恩：熊宁/施罗德尔出版社，1982 年，第 5 页——获得出版社授权。

第 391 页 《占领区》，来源：《时间与人》（*Zeiten und Menschen*），第 4 卷，"20 世纪的政治、社会、经济"（*Politik, Gesellschaft, Wirtschaft im 20. Jahrhundert*），第二部分"从 1945 年至今"（*Tl.2: Von 1945 bis zur Gegenwart*），由贝尔纳德·威尔姆斯（Bernard Willms）编辑，帕德鲍恩：熊宁/施罗德尔出版社，1986 年，第 13 页——获得出版社授权。

第 403 页 《两个德意志国家》，来源：《普勒茨德意志史：时代与数据》（*Ploetz. Deutsche Geschichte. Epochen und Daten*），维尔纳·康策（Werner Conze）和福尔克尔·亨舍尔（Volker Hentschel）主编，由卡尔罗·施密德（Carlo Schmid）协助，第 3 版，弗莱堡/维尔茨堡：普勒茨出版社，1983 年，第 313 页——获得出版社授权。

索 引

（索引各条目后面的页码为德文原书页码，即本书边码。页码后的 f. 表示当页及下一页。）

本索引表包含了全书涉及的几乎所有人名、与重要历史事件相关的地名。"德意志"这一民族身份一般不再标识。国王头衔指的是拥有东法兰克王国王冠与德意志帝国皇冠，不包括其他情况。谱系图上的名字不包含在内。

Aachen 亚琛 147, 247, 376

Adalbert Ⅰ 阿达尔贝特一世，戈泽克伯爵（生于 1000 年左右），汉堡-不来梅主教（1043—1072 年） 53

Adelheid von Burgrund 勃艮第的阿德尔海德（约 931—999 年），先后为意大利的洛塔尔及皇帝奥托之妻、皇后（962—995 年） 37, 47

Adennauer, Konrad 阿登纳，康拉德（1876—1967 年），基民盟政治家，科隆市长，联邦德国总理（1949—1963 年） 411f., 415, 417, 419, 425f., 431

Adolf von Nassau 拿骚的阿道夫（生于 1250 年左右），国王（1292—1298 年） 91f.

Agnes von Poitou 普瓦图的阿格内斯（约 1025—1077 年），皇帝亨利三世之夫人，皇后（1046—1064 年） 53

Agnes 阿格内斯（卒于 1143 年），亨利四世之女 59

Albrecht Ⅰ 阿尔布莱希特一世（生于 1255 年左右），国王（1298—1308 年） 87, 91f.

Albrecht Ⅱ 阿尔布莱希特二世（奥地利的阿尔布莱希特五世，生于 1379 年），国王（1438—1439 年） 96, 102, 104, 123

Albrecht von Brandenburg 勃兰登堡的阿尔布莱希特（生于 1490 年），美因茨大主教、选侯（1514—1545 年） 139f.

Albrecht Ⅵ 阿尔布莱希特六世（生于 1418 年），奥地利大公（1446—1463 年） 96, 104

Albrecht Ⅲ 阿尔布莱希特三世，索伦家族的阿奇列斯（生于 1414 年），勃兰登堡边区伯爵（1470—1486 年） 96, 103

Albrecht Friedrich 阿尔布莱希特·弗里德里希（1553—1618 年），普鲁士大公 242

Alexander Ⅲ 亚历山大三世（罗兰·班迪内利，卒于 1181 年），罗马教皇（1159—1181 年） 57

Alfons von Kastilien 卡斯蒂利亚的阿方索（1221—1284 年），卡斯蒂利亚和里昂国王（1252—1284 年），国王（1257—1275

507

年）87, 88—90

Al Kamil 阿卡米尔（1177/1180—1238年），阿尤布王朝素丹（1218年） 73f.

Amiens 亚眠 338, 340f.

Anagni 阿纳尼 92

Andropow, Jurij Wladimirowitsch 尤里·弗拉基米罗维奇·安德罗波夫（1914—1984年），苏联国家领袖 465

Anna von Polen, Böhmen und Ungarn 波兰、波希米亚和匈牙利的安娜（1502—1547年），雅盖洛国王瓦迪斯夫五世之女，皇帝费迪南一世之皇后 144

Anna von Preußen 普鲁士的安娜（1576—1625年），普鲁士末代公爵之女，勃兰登堡的约翰·西格斯蒙德之妻 242

Anno II 安诺二世（生于1010年左右），科隆大主教（1056—1075年） 53

Arndt, Ernst Moritz 阿恩特，恩斯特·莫里茨（1769—1860年），作家 12, 261

Arnulf von Kärnten 克恩滕的阿努尔夫（生于850年之前，东法兰克国王（887—889年），皇帝（896—899年） 39

Auerstedt 奥尔施泰特 242, 258

Augsburg 奥格斯堡 118, 121, 129, 134—136, 141, 143, 148, 150, 153, 155—157, 162, 165, 169, 174, 180, 223, 230

August II 奥古斯特二世（"强壮者"，生于1670年），波兰国王（1679—1733年），也作萨克森选侯弗里德里希·奥古斯特一世 212

August von Sachsen 萨克森的奥古斯特（生于1526年），选侯（1553—1586年） 163

Auschwitz 奥斯维辛 376, 491

Austerlitz 奥斯特里茨 258

Bad Ems 巴特埃姆斯，见 Ems, Bad

Baden 巴登 206, 214

Bad Godesberg 见 Godesberg, Bad

Bahr, Egon 埃贡·巴尔（1922—2015年），社会民主党政治家 433f.

Bahro, Rudolf 巴罗，鲁道夫（1935—1997年），记者 464

Basel 巴塞尔 241, 256

Bebel, August 倍倍尔，奥古斯特（1840—1913年），德国社会民主工人党创始人和领导人（1869—1913年） 297, 306, 324

Becker, Rudolf Zacharias 贝克尔，鲁道夫·撒迦利亚（1752—1822年），民众启蒙者、记者、书商 218, 228

Benediket XII 本笃十二世（生于1285年左右），教皇（1334—1342年） 88

Benevent 贝内文托 67, 74, 87

Benn, Gottfried 贝恩，戈特弗里德（1886—1956年），作家 462

Berlin 柏林 269, 282f., 306f., 320, 327, 338, 345, 356, 360, 367, 376f., 382, 399, 410—412, 426—437, 440f., 471, 478f., 481, 491, 506, 508

Bernhard von Anhalt 安哈尔特的伯恩哈德（1140—1212年），萨克森公爵（自1180年起） 65

Bernhard von Clairvaux 克莱尔沃的圣伯纳德（生于1090年左右），克莱尔沃修道院院长（1115—1153年） 57, 63

Berthold IV 贝特霍尔德四世（生于1125年左右），策林根公爵，勃艮第的修道院院长（1152—1186年） 64

Berthold von Henneberg 黑内堡的贝特霍尔德（生于1441或1442年），美因茨大主教（1484—1504年） 107, 128

Biedenkopf, Kurt 比登科普夫，库尔特（生于1930年），基民盟政治家，萨克森州州

索引

长（1990—2002 年） 485

Biermann, (Karl-) Wolf 比尔曼，（卡尔-）沃尔夫（生于 1936 年），诗人、作曲家 461, 464

Bismarck, Otto Fürst von 俾斯麦，奥托·冯亲王（1815—1898 年），普鲁士首相（1861—1890 年），德意志帝国首相（1871—1890 年） 11, 286—288, 295, 300—302, 304f., 307, 313—322

Blomberg, Werner von 布隆贝格，维尔纳·冯（1878—1946 年），纳粹德国国防部长、陆军元帅（1933—1938 年） 361, 368

Blüm, Norbert 布吕姆，诺贝特（生于 1935 年），基民盟政治家，联邦劳动和社会事务部长（1982—1998 年） 495

Bockelson, Jan 伯克尔松，扬（也作莱顿的约翰，1509—1536 年），裁缝，明斯特再洗礼派布道者 158f.

Bodenstein, Andreas 博登施泰因，安德烈亚斯（也作 Karlstadt [卡尔施塔特]，约 1480—1541 年），神学家 150

Bodin, Jean 博丹，让（1529—1596 年），法国法学家，十六世纪最著名的宪政理论家 200

Bohley, Bärbel 伯勒，贝贝尔（生于 1945 年），前东德民权运动家 484

Boleslaw Ⅰ Chrobry 波列斯瓦夫一世（生于 965 或 967 年），波兰大公（992—1025 年） 38, 48

Böll, Heinrich 伯尔，海因里希（1917—1985 年），作家，诺贝尔奖得主 462

Bologna 博洛尼亚 160

Bonifaz Ⅷ 博尼法斯八世（生于 1235 年左右），教皇（1294—1303 年） 87, 89, 92

Bonn 波恩 411, 416, 472, 479

Borsig, August 博尔西希，奥古斯特（1804—1854 年），工业家 282

Bouvines 布汶 58, 71

Brandt, Willy 勃兰特，维利（1913—1992 年），社会民主党政治家，柏林市长，外交部长（1966—1969 年），西德总理（1969—1974 年） 14, 418, 425f., 432f., 434, 436

Braun, Volker 布劳恩，福尔克尔（生于 1939 年），作家 460

Breschnew, Leonid Iljitsch 勃列日涅夫（1906—1982 年），苏联共产党与国家领袖（1974—1982 年） 432f., 442, 465, 469

Brest-Litowsk 布列斯特-立托夫斯克 338, 341

Brissot, Jacques Pierre 布里索，雅克·皮埃尔（1754—1793 年），法国政治家 256

Brüning, Heinrich 布吕宁，海因里希（1885—1970 年），中央党政治家，魏玛德国总理（1930—1932 年） 346, 358f.

Brun 布伦（生于 925 年左右），科隆大主教，洛林公爵（953—965 年），奥托一世之弟 46

Bruyn, Günter de 布勒因，京特·德（生于 1926 年），作家 462

Bush, George W. 布什，乔治·W.（生于 1946 年），美国总统（2001—2008 年） 481, 499, 510

Cajetan, Jacobus 卡耶坦，雅各布斯（1469—1534 年），神学家，奥格斯堡帝国会议中的罗马教皇使节 134, 141

Calixt Ⅱ 卡利克斯特二世（吉多，卒于 1124 年），教皇（1119—1124 年） 50

Calvin, Johannes 加尔文，约翰（1509—1564 年），宗教改革家 157

509

Campe, Joachim Heinrich 坎培，约阿希姆·海因里希（1746—1818年），教育学家，语言学家 229

Canossa 卡诺莎 49, 54

Carl August 卡尔·奥古斯特（生于1757年），萨克森-魏玛公爵（1758—1815年），萨克森-魏玛-爱森纳赫大公（1815—1828年） 254

Casablanca 卡萨布兰卡 376

Cassini, Giovanni Domenico 卡西尼，乔凡尼·多美尼科（1625—1712年），法国天文学家，博洛尼亚大学教授 221f.

Cellarius, Christoph 塞拉里乌斯，克里斯托弗（1638—1707年），哈勒大学论辩术与历史学教授（1693年） 19, 220

Celtis, Conrad 策尔蒂斯，康拉德（本名皮克尔，1459—1508年），人文主义者，拉丁语诗人 121

Chamberlain, Arthur Neville 张伯伦，阿瑟·内维尔（1869—1940年），英国首相（1937—1940年） 370

Chełmno 切尔姆诺 381

Chlodwig I 克洛维一世（生于466或467年），法兰克王国国王（482—511年） 21, 26

Chlothar I 克洛塔尔一世（生于498/508年左右），法兰克王国国王（558—561年） 21, 27

Christian IV 克里斯蒂安四世（生于1577年），丹麦国王（1596—1648年） 168, 177

Chruschtschow, Nikita Sergejewitsch 赫鲁晓夫，尼基塔·谢尔盖耶维奇（1894—1971年），苏联共产党中央委员会第一书记（1953—1964年），国家领袖（1958—1964年） 412, 427, 440

Churchill, Winston Leonard Spencer 丘吉尔，温斯顿·伦纳德·斯宾塞（1874—1965年），英国首相（1940—1945年，1951—1955年） 376f., 380, 398

Clay, Lucius D. 克莱，卢修斯·D.（1897—1978年），美国驻德国美占区司令（1947—1949年） 426f.

Clemens III 克莱门斯三世（拉文那的维贝尔特，生于1025年），对立教宗（1080—1100年） 49

Clemens V 克莱门斯五世（卒于1314年），教皇（1305—1314年） 87, 93

Clemens VII 克莱门斯七世（生于1342年），教皇（1378—1394年） 99

Compiègne 贡比涅 338

Dachau 达豪 384

Dawes, Charles G. 道威斯，查尔斯·G.（1865—1915年），美国银行家 346, 355

Dönitz, Karl 邓尼茨，卡尔（1891—1980年），海军元帅，海军最高统帅（1943—1945年） 377, 383

Dohnanyi, Klaus von 多纳尼，克劳斯·冯（生于1928年），社会民主党政治家，联邦教育与科学部长（1972—1974年），汉堡市长（1981—1988年） 489

Dürnkrut 迪恩克鲁特 87, 90

Dutschke, Rudolf (Rudi) 杜奇克，鲁迪（1940—1979年），学生领袖 432

Ebert, Friedrich 艾伯特，弗里德里希（1871—1925年），社会民主党政治家，魏玛德国总统（1919—1925年） 338, 344—346, 348, 358

Eck, Johann 艾克，约翰（1486—1543年），神学家，路德反对者 140f.

Edelmann, Johann Christian 埃德尔曼，约翰·克里斯蒂安（1698—1767年），宗教与哲学家、作家 223

Eger 埃格尔 95,99

Eisenach 爱森纳赫 268, 306

El Alamein 阿拉曼 381

Elberfeld 埃尔伯费尔德 286,289

Elisabeth 伊丽莎白（约1409—1442年），女王（自1438年）101

Elisabeth von Böhmen 波希米亚的伊丽莎白（1292—1350年），波希米亚女王，波希米亚约翰国王之妻 87,92

Elisabeth Charlotte 伊丽莎白·夏洛特（普法尔茨的莉泽洛特，1652—1722年），奥尔良女公爵，普法尔茨选侯卡尔·路德维希之女，奥尔良公爵腓力一世之妻 210

Elisabeth Petrowna 伊丽莎白·彼得罗芙娜（生于1709年），俄罗斯帝国女皇（1741—1762年）248

Ems, Bad 埃姆斯，巴特 302

Engels, Friedrich 恩格斯，弗里德里希（1820—1895年），共产主义理论家和评论家 269—281

Erasmus von Rotterdam 鹿特丹的伊拉斯谟（1466—1536年），人文主义者 122

Erfurt 爱尔福特 307

Erhard, Ludwig 艾哈德，路德维希（1897—1977年），基民盟政治家、联邦德国经济部部长（1949—1963年），联邦总理（1963—1966年）425

Ernst August 恩斯特·奥古斯特（1771—1851年），汉诺威国王（1837—1851年）268

Erzberger, Matthias 埃茨贝格尔，马蒂亚斯（1875—1921年），中央党政治家，魏玛共和国财政部长（1919/1920年）338, 341, 348, 351, 354

Eugen Ⅲ 欧根三世（卒于1153年），教皇（1145—1153年）57

Eugen 欧根，萨伏伊亲王（1663—1736年），奥地利元帅、政治家 232

Fallersleben, Hoffmann von 法勒斯雷本，霍夫曼·冯（1798—1874年），德国诗人 12

Fechter, Peter 费希特尔，彼得（1944—1962年），建筑工人，从民主德国翻越柏林墙前往西柏林时被东德的守卫开枪击中，最后因失血过多死亡 431

Ferdinand Ⅰ 费迪南一世（生于1503年），国王（1531—1564年），神圣罗马帝国皇帝（1556—1564年）135f., 144, 148, 159—162, 164, 168

Ferdinand Ⅱ 费迪南二世（生于1578年），神圣罗马帝国皇帝（1619—1637年）168—170, 173—175, 177f., 181

Ferdinand Ⅲ 费迪南三世（生于1608年），国王（1636—1657年），皇帝（1637—1657年）169

Ferdinand Ⅱ von Aragòn 阿拉贡的费迪南二世（生于1452年），西班牙国王（1479—1516年）144

Fichte, Johann Gottlieb 费希特，约翰·戈特利布（1762—1814年），哲学家 261

Fischer, Joseph (Joschka) Martin 菲舍尔，约瑟夫（约施卡）·马丁（生于1948年），绿党政治家，黑森州副州长、黑森州环境、能源与联邦事务部长（1991—1994年），联邦德国外交部长、副总理（1998—2005年）481,495

Flensburg 弗伦斯堡 377, 382

Foch, Ferdinand 福煦，费迪南（1851—

1929年），法国元帅，协约国部队总司令（1918—1920年） 341

Francke, August Hermann 弗朗克，奥古斯特·赫尔曼（1663—1727年），新教神学家，位于哈勒的弗朗克基金会创造人 218, 229, 233

Frank, Ludwig 弗朗克，路德维希（1874—1914年），社会民主党青年政治家 328

Frankfurt am Main 美因河畔法兰克福 130, 144, 268f., 274, 282, 480, 496

Franz I 弗朗茨一世（1708—1765年，即位前通称洛林公爵与托斯卡纳大公弗朗茨·斯特凡），神圣罗马帝国皇帝（1745—1765年） 241

Franz II 弗朗茨二世（1768—1835年），神圣罗马帝国皇帝（1792—1806年），奥地利帝国皇帝弗朗茨一世（1804—1835年） 10, 242, 257

Franz I 弗朗西斯一世（生于1494年），法国卢瓦卢王朝国王（1515—1547年） 134f., 143f., 148, 154, 178, 182

Franz Ferdinand 弗朗茨·费迪南（1863—1914年），大公，奥匈帝国皇储 308, 339

Freisler, Roland 弗赖斯勒，罗兰德（1893—1945年），纳粹人民法庭庭长（1942—1945年） 384

Freytag, Gustav 弗赖塔格，古斯塔夫（1788—1861年），作家，文化史家 311

Frick, Wilhelm 弗里克，威廉（1877—1946年），纳粹党政客，第三帝国内政部长（1933—1943年） 359

Friedrich I Barbarossa "红胡子"弗里德里希一世（生于1122年左右），国王（1152—1190年），皇帝（1155—1190年） 57f., 64—68

Friedrich II 弗里德里希二世（生于1194年），国王（1212—1250年），皇帝（1220—1250年），西西里国王（自1198年），耶路撒冷国王（自1225年） 58f., 70—74, 98f.

Friedrich III 弗里德里希三世（生于1415年），国王（1440—1493年），皇帝（1452—1493年） 96, 102—107, 128

Friedrich III 弗里德里希三世（生于1831年），普鲁士国王、德意志皇帝（1888年） 307

Friedrich V von der Pfalz 普法尔茨的弗里德里希五世（又称"冬天国王"，生于1596年），选侯（1610—1623年），波希米亚国王（1610/1620年） 168, 174—176

Friedrich I 弗里德里希一世（生于1657年），亦作勃兰登堡选侯弗里德里希三世（1688—1701年），普鲁士的国王（1701—1713年） 206, 243

Friedrich II der Große 弗里德里希二世（大王，生于1712年），普鲁士国王（1740—1772年） 225, 241, 244, 246—251

Friedrich III Der Weise "智者"弗里德里希三世（生于1463年），萨克森选侯（1486—1525年） 141, 144, 147

Friedrich IV 弗里德里希四世（生于1671年），荷尔斯泰因-高特陶普公爵（1695—1702年） 211

Friedrich (III) der Schöne "美男子"弗里德里希（生于1298年），奥地利公爵，国王（1314—1330年） 87f., 93

Friedrich I von Staufen 斯陶芬家族的弗里德里希一世（生于1050年左右），士瓦本公爵（1079—1105年） 59

Friedrich Ⅱ von Staufen 斯陶芬家族的弗里德里希二世（生于 1090 年左右），士瓦本公爵（1105—1147 年） 56, 59

Friedrich von Nürnberg 纽伦堡的弗里德里希（生于 1371 年左右），勃兰登堡边疆伯爵（1411/1415—1440 年） 231

Friedrich Ⅲ 弗里德里希三世（1618—1698 年），维德伯爵 231

Friedrich Wilhelm 弗里德里希·威廉（大选侯，生于 1620 年），勃兰登堡选侯（1640—1688 年） 190, 217, 243

Friedrich Wilhelm Ⅰ 弗里德里希·威廉一世（生于 1688 年），普鲁士国王（1713—1740 年） 203, 206, 226, 234, 241, 244, 249

Friedrich Wilhelm Ⅱ 弗里德里希·威廉二世（生于 1744 年），普鲁士国王（1786—1797 年） 256

Friedrich Wilhelm Ⅲ 弗里德里希·威廉三世（生于 1770 年），普鲁士国王（1797—1840 年） 258, 268f., 274

Friedrich Wilhelm Ⅳ 弗里德里希·威廉四世（生于 1795 年），普鲁士国王（1840—1861 年） 269, 282, 285f.

Fritsch, Werner Freiherr von 弗里奇，维尔纳·冯，男爵（1880—1939 年），国防军总司令（1935—1938 年） 361, 368

Fugger, Jakob Ⅱ 富格尔，雅各布二世（1459—1525 年），奥格斯堡商人 143

Fulbright, James William 富布莱特，詹姆斯·威廉（1905—1995 年），美国国会参议员 427

Galilei, Galileo 伽利略（1564—1642 年），意大利数学家和哲学家 221

Galinski, Heinz 加林斯基，海因茨（1912—1992 年），德国犹太中央委员会主席 466

Gattinara, Mercurino de 加蒂纳拉，梅库里奥·德（1465—1530 年），查理五世大首相 145

Geißler, Heiner 盖斯勒，海纳（生于 1930 年），基民盟政治家，联邦德国青年、家庭、卫生部长（1982—1985 年），基民盟秘书长（1977—1989 年） 495

Genscher, Hans-Dietrich 根舍，汉斯-迪特里希（1927—2016 年），自由民主党政治家，外交部长（1974—1992 年） 14f., 493

Georg von Podiebrad 波迪布拉德的格奥尔格（生于 1420 年），波希米亚国王（1458—1471 年） 96, 104

Georg Ⅱ Rákóczi 格奥尔格二世拉考茨（生于 1621 年），锡本布尔根侯爵（1648—1660 年） 215

Georg Wilhelm 格奥尔格·威廉（生于 1595 年），勃兰登堡选侯（1619—1640 年） 242

Gerbert von Aurillac 奥里拉克的吉尔伯特（生于 950 年左右），教宗西尔维斯特二世，兰斯大主教，教皇（999—1003 年） 47

Gneisenau, August Wilhelm Anton 格奈泽瑙，奥古斯特·威廉·安东（后来的奈特哈德伯爵，1760—1831 年），普鲁士将领 259

Godesberg, Bad 哥德斯堡，巴特 417

Goebbels, Joseph 戈培尔，约瑟夫（1897—1945 年），纳粹德国政客，宣传部长（1933—1945 年） 367, 373, 376, 382, 385

Goethe, Johann Wolfgang 歌德，约翰·沃尔夫冈（1749—1832 年），诗人，萨克森-魏玛公国政治活动家 10, 254

Göllheim 格尔海姆 87, 91

Gorbatschow, Michail Sergejewitsch 戈尔巴乔夫，米哈伊尔·谢尔盖耶维奇（生于 1931 年），苏联党和国家领袖（1985—1991 年） 14, 398, 423, 466—470

Göring, Hermann 戈林，赫尔曼（1893—1946 年），纳粹德国政客，空军司令（1935—1945 年） 359f., 368, 380

Göttingen 哥廷根 268, 281

Gotha 哥达 297, 306

Gottfried II der Bärtige "大胡子"戈特弗里德二世（卒于 1069 年），上洛林公爵（1044 年），下洛林公爵（1065 年） 49, 51

Grandson 格朗松 96, 105

Grass, Günter 格拉斯，君特（1927—2015 年），作家 462

Gregor VII 格雷戈里七世，见 Hildebrand

Gregor IX 格雷戈里九世（生于 1170 年左右），教皇（1227—1241 年） 58, 73

Gregor X 格雷戈里十世（生于 1210 年左右），教皇（1271—1276 年） 89

Grimoald 格里莫阿尔德（生于 615 年左右），奥斯特拉西亚宫相（642/643—662 年） 21, 27

Groener, Wilhelm 格勒纳，威廉（1867—1939 年），将军，魏玛德国国防部长（1928—1932 年） 349

Gruner, Justus 格鲁纳，尤斯图斯（1777—1820 年），普鲁士官员 270

Guillaume, Günter 纪尧姆，君特（1927—1995 年），联邦德国总理维利·勃兰特的顾问（1973—1974 年），作为东德间谍于 1974 年被发现 433

Gustav, Adolf II 古斯塔夫，阿道夫二世（生于 1594 年），瑞典国王（1611—1632 年） 168f., 177f.

Habermas, Jürgen 哈贝马斯，于尔根（生于 1929 年），哲学家 492

Hadrian IV 哈德良四世（生于 1110 或 1120 年左右），教皇（1154—1159 年） 57, 67

Halle 哈勒 211, 218, 226, 233f.

Hallstein, Walter 哈尔斯坦，沃尔特（1901—1982 年），联邦总理府外交部国务秘书（1950—1958 年），欧洲经济共同体委员会主席（1958—1967 年） 440f.

Hambach 汉巴哈 268, 282, 294

Hamburg 汉堡 327

Hardenberg, Karl August Freiherr von 哈登贝格，卡尔·奥古斯特·冯，男爵（1750—1822 年），普鲁士大臣，改革家 242, 259, 268, 279

Harkort, Friedrich 哈尔科特，弗里德里希（1793—1880 年），实业家，社会改革家 277

Hartz, Peter 哈尔茨，彼得（生于 1941 年），2005 年前担任大众首席人力资源官，主持以他命名的劳动市场改革委员会 507

Harzburg 哈尔茨堡 71, 359

Haugwitz, Friedrich Wilhelm Graf von 豪格维茨，弗里德里希·威廉·冯，伯爵（1702—1765 年），奥地利政治家 252

Havemann, Robert 哈费曼，罗伯特（1910—1982 年），物理化学家 464

Heidelberg 海德堡 210

Hein, Christoph 海因，克里斯托弗（生于 1944 年），作家 461

Heine, Heinrich 海涅，海因里希（1797—1856 年），作家 287

Heinrich I 亨利一世（生于 875 年左右），国王（919—936 年） 37, 43

索引

Heinrich Ⅱ 亨利二世（生于973年），国王（1002—1024年），皇帝（1014—1024年） 36, 38, 45f., 48, 50

Heinrich Ⅲ 亨利三世（生于1017年），1026年被指定为继承者，国王（1039—1056年），皇帝（1046—1056年） 49, 51f.

Heinrich Ⅳ 亨利四世（生于1050年），1053年被指定为继承者，国王（1056—1106年），皇帝（1084—1106年） 49, 53f., 59

Heinrich Ⅴ 亨利五世（生于1081或1086年），1098年被指定为继承者，国王（1106—1125年），皇帝（1111—1125年） 47, 49f., 52f., 55f., 57, 59, 68, 71

Heinrich Ⅵ 亨利六世（生于1165年），国王（1190—1197年），皇帝（1191—1197年），西西里国王（1194—1197年） 57, 68—70

Heinrich（Ⅶ） 亨利（七世）（1211—1242年），国王（1220—1253年），西西里国王（自1212年） 58, 72

Heinrich Ⅶ 亨利七世（生于1274或1275年），国王（1308—1313年），皇帝（1312—1313年） 85, 87, 90, 92f.

Heinrich Ⅱ 亨利二世（生于1519年），法兰西国王（1547—1559年） 136

Heinrich Ⅳ 亨利四世（生于1553年），法兰西国王（1589—1610年） 172

Heinrich Ⅹ der Stolze "傲慢者"亨利十世（1108年以前—1139年），巴伐利亚公爵（1126年），萨克森公爵（1137年） 62

Heinrich der Löwe "狮子"亨利（约1129—1195年）萨克森公爵（1142—1181年），巴伐利亚公爵（1154/1156—1181年） 57f., 62, 64, 68f.

Heinrich Ⅱ Jasomirgott "天地良心"亨利二世（1114—1177年），奥利地边疆伯爵（1141—1156年），巴伐利亚公爵（1143—1156年），奥地利公爵（1156—1177年） 64

Helsinki 赫尔辛基 14, 398, 433f., 438, 442

Heppenheim 黑彭海姆 269

Herder, Johann Gottfried 赫尔德，约翰·戈特弗里德（1744—1803年），神学家、哲学家、作家，在魏玛担任教会总监、首席牧师等神职（1776年） 254

Herzog, Roman 赫尔佐克，罗曼（生于1934年），基民盟政治家，德国总统（1994—1999年） 480

Heß, Rudolf 赫斯，鲁道夫（1894—1987年），纳粹党政客，纳粹党副元首（1933—1941年） 354

Heuss, Theodor 豪斯，特奥多尔（1884—1963年），自由民主党政治家，西德总统（1949—1959年） 12

Heydrich, Reinhard 海德里希，莱茵哈德（1904—1942年），纳粹党政客，国家安全警察及谍报总监（1936—1942年），波希米亚及摩拉维亚代理总督（1941—1942年） 382f.

Heym, Stefan 海姆，斯特凡（1913—2001年），作家 461

Hildebrand 希尔德布兰德（教皇格雷戈里七世，生于1020或1025年左右），教皇（1073—1085年） 49, 52—54

Himmler, Heinrich 希姆莱，海因里希（1900—1945年），纳粹党政客，党卫队全国领袖（1929—1945年） 368, 376, 382

Hindenburg, Paul von 兴登堡，保罗·冯（1847—1934年），陆军总参谋长（1916—

515

1918年），魏玛共和国总统（1925—1934年） 337, 340f., 346, 358—360, 368

Hiroshima 广岛 383

Hitler, Adolf 希特勒，阿道夫（1889—1945年），德意志第三帝国"元首"、总理（1933—1945年） 11, 346, 354, 359—371, 374, 376—383, 387, 389, 397

Hoffmann, Melchior 霍夫曼，梅尔希奥（1495—1543年），皮货商，巡回布道者 158

Hoffmann von Fallersleben, Heinrich 霍夫曼·冯·法勒斯雷本，海因里希（1798—1874年），诗人 12

Honecker, Erich 昂纳克，埃里希（1912—1994年），德国统一社会党中央委员会书记（1971—1989年），德国统一社会党总书记和德意志民主共和国国务委员会主席（1976—1989年） 417—419, 427f., 432f., 441, 442f., 445, 448—452, 454, 456, 460, 462, 464—468, 470f.

Honecker, Margot 昂纳克，玛戈（1927—2016年），民主德国教育部长（1963—1989年） 449

Hoßbach, Friedrich 霍斯巴赫，弗里德里希（1894—1980年），希特勒副官（1934—1938年） 361

Hubertusburg 胡贝图斯堡 248

Humbert von Moyenmoutier 莫扬穆捷的亨伯特（卒于1061年），西西里大主教（1050年） 52

Hus, Jan 胡斯，扬（约1370—1415年），捷克宗教改革家 96, 100f.

Hutten, Ulrich von 胡滕，乌尔里希·冯（1488—1523年），神圣罗马帝国骑士，人文主义者 146

Innozenz III 英诺森三世（生于1160或1161年），教皇（1198—1216年） 58, 70f.

Innozenz IV 英诺森四世（生于1195年左右），教皇（1243—1254年） 74

Isabella I Von Kastilien 卡斯蒂利亚的伊莎贝拉一世（生于1451年），西班牙女王（1479—1504年），阿拉贡的费迪南二世之妻 144

Ivo 伊沃（生于1040年左右），沙特尔主教（1090—1115/16年） 56

Jägerndorf 耶格恩道夫 244

Jalta 雅尔塔 377, 398f.

Jansenius (Jansen), Cornelius 詹森，科内利乌斯（1585—1638年），天主教神学家，鲁汶大学教授（1619年），伊普尔主教 232

Jena 耶拿 242, 258

Jobst von Mähren 摩拉维亚的约布斯特（生于1354年），国王（1410—1411年） 95, 100

Johann XXII 约翰二十二世（生于1245年），教皇（1316—1334年） 87, 92

Johann von Luxemburg 卢森堡的约翰（生于1296年），波希米亚国王（1310—1346年） 85, 87, 90, 92

Johann III 约翰三世（生于1629年），波兰国王（1674—1696年） 216

Johann 约翰（帕里希达，1290/1291—1313年） 87, 92

Johann Sigismund 约翰·西吉斯蒙德（生于1572年），勃兰登堡选侯（1608—1619年） 242

Johann Friedrich 约翰·弗里德里希（1503—1554年），萨克森选侯（1532—1547年） 135

Johann Georg von Brandenburg 勃兰登堡的

索引

约翰·格奥尔格，斯特拉斯堡新教主教（1592年） 164

Johann Wilhelm 约翰·威廉（生于1562年），克莱弗-于利希-贝尔格公爵（1592—1609年） 243

Johanna die Wahnsinnige "疯子"胡安娜（生于1479年），阿拉贡与卡斯蒂利亚女王（1504—1555年），"美男子"勃艮第的腓力一世之妻 116, 144

Johannes XXIII 约翰二十三世（卒于1419年），教皇（1410—1415年） 101

Johnson, Lyndon B. 约翰逊，林登·B.（1908—1973年），美国总统（1963—1969年） 427

Johnson, Uwe 约翰逊，乌韦（1934—1984年），作家 462

Joseph I 约瑟夫一世（生于1678年），国王（1690—1711年），皇帝（1705—1711年） 206, 213, 217

Joseph II 约瑟夫二世（生于1741年），国王（1764—1790年），皇帝（1765—1790年） 241, 250, 252—254

Joseph Ferdinand 约瑟夫·费迪南（1692—1699年），巴伐利亚亲王，巴伐利亚选侯马克西米利安二世伊曼纽尔之子 208, 212

Juan von Spanien, Ton 西班牙的胡安，唐（1478—1498年），西班牙王子 116

Kahlenberg 卡伦山 206, 216

Kaiser, Jakob 凯泽，雅各布（1888—1961年），基民盟政治家，联邦德国全德事务部长（1949—1957年） 417

Kalavrita 卡拉夫里塔 386

Kant, Immanuel 康德，伊曼纽尔（1724—1804年），哲学家 218, 223, 225

Kapp Wolfgang 卡普，沃尔夫冈（1858—1922年），东普鲁士总督（1906—1920年） 345, 349

Karl I der Große 查理一世（查理大帝，生于747年），法兰克王国国王（768—814年），皇帝（800—814年） 10, 21f., 30f., 38, 144

Karl II der Kahle "秃头"查理二世（生于823年），西法兰克王国国王（838—877年），皇帝（875—877年） 22, 37, 39

Karl III der Dicke "胖子"查理三世（839—888年），东法兰克王国国王（876—887年），皇帝（881—887年） 39

Karl IV 查理四世（生于1316年），德意志国王（1346—1378年），波希米亚国王（1346—1378年），皇帝（1355—1378年） 95f., 98f., 101f.

Karl V 查理五世（1500—1558年），西班牙国王（1516—1556年），德意志国王兼皇帝（1519—1556年） 115, 134—137, 142—144, 147f., 153—155, 159f., 164, 178, 213

Karl VI 查理六世（生于1685年），也作西班牙国王卡洛斯三世（1703—1740年），皇帝（1711—1740年） 212—214, 244

Karl VII Albrecht 查理七世·阿尔布莱希特（生于1697年），皇帝（1742—1745年），巴伐利亚选侯（1726—1745年） 241, 246

Karl III (der Einfältige) "天真"查理三世（879—929年），西法兰克王国国王（893/898—923年） 37, 39f., 42f.

Karl VIII 查理八世（生于1470年），法兰西国王（1483—1498年） 97, 105—107

Karl XII 卡尔十二世（生于1682年），瑞典

517

国王（1697—1718 年） 212

Karl Ⅰ von Anjou 安茹的查理一世（生于 1226 年），西西里国王（1266—1285 年） 74

Karl Ⅱ 查理二世（生于 1661 年），西班牙国王（1665—1700 年） 208, 213f.

Karl der Kühne "大胆"查理（生于 1433 年），勃艮第公爵（1467—1477 年） 96, 105

Karl von Valois 瓦卢瓦的查理（1270—1325 年），瓦卢瓦伯爵和安茹伯爵，腓力三世之子 92

Karl Albrecht von Bayern 见 Karl Ⅶ

Karl Friedrich 卡尔·弗里德里希（1728—1811 年），边区伯爵（1738—1803 年），选侯（1803—1806 年），巴登大公（1806—1811 年） 250, 254

Karl Ludwig von Pfalz-Simmern 普法尔茨-席美恩的卡尔·路德维希（生于 1617 年），普法尔茨选侯（1648—1680 年） 210

Karl Martell 查理·马特（生于 688 或 689 年），法兰克宫廷总管（714—741 年） 21, 27, 30

Karlmann 卡尔曼（生于 751 年？），法兰克王国国王（768—771 年） 30

Karlsbad 卡尔斯巴德 268, 278

Katharina Ⅱ 叶卡捷琳娜二世（大帝，安哈尔特-查尔布斯特亲王之女，1729 年生），俄罗斯帝国女皇（1762—1796 年） 248

Kaunitz, Wenzel Anton Graf von 考尼茨，文策尔·安东·格拉夫·冯（后称：考尼茨-里特贝格，1711—1794 年），奥地利政治家 247

Kennedy, John E. 肯尼迪，约翰·E.（1917—1963 年），美国总统（1961—1963 年） 427

Kepler, Johannes 开普勒，约翰尼斯（1571—1630 年），天文学家 221

Kerenskij, Alexander Fjodorowitsch 克伦斯基，亚历山大·弗多洛维奇（1881—1970 年），俄国总理（1917 年） 340

Kiel 基尔 338, 344

Kiesinger, Kurt Georg 基辛格，库尔特·格奥尔格（1904—1988 年），基民盟政治家，西德总理（1966—1969 年） 425, 432, 436

Kirchhof, Paul 基希霍夫，保罗（生于 1943 年），法学家 507

Köln 科隆 116, 118, 129, 131, 161, 163, 268, 281, 297, 359

Königgrätz 柯尼希格拉茨 286, 301

Kohl, Helmut 科尔，赫尔穆特（1930—2017 年），基民盟政治家，联邦总理（1982—1998 年） 15, 465—495, 498, 500, 506, 511

Kohl, Michael 科尔，米夏埃尔（1929—1981 年），民主德国外交官，国务秘书 433

Konrad Ⅰ 康拉德一世（卒于 918 年），东法兰克王国国王（911—918 年） 37, 40—42

Konrad Ⅱ 康拉德二世（生于 990 年左右），国王（1024—1039 年），皇帝（1027—1039 年），勃艮第国王（1033—1039 年） 49f.

Konrad (Ⅲ) 康拉德（三世，1074—1101 年），国王（1087—1098 年） 54

Konrad Ⅲ 康拉德三世（生于 1093/1094 年），对立国王（1127—1135 年），国王（1138—1152 年） 56, 59, 62f., 66

Konrad Ⅳ 康拉德四世（生于 1228 年），国王（1237—1254 年） 73, 86, 88

Konradin 康拉丁（生于 1252 年），士瓦本

公爵（1254—1268 年） 74, 87

Konstantinopel 君士坦丁堡 166

Konstanz 康斯坦茨 57, 66, 68, 95f., 101

Konstanze von Sizilien 西西里的康斯坦斯（1154—1198 年），亨利六世之妻，女皇（自 1191 年起） 57, 68

Kotzebue, August von 科策比，奥古斯特·冯（1761—1819 年），剧作家，政治评论家 268, 278

Kreisau 克莱骚集团 376, 389

Krenz, Egon 克伦茨，埃贡（生于 1937 年），民主德国统一社会党总书记，国务委员会主席（1989 年 10 月—12 月） 467, 471

Krone, Heinrich 克罗内，海因里希（1895—1989 年），基督教民主联盟政治家 431

Kuba 古巴 430

Ladislaus Postumus "遗腹子"拉迪斯劳斯（生于 1440 年），匈牙利国王（1440—1457 年），波希米亚国王（1453—1457 年） 96, 104

Lafontaine, Oskar 拉方丹，奥斯卡（生于 1943 年）社会民主党政治家，萨尔州州长（1985—1998 年），联邦财政部长（1998/1999 年），2005 年从民主社会主义党（PDS）和劳动与社会公正–选举选择党（WASG）中成立左翼党的倡议者 495, 508

Lahnstein, Manfred 兰施泰因，曼弗雷德（生于 1937 年），社会民主党政治家，联邦财政与经济部长（1982 年） 505

Landsberg 兰茨贝格 354

Lassalle, Ferdinand 拉萨尔，费迪南（1825—1864 年），政论家和社会主义政治活动家 286, 297, 306, 318

Lechfeld 莱希费尔德 37, 43, 46

Leibniz, Gottfried Wilhelm 莱布尼茨，戈特弗里德·威廉（1646—1716 年），学者、哲学家 226

Leipzig 莱比锡 261, 271, 467, 471

Lenin 列宁（原名：弗拉基米尔·伊里奇·乌里扬诺夫，1870—1924 年），共产主义理论家，革命家，人民代表苏维埃主席（1917—1924 年） 338, 341, 446, 450

Leningrad 列宁格勒 367, 380

Leo IX 列奥九世（生于 1002 年），教皇（1049—1054 年） 49, 52f.

Leo X 列奥十世（生于 1475 年），教皇（1513—1521 年） 141f.

Leopold I 列奥波德一世（生于 1640 年），神圣罗马帝国皇帝（1658—1705 年） 190, 208, 212, 217, 244

Leopold II 列奥波德二世（生于 1747 年），托斯卡纳大公（1765—1792 年），神圣罗马帝国皇帝（1790—1792 年） 253, 256

Leopold, Erbprinz von Hohenzollern-Sigmaringen 列奥波德，霍亨索伦–西格马林根王储（1835—1905 年），西班牙王位候选人（1870 年） 202

Lepanto 勒班陀 215

Lewenz 莱维采 215

Lidice 利迪策 386

Liebknecht, Karl 李卜克内西，卡尔（1871—1919 年），德国社会民主党政治家，共产主义政治家 345, 354, 466

Liebknecht, Wilhelm 李卜克内西，威廉（1826—1900 年），社会民主工人党创始人之一 297, 306

Lisola, Franz Paul Freiherr von 利索拉，弗兰茨·保罗·冯，男爵（1613—1674 年），奥地利外交官，1638 年效力于费迪南三世 209

519

Liudolf 柳道夫（930—957 年），萨克森公爵（949—953 年） 43

Locarno 洛迦诺 346, 356

London 伦敦 280

Lothar Ⅰ 洛塔尔一世（生于 795 年），法兰克国王（814—855 年），皇帝（817—855 年） 22, 37, 39

Lothar Ⅲ von Supplingenburg 叙普林根堡的洛塔尔三世（生于 1075 年?），国王（1125—1137 年），皇帝（1133—1137 年） 56, 59

Ludendorff, Erich 鲁登道夫，埃里希（1865—1937 年），德军最高指挥部总参谋长 337, 341

Ludwig Ⅰ der Fromme "虔诚者"路易一世（生于 778 年），法兰克王国国王，皇帝（813/814—840 年） 22, 31, 37

Ludwig Ⅱ der Deutsche "德意志人"路易二世（生于 804 年左右），法兰克王国国王（843—876 年） 22, 37, 39

Ludwig Ⅳ das Kind "孩童"路易四世（生于 893 年），东法兰克王国国王（900—911 年） 37, 39f.

Ludwig Ⅳ der Bayer 路德维希四世（巴伐利亚人，生于 1283 或 1287 年），国王（1314—1347 年） 87f., 93f.

Ludwig Ⅱ 路德维希二世（生于 1845 年），巴伐利亚国王（1864—1886 年） 304

Ludwig XI 路易十一（生于 1423 年），法兰西国王（1461—1486 年） 105

Ludwig XIV 路易十四（生于 1638 年），法兰西国王（1643—1715 年） 193, 203f., 206—211, 213f., 216f., 232

Ludwig XVI 路易十六（1754—1793 年），法兰西国王（1774—1792 年） 256

Lüttwitz, Walther Freiherr von 吕特维兹，瓦尔特·冯，男爵（1859—1942 年），魏玛共和国柏林国防军司令 350

Lützen 吕茨恩 169

Lunéville 吕内维尔 241, 257

Luther, Martin 路德，马丁（1483—1546 年），宗教改革家 121, 132, 134, 136, 138—142, 145—151, 155—161, 167, 278

Luxemburg, Rosa 卢森堡，罗莎（1870—1919 年），社会民主党与共产党政治家，理论家 345, 354, 466

Maastricht 马斯特里赫特 422, 480, 497

Magdeburg 马格德堡 164

Mainz 美因茨 89, 107, 128f., 131, 241, 255

Maizière, Lothar de 梅齐埃，洛塔尔·德（生于 1939 年），基民盟政治家，东德总理（1990 年 4 月—10 月） 467, 485, 493

Manfred 曼弗雷德（生于 1232 年），西西里王（1258—1266 年） 74, 87

Mansfeld, Ernst Ⅱ Graf von 曼斯费尔德，恩斯特二世，伯爵（1580—1626 年），神圣罗马帝国将领 168

Margarete von Burgund 勃艮第的玛格丽特（1480—1530 年），马克西米利安一世之女，唐·胡安与萨伏伊的菲利贝托之妻 116

Maria von Burgund 勃艮第的玛丽（1457—1482 年），勃艮第荷兰公国女继承人，皇帝马克西米连一世之妻 96f., 104f., 128, 144

Maria Theresia 玛丽亚·特蕾西亚（来自奥地利，1638—1683 年），路易十四王后 208

Maria Theresia 玛丽亚·特蕾西亚（生于 1717 年），匈牙利与波希米亚女王，奥地利大公（1740—1780 年），神圣罗马帝国皇帝查理六世的女继承人,神圣罗马帝国皇帝弗朗茨一世之妻 232, 234, 238—242, 244f., 246f., 249, 251f.

Marshall, George Catlett 马歇尔,乔治·卡特莱特(1880—1959年),美国国务卿(1947—1949年) 413—415, 423

Marsilius von Padua 帕多瓦的马西利乌斯(1275/1280—1342/1343年),政治学家 94

Martin V 马丁五世(生于1367年),教皇(1417—1431年) 96, 101

Martinitz, Jaroslaw Graf von 马丁尼茨,雅罗斯洛夫·冯,伯爵(1582—1649年),布拉格总督 173

Marx, Karl 马克思,卡尔(1818—1883年),哲学家,共产主义理论家与政治评论家 269, 280f., 287, 295, 318, 445, 450

Matthias 马蒂亚斯(生于1557年),皇帝(1612—1619年) 161, 168, 171—174

Matthias I Corvinus 马蒂亚斯一世·考尔维努斯(生于1443年),匈牙利国王(1458—1490年),波希米亚国王(1469—1490年) 96, 104, 106

Matthijsz, Jan 马特提茨,扬(生于1534年),明斯特面包师,再洗礼论者 158

Marx III Joseph 马克斯三世·约瑟夫(生于1727年),巴伐利亚选侯(1745—1777年) 246

Max, Prinz von Baden 马克斯,巴登亲王(1867—1929年),德意志帝国首相(1918年) 338, 344

Maximilian I 马克西米利安一世(生于1459年),国王(1486—1519年),神圣罗马帝国皇帝(1493—1519年) 96f., 104—108, 116, 123, 128f., 141f., 144

Maximilian II 马克西米利安二世(生于1527年),神圣罗马帝国皇帝(1564—1576年) 161f., 164f.

Maximilian I 马克西米利安一世(生于1573年),巴伐利亚公爵(1597—1651年),选侯(1623—1651年) 115, 170, 173, 181

Mazarin, Jules 马萨林,儒勒(原名:马萨里尼,生于1602年),讷韦尔公爵(1659—1661年),法国政治家,枢机主教 207

Meersen 梅尔森 37, 39

Mehmet IV 穆罕默德四世(1641—1692年),土耳其素丹(1648—1687年) 215

Mélac, Ezéchiel Graf von 梅拉克,埃奇尔·冯,伯爵(卒于1709年),法国将军 210

Melanchthon, Philipp 梅兰希通,菲利普(1497—1560年),宗教改革家 135, 146, 157

Merkel, Angela 默克尔,安格拉(生于1954年),基民盟政治家,德国总理(自2005年) 482, 508—510, 511, 513, 518f.

Metternich, Klemens Wenzel von 梅特涅,克莱门斯·文策尔·冯,亲王(1773—1859年),奥地利首相(1809—1848年) 268f., 271f., 276, 278

Modrow, Hans 莫德罗,汉斯(生于1928年),德意志民主共和国部长会议主席(1989年11月—1990年3月) 467, 471

Moeller van den Bruck, Arthur 默勒·范登布鲁克,阿图尔(1876—1925年),保守主义政治评论家 326

Moltke, Helmuth Graf von 毛奇,赫尔穆特·冯,伯爵(1800—1891年),普鲁士和德国总参谋长(1858—1888年),军事家 301, 304

521

德意志史

Morgarten 莫尔加滕 88, 93

Moskau 莫斯科 14, 376, 380f., 432, 437, 467f.

Mühlberg 米尔贝格 135

Mühldorf am Inn 因河河畔的米尔多夫 88, 93

Müller, Hermann 米勒, 赫尔曼（1876—1931年）, 社会民主党政治家, 魏玛共和国总理（1920, 1928—1930年） 346

München 慕尼黑 344—346, 354, 361, 370, 376, 389

Münster 明斯特 135, 158f., 169, 180—182, 195f., 206

Müntzer, Thomas 闵采尔, 托马斯（1490—1525年）, 神学家 150

Murten 穆尔滕 96, 105

Mussolini, Benito 墨索里尼, 贝尼托（1883—1945年）, 意大利法西斯党党魁（1922—1943年） 345, 360, 380

Nagasaki 长崎 383

Nancy 南锡 96, 105

Nantes 南特 190, 193

Napoleon Ⅰ 拿破仑一世（拿破仑·波拿巴, 1769—1821年）, 法兰西第一帝国皇帝（1804—1814/1815年） 11, 187, 254, 256—261, 278f., 327

Napoleon Ⅲ 拿破仑三世（1808—1873年）, 法兰西第二帝国皇帝（1852—1870年） 287, 302, 304

Naumann, Friedrich 瑙曼, 弗里德里希（1860—1919年）, 自由主义政治家, 社会改革家 350

New York 纽约 346, 481

Nikolaus Ⅱ 尼古拉斯二世（1868—1918年）, 俄罗斯罗曼诺夫王朝沙皇（1894—1917年） 340

Nimwegen 内伊梅根 206, 210

Nürnberg 纽伦堡 118, 121, 135, 155, 360, 365, 373

Offenburg 奥芬堡 269

Oliva 奥利瓦 243

Olmütz 奥尔米茨 286

Oradour 奥拉杜 386

Osnabrück 奥斯纳布吕克 169, 180, 182, 195f., 199, 206

Ostende 奥斯坦德 340

Ostpreußen 东普鲁士 402

Otto Ⅰ der Große "大帝"奥托一世（生于912年）, 德意志国王（936—973年）, 神圣罗马帝国皇帝（962—973年） 21, 37, 43, 46f.

Otto Ⅱ 奥托二世（生于955年）, 德意志国王（961—973年）, 神圣罗马帝国皇帝（973—983年） 37, 47

Otto Ⅲ 奥托三世（生于980年）, 德意志国王（983—1002年）, 神圣罗马帝国皇帝（996—1002年） 38, 47

Otto Ⅳ 奥托四世（约生于1175/1180年）, 德意志国王（1198—1218年）, 神圣罗马帝国皇帝（1209—1218年） 58, 70f.

Otto von Wittelsbach 维特尔斯巴赫的奥托（生于1120年左右）, 巴伐利亚公爵（1180—1183年） 65

Ottokar Ⅱ Przemys 奥托卡尔二世·普热梅希尔（生于1230年左右）, 波希米亚国王（1253—1278年） 85, 87f., 89f.

Papen, Franz von 巴本, 弗朗茨·冯（1879—1969年）, 中央党政治家, 魏玛共和国总理（1932年） 346, 358f.

Paris 巴黎 242, 258, 261, 280, 304, 307, 340, 373, 412

索引

Paschalis Ⅱ 帕斯加尔二世，教皇（1099—1118年） 50, 55

Passau 帕骚 136, 159, 168

Pearl Harbor 珍珠港 376, 380

Perthes, Friedrich 佩特斯，弗里德里希（1772—1843年），图书出版商 269f.

Pestalozzi, Johann Heinrich 裴斯泰洛奇，约翰·海因里希（1746—1827年），教育家和社会改革家 229

Pétain, Philippe 贝当，菲利普（1856—1951年），法国陆军元帅、国防部长，维希法国元首（1940—1944年） 375

Peter Ⅲ 彼得三世（即荷尔斯泰因－高特陶普公爵卡尔·彼得·乌尔里希，1728—1762年），俄罗斯帝国皇帝（1762年） 248

Peutinger, Konrad 波伊廷格，康拉德（1465—1547年），人文主义者 121

Philipp von Schwaben 士瓦本的菲利普（生于1176/1177年？），国王（1198—1208年） 58, 70

Philipp Ⅱ Augustus 腓力二世·奥古斯都（生于1165年），法国国王（1180—1223年） 58, 71

Philipp Ⅳ der Schöne "美男子"腓力四世（生于1268年），法国国王（1285—1314年） 87, 91f.

Philipp Ⅱ 腓力二世（生于1527年），西班牙国王（1556—1598年） 165

Philipp Ⅳ 腓力四世（生于1605年），西班牙国王（1621—1665年） 208f.

Philipp Ⅴ 腓力五世（生于1683年），西班牙国王（1701—1746年），安茹公爵，法国路易王储之子 213f.

Philipp von Burgund der Schöne "美男子"勃艮第的菲利普（腓力一世，1478—1506年），奥地利大公，疯子胡安娜之夫 116, 144

Pillnitz 皮尔尼茨 256

Pippin der Mittlere 中丕平（生于635年左右），宫相（679—714年） 21, 27

Pippin der Jüngere 小丕平（生于714/715年），法兰克王国国王（751—768年） 21, 30

Pirckheimer, Willibald 皮克海默，威利巴尔德（1470—1530年），人文主义者 121

Pitt, William （小）皮特，威廉（1759—1806年），英国政治家，首相（1783—1800年） 248

Pius Ⅱ 庇护二世（生于1405年），教皇（1458—1464年） 103

Platzeck, Matthias 普拉策克，马蒂亚斯（生于1953年），社会民主党政治家，勃兰登堡州州长（自2002年） 507

Plenzdorf, Ulrich 普伦茨多夫，乌尔里希（生于1934年），作家 461

Poitiers 普瓦捷 21, 30

Polen 波兰 423, 432, 436, 465, 468f.

Pommern 波莫瑞 402

Potsdam 波茨坦 360, 364, 400, 402—404, 413f.

Prag 布拉格 168f., 173—175, 178, 286, 370, 415, 423f., 436, 470

Preuß, Hugo 普罗伊斯，胡戈（1890—1926年），法学家，魏玛共和国内政部长（1919年） 350

Pufendorf, Samuel Freiherr von 普芬道夫，塞缪尔·冯，男爵（1632—1694年），法学家，历史学家 116, 196, 199

Rainald von Dassel 达塞尔的莱纳尔德（生于1120年左右），神圣罗马帝国首相

523

（1156—1167 年），科隆大主教（1159—1167 年） 57, 67

Rapallo 拉巴洛 345, 356

Rastatt 拉施塔特 206, 214, 256f.

Rath, Ernst vom 拉特，恩斯特·冯（1909—1938 年），德驻巴黎大使馆秘书 373

Rathenau, Walther 拉特瑙，瓦尔特（1867—1922 年），工业家，魏玛共和国外交部长（1922 年） 354

Reagan, Ronald W. 里根，罗纳德·W.（1911—2004 年），美国总统（1981—1989 年） 466

Regensburg 雷根斯堡 118, 135, 154, 161, 168, 190, 197, 210, 256

Reims 兰斯 377, 382

Reuchlin, Johannes 罗伊希林，约翰内斯（1455—1522 年），人文主义者 122

Rhein-Ruhr-Gebiet 莱茵-鲁尔区 405

Riade 里阿德 37, 43

Ribemont 里伯蒙 37, 39

Richard I Löwenherz "狮心"理查一世（生于 1157 年），英国国王（1189—1199 年） 57f., 69f.

Richard, Graf von Cornwall 理查德，康沃尔伯爵（生于 1209 年），国王（1257—1272 年） 87—89

Richelieu, Armand Jean du Plessis 黎塞留，阿尔芒·让·迪普莱西（1585—1642 年），法国枢机主教，政治家 172, 178, 181

Rijswijk 赖斯韦克 211

Rochow, Friedrich Eberhard von 罗雪，弗里德里希·埃伯哈德·冯（1734—1805 年），教育学家 229

Röhm, Ernst 罗姆，恩斯特（1887—1934 年），纳粹早期军官，冲锋队参谋长（1931—1934 年） 360, 365

Rom 罗马 47, 132—134, 141f., 144, 146, 148, 155, 159—161, 297, 345, 360, 370

Roosevelt, Franklin D. 罗斯福，富兰克林·D.（1882—1945 年），美国总统（1933—1945 年） 376f., 398

Rudolf I von Habsburg 哈布斯堡的鲁道夫一世（生于 1218 年），德意志国王（1273—1291 年） 87, 90f.

Rudolf II 鲁道夫二世（生于 1552 年），神圣罗马帝国皇帝（1576—1612 年） 161, 164f., 168, 171—173

Rudolf III 鲁道夫三世（生于 970 年），上勃艮第国王（993—1032 年） 49f.

Ruprecht 鲁普雷希特（生于 1352 年），国王（1400—1410 年） 95, 100

Saargebiet 萨尔地区 360, 402

Sand, Karl Ludwig 桑德，卡尔·路德维希（1795—1820 年），大学生社团成员，谋杀了奥古斯特·冯·科策比（1819 年） 268, 278

San Francisco 旧金山 398

San Germano 圣杰尔马诺 58, 74

Sankt Gotthard an der Raab 拉布河畔圣哥达 215

Sankt Petersburg 圣彼得堡 338

San Stefano 圣斯特凡诺 320

Sarajewo 萨拉热窝 308

Schäuble, Wolfgang 朔伊布勒，沃尔夫冈（生于 1942 年），德国基民盟政治家，联邦内务部长（1989—1991 年，2005—2009 年），联邦财政部长（自 2009 年） 466, 508

Scharnhorst, Gerhard Johann David von 沙恩霍斯特，格哈德·约翰·大卫·冯（1775—1813 年），普鲁士将军 259

Scheel, Walter 谢尔,瓦尔特(1919—2016年),德国自由民主党政治家,外交部长(1969—1974年),联邦总统(1974—1979年) 418

Scheidemann, Philipp 谢德曼,菲利普(1865—1939年),自由民主党政治家,魏玛共和国总理(1919年) 338, 345, 348

Schiller, Friedrich 席勒,弗里德里希(1759—1805年),诗人 10

Schily, Otto 席利,奥托(生于1932年),德国绿党建者,社会民主党重要成员(自1989年),联邦内政部长(1998—2005年) 496

Schleicher, Kurt von 施莱歇尔,库尔特·冯(1882—1934年),将军,魏玛共和国总理(1932/1933年) 358, 365

Schlieffen, Alfred Graf von 施里芬,阿尔弗雷德·冯,伯爵(1833—1913年),德国陆军总参谋长(1891—1905年) 337, 340

Schmidt, Helmut 施密特,赫尔穆特(1918—2015年),德国社会民主党政治家,联邦总理(1974—1982年) 433, 464f., 500

Schmitt, Carl 施密特,卡尔(1888—1985年),德国保守主义法学家和政论家 365

Schönherr, Albrecht 舍恩赫尔,阿尔布雷希特(1911—2009年),德意志民主共和国新教主教 456, 464

Scholl 朔尔(兄妹:汉斯,1918—1943年;苏菲,1921—1943年),"白玫瑰"运动的领导者 389

Schröder, Gerhard 施罗德,格哈德(生于1944年),德国社会民主党政治家,下萨克森州州长(1990—1998年),联邦总理(1998—2005年) 481, 495, 499, 506, 509

Schumacher, Kurt 舒马赫,库尔特(1895—1952年),社会民主党主席(1946—1952年) 419

Seckendorff, Veith Ludwig von 泽肯多夫,维特·路德维希·冯(1626—1692年),博学的政治家,萨克森-哥达(1663年)与萨克森-蔡茨(1664年)的公爵,哈勒大学校长(1692年) 202

Sedan 色当 287, 304

Senlis 桑利斯 97, 106

Sickingen, Franz von 济金根,弗朗茨·冯(1481—1523年),神圣罗马帝国骑士 146

Siegmund 西格蒙德(生于1368年),国王(1410—1437年) 95f., 100—102

Sindermann, Horst 辛德曼,霍斯特(1915—1990年),东德部长会议主席(1973—1976年),东德人民议会主席(1976—1989年) 433, 464, 466

Sinowjew, Grigorij Jewsejewitsch 季诺维也夫,格列高利·叶夫塞耶维奇(1883—1936年),俄国革命家 341

Slawata, Wilhelm, Graf von Chlum 斯拉瓦塔,威廉,赫鲁姆伯爵(1572—1652年),布拉格代理总督 174

Speer Albert 施佩尔,阿尔贝特(1905—1981年),建筑师,纳粹政客,军备部长(1942—1945年) 386

Spener, Philipp Jakob 施佩纳,菲利普·雅各布(1635—1705年),虔敬主义神学家 218, 233

Speyer 施佩耶尔 135, 142, 155, 190, 198f.

Spranger, Eduard 斯普朗格,爱德华(1882—1963年),哲学家与教育家 357

Stalin 斯大林(约瑟夫·维萨里奥诺维奇·斯大林,1879—1953年),俄国革命家,苏联共产党中央委员会总书

记（1922—1953 年） 341, 370, 376f., 380, 398, 420f., 423

Stalingrad 斯大林格勒 376, 379—381, 386

Stauffenberg, Claus Graf Schenk zu 施陶芬贝格，克劳斯·申克·冯，伯爵（1907—1944 年），纳粹德国陆军军官，曾策划暗杀阿道夫·希特勒 376, 389

Stein, Karl Reichsfreiherr vom und zum 施泰因，海因里希·弗里德里希·卡尔·冯，帝国男爵（1757—1831 年），普鲁士改革家 242, 259, 268, 279, 289

Stephan Ⅱ 斯德望二世（卒于 757 年），教皇（752—757 年） 21, 30

Stolpe, Manfred 施托尔佩，曼弗雷德（生于 1936 年），社会民主党政治家，勃兰登堡州州长（1990—2002 年），联邦交通、建筑与住房部长（2002—2005 年） 485

Stoph, Willi 斯多夫，维利（1914—1993 年），东德部长会议主席（1976—1989 年） 431—433, 436, 464

Straßburg 斯特拉斯堡 118, 157, 161, 163f., 206, 210, 423

Strasser, Gregor 施特拉瑟，格雷戈尔（1892—1934 年），纳粹党政客 357

Srauß, Franz Josef 施特劳斯，弗朗茨·约瑟夫（1915—1988 年），基督教社会联盟政客，巴伐利亚州州长 465

Streicher, Julius 施特赖歇尔，尤利乌斯（1885—1946 年），纳粹党政客，弗兰肯纳粹党头目 373

Stresa 斯特莱莎 360, 367

Stresemann, Gustav 施特泽曼，古斯塔夫（1878—1929 年），保守主义政治家，魏玛共和国总理（1923 年），外交部长（1923—1929 年） 356

Süleiman Ⅱ 苏莱曼二世（"能干者"或"立法者"，卡努尼，生于 1494 年），奥斯曼土耳其素丹（1520—1566 年） 145, 215

Suidger 苏德格尔（克莱门斯二世，生于 1494 年），班贝格主教（1040 年），教皇（1046—1047 年） 49, 51

Svarez, Carl Gottlieb 斯瓦雷茨，卡尔·戈特利布（1746—1798 年），普鲁士法学家 251

Sybel, Heinrich von 西贝尔，海因里希·冯（1817—1895 年），历史学家 305

Tankred, Graf von Lecce 莱切伯爵坦克雷德（生于 1130/1134 年），西西里国王（1190—1194 年） 69

Tannenberg 坦能堡 337, 340

Teheran 德黑兰 376

Tetzel, Johann 特策尔，约翰（1465—1519 年），多明我会修道士，负责兜售赎罪券 140

Thankmar, Graf 唐克玛伯爵（卒于 938 年），奥托一世的异母兄弟 37, 43

Theophano（Theophanu） 狄奥法诺（约 955—991 年），女皇（972—991 年）37, 43

Thomasius, Christian 托马西乌斯，克里斯蒂安（1655—1728 年），法学家，哈勒大学哲学教授 226

Thugut, Franz de Paula, Freiherr 图古特，弗朗茨·德·帕拉，男爵（1736—1818 年），奥地利外交官，教廷驻高门的公使 257

Tilly, Johann Graf von 提利，约翰伯爵（1559—1632 年），军队统帅 168, 177f.

Tilsit 提尔西特 258

Todt, Fritz 托特，弗里茨（1891—1942 年），纳粹政客，军备部长（1940—1942 年） 386

索引

Tököly, Imre (Emmerich) Graf von 托科利，伊姆雷（艾默里奇）伯爵（1656—1705 年），匈牙利贵族，反哈布斯堡起义领袖 215f.

Tokio 东京 370

Torgau 托尔高 337, 382

Trient 特伦托 135, 160

Trotzki 托洛茨基（列夫·达维多维奇·托洛茨基，1879—1940 年），共产主义理论家和政治家，俄国革命家和军事家 341

Truchseß von Waldburg, Gebhard 瓦尔德堡的特鲁希泽斯，格布哈德（1547—1601 年），科隆大主教与选侯 161

Truman, Harry S. 杜鲁门，哈里（1884—1972 年），美国总统（1945—1953 年） 411, 413

Tschernenko, Konstantin Ustinowitsch 契尔年科，康斯坦丁·乌斯季诺维奇（1911—1985 年），苏联国家领袖 466

Ulbricht, Walter 乌布利希，瓦尔特（1893—1973 年），德国统一社会党总书记及第一书记（1950—1973 年），德意志民主共和国国务委员会主席（1960—1973 年） 409f., 413, 417f., 424, 426f., 427f., 432f., 440—442, 461

Urban II 乌尔班二世（生于 1035 年左右），教皇（1089—1099 年） 49, 54

Urban VI 乌尔班六世（生于 1318 年左右），教皇（1378—1389 年） 99

Utrecht 乌特勒支 206, 214

Venedig 威尼斯 57, 68

Verdun 凡尔登 31, 37—40, 43, 337, 340

Versailles 凡尔赛 287, 304, 345, 353, 356, 367

Vichy 维希 375

Vogel, Bernhard 福格尔，伯恩哈德（生于 1932 年），基民盟政治家，莱茵兰-普法尔茨州州长（1976—1988 年），图林根州州长（1992—2003 年） 485

Waldeck, Franz von 瓦尔德克，弗朗茨·冯（1491—1553 年），主教 159

Wallenstein, Albrecht von 华伦斯坦，阿尔布莱希特·冯（1583—1634 年），弗里德兰公爵，三十年战争中神圣罗马帝国军事统帅 168f., 177

Walser, Martin 瓦尔泽，马丁（生于 1927 年），德国作家 463, 493

Warschau 华沙 399, 470

Wehner, Herbert 魏纳，赫伯特（1906—1990 年），德国社会民主党副主席（1949—1966 年），联邦德国全德事务部长（1966—1969 年） 412, 417

Weimar 魏玛 345, 350f., 479

Weishaupt, Adam 维斯豪普特，亚当（1748—1830 年），德国光照会创始人之一 227

Weizsäcker, Richard von 魏茨泽克，里夏德·冯（1920—2015 年），基民盟政治家，联邦总统（1984—1994 年） 428, 466

Welf VI 韦尔夫六世（约 1115—1191 年），图申的边区伯爵，斯波莱托公爵（1152 年） 64

Wenzel 文策尔（1361—1419 年），波希米亚国王（1363 年），德意志国王（1378—1400 年） 95, 98—100

Widukind von Corvey 科魏的维杜金德（约 925—973 年后），历史学家 43

Wien 维也纳 118, 121, 161, 174, 176, 178, 187f., 198, 206, 216f., 261, 268f., 271, 275, 277f., 286, 306

Wilhelm, Graf von Holland 威廉，荷兰伯爵

527

（生于 1227 年），国王（1247/1248—1256 年） 59, 86, 88

Wilhelm I 威廉一世（生于 1797 年），普鲁士国王（1861—1888 年），德意志帝国皇帝（1871—1888 年） 286f., 300, 304f., 307, 315, 317

Wilhelm II 威廉二世（1859—1941 年），普鲁士国王和德意志皇帝（1888—1918 年） 307, 322, 338f., 341, 344f.

Wilhelm I 威廉一世（卒于 1166 年），西西里国王（1154—1166 年） 67

Wilhelm von Ockham 奥卡姆的威廉（约 1285—1347/1349 年），哲学家和神学家 94

Wilson, Thomas Woodrow 威尔逊，托马斯·伍德罗（1856—1924 年），美国总统（1913—1921 年） 338, 341, 344, 353

Wladislaw V 瓦迪斯瓦夫五世（生于 1471 年），波希米亚和匈牙利国王（1490—1516 年） 116

Wolf, Christa 沃尔夫，克丽斯塔（生于 1929 年），作家 460—462

Wolff, Christian 沃尔夫，克里斯蒂安（1679—1754 年），哲学家，哈勒大学数学教授 217, 219, 224, 226

Wolfgang Wilhelm von Neuburg 诺伊堡的沃尔夫冈·威廉（生于 1578 年），普法尔茨伯爵（1614—1653 年） 168, 243

Worms 沃尔姆斯 49f., 56, 97, 107, 116, 129, 134, 147f., 154f.

Wyneken, Gustav 维内肯，古斯塔夫（1875—1964 年），教育改革家 328

Yorck von Wartenburg, Ludwig Graf 瓦尔滕贝格的路德维希·约克伯爵（1759—1830 年），普鲁士元帅 261

Young, Owen D. 杨格，欧文（1874—1962 年），美国金融家 346

Zacharias 扎加利（死于 752 年），教皇（741—752 年） 30

Zetkin, Clara 蔡特金，克拉拉（1857—1933 年），社会民主党与共产党政治家，女权运动者 324

Zsitva-Torok 吉托瓦-托洛克 215

Zwingli, Huldrych 茨温利，胡尔德里希（1484—1531 年），瑞士宗教改革运动的领导者 134, 149

译后记

孟钟捷

在世界民族之林中,德意志是一个无法回避、又极难书写的对象。一方面,它不仅在欧洲中世纪里扮演着颇为重要的角色,而且在 19 世纪以来的全球历史演进中以其光彩(科学艺术方面的成就)与窘迫(两次世界大战的发起者)的双重形象,成为无数研究者的目标。另一方面,正如本书导言所指出的那样,所谓"德意志史",若以现代民族国家的视野去回溯,必然遭遇很多棘手问题,如疆界变动频繁、民族意识淡薄等。正因如此,书写一部"德意志史",既需要一种敏锐而宏大的世界眼光,又必须借助一种超越 19 世纪以来人们习以为常的民族史套路的创新立场。

新世纪以来,德国史学界在这一方面的探索不可谓不多。本书是众多成果之一。与其他著作相比,本书的优势明显:它的篇幅不大,言简意赅;以时间为序,每一章由这一领域的顶尖学者书写,反映了最新研究成果;附有详细的文献指南,为延伸研究提供方便。更重要的是,作者们努力突破民族史框架,站在欧洲史与全球史的角度去讨论德意志史的演进历程。当然,本书既非百科全书,也不是大部头的多卷本通史或研究手册,因而无法做到面面俱到。尽管如此,在过去的二十多年间,它已修订再版一次,并成为多所大学的指定参考书,由此可见它在德国本土学术界所受到的欢迎程度。

中国学术界虽然关注德国历史,但直接从德语中译过来的通史著作不过两三本，不可与美国史、英国史、法国史等情况同日而语。为此，在商务印书馆张艳丽女士的建议下，译者挑选了本书。这次翻译项目是华东师范大学历史学系德国史研究方向的师生共同努力的结果。具体分工是：（1）孟钟捷负责从导言到第六章，并进行总校；（2）葛君负责第七章；（3）徐璟玮负责第八章，并进行初校。硕士研究生任小奇负责示意图和人名索引表。译者的同事王悦、肖琦帮忙解决了拉丁语和法语方面的问题。译者对书中比较陌生的人名、事件等做了简单说明。特别是对中世纪时期的各国君主名称，译者尽量根据常见译法或名从国家的原则加以翻译。编辑张艳丽老师认真负责，帮助我们一步步地提高译文质量，在此表示真诚谢意。

本书是一本集体作品，各位作者的用语风格并不完全相同，各位译者的中文表达习惯也各有千秋。因此，尽管校对者已在通稿时做了一些努力，但难免挂一漏万，存在某些疏漏。此外，翻译是一种无止境的探索过程，译者的水平有限，还请各位读者不吝赐教（译者的信箱是：dehnmeng@sohu.com）。

于上海三省居
2017年立秋

图书在版编目（CIP）数据

德意志史 /（德）乌尔夫·迪尔迈尔（Ulf Dirlmeier）等著；孟钟捷，葛君，徐璟玮译. — 北京：商务印书馆，2022
ISBN 978-7-100-20385-2

Ⅰ.①德… Ⅱ.①乌…②孟…③葛…④徐… Ⅲ.①德意志帝国—历史 Ⅳ.①K516.42

中国版本图书馆CIP数据核字（2021）第194570号

权利保留，侵权必究。

德意志史

〔德〕乌尔夫·迪尔迈尔 等著
孟钟捷 葛君 徐璟玮 译

商 务 印 书 馆 出 版
（北京王府井大街36号 邮政编码100710）
商 务 印 书 馆 发 行
北京顶佳世纪印刷有限公司印刷
ISBN 978-7-100-20385-2

2022年1月第1版	开本 880×1230 1/32
2022年1月北京第1次印刷	印张 16⅞

定价：78.00元